Rüdiger Siebert • Indien südwärts

Rüdiger Siebert

Indien südwärts

Von Kalkutta zum Kap Komorin

Reisereportagen

HORLEMANN

Deutsche Originalausgabe

Bitte fordern Sie unser aktuelles Gesamtverzeichnis an:

Horlemann Verlag
Postfach 1307
53583 Bad Honnef
Telefax 0 22 24 / 54 29
Email: info@horlemann-verlag.de
www.horlemann-verlag.de

Gedruckt in Deutschland

ISBN 3-89502-198-9

Inhalt

Und Shiva tanzt... – Tamil Nadu / Pondicherry II

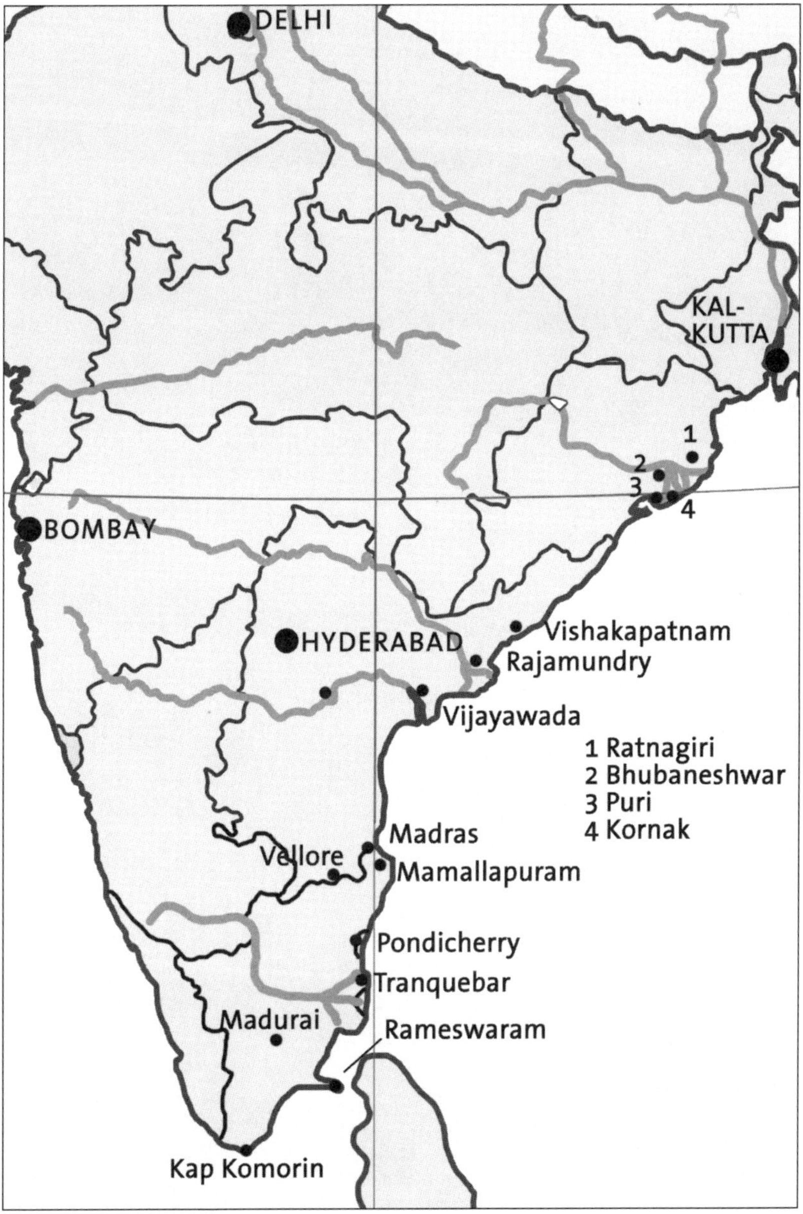
DELHI
KAL-
KUTTA
BOMBAY
HYDERABAD
Vishakapatnam
Rajamundry
Vijayawada
1 Ratnagiri
2 Bhubaneshwar
3 Puri
4 Kornak
Madras
Vellore
Mamallapuram
Pondicherry
Tranquebar
Madurai
Rameswaram
Kap Komorin

Immer wieder Indien

Vorwort

Die Fenster des Jumbos sind außen rot ummalt wie die Fenster eines Mogul-Palastes. Mit Air India nach Indien zu fliegen, stimmt ein auf dieses Märchenland der Widersprüche. Es ist ein uraltes Flugzeug. Ich lasse mich in Frankfurt am Main vom Strom der Passagiere hineinsaugen und rieche sofort unverwechselbar Indien. Diese Mischung aus Räucherstäbchen und Parfüm, aus Holzfeuerrauch und Urin, aus Verwesung und Verwahrlosung, scharfen Reinigungsmitteln und dem Schweiß der armen Leute. Instant-Indien in der Nase. Das Sinnliche schon in den Lüften im nächtlichen Anflug. Die Tür zum Klo klemmt. Manches Klapptischchen hängt schief in den Angeln. Aus der Falttasche quellen zerlesene Magazine hervor. Über allem liegt ein Hauch von Schäbigkeit und massenhafter Abnutzung. Alt-Indien. Robust wirkt es, irgendwie solide, in sich ruhend, nicht in Jahreszahlen faßbar, sondern in Zyklen, in denen vor vielen Generationen die Inder die Null erfunden haben und seither großzügig damit umgehen. Die Crew ist betagt wie ihr Fluggerät.

Der Kopfhörer gibt keinen Ton von sich. Das Lichtpünktchen über mir, das einen hilfreichen Geist anlocken soll, bleibt lange Zeit unbeachtet. Schließlich schreitet aus dem Dämmer des Ganges ein würdiger Herr zu meinem Sitz. Grauhaarig, bärtig, steif und mit Schulterstücken ausgestattet, die eine lange Dienstzeit bei Air India ausweisen und jegliche Art von Spontaneität bremsen. Mir ist, als beuge sich da nicht etwa ein Mann der praktischen Hilfe zu mir herab, sondern ein Heiliger, der mir Rat in den ewigen Fragen des Seins zu geben bereit ist. Was dieses gestörte Hörgerät betrifft? Er wiegt sanft den Kopf, in dem offenbar Indiens Weltkenntnis steckt, und sagt im Ton eines unumstößlichen Gottesbeschlusses, dem es sich zu fügen gilt: „Da kann man nichts machen."

Die wohlbeleibte Stewardeß strahlt den rauhen Charme einer Mutter aus, die ihre Schwiegertochter spüren läßt, wie sehr sie in jener Zeit gelitten hat, als sie selbst noch junge Schwiegertochter war. Sie trägt einen grünen Sari, der mir, der ich sitzend festgeschnallt bin, in Augenhöhe die Rundungen ihres Bauches vorführt. Bei meiner Frage, ob ich denn ein Bier bekommen könnte, deutet die Matrone auf den unteren Teil des Servicewagens. Herablassend tut sie's, ohne sich herabzulassen. Ich krame eine Büchse Bier heraus. „Nehmen Sie gleich zwei", rät mir die Schwiegermutter in einem Anflug von Vertraulichkeit und fügt an: „Wenn Sie Rotwein trinken wollen, greifen Sie auch zu. Ich komme kein zweites Mal vorbei." Solcherart mit alkoholischen Getränken versorgt, ist es erträglicher, wie präsent sich Indien schon hoch über den Wolken darbietet.

Ich weiß ja, was mich erwartet. Ich kenne kein anderes Land, das einem so auf die Nerven geht wie Indien. Seine Bewohner können ausgesprochen ruppig sein, zuweilen arisch-arrogant, unfreundlich auch den eigenen Landsleuten gegenüber. Kein Land der Welt begeistert und bedrängt seine Besucher so sehr wie dieses. Wer seine Ruhe haben will, sollte sich ein anderes Reiseziel aussuchen. Wer sich indes der Spannung aus der Hinterlassenschaft einer atemberaubenden Hochkultur und der Gegenwart himmelschreiender Ungerechtigkeit bewußt zu stellen vermag und sich nicht daran vorbeimogelt, der kann das Abenteuer wagen. Kein bequemes Reiseland. Nirgends liegen Schönheit und Scheiße so dicht beieinander wie in Indien. Ja, doch: Indien ist laut und dreckig und bunt, aufregend und abstoßend – doch eines ist es nie und nirgends, nämlich langweilig.

Immer wieder Indien. Ich habe kein anderes Land bereist, in dem ich während des Da-Seins so oft über seine kräftezehrende Herausforderung der Sinne fluchte und ein angewidertes Nie-Wieder! ausstieß – und wo ich gleichzeitig wußte, ich werde zurückkehren. Diesmal lasse ich mich auf die nahezu dreitausend Kilometer der Küstenlinie zwischen Kalkutta, das nun Kolkata heißt, und dem Kap Komorin ein, eine Reise von der schrecklichen Kali zur schönen Kanyakumari. Es sind zwei Vergöttlichungen indischer Frauengestalten, die an Endpunkten des Subkontinents in spannungsgeladener Verwandtschaft zwei Gestalten derselben Gottesverehrung sind, Schwestern im verwirrenden Pantheon Indiens. Auch dies gehört zur Erfahrung: Wer aus einem Land kommt, wo der liebe Gott für die meisten Menschen in ihrem Leben, Tun und Trachten an Bedeutung verloren hat, ist von der Allgegenwart des Religiösen und Rituellen in Indien erstaunt. Dort hat man stets den Eindruck, die Hälfte der Bewohner sei auf Pilgerreise und die andere Hälfte bereite sich darauf vor. So bestimmen die religiösen Stätten auch dem Nicht-Inder seine Reiseroute. Das sind nicht nur die alltäglichen Orte der Opferung, es ist wie in keinem anderen Land der Welt der unerschöpfliche Reichtum an Kunstwerken, die zum Weltkulturerbe gehören.

Der Ostküste entlang will ich mich treiben lassen, einer Küste der großen Geschichte und des Überlebenskampfes von heute. Berühmte Tempelanlagen wie die in Orissa liegen an dieser Strecke, das Hinterland von Nagarjunakonda mit den buddhistischen Ruinen, die Millionenmetropole Madras, die nun Chennai heißt, das noch immer französisch geprägte Pondicherry, die Zukunftsstadt Auroville, die amphibische Adamsbrücke hin zu Sri Lanka, die einzigartigen hinduistischen Kultstätten in Tamil Nadu. Eine Reise unausweichlicher Gegensätze. Einerseits: der tanzende Shiva, das Symbol Südindiens, Nataraja, eines der großartigsten Kunstwerke der Welt. Andererseits: das bettelnde Kind als unübersehbares Hungergesicht allgegenwärtiger Not.

Dabei will ich nicht den Anschein erwecken, als hätte ich schon vor Ort

alles so beurteilt, eingeordnet, vertiefend betrachtet wie ich's im Abstand des Auf-Schreibens, des Nach-Schreibens tat. Was auf den folgenden Seiten zu lesen ist, kam in entspannter Gelöstheit unter einem Apfelbaum im sommerlichen Frankreich aufs Papier. Solcher Zwischenraum bringt Dinge auf den Punkt und Doppelpunkt: versöhnt, stimmt nostalgisch und milde. Die trockene Erinnerung an die oft vermißte Flasche gekühlten Kingfisher-Bieres auf abseitigen Wegen im östlichen und südlichen Indien wurde mit einem Schluck wohltemperierten Côtes du Rhône weggespült und vereint sich zu einem Rückblick auf eine neuerliche fesselnde und bezaubernde Begegnung mit diesem packenden Subkontinent und seinen Menschen.

Indien mit Meeresblick. Immer wieder hielt ich Ausschau nach den Fischern und ihren Booten. Es sind die Nachfahren jener Kaufleute, Krieger und Botschafter indischer Weltsicht, die vor mehr als zwei Jahrtausenden von dieser Ostküste aufbrachen, Mutter Indiens Überfülle an Geist und Gütern in die Welt Südostasiens weiterzugeben. Geflickte Segel aus Plastikfetzen fangen heute den Wind ein, die Boote über die Wellen zu treiben. Sie sind mir zu Segeln der Sehnsucht geworden.

Ich ahne es schon an Bord der Air India…

Tsunami: eine not-wendige Nachschrift

Ungeheuerliches geschah. Wenige Wochen vor Drucklegung dieses Buches erschütterte Tsunami die Welt. In den Morgenstunden des 26. Dezembers 2004 war die Hölle los. Vor der Küste Nordsumatras brach der Meeresboden auf, entlud sich mit der Gewalt von Tausenden von Atombomben und ließ eine Flutwelle auf die Küsten des Indischen Ozeans los, die eine der größten Naturkatastrophen der Menschheitsgeschichte auslöste. Tsunami. Hunderttausende von Toten. Millionen von Obdachlosen. Zerstörte Siedlungen.

Die Killerwellen verwüsteten auch Teile der indischen Ostküste. Vor allem die einfachen Hütten der Fischer wurden weggespült. Tausende von Menschen kamen um. Es waren zumeist die Ärmsten der Armen. Wenn man wie ich kurz zuvor ihre Heimat bereiste, berühren einen in besonderer Weise die Nachrichten vom Tod und Elend an Orten, die Schauplatz eigener Erfahrung sind und auf den nächsten Seiten beschrieben werden. Manch einer meiner vielen Gesprächspartner der zufälligen Begegnung wird Opfer geworden sein. Diesen Menschen gilt mein Mitgefühl und meine aufrichtige Erinnerung.

Ich habe die Bilder von Rameswaram vor Augen. Bilder der Zerstörung im amphibischen Abseits der Adamsbrücke zwischen Indien und Sri Lanka. Wanderung über Sand und Trümmer. In meinen Notizen lese ich: Wellen modellieren Muster im Sand, Zeichen, die einer Botschaft aus dem Ozean gleichen. Was mögen sie mitteilen? Daß nichts Bestand hat, vielleicht, und daß alles vergänglich ist – wahrscheinlich ist das die Weisheit, die aus dem Meer kommt (Seite 247). Eine niederschmetternde Einsicht.

Indiens Lebenswille, Indiens produktive Vitalität, seit Jahrtausenden bewährt, trotzt auch dieser Herausforderung der Natur. Aus den Trümmern familiärer Tragödie wächst neues Leben. Internationale Hilfe trägt mit dazu bei. Die historischen Stätten, Tempel, Pilgerorte, die ich besucht habe, sind nahezu unbeschädigt geblieben. Nachfahrende Reisende, die Indien südwärts meinen Spuren folgen, werden weiterhin das kulturelle Erbe des Subkontinents in seinen großartigen Zeugnissen entdecken können und begeistert sein wie ich es bin. Trotz allem.

Rüdiger Siebert
im März 2005

Kali und ihre Schwestern

Erinnerungen an eine energische Frau am Steuer

Diesmal stehe ich bei der Ankunft allein in der Halle des Flugplatzes. Ich werde von niemandem erwartet, suche kein Gesicht, kein Willkommens-Schild, auf dem mein Name zu lesen gewesen wäre. Doch „allein" ist ein seltsames Wort in diesem lärmenden Durcheinander von Menschen. Man kann einsam sein in Indien, aber niemals allein. Das geballte Kalkutta umschließt mich sofort als wogende, warme Masse, kaum daß ich den Fuß auf den Boden gesetzt habe. Schon hier in der Empfangshalle. Sind es nun dreizehn Millionen Menschen in Kalkutta? Oder schon fünfzehn Millionen? Besser sollte ich wohl „verloren und ausgeliefert" sagen, um das Gefühl beim Ankommen zu umreißen. Taxifahrer und Hotelvermittler bedrängen mich in der aggressiven Weise, die Konkurrenz und Überlebenskampf ihnen aufzwingen. Allein bin ich wahrlich nicht. Ich zwänge mich zum Ausgang, bohre mich geradezu in diesen wabbelnden Riesenleib, von der Erfahrung getrieben, erst mal ins Freie zu kommen, Luft zu schnappen, Abstand zu gewinnen und mich nicht dem erstbesten Schlepper anzuschließen. Ich tue abwehrend so, als würde ich von jemandem erwartet.

Kalkutta ist stets auch eine Erinnerung. Jeder bringt Klischees mit. Auch ich. Bilder aus Jahrzehnten schieben sich übereinander, vermischen sich, Momentaufnahmen des immer wieder neuen Versuchs, diese Megametropole wenigstens im Ausschnitt wahrzunehmen und nicht dem Wahn zu erliegen, ein Gesamtbild zeichnen zu können. Bei meinem ersten Besuch in den frühen 1970er Jahren war es Shabbi gewesen, die mir zu einem Gesicht dieser Stadt wurde, zur Verkörperung ihrer Jugend, ihrer Modernität und ständig neuen Anpassung. Shabbi hatte mich damals am Flugplatz abgeholt. Ein kräftiger Händedruck, ein herzliches „welcome". Als ich meinen kleinen Koffer vor ihrem Wagen abstellte, einem sperrigen Landrover älterer Bauart in stumpfem Militärgrün, suchte ich unwillkürlich den Chauffeur.

„Oh, ich steuere selbst", hatte Shabbi gesagt, hob den Saum ihres bunten Saris und stieg auf den Fahrersitz. Mit solch einem Uralt-Vehikel durch die verstopften Straßen der damals gerade fünf Millionen Menschen zählenden Stadt zu kutschieren, war ein hartes Stück Arbeit und setzte Selbstvertrauen voraus.

„Ist es nicht lästig, mit einem Sari selbst Auto zu fahren?"

Die junge Frau schüttelte den Kopf, wich mit einem Ruck am Lenkrad einem vorbeihastenden Rikschaläufer aus und sagte nebenher: „Gewohnheitssache."

„Tragen Sie denn niemals kurze Röcke?"

„Wo denken Sie hin! Manchmal lange Hosen, aber doch keine Minis."

In den folgenden Tagen hatte ich andere Anlässe, über Shabbis Eigenarten nachzudenken. Bei ihrer Geburt im ehemaligen West-Pakistan war ihr Platz auf der Stufenleiter zwischen arm und reich schon festgelegt gewesen. Die Gouvernante und ein eigens für Shabbi engagierter Hauslehrer gaben sich alle Mühe, ihr das klarzumachen. Die Familie gehörte zur so genannten guten Gesellschaft. Der Vater war Geschäftsmann. Shabbi wurde mit vielerlei Weisheit gefüttert. Der Unterricht darüber, wie sich ein Mädchen aus begüterter Sippe zu benehmen habe, stand auf ihrem Stundenplan obenan. Einen Beruf hatte Shabbi nicht gelernt. Daß sie einmal in einer Werbeagentur arbeiten würde, war in jener behüteten Kinderstube nicht vorauszusehen gewesen. Und daß sich die 25jährige später, durch den PR-Job auf eigene Füße gekommen, in den Dienst der Ärmsten begeben würde, paßte erst recht nicht in den vorgezeichneten Lebensweg. Ihrer sozialen Stellung und ihrer Kaste hätte es eher entsprochen, im klimatisierten Fond eines Mercedes zu sitzen, als sich mit einem Landrover herumzuplagen.

Shabbi arbeitete in Kalkutta mit der Hilfsorganisation Terre des Hommes zusammen. Sie fuhr mich stundenlang durch jene Elendsviertel, die den Namen Kalkutta zum Inbegriff eines urbanen Monsters hatten werden lassen. In einer Schule neben den Hütten schauten wir zu, wie an Kinder warme Mahlzeiten verteilt wurden. Die Schlange der ausgemergelten Gestalten schien endlos zu sein; bei solchem Andrang geriet die Fütterung zu einem Werk der Vergeblichkeit.

„Jeden Tag kommen 1.250 Kinder hierher“, erklärte Shabbi mit der statistischen Sachlichkeit der Profis im Hilfsgeschäft und fügte einschränkend und Abhängigkeiten benennend an: „Solange jedenfalls, wie unsere hauptsächlich europäischen Geldgeber das ermöglichen.“

Magere Kinderhände reichten den Helfern der Garküche eine Karte, in die jedes Essen eingetragen wurde.

„Sonst kämen sie ja mehrmals“, sagte Shabbi, „hungrig genug sind sie.“

Shabbi hatte mit ihrer Familie keineswegs gebrochen. Sie lebte im vornehmen Elternhaus, weit weg von den Slums. Sie hielt Spielregeln ein. Daheim im klimatisierten Salon mit den edlen Möbeln kolonialen Zuschnitts rauchte Shabbi nicht. Der Mutter hätte das mißfallen. Andernorts griff Shabbi umso ungenierter zur Zigarettenschachtel. Innerhalb der festgefügten Ordnung versuchte die junge Frau, ihren eigenen Weg zu gehen.

„In Ihrem Alter müßten Sie doch längst verheiratet sein“, bemerkte ich beim Mittagessen in einem der künstlich unterkühlten Restaurants, die einen die Garküchen vergessen lassen und mit Kellnerschar, gedrucktem Menu, gedämpfter Noblesse ein ganz anderes Kalkutta bieten. Diese zwei völlig voneinander getrennten Welten hatten mich schon damals irritiert.

„Heiraten?“ Shabbi lachte auf. „Das sagen meine Eltern auch. Mir wurden bereits einige, wie meine Familie meint, gute Partien vermittelt. Horoskop. Herkunft. Bildung. Vermögen. Alles stimmte jeweils. Aber ich will nicht heiraten“, sagte sie bestimmt und hängte der Absage mit ihrer etwas rauchigen Stimme ein „no good“ an, nein, eine solche arrangierte Verbindung bringe ihr nichts Erstrebenswertes. Ihr „no good“ klang anstößig in einem Land, in dem die Ehe unbestrittene Institution ist. Shabbi genoß offensichtlich ihre Art, gegen die etikettenschwere Erziehung zu protestieren. Die Sozialarbeit gehörte dazu. Ich war nicht sicher, ob sie damit wirklich anderen helfen oder sich nur ihr Anderssein bestätigen wollte. Ein Mann wäre da wohl hinderlich gewesen. In ihrem Alter konnte sie sich die Eheverweigerung noch leisten, ohne sich völlig gegen die Konventionen zu stellen.

Und wie hielt sie's mit der Religion? Früher, vor Jahren, sei sie als wohlerzogenes Hindumädchen regelmäßig in den Tempel gegangen. Shabbi sprach freimütig darüber. Aber dann sparte sie sich solche Wege. Die religiösen Bindungen bedeuteten ihr nichts mehr – sagte sie jedenfalls. Nur dem Gast zuliebe machte sie Sightseeing mit. Wir besuchten den Tempel der männerverschlingenden Kali, der vom Reiseführer als Muß in Kalkutta gepriesen wird. Während wir barfuß über die Bodenkacheln schlichen und den Duft der Räucherstäbchen schnupperten, raunte mir Shabbi zu, daß sie sich an einem solchen Ort wie eine Touristin fühle. Ob ihr denn Kali mit sichtbarer Kampfbereitschaft und an der Hüfte hängenden Männerköpfen ein Vorbild sei, fragte ich. Shabbi beließ es bei einem vieldeutigen Lächeln und gab keine Antwort.

In einem der Außenbezirke der Riesenstadt führte mich Shabbi durch ein Waisenheim. Als wir nach dem Rundgang in ihren Landrover kletterten (man steigt da ja nicht ein, sondern be-steigt das Gefährt), schob sich energisch hupend eine silberne Luxuslimousine durch die Slumgassen, die spielenden und herumlungernden Kinder an die Seiten drängend, und hielt. Mit tiefer Verbeugung riß der uniformierte Fahrer den Wagenschlag auf. Zwei ältere Frauen, gehüllt in kostbare Seidentücher, stiegen aus. Indische Grandes Dames, unverkennbar.

„Die reichen Witwen ehedem einflußreicher Männer“, erklärte mir Shabbi, „sie haben einen Fonds zur Förderung dieses Heimes gegründet.“

Ich nickte ihnen grüßend zu und hatte den Eindruck von Hinterbliebenen, die natürlich nicht ihren Gatten ins Feuer folgten, wie es die Sitte früher verlangte, sondern nun Feuer und Flamme bei guten Taten waren. „Um ihr Gewissen zu entlasten?“ fragte ich.

Shabbi zuckte mit den Schultern. Sie mußte die Seitentür des Landrovers noch einmal öffnen, weil sich ihr Sari darin verklemmt hatte. Shabbi gab Gas.

Seither bin ich einige Male zurückgekommen nach Kalkutta, aus dem die Behörden Kolkata machten, weil das die koloniale Verballhornung des indischen

Namens angeblich abschüttele – so wie aus Bombay nun Mumbai geworden ist und aus Madras indisierend Chennai. Und weil die alten Namen im Rest der Welt hartnäckig weiterleben, überdauern sie zur besseren Verständlichkeit hinter den neuen Namen in jeweiligen Klammern. Ich lasse mich also abermals ein auf Kalkutta, diesmal mein Eingang zu Indien und mein Ausgangsort zur Reise bis zur Südspitze des Subkontinents entlang der nahezu dreitausend Kilometer langen Ostküste. Indien südwärts. Kalkutta mit der schrecklichen, mordenden Kali als Kontrapunkt zur schönen, jungfräulichen Kanyakumari, die ganz da unten am Kap Komorin verehrt wird.

Shabbi treffe ich nicht mehr. Aber sie bleibt mir als eine Frau in Erinnerung, die diese Superstadt in ihren Widersprüchen lebt und erlebt und überlebt: aufgewachsen in jenem vermeintlich göttlichen Scheißhaufen, den Günter Grass angewidert Zunge zeigend der lesenden Welt vermittelte. Er wurde heftig gescholten deshalb. Kalkutta ist mit solchem Klischee eben nicht zu fassen. Neuerliche Annäherung also.

Gottvater auf der Durchreise

Schon dort, wo Kalkutta sein eigenes Klischee ist, sehe ich ihn: asketisches Gesicht, weißer Rauschebart, fixierender Blick aus schwarzen Augen, der gestrenge, aber gütige Vater inmitten von Menschengewühl und vorbeihastenden Rikschamännern. Ungelenk, doch unverkennbar hatte eine flüchtige Hand das weltberühmte Antlitz überlebensgroß an eine schmutzige Mauer gepinselt. Grob die Striche, kraftvoll, karikaturenhaft und offenbar von einer Kenntnis des großen Mannes bestimmt, die aus Begeisterung und Verehrung gespeist war. Die volkstümliche Porträtstudie leuchtet mir in der schäbigen Seitenstraße zum Haus der Familie Tagore wie eine außerirdische Erscheinung entgegen: aufgestiegen aus den Niederungen alltäglicher Notdurft. Vor dem Mauerbild scheuert eine auf den Fersen hockende Frau mit einer hölzernen Bürste die Halbkugeln blinkender Messingschüsseln. Verblichene Tücher hüllen die zusammengekauerte Frau ein. An der Wand lehnen abgewetzte Plastiklatschen. Körbe stehen herum, gefüllt mit Flaschen, Gemüse, Kartons, Marktkram. Was da am Straßenrand wie Abfall aussieht, sind kümmerliche, aber unverzichtbare Utensilien des Überlebens. Niemand beachtet mich. Der alte würdige Mann da an der Mauer blickt unter seinem lang ausfransenden Bart über die Menschen hinweg, als nähme er die vor ihm ausgebreitete Armut gar nicht wahr. Ich fühle mich von den starren Augen verfolgt, als ich mich dem Haus nähere.

Nun, Haus ist wohl nicht das richtige Wort. Residenz, Palast, Herrensitz wären zutreffendere Bezeichnungen. Der Bau aus roten Klinkersteinen mit grünen Türen, grünen Fensterrahmen und weißen Säulen strahlt Größe und Gediegenheit aus und ragt mit dem Anspruch von Oberschichts-Autorität aus einer längst vergangenen Epoche in die Gegenwart. Den Innenhof säumen schattenspendende Bäume. Nach dem lärmenden quirligen Kalkutta da draußen betrete ich einen Hort des Friedens, dessen Geruhsamkeit mit geschichtlicher Tiefe den Kontrast deutlich werden läßt. Die gedämpfte Atmosphäre von Geist und Kreativität ist sogleich spürbar. Da diskutierende Studenten in malerischer Gruppe auf dem Rasen lagernd; dort ein junger Mann, weißgewandet in die Lektüre eines in beiden Händen gehaltenen Buches vertieft; vor Bildhauerateliers im Untergeschoß eine in bizarren Gesten erstarrte Ansammlung expressionistischer Skulpturen aus Stein und Gips. Mir ist, als bewegte ich mich auf einer Insel, deren Bewohner sich den schönen Dingen des Lebens widmen dürfen und solch banale Dinge wie Schacher um ein paar Rupien, Arbeitshetze, Müllgestank gar nicht kennen.

Der Familiensitz der Tagores, 1784 im Norden Kalkuttas errichtet, ist heute nicht nur Museum, sondern auch Universität, künstlerisches Zentrum, eine Stätte für Tanz, Gesang, Dichtkunst. 9.000 Studenten sind in der Rabindra Bharati University eingeschrieben: 6, Dwarkanath Tagore Lane, so die genaue Adresse. Da lebt etwas fort, was im Rabindra Bharati-Museum konserviert wird: aufs engste verbunden mit dem Namen Rabindranath Tagore, der anglizierten Schreibweise für das bengalische Thakur.

Im Innenhof sehe ich ihn wieder. Auf hohem weißem Sockel halten granitene Hände ebensolche Manuskriptblätter fest, vor imaginärem Wind schützend. Oder sind's die Zehn Gebote? Denn daß Gottvater persönlich in unbestimmte Ferne der Zeitlosigkeit blickt, entrückt und doch apodiktisch gegenwärtig, drängt sich dem abendländisch, christlich geschulten Gast unvermeidlich auf. Diesem stilisierten Tagore konnte sich nicht mal der russische Bildhauer entziehen, der die Büste meißelte. 1963 wurde sie von der Society of Soviet-Indian Cultural Relations aufgestellt; zwei Jahre nachdem in den einstigen Privaträumen der Familie Tagore das Museum eingerichtet und von Premierminister Nehru eingeweiht worden war.

Hier kam Rabindranath am 7. Mai 1861 zur Welt, als vierzehntes Kind hineingeboren in die Wohlhabenheit bengalischer Oberschicht mit Landbesitz und dem geistigen Begehren, die brachliegende, verkannte, von den britischen Kolonialherren unterdrückte Kultur Bengalens zu erneuern. „Die meisten Mitglieder meiner Familie hatten irgendein Talent: Einige waren Künstler, andere Dichter oder Musiker", schrieb er später, „und in unserem Haus herrschte eine schöpferische Atmosphäre."

Nostalgie und Sehnsucht nach der vermeintlich heilen Welt von gestern steigen hier auf, wenn man sich gerade aus dem heutigen Kolkata davonge-

Tagore als Zeichen auf der Wand.

stohlen hat und in Tagores Kindheitserinnerungen blättert: „Das Herz Kalkuttas war noch nicht mit Pflastersteinen belastet. Viel Grün war da. Der Himmel war noch nicht rußgeschwärzt. Durch das Dickicht der Gebäude drangen die Sonnenstrahlen und spiegelten sich in Teichen. Die Schatten der Feigenbäume dehnten sich länger und länger aus. Kokospalmen durchrauschten die Luft. Das Gangeswasser floß in geschlossenen Kanälen und sprudelte am Ende im

Teich unseres südlich gelegenen Gartens. Gelegentlich erschallten in der Gasse die Rufe der vorbeirennenden Sänftenträger. Auf der Hauptstraße schnalzten die Kutscher. Abends brannte eine Öllampe. Unter ihrem gedämpften Licht streckten wir uns auf der Strohmatte aus und lauschten den Märchen unserer lieben alten Amme. Sogar in jener beinahe lautlosen Welt stand ich noch abseits. Ich war schüchtern, still und völlig in mich zurückgezogen…"

In diesem „…riesigen Haus in altem Stil", wie er es schon damals nannte, starb Tagore acht Jahrzehnte später am 7. August 1941 als gefeierter Dichter, Maler, Musiker, Philosoph, Pädagoge, der erste und einzige Literaturnobelpreisträger Indiens.

In den weitläufigen Räumen und Hallen, treppauf, treppab, folge ich den Spuren dieses langen Lebens, den sichtbaren, nachlesbaren. Während der Morgenstunden bin ich der einzige Besucher in den Gemächern, in denen sich einst die geistige Elite Bengalens, ja ganz Indiens traf. Kleidungsstücke des vielseitigen Mannes sind ausgestellt, einiges der persönlichen Habe, Gebrauchsgegenstände, eher das übliche solcher Gedenkstätten. Anderes beeindruckt mehr. Die Bücherschränke mit den Originalausgaben seiner Werke und den langen Reihen der Übersetzungen. Vier solch gewichtige Möbelstükke. Ich entdecke die englische Erstausgabe der Liedersammlung „Gitanjali", für die Tagore 1913 den Nobelpreis erhielt. Ein schmales, weißes Bändchen, wurmstichig, fragil. Ich sehe die Bände der deutschen Editionen mit feierlich rotem Rücken und den in sich verschlungenen Initialen RT auf dem Umschlag, in den 1920er Jahren im Münchner Kurt Wolff Verlag erschienen. Unter Glas liegt die Disque Pathé von 1905, die erste Schallplatte mit der Stimme jenes Universalgenies, das sich in den verschiedensten Künsten mitzuteilen verstand und die bengalische Sprache zur modernen Literatursprache werden ließ.

Auch als Maler wurde er berühmt. Zwischen den Linien, Sätzen, Korrekturen seiner Manuskripte wucherte das figürliche Werk hervor. Er selbst hat beschrieben, wie er zu zeichnen, zu malen begann, nämlich Worte mit Strichen zu verbinden, zu tilgen und zu neuem optisch-grafischen Leben zu erwekken. Solche Technik verbal-bildlicher Verbindung ließe der Personalcomputer gar nicht zu, dessen Tasten und Leuchtschirm unsereiner seine Gedanken anvertraut zur weiteren Textverarbeitung, was ohnehin den Anschein von Abfallbeseitigung erweckt. Im klimatisierten Raum sind mehr als 40 Gemälde, Graphiken, Skizzen Tagores zu bewundern. Auch in dieser Kunst war er ein Meister, der internationale Ausstellungen beschickte und ein Heer von Interpreten herausforderte. 1930 beispielsweise in Berlin. Die „Niederdeutsche Zeitung" in Hannover merkte damals gestelzt an: „Eine phantastisch-mystische Formenwelt, die sich der Dichter hier aufgebaut. In der Farbtechnik noch etwas gehemmt, dilettantisch in der scharfen Herauskristallisierung der

Linearität, stark genährt durch die Schule des deutschen Expressionismus…“ Düster die meisten Motive, Gesichter, Fabelwesen, Abgründe. Ich bin an Kubin, an Picasso erinnert. Das Selbstbildnis mit hoher Stirn, wirrem schwarzem Haarschopf und struppigem Vollbart und traurigen, von Weltschmerz erfüllten Augen, die einen aus dem Ozean unbeantworteter Fragen anschauen, erscheint mir als eine Mischung aus leidendem Jesus und verhindertem Revolutionär der 1968er Bewegung.

Manuskripte, Briefe, Plakate, Zeitungsausschnitte, Bilder, Fotos. Mit mehr als 20.000 katalogisierten Objekten bietet das Museum eine der größten, umfangreichsten literatur-historischen Sammlungen Asiens. Apropos Fotos: Die Ansichten jener so unerhört produktiven Existenz faszinieren schließlich am stärksten. Tagore war ein reisefreudiger Mensch. Auf einer Weltkarte sind die Routen seines Lebens eingezeichnet. In allen Kontinenten ist er gewesen. 31 Länder hat er besucht; achtmal England, fünfmal die USA, viermal Frankreich, dreimal Deutschland und die Schweiz. Das Museum wirkt wie ein weit aufgeschlagenes Fotoalbum mit dem Image des aus den Höhen des Geistes in das Labyrinth irdischer Wirrungen herabgestiegenen Weltbürgers. Gottvater auf der Durchreise, seine Schöpfung inspizierend. East meets West. Gerade in den 1920er Jahren war Tagore die Verkörperung jenes Traumes einer neu zu schaffenden Weltkultur. Seine Auftritte in Deutschland wurden zur Legende. Vor allem Damen mittleren Alters und gehobener Lebensweise ließen sich von dem Mann aus dem Osten ansprechen und in ihrer Sehnsucht nach einem erfüllten Leben begleiten. Er beschwor idealisierend die Harmonie zwischen Mensch und Natur: Indiens Überlegenheit „besteht nicht in der Kraft der Besitzergreifung, sondern in der Kraft der Vereinigung. Daher wählte sich Indien seine Pilgerstätten immer dort, wo die Natur besondere Größe oder Schönheit zeigte, so daß sein Geist sich aus der Welt seiner kleinlichen Bedürfnisse freimachen konnte.“

In einer Zeit, da Europas Fundamente wankten und sich in den Trümmern des Ersten Weltkrieges bereits die mordende Menschenverachtung eines Dritten Reiches zusammenballte, erschien der weise, würdige Mann in weißem Gewand als eine Heilsfigur. Doch auch sie ging unter im Weltgetöse der braunen Horden. Im Oktober 1957, längst zu anderer Zeit und mit anderen Problemen, erinnerte sich Hermann Hesse im schweizerischen Montagnola: „Tagore war in der Zeit nach dem Ersten Weltkrieg eine zeitlang in Europa nicht nur berühmt, sondern er war große Mode, und die Welt ist nun einmal so, daß sie ihre Lieblinge gern für die ihnen gewährte Gunst bestraft und büßen läßt.“

In Indien ist er unvergessen, in der Heimat Westbengalen noch immer eine verehrte populäre Gestalt und eine Denkmalsgröße aus der Zeit, da das indische Imperium der Briten die ersten Risse erhielt.

Hier in Kalkutta waren die Fundamente der Fremdherrschaft gelegt worden. 1690 richtete die East India Company an den Ausläufern des Ganges ihren ersten Handelsposten ein und besetzte damit indischen Boden. Von ihrem Fort William aus schlugen die britischen Söldner einheimischen Widerstand nieder. 1858 wurde Kalkutta die Hauptstadt Britisch-Indiens und blieb es bis 1911, als das Machtzentrum der Kolonialherren nach Delhi verlegt wurde.

Tagores Romane, geschrieben im Aufbruch nationalen Geistes und getragen vom gewachsenen Selbstbewußtsein indischer Elite, sind heute historische Quellen zum Verständnis jener Zeit geworden, ansonsten fremd und verstaubt. Die eigenwilligen Frauen seiner Erzählungen waren ihrer Epoche weit voraus, theatralisch und sehr gefühlvoll auftretende Oberschichtsdamen, die aus den goldenen Käfigen der Herrschaftshäuser auszubrechen versuchten. In die nationale Bewegung des Unabhängigkeitskampfes läßt er sie eingreifen, bei der Wahl des künftigen Gatten mitbestimmen, aktiv werden bei der Gestaltung des eigenen Lebens. Tagores tragische Heldinnen standen auf und scheiterten an den Grenzen ihrer Zeit. Nahezu ein Jahrhundert ist das her.

Ich hatte einmal Shabbi nach Tagores literarischen Frauen befragt, damals bei meinem ersten Besuch in Kalkutta. Hatte eine Aktivistin wie Shabbi darin ihre verblichenen Tanten erkannt, Vorfahren im Geiste, Mitstreiterinnen auf dem Wege zur Selbständigkeit? Shabbi hatte ihren Kopf andeutungsweise geschüttelt, keine wirkliche Abneigung, aber doch ein gewisses Desinteresse war spürbar gewesen. „Ja, ja Tagore…“, wissend und ehrfurchtsvoll hatten ihre Worte geklungen wie der Nachgesang auf eine historische Persönlichkeit, deren Denkmal längst Patina angesetzt hat.

In seinen philosophischen Schriften ist er mahnend aktuell geblieben, weil das wunderbare, idealisierende Bild seines Indien auch in diesem Land von fragwürdigem Fortschritt und gierigem Eigennutz längst zertrampelt worden ist und unter Bergen von Plastikmüll begraben wurde. Der große Geist schwärmt rückblickend von einem goldenen Zeitalter, das es auch in seiner Heimat nie gegeben hat: Indien und seine Menschen „waren Erde, Wasser und Licht, Früchte und Blumen nicht bloße physische Erscheinungen, die man nutzte und dann beiseite warf. Sie waren ihm unentbehrlich zur Erreichung seines Ideals, wie jede Note zur Vollständigkeit der Symphonie unentbehrlich ist. Indien fühlte unmittelbar die tiefe Bedeutung, die diese Allverbundenheit für unser Leben hat. Wir müssen ihrer immer eingedenk sein und im Bewußtsein alles auf sie beziehen – nicht aus wissenschaftlicher Neugier oder Sucht nach materiellem Vorteil, sondern im Geiste der allumfaßenden Liebe, mit einem weiten Gefühl von Freude und Frieden.“ Oh, Tagore, welch ein Wort aus verlorener Zeit! Ich blättere in den ruhigen Winkeln des Museums und der Universität in Tagores Schriften. Ich genieße die inselhafte Zurückgezogenheit. Da draußen im Kolkata unserer Tage wäre es zu laut, um solche Zwischentöne noch verstehen zu können.

Auch Tagore war Realist und sah die Welt, wie sie von Menschen mißbraucht wird: „Seit wir auf diese Erde kamen, haben wie sie geplündert, und je mehr wir verlangten, desto mehr hat sie sich unterworfen. Seit Urzeiten haben wir Menschen ihre Früchte geerntet, ihre Bäume gefällt, ihren Boden bearbeitet, Tiere, Vögel und Fische getötet. Aus der Tiefe der See, aus der Erde, selbst aus dem Rachen des Todes haben wir nur alles gegrapscht, gegrapscht, gegrapscht; keine verschlossene Kiste in der Vorratskammer der Natur wurde respektiert und jede geraubt."

Wie wahr! Dabei konnte sich ein so sensibler Beobachter wie Tagore zu seiner Zeit kaum vorstellen, in welchen Dimensionen dieses Treiben des Raubbaus und der Verwüstung seither fortgesetzt wurde und wird – auch in Indien.

In einem der Räume, wo Tagore als Kind seine ersten Bücher las, steht das Modell eines luxuriösen Eisenbahnwaggons. Mit einem solchen Waggon war der todkranke Greis 1941 von Shantineketan nach Kalkutta zurückgekommen; vom 160 Kilometer entfernten Shantineketan, wo er seine berühmte Schule gegründet hatte: die Bildungsstätte, die asiatische Tradition mit westlicher Moderne zu verbinden suchte und eine Vielzahl von Künstlern, Lehrern, Wissenschaftlern heranbildet, bis heute. Die Fahrt in jenem Wagen der indischen Eisenbahn war noch einmal ein Triumphzug des weißbärtigen Greises, längst zum Symbol geistigen Neubeginns geworden. Auf der Plakette am Modell steht schlicht: „Great Poet's last journey".

Zwei Augen, ein kurzer Blick

Es ist, als ströme über die Howrah-Bridge ganz Indien. Es heißt, diese Eisenkonstruktion von 1943 sei die meistbefahrene Brücke der Welt. Wie eine gigantische Riesenraupe liegt sie über dem Hoogly River, zusammengeschweißt zu einem stählernen, käfigartigen Fachwerk, das aus einem ins Monströse getriebenen Märklin-Baukasten aneinandergefügt wurde. Pferdekarren, Lastenträger, Kuhtreiber, Ochsengespanne, Doppeldeckerbusse, Ambassador-Limousinen, Menschen aller Hautfarben, viel automobiles Blech, Rikschas. Die unter diesem Ansturm vibrierende Brücke wird zum Sinnbild von Unrast, Unterwegs-Sein, zum ewigen Hin und Her. Die in Stahl vibrierende Urfrage Woher-Wohin? Es dröhnt und schreit und knattert. Ich fotografiere vom sicheren Ufer einer Seitenstraße aus und spüre doch das Unbehagen, das mich angesichts solch tosenden Gewimmels überfällt. Individuen – hier? Einzelne

Die Howrah-Bridge über den Hoogly River.

Schicksale – in diesem Durcheinander? Gesichter – in solcher Masse? Niemand verharrt, um in seiner unverwechselbaren Persönlichkeit wahrgenommen zu werden. Alles und alle treiben dahin im Fluß über dem Fluß. Das ist das Indien, das mich immer wieder in eine emotionale Mischung aus Abwehr und Hilflosigkeit treibt. Das Fotografieren wird zum Hilfsmittel, um wenigstens im Sucher das Chaos überschaubar, durch-schaubar zu machen.

Da fährt ein Lachen ins Bild. Ein breites, jugendliches Lachen. Zwei dunkle Augen schauen mich an. Ich lasse den Apparat sinken. Die unaufhörlichen Wellen wogenden Massenverkehrs, in denen jedes Gesicht so schnell verschwimmt, erhalten auf einmal ein einzelnes Antlitz: das eines Jungen, eines Rikschafahrers. Ein schmutziges Handtuch schlingt sich als Turban um seinen Kopf. Barfüßig tritt der Junge in die Pedale. Ein an- und eingespannter Arbeiter, der einen älteren Herrn – heller Anzug, gestreifte Krawatte, Sonnenhut – durch das Gewühl strampelt. Der Blick aus pfiffigen Augen mustert mich. Der Junge läßt sein grellrot gestrichenes Vehikel langsamer rollen. Im jugendlichen Lachen schwingt Erstaunen über diesen seltsamen Europäer mit, der ihn fotografieren will, ausgerechnet ihn – vielleicht spielt auch ein bißchen Geschmeicheltsein mit, die Überraschung, beobachtet zu werden als Einzelner im anonymen Getriebe. Jedenfalls reckt er sich, strafft den Oberkörper, den ein durchgeschwitztes Hemd umflattert. Der Junge winkt. Eine Hand an der Lenkstange, die andere übermütig in die Luft geworfen. Ich winke zurück.

In diesem Augenblick – Augen-Blick in seiner ursprünglichen Bedeutung

– springt mitten im ameisenhaften Gewirr ein menschlicher Funke über. Zwei Wesen unterschiedlicher Welten nehmen einander wahr. Neugier. Der Gedanke, ins Gespräch kommen zu können. Die Ahnung, daß es viel zu erzählen gäbe. „Zwei fremde Augen, ein kurzer Blick…" Ich erlebe die indische Version von Tucholskys Großstadt-Augen. Noch im Vorbeifahren und mit gewendetem Kopf: dieses frische Lachen. Im Strudel des Tretens und Getretenwerdens geht es unter. Ein Mensch. Ein einzelner inmitten der unübersehbar vielen. Der unerbittliche Strom der Howrah-Brücke saugt ihn fort. Ich vergesse, auf den Auslöser zu drücken.

Mädchen tanzen im Morast

An den Lehmwänden der Hütten klebt Kuhmist, grünbraun und tellerrund. Frauenhände und Kinderhände haben den Dreck auf den Wegen zusammengesucht, den heiligen Kühen gewissermaßen unterm Hintern weggekratzt, zu Fladen geformt, mit Stroh gemischt und zum Trocknen an die Wände gepreßt. Überall in den Slums von Kalkutta hängen die Fladen, die formenden Fingerabdrücke darauf noch gut erkennbar. Sobald sie von der Sonne ausgedörrt sind, werden damit die Feuer genährt, auf deren bläulich dünnen Flammen kümmerliche Speisen kochen.

In einem Hof wird getrommelt. Kleine Mädchen tanzen. Ihre nackten Füße springen voller Anmut über den Morast. Graziös folgen die Tänzerinnen dem Rhythmus, den Jungenhände einem umgestülpten Blecheimer entlocken. Die Fingerspitzen der Mädchen malen Ornamente in die Luft. Ihre zerbrechlichen Beine hüpfen im Gleichmaß uralter Schritte. Verwaschene Röckchen wirbeln. Aus dunklen Augen in schmalen Gesichtern funkelt Begeisterung. Takt und Tanz haben etwas Mitreißendes. Schwarze lange Haarmähnen wirbeln herum. Kinder noch, und doch schon mit verführerischem Reiz des Weiblichen. Ich weiß nicht, welche Scheußlichkeiten die Mädchen bereits in ihren sechs oder acht Lebensjahren erfahren mußten. In solcher Umgebung bleibt keine Gemeinheit, keine Schlägerei vor den Augen der Kinder verborgen. Aber der Tanz im Morast wirkt so unverdorben, als hätte die kleine harmlose Aufführung mit all dem gar nichts zu tun, zart und ungekünstelt, nicht einstudiert, sondern aus einer übermütigen Momentlaune in den Tag getrippelt, anmutig und heiter. Die Mädchen sind hübsch und ebenmäßig die kleinen Gesichter. Wie man bei einer aus dem Sumpf aufsteigenden Lotosblüte nicht an deren Verwelken und Verwesen denken mag und die trübe Brühe übersieht, in der die Wurzeln stecken, so will ich bei dieser flüchtigen Vorstellung, bei der ich Zufallspublikum bin, nur die Gegenwart kindlicher Unmittelbarkeit ohne

Freundinnen.

Vorher und Nachher wahrnehmen. Manchmal sind solche Tänze in den Tempeln der Stadt zu bewundern, dazu bestimmt, die schreckliche Kali zu besänftigen. Dort tragen die Mädchen wertvolle Gewänder. Dort ziert goldener Schmuck die Füße oder wenigstens eine glänzende Imitation, die ausreicht, die Illusion von unermeßlichem Luxus zu nähren. Die Füße der Mädchen im Slum von Kalkutta sind schmutzig. Sie zertanzen den Hunger, tanzen ihm wenigstens für ein paar Minuten davon.

Spielende Kinder im Slum bringen die Klischees durcheinander. Ich schaue Mädchen und Jungen zu, die unverkrampft in der Schonfrist ihrer frühen Jahre umherhüpfen. Ein Mädchen mit Zöpfen, langen Hosen und hellwachen Augen, zehn, zwölf Jahre alt, fast schon eine Frau und doch in diesem Spiel noch ein Kind, fesselt meine Neugier. Mit einem Stück Kreide zieht es virtuos einen Kreis um sich auf den festgetretenen Boden. Einer der Jungen ruft: „Cat, cat, cat!“ Die anderen fallen im Chor ein und brüllen schrill: „Cat, cat, cat!“ Das Mädchen im Kreis wirft einen Stein über die Schulter. Ein anderes fängt ihn auf, flitzt ins innere Rund und vertreibt die Ältere. Schallendes Lachen ringsum. Wie immer die Regeln sein mögen, die ich nicht verstehe, der Kreidekreis wirkt wie eine Insel der Heiterkeit in diesem Meer der Armut.

Im Nachbarhof, nur durch eine Bambusmatte getrennt, schöpfen zwei

Männer grüne Jauche mit bunten Plastikeimern in einen Bottich. Der Kot war über die Abwässergräben gequollen und muß weggeschafft werden. Eine Wolke von Fliegen umkreist die Männer. Sie haben sich Tücher vors Gesicht gebunden und sehen aus, als würden sie eine Bank überfallen wollen. Allen Grund zu solcher sozialen Umverteilung von Grundkapital hätten sie. Doch die Männer stehen hier bis zu den Knöcheln im Moder. Der Gestank dringt durch den Mattenzaun. Eine Kuh humpelt durch die Szene. Sie stakst auf drei Beinen, ruckartig schwankend, auf zwei hinteren und nur einem vorderen, um ihr Gleichgewicht bemüht. Trotz der Kühen zugebilligten Heiligkeit scheint diese besonders benachteiligt zu sein, verletzlich, entkräftet, einer der vielen Krüppel in Kalkutta. Die Knochen spannen sich über das abgewetzte Fell wie eine von Wind und Wetter gepeinigte Zeltleinwand. Aus ernsthaften, tieftraurigen Augen blickt das Tier um sich und wühlt in einem Abfallhaufen.

Die kleinen Mädchen tanzen. Ihre Mütter pressen neue Kuhfladen an die Lehmwände der Hütten. Eine Kindermeute tobt vorbei. Lachende, ausgelassene Kinder, fast nackt und verdreckt. Mager die kleinen Körper. Ein schmächtiger, quicklebendiger Junge rennt und zieht an einer langen Schnur einen Drachen hinter sich her. Das buntscheckige Dreieck, aus Papier und Plastik zusammengeflickt, steigt schwerelos in die blau-roten Lüfte, entschwebt dem Elend. Die Kinder schicken ihr fröhliches Lachen mit auf die Reise.

Ein gewisses Lächeln

Der gebeugte alte Mann keucht und spuckt Blut. In roten Fäden rinnt es ihm aus den welken Lippen. Tränenschwer seine wässrigen Augen. Um den ausgezehrten Körper nur verdreckte Fetzen. Ängstlich schaut er sich um in dem Saal mit den Eisenbetten, ein gehetztes Wesen, das das Leben zur Strekke gebracht hat. So wie die anderen. In langen Reihen liegen die Siechen, die Kranken, die Sterbenden. Otmar, der junge Mann aus Düsseldorf, bärtig und stämmig, strahlt in seltsamem Kontrast zu diesem Ort des nahenden Todes handfeste Zuversicht aus. Er begrüßt den neuen Moribunden, der zu früher Stunde in Mutter Teresas Heim neben dem Tempel der Göttin Kali um Aufnahme bittet. Wortlos war er hereingehumpelt, mehr gekrochen als gegangen. Name? Der Greis murmelt etwas, das wie Shankar klingt. Otmar schreibt den Namen in ein Heft.

„Wir haben gezählt“, sagt er mir nebenher, „Shankar ist Nummer 97.821.“

„Seit 1952 dieses Heim gegründet wurde?“

Otmar nickt. Hier begann jene kleine Frau aus Albanien das menschenfreundliche Werk, das ihr Weltberühmtheit und den Friedensnobelpreis einbrachte. Ihr faltenreiches Gesicht sollte zum Markenzeichen der Nächstenliebe werden. „Corporation of Calcutta Nirmal Hriday, Missionaries of Charity, Mother Teresa's Home for the Dying Destitutes, 22-8-52" ist an die Wand geschrieben. „Destitute" übersetzt das Wörterbuch mit „notleidend, mittellos, entblößt" – entblößt von allem, was menschliche Würde ausmacht. Während Otmar dem alten Mann die Augenlider nach oben zieht, fragt er leise nach dessen Befinden.

„Erst einmal waschen", sagt er dann bestimmt und führt den Alten wie ein Kind in den angrenzenden Raum mit Bottichen und Schläuchen.

Ich sehe andere weiße Helfer. Jugendliche, Männer, junge Frauen. Sie kommen aus Europa, den USA, aus Australien. Auch Japanern schaue ich zu, die den Skeletten in Lumpen die Decken zurechtziehen, ausgemergelten Mündern weiße Trinkbecher reichen, stockenden, von Hustenanfällen unterbrochenen Lebensgeschichten lauschen. Eigenartig schon: Da kommen die Söhne und Töchter aus den reichen Ländern und kümmern sich hier um die erbärmlichsten Kreaturen Kalkuttas. Kräftige weiße Hände massieren spindeldürre Waden. Weiße Finger streichen über fiebernde Stirnen. In den Gesichtern der Helfer ist ein seltsames Lächeln voller Geduld und Sanftmut. Freiwillige allesamt. Sie erhalten keinen Lohn auf dieser Erde. Ein „Vergelt's Gott" vielleicht anderswo. Sie unterstützen die indischen Schwestern, die in weißen Saris mit blauen Streifen ihren Dienst an den Ärmsten verrichten und dem Orden angehören, den Mutter Teresa gegründet hat. Am 5. September 1997 ist die weltweit gefeierte Frau gestorben. Ihr Werk der Nächstenliebe lebt.

Shankar, der erste Greis, der an diesem Morgen aufkreuzte, legt sich auf ein freies Bett. Leicht wie ein ausgedörrtes Blatt. Nach langer Zeit des Umherirrens darf er sich ausruhen, ohne vertrieben zu werden, ohne in Mülltonnen wühlen zu müssen, ohne die Hand zum Betteln auszustrecken. Er schließt die Augen, friedlich entspannt nun seine faltigen Gesichtszüge, und niemand weiß, ob er die Augen wieder öffnen wird. Auf einer schwarzen Tafel sind mit rasch zu tilgender Kreide registriert: „Male: 47, Female: 49." Und an diesem Tage steht in der Rubrik „death" ein „nil" in der makabren Bedeutung von „noch nicht".

Unter den männlichen Helfern ist kein Inder zu sehen. „Selten, daß hier mal einer mitmacht", bestätigt Otmar. Die aktive Hilfe für den unbekannten Nächsten entspreche nicht indischer Vorstellung von guter Tat, so versucht er eine Erklärung. Das christliche, uneigennützige Mitleid sei keine asiatische Tugend. Daß sich fremde Menschen um fremde Menschen kümmern und Alten, die nicht zur eigenen Familie gehören, das Sterben erleichtern, daß sie dies selbst- und kostenlos und ohne sofort bar zu begleichender Rechnung tun wie in den kommerziellen Krankenhäusern, all das sei eben ungewohnt in

Indien. Auf Inder, die hier mal gelegentlich mitmachen, ist Otmar schlecht zu sprechen. Die redeten doch nur, wüßten alles besser, wollten sich andernorts mit ihrer guten Tat brüsten. Reiche Inder spendeten Geld, sorgten für Nahrungsmittel und kauften sich so von ihrer sozialen Verantwortung frei. Otmar, der aus Deutschland kam, gibt die Erklärungen, während er einen anderen der Fast-schon-Toten streichelt und ihm Wasser einflößt. Sanft redet er auf den Mann ein. Der schluckt hastig, verschluckt sich, krächzt wie eine aufgescheuchte Krähe.

Das gewisse Lächeln in den hellhäutigen Gesichtern erstaunt mich, ja, es irritiert mich. Es hat nichts gemein mit der professionellen Heiterheit, die ich in deutschen Krankenhäusern erfahren habe, wo kumpelhaft-heuchlerisch in unzutreffendem Plural „Na, wie-geht-es-uns-denn-heute?" gefragt wird. Hier liegen von Würmern zerfressene Gestalten, die kein Hospital mehr aufnähme; im Indien der Bargeld-Medizin schon gar nicht. Und die Betreuer lächeln. Das läßt an innere Zufriedenheit der weitgereisten Helfer denken, an Erfüllung durch uneigennütziges Tun.

Ortmar zuckt leicht die Schultern, als ich ihn darauf anspreche. „Was wir hier machen, ist keine Sache des Geldes. Ich gebe meine Zeit, ein Stück meines Lebens. Das ist mehr als Geld. Zu dem Taschengeld, das ich bekomme, muß ich sogar vom Ersparten drauflegen, um in bescheidenen Verhältnissen leben zu können." Er haust irgendwo in einem der schäbigen Häuser zur Untermiete und schimpft verhalten über die Lärmbelästigung der benachbarten Moschee. In Düsseldorf war er Bankangestellter, Computerfachmann. Er kam als Tourist, half in Mutter Teresas Heim und ist geblieben für Monate. Dann zog es ihn wieder nach Deutschland und dort empfand er nur noch Leere. Otmar kam zurück. Ist er überzeugter Christ?

„Mit der Kirche habe ich nicht mehr viel am Hut", sagt er ausweichend, „um ehrlich zu sein: Ich bin schon vor Jahren ausgetreten. Aber diesen Dienst hier mache ich. Die großen Probleme kann ich nicht lösen. Indien insgesamt ist hoffnungslos. Schauen Sie sich um. Hier leiden zwanzig Männer an Tuberkulose. Im Subkontinent sind es vielleicht 150 Millionen oder mehr. Denen kann ich nicht helfen. Aber diesen hier."

Er bringt Mutter Teresas Konzept der Nächstenliebe auf den Punkt. Ursachenbekämpfung war nicht ihr Bestreben, die Benennung von Verursachern des Elends kein Thema; sich in die Politik einzumischen hat sie vermieden. Das hat ihr Ärger erspart und weltweit die Zustimmung auch derer eingetragen, die von der Armut in einem Lande wie Indien profitieren. Gesellschaftskritik war nicht Sache der guten Frau vom Balkan. Mit Mutter Teresa konnten die Reichen und die Mächtigen leben. Sie stellte nicht deren Reichtum und Macht infrage, sondern versorgte die Opfer.

Von einem solchen Zusammenhang redet auch Otmar aus Düsseldorf nicht. In seiner Miene ist dieses leise, verhaltene Lächeln. Habe ich ein solches Lächeln nicht auf Buddha-Gesichtern gesehen? Ein Lächeln ganz von innen heraus. Otmar beugt sich über einen mumienhaften Alten, flüstert ihm etwas ins Ohr, und im vermeintlich leblosen Antlitz, in diesen eingefallenen grauen, blutleeren Furchen flackert ein Widerschein dieses Lächelns auf.

Das Wunder der Unterwelt

Kalkutta hat eine Oberwelt und eine Unterwelt. Letztere hat zwei Unterabteilungen. In der einen kommt alles zusammen, was es mit Gesetz und Ordnung nicht so genau nimmt; und hier gibt es mannigfache Verbindungen zur Oberwelt. Die andere Abteilung der Unterwelt heißt Metro, und die ist aus der Oberwelt mittels Stufen und Rolltreppen zu erreichen. Diese wiederum sind ein kostenloser Spaß für Menschen, die in Sachen Einkommen weder der Ober- noch der Unterwelt angehören und das Auf und Ab in der fortschrittlichsten Weise ausprobieren wollen, die Kalkutta zu bieten hat. Rolltreppenfahren als Inbegriff städtischer Modernität wird besonders für Leute vom Lande zum unfaßbaren Erlebnis. Runter. Rauf. Zweimal. Fünfmal. Ich stehe staunend daneben. Nicht nur Inder sind verblüfft, derart die Welten wechseln zu können.

Oben schiebt und drängelt sich ein Millionenheer durch den Dschungel hoffnungslos verkeilten Verkehrs in beißenden Abgasen, Geschrei und Elend. Noch immer mühen sich ausgemergelte Rickscha-Wallahs durchs Gewühl. Eingespannt zwischen den beiden Holmen ziehen sie ihre menschliche Fracht auf zwei Rädern hinter sich her. Heute eher ein Fotomotiv für Touristen als wirkliche Ergänzung des Nahverkehrs, aber für die Männer eben doch lebenswichtiger Job. Kolkata ist die einzige Stadt Indiens, auf deren Straßen noch solche menschlichen Zugmaschinen auf Trab sind und an die kolonialen Zeiten erinnern.

Unten glänzt die funktionale Eleganz des späten zwanzigsten Jahrhunderts. Die Metro strahlt pädagogische Verbindlichkeit aus. Wer oben noch hemmungslos ausspuckte, Papier in die Gosse warf, an Hauswände pinkelte, verhält sich unten so, als betrete er sein eigenes Wohnzimmer, oder ist jedenfalls sehr viel zurückhaltender, was die Umweltverschmutzung betrifft.

„Wenn Sie sehen, daß sich niemand traut, Dreck zu machen, lassen Sie es eben auch bleiben", erklärt mir ein Soziologe von der Calcutta University das Phänomen der sauberen Unterwelt. Auf den marmorgetäfelten Böden liegt kaum ein Krümel. Grünpflanzen umschlingen die tragenden Säulen. Nirgends ein abgerissenes Plakat mit revolutionären Parolen, wie sie in den Stra-

Gewühl in den Straßen Kalkuttas.

ßen hängen. An die Wände gesprayte Streikaufrufe sind hier unbekannt. Keine ausgestreckten bettelnden Hände heischen einen Obolus. Nicht einmal die überall in Indien vorherrschende Geruchsmischung aus Karbol, Räucherstäbchen und Urin durchzieht die unterirdischen Bahnhöfe. Oder doch? Ich schnuppere mißtrauisch bei neuerlichem Vordringen in die Unterwelt. Bei genauerem Hineinriechen und Hineinschauen entdecke ich Kratzer und Beulen der Veränderung. Ganz so uneingeschränkt wie bei meinem letzten Besuch Kalkuttas ein paar Jahre früher fällt mein Lob nicht mehr aus. Da trieft eine blutrote Spur die Wand entlang, haftende Spucke aus Pan oder Betel kauendem Munde. Dort ballt sich weggeworfenes Papier zusammen, des Besens harrend. Indien, das vielfältige, bemächtigt sich allmählich auch dieser Unterwelt. Die Metro ist gleichwohl ein weiteres Wunder unter den vielen Wundern Indiens. Auf den Bahnsteigen liegt gedämpfte Stille, die alle fünf Minuten von der Lautsprecherstimme einer Frau unterbrochen wird, den nächsten Zug ankündigend. Oben das Chaos. Unten die Ordnung. Symbolträchtig ist beides zusammen eben Indien.

Kalkuttas Metro ist eine Pionierleistung. Als 1971 die ersten Pläne gemacht wurden, die die Untergrund-Vision, von der Verkehrsexperten bereits in den 1940er Jahren träumten, endlich auf die Reihe brachten, war es längst höchste Eisenbahn. Kalkuttas Lebensadern litten am Verkehrskollaps. Doch es dauerte in indischer Zeitverzögerung ein weiteres Jahrzehnt, bis im Oktober 1984 der erste unterirdische Zug auf die kurze Hin-und-Herreise von knapp dreieinhalb Kilometern geschickt wurde. Immerhin kam damit die erste U-Bahn des Subkontinents in Fahrt. Langsam buddelten sich Ingenieure und Bauarbeiter weiter durch die Erde, kämpften gegen Finanznöte und die übliche Korruption und behördliche Schlampereien an und erreichten schließlich 1995 die Erweiterung der Linie auf heute 16,45 Kilometer von der Dum-Dum-Station in der Nähe des gleichnamigen Flugplatzes bis Tollygunge weit im Süden der Stadt. Nur in einer zweiten indischen Metropole machte die Untergrund-Beschleunigung seither Schule. In Neu Delhi wurde im Dezember 2002 das erste Teilstück der dortigen Metro eröffnet. Die Notwendigkeit solcher Modernisierung ist unbestritten. Nach der Bevölkerungszählung von 2001 leben bereits 27 Prozent der Inder in städtischen Ballungsgebieten. Das sind so viele Menschen wie das gesamte Indien zur Zeit seiner Unabhängigkeitserklärung 1947 Einwohner hatte, nämlich: um die 350 Millionen. Die urbane Wachstumsrate übersteigt längst die in den ländlichen Regionen. Im Jahr 2010, so die Hochrechnung, werden sich 40 Prozent aller Inder in den Städten drängen und in den Zentren der Millionen endgültig den oberirdischen Verkehr zum Stillstand bringen, wenn nicht unterirdisch die Tunnel zu Entlastung verhelfen. Kalkutta ist zum Vorbild geworden. Ausgerechnet diese Metropole mit dem üblen Ruf der Slums und chronischen Unterentwicklung. Mit einer Geschwindigkeit von bis zu 55 Kilometern in der Stunde fahren die Züge, ein Tempo, von dem man da oben staugebremst und in Abgaswolken gehüllt nur träumen kann, denn eine wirkliche Entlastung ist die U-Bahn bei dem weiterhin viel zu kurzem Streckennetz noch nicht.

Kalkuttas Metro ist mehr als nur ein Beförderungsmittel. Als rollende Kunstwerke flitzen die Wagen durch die Tunnel. U-Bahn-Waggons sonst wo auf der Welt müssen als Werbeflächen dienen. In Kalkuttas Metro wandert das Auge des Passagiers über farbenfreudige Dorfszenen, Bauerngesichter, Bilder von einem Volksfest. In Wechselrahmen hinter Glas werden originale Graphiken, Aquarelle, Radierungen präsentiert. Zeitgenössische Malerei schmückt die Abteile, eine Wanderausstellung der besonders mobilen Art, versehen mit dem Hinweis, wo man diese Kunstwerke käuflich erwerben kann. Man hat Muße, sich den Musen zu widmen und ahnt beim Anblick bunten Landlebens, wie unwiederbringlich weit weg es ist.

Kreativität auch auf den Bahnhöfen. Die Wände und Säulen sind mit Szenen der schönen Künste geschmückt. Die „city of joy", die Stadt zweifelhafter Freuden, bietet zumindest unterirdisch Stationen des optischen Vergnügens, ein buntes bilderreiches Kontrastprogramm zu oberirdischer Verelendung. Die Gestalter der Haltepunkte haben sich etwas einfallen lassen. Die Motive fern der Sonne sollen den jeweiligen örtlichen Gegebenheiten da oben im Licht entsprechen. So ist Maidan-Station, eingegraben unter dem weitläufigen Maidan-Feld sportlicher Aktivitäten, ausgemalt mit Fußball und Kricket

Vergnügliches Kartenspiel am Straßenrand.

spielenden Männern. Die Rabindrasadan-Station – nomen est omen – zieren Drucke von Tagores Gemälden und Zitate aus seinen Gedichten. Zwischen zwei Zügen atme ich unter Tage bengalische Kultur ein.

Der edle Bettler

Zuweilen treffen sich Ost und West eben doch. Die Wege der Begegnung sind verschlungen; und Rudyard Kipling, dem englischen Barden, der die Bürde des weißen Herrn beklagte, wäre sicher kein Kailash in den Sinn gekommen als jemand, der die Hand zu solcher entgegenkommender Regung ausstreckte. Üblicherweise hält Kailash seine gekrümmte Hand den Passanten nicht gebend, sondern nehmend entgegen. Kailash heißt der einbeinige Bettler, ein Mann in den 50ern, der an einer Mauer unterhalb der Howrah-Brücke seinen festen Platz erkämpft hat und gegen die Konkurrenz zu bewahren weiß. Er ernährt von seinen Tageseinkünften eine fünfköpfige Familie, die abseits der Hauptstraßen in einem der Bordsteinslums haust. Er muß einen Anteil an den Paten, den Beschützer der Bettler des Viertels abgeben, den er zwar noch nicht gesehen hat, den sie aber alle fürchten. Dessen Geldeintreiber, ein junger, schlagkräftiger, aufdringlicher Mann ohne Hemmung, kassiert jeden Abend ab.

Kailash ist ein aufmerksamer Beobachter und Menschenkenner. Seinen kleinen Augen, in denen so etwas wie Bauernschläue blitzt, entgeht nichts und niemand. Kailash streift mit verwundertem Blick die weiße Frau, die sich ein paar Meter weiter auf den Boden gehockt und den Rücken müde an eine Wand gelehnt hat. Bereits die flüchtige Wahrnehmung im Vorbeigehen vermittelt jedem den Eindruck: da ist ein Häufchen Unglück in sich zusammengesunken. Neben der Frau liegt ein zusammengerollter Schlafsack. Die Hände halten eine Art Käfig aus blauem Plastik umschlungen. Darin schläft eine Katze. Die Jeans sind durchlöchert und schmutzig, die fleckige Bluse ist zerknittert. An den nackten Füßen baumeln zerschlissene Gummilatschen. Die Frau könnte Mitte vierzig sein, früh gealtert wirkt sie, hager, über die Backenknochen spannt sich ein ausgezehrtes Gesicht, in das strähnige, ergraute Haare fallen. Der Blick streift fahrig durch das Menschengewühl und gleitet aufwärts zu der ebenfalls weißen Frau, die neben ihr stehen geblieben ist, offenbar unentschlossen, ob sie nun weiterschlendern oder bleiben soll. Die Frau mit der Katze hatte sie angesprochen, und ihr Ton klang kläglich.

Touristinnen beide, doch offenbar durch Welten voneinander getrennt. Da die elegant gekleidete Frau in einem leichten Kostüm und hochhackigen Schuhen, eine Dame, die aus einem nicht weit entfernten weißen Ambassador-Taxi entstiegen war und wohl nur ein paar Schritte gehen wollte, Lokalkolorit schnuppernd. Auf den langen, blonden Haaren trägt sie einen Sonnenhut. Unter ihr eine gestrandete Frau, die zu erzählen beginnt, Bruchstücke ihres Lebens, schimpfend, die Sätze herauswürgend wie unverdautes, verdorbenes Essen.

Vor Monaten war sie aus ihrem kalten europäischen Lande aufgebrochen, die geliebte Katze als einzigen Lebensgefährten im Käfig dabei; ansonsten leichtes Gepäck. Das Ziel war Indien gewesen, das Land der Sonne, der weiten warmen Strände, der Ashrams, wo die Sehnsucht nach Erfüllung und Spiritualität sich verwirklichen sollte.

„Nichts mehr am Hut mit dem Konsumscheiß", so hört die stehende Frau von unten, „hatte es satt, ständig neuem und teurem Zeug hinterher zu rennen. Da muß doch noch was anderes sein als Einkaufen und Steuern zahlen und Versicherungen und vor dem Fernseher einschlafen. Als ich meinen Job verlor, dachte ich: weg, nur noch weit weg. Indien. Davon habe ich geträumt."

Die noch immer stehende Frau nickt mitfühlend, nun bereit zum Zuhören, was da an Kummer von der Seele gewischt wird.

„Vom Mann geschieden, die Kinder erwachsen. So eine innere Leere, wissen Sie?"

Die stumme, elegante Frau bekundet Verständnis.

„Und dann die Angst vor dem Altwerden. Was hat unsereiner alles verpasst im Leben. Verstehen Sie?"

Die Frau über ihr nickt wieder und beugt sich nach unten, darauf achtend, daß der Saum ihres Rockes nicht den Boden berührt.

„Na, war ja auch alles schön. Ich fand die Strände. Ich meditierte in einem Ashram. Jetzt kommst du dir näher, so dachte ich. Ich hörte in mich hinein. Ja, da war was. Vegetarisches Essen. Yoga."

Die Dame hockt sich nun auf die Fersen und fragt dazwischen: „Aber warum sind Sie denn nun hier, so...", sie sucht höflich nach passenden Worten, „so..."

„Heruntergekommen, sagen Sie es ruhig. Mich stört das nicht. Ist ja wahr. Heruntergekommen. Dabei ist die Erklärung so banal wie bitter. Mir ist mein Geld geklaut worden. So einfach ist das. Im Ashram. Ich bin mir sogar sicher, wer es geklaut hat. Auch so einer auf dem Wahrheitsfindungstrip. Aber ich konnte es nicht beweisen. Da hilft einem keine Selbstversenkung weiter." Ihr gequältes Lachen hat einen Anflug von Selbstironie. „Ich brauche nicht viel Geld, aber so völlig ohne hört der Spaß auch in Indien auf. Jedenfalls für uns aus Europa. Nun gammle ich hier rum, geschafft von den Behördengängen. Sagen Sie Beamten mal, wer Sie sind, wenn Sie das nicht mit irgendwelchen Papieren belegen können. Alles weg, klar, auch die Papiere. Bevor Ihnen da jemand überhaupt zuhört, hält er schon die Hand auf. Von wegen Bakschisch!" Sie schlägt die Hände an die Schläfen. „Bakschisch – das Wort kann ich schon nicht mehr hören, macht mich krank, aggressiv. Jeder will hier etwas von einem. Bakschisch! Oh, Gott!" Sie kreischt es hysterisch in den Straßenlärm. „Ich muß noch ein paar Tage durchhalten. Vielleicht kriege ich dann endlich von meinem Konsulat die Sachen, mit denen ich nach Hause reisen kann. Nach Hause? Glauben Sie, dorthin zieht es mich? Nicht die Bohne. Aber was soll ich denn machen. Ashram und Meditation und so was sind mir erst mal egal. Hilft mir auch nicht weiter. Jetzt geht es mir darum, daß Musch nicht verhungert. Musch da drin. Wenn ich den Kater nicht hätte, wäre ich nun ganz allein auf der Welt. Ach was, ich wäre überhaupt nicht mehr auf der Welt."

Kailash humpelt näher. Er schaut die beiden Frauen mit unverhohlener Neugier an. An seinem Standplatz kommen Menschen aller Schattierungen vorbei, und aus Erfahrung weiß er zumeist, wen er mit einer gewissen Hoffnung auf eine Münze ansprechen soll und bei wem sich die Mühe gar nicht lohnt. Diese Frauen aber kann er nicht einschätzen. Er spricht sie an. Hungrige Familie, unverschuldetes Leid, Erbarmen. Seine bewährte Leier. Die englischen Wörter kennt er.

Die elegante Dame reagiert gereizt und scheucht ihn weiter. „Wir sind hier in einem Gespräch. Laß uns in Ruhe. Verschwinde." Aus ihren von sorgfältig aufgetragenem Make Up umrandeten Augen sprüht Haß auf Hungerleider, wie er einer ist.

Kailash, solche Abwehr gewohnt, ergänzt unbeeindruckt seinen Spruch mit weiteren Hinweisen auf das Elend der Welt im allgemeinen und das seine im besonderen.

Die Frau am Boden schreit ihn an: „Als ob es nur euch indische Bettler gibt! Spiel dich nicht auf mit deinem Quatsch!“ Sie wirft sich in ohnmächtiger Wut die Haarsträhnen in den Nacken und funkelt Kailash ebenso böse an wie die andere Frau.

Kailash hüpft erschrocken ein paar Sprünge zur Seite. Auf eine solche Reaktion ist er nicht eingestellt.

„Brauchst gar nicht so entgeistert zu gucken“, herrscht ihn die Frau mit der Katze an, „mir geht es genauso dreckig wie dir. Stecke auch in der Scheiße!“ Sie schreit sich die Sorgen heraus und hat einen armen Krüppel gefunden, dem sie ihre Verzweiflung entgegen schleudern kann.

Kailash schweigt. Auf seinem Aluminiumtellerchen, das er den Frauen erwartungsvoll hinhält, liegen einige Münzen, die dürftige Ausbeute der vergangenen Stunden. Er läßt stets ein paar Geldstücke als Anreiz für weitere Gebe-Bereitschaft liegen. Kailash hat das Bedürfnis, sich zu wehren. Die Abfuhr der beiden Frauen empfindet er als Verletzung seiner Selbstachtung. Er schaut aus den kleinen Augen die modisch gekleidete Frau an. Er schaut auf die Katzenmutter herab. Ein Moment der Spannung. Erst jetzt nehmen ihn die Frauen wohl als Mensch, als Persönlichkeit wahr, nicht nur als eine der vielen armseligen Gestalten im Getriebe der Howrah-Brücke. Auf merkwürdige Weise sind die drei in diesen Augenblicken verbunden. Dann passiert’s. Kailash kippt sein Tellerchen ein wenig. Die Münzen verlieren ihren Halt. Kailash dreht das Behältnis um. Das Kleingeld fällt der heruntergekommenen Frau in den Schoß.

„Bitteschön“, sagt Kailash mit einem überlegenen Lächeln, und sein zerknittertes Gesicht hellt sich auf. Er umgreift seine hölzernen Krücken und stakst weiter. Er dreht sich nicht mehr um.

Kali, die schrecklich Emanzipierte

Ich besuche wieder einmal Kali. Frauen mit zweifelhaftem Ruf machen neugierig. Kali zieht an und stößt zugleich ab, Monster und Mutter in einer göttlichen Person. Neben Teresas Siechenasyl gleich um die Ecke steht ihr Tempel. Es ist, als gehörten das Haus des freundlich begleiteten Sterbens und das Haus des schauerlich schrecklichen Verderbens zusammen. Nicht nur baulich sind sie miteinander nachbarschaftlich verbunden, sondern auch in existentieller Gemeinsamkeit von Untergang und Befreiung. Der erste Eindruck enttäuscht, wie so oft, wenn die Erwartung an eine außergewöhnliche Frau ins

Unermeßliche getrieben wird. Architektonisch ist Kalis Heim in Kalkutta wenig aufregend. Eine Vorhalle, dann ein mit grünen Kacheln bedeckter Turm, den eine silberne Kuppel krönt. Die Anlage stammt aus dem 19. Jahrhundert, wurde immer wieder erneuert, erweitert, ergänzt, wie das üblich ist bei einer göttlichen Wohnstätte, die nicht etwa Museum, sondern geschäftiges Pilgerzentrum ist. Ich werde auf dieser Reise Indien südwärts kunsthistorisch noch Gewichtigeres sehen; und nicht der Ästhetik wegen schaue ich bei Kali vorbei. Ihr Tempel ist populärstes Pilgerziel im südlichen Kalkutta und Ort der Verehrung jener Göttin, die der Stadt den Namen gab. Kalighat. Vielleicht komme ich ihr nirgends mehr so nahe im spannungsvollen Verständnis ihrer Kraft, die die Erde der Menschen und den Kosmos der Götter so nachhaltig durcheinanderbringt.

Einer der Brahmanenpriester will mich führen. Um den nackten Oberkörper hat er die heilige Schnur des Doppeltgeborenen geschlungen, sich ausweisend als Angehöriger der obersten Kaste, was sozial-religiöse Zuordnung bedeutet, nicht aber notwendigerweise einen wohlgefüllten Geldbeutel. Rund und fett glänzt sein Bauch, fleckig das grauweiße Tuch, das unterhalb der fleischigen Tonne bis zum Boden reicht. Wirr die öligen schwarzen Haare, zu einem Schwanz nach hinten gebunden. Als Begleiter bei der Begegnung mit Kali erscheint er mir eher aufdringlich und lästig. Der schmierige Geselle hat genaue Vorstellungen, was seine Dienste wert seien. 1.200 Rupien verlangt der Mann und nennt das „Donation". Wenn ein Rikschafahrer nach einem Tag mühsamer Plackerei nur ein Drittel der Summe zusammenbringt, ist er glücklich. Ich gebe dem Tempeldiener 20 Rupien und bin ihn wieder los.

Ein ganzes Zeitalter ist nach Kali benannt, nämlich das gegenwärtige: Kaliyuga, das vierte, das finstere, verdorbene Zeitalter. Es ist das elendste von allen. Die erfreulicheren sind nach indischem Verständnis schon lange vorbei. In klassischem Hindu-Text heißt es: „Wenn die Gesellschaft in einen Zustand gerät, wo Reichtum Rang verleiht, Besitz die einzige Quelle der Tugend wird, Leidenschaft das einzige Band zwischen Mann und Weib, Betrug die Grundlage des Erfolges im Leben, geschlechtliche Liebe der einzige Weg zur Freude und äußere Verwirrungen mit innerlichem Glauben zusammengeworfen werden..." – dann sind wir im Zeitalter Kaliyuga. Wenn ich das recht verstehe: also jetzt. Der Text in weitsichtiger Einschätzung menschlicher Verworfenheit stammt übrigens aus dem ersten Jahrtausend unserer westlichen Zeitrechnung. Die beklagenswerte Vision ist Wirklichkeit geworden. Kommt einem sehr vertraut und gegenwärtig vor. Aber war es jemals anders? Menschlicher? Friedlicher?

Angeblich werden jeden Tag in diesen düsteren Hallen 500 der ausgehungerten Stadtstreicher gespeist. In Gruppen hocken die abgerissenen Gestalten im südwestlichen Teil des Tempels neben dem mit einer Mauer abgetrennten

Schlachtplatz. Wie Krallen ragen dort die beiden U-förmigen Steine auf, in deren Wölbung die Köpfe der Ziegen festgeklemmt und mit einem Beilhieb abgeschlagen werden. Eine routinierte Handlung, ausgeführt von den Männern der Kamar-Kaste, ansonsten dem Schmiedehandwerk verpflichtet. Die herbeigetriebenen Ziegen wittern Verderben und Tod, werden unruhig, störrisch. Doch ihr Schicksal ist besiegelt. Kali will Blut schlürfen. Ihr Tempel ist auch ein Schlachthaus. Das Fleisch wird in der Tempelküche verarbeitet. Die Ärmsten der Armen warten geduldig auf die Energiezufuhr aus Kalis Küche. Um diesen Tempelteil mit den Hinrichtungssteinen ranken sich Horror-Geschichten. Daß hier einst auch Menschenopfer gebracht wurden ist immerhin vorstellbar. Stirb und Werde im hinduistischen Verständnis. Keiner der Götter in all den vielgesichtigen und vielnamigen und vielarmigen Erscheinungen ist so auf Blut versessen wie Kali. In ihrer Gestalt lassen die Menschen dem Zerstörerischen ihrer eigenen Wesensart freien Lauf, um es zu bändigen.

Monotoner Gesang schwebt durch die Gänge. Dann der kurze Augen-Blick ins Innerste, ins Heiligste, ins Herz. Ich erhasche den für Nicht-Hindus unerlaubten Blick auf Kali. Ein schwarzer Stein ist's mit roten Zeichen und goldener Zunge, dem Betrachter weit herausgestreckt. Abstrakt steht sie da im Dämmerschein, mehr ein entrücktes Prinzip als eine furchteinflößende Frau. Die Figur macht nicht Angst, jedenfalls nicht dem Besucher aus der westlichen Welt, die andere Schreckensgestalten erfunden hat, um die Menschen an die Greuel ihrer Untaten zu erinnern.

Die Entsetzen verbreitende Kali mit den allseits vertrauten Attributen ihrer Bedrohung ist andernorts zu treffen. In kleinen Tempelnischen an Kalkuttas Straßen steht sie. Auf den Farbbildern, die fliegende Händler auslegen, ist sie in grellbunter Aufmachung zu sehen. Vier- und auch zehnarmig schwingt die resolute Dame ringsum Unheil bringendes Mordgerät, Schwert, Sichel, Dreizack, Pfeil und Bogen. Ihre hingemeuchelten Opfer sind ungezählt. Die dreinschlagende Furie bevorzugt grausigen Schmuck. Ihre Halskette ist aus Totenschädeln gefertigt. Um die Hüfte hängen abgeschlagene Köpfe. Sie gelten als Symbole des Bösen, der Habgier und Wollust. Interessanterweise sind es bärtige Gesellen, deren Häupter da baumeln, die Augen geschlossen. In einer Hand hält sie einen gerade vom Rumpf getrennten Männerkopf, der sich blutend entleert. Daß bei solch martialischem Auftritt die miesen Eigenschaften, die es auszumerzen gilt, ein männliches Gesicht tragen, ist schon bemerkenswert in einem Land, in dem Frauen noch immer benachteiligt sind. In Siegerpose steht die schwarze Kali auf einem liegenden, durch Knockout hingestreckten Mann, nämlich ihrem eigenen. Es ist der Göttergatte Shiva. Es sieht ganz danach aus, daß er ihr nicht in schmachtender Liebe zu Füßen fiel, sondern unter Einwirkung stärkerer Kräfte. Makabre Szene einer Ehe. Kali wirkt sehr emanzipiert, als eine letzte Vertreterin der Muttergottheiten, die vordem das

Sagen hatten, ehe Männer auch den Himmel eroberten – nicht nur im alten Indien. Verglichen mit diesem tollkühnen Weib im Kampfesrausch wirkt die Kali im Haupttempel Kalkuttas blutleer und so gar nicht von Mordlust getrieben. Eine ruhende Abbildung, keine zuschlagende Kriegerin.

Verwirrend und beängstigend ist die Männer verschlingende Kali allemal, blutsaugend und kannibalisch zubeißend, und doch im hinduistischen System der Einheit gegensätzlicher, sich ergänzender Eigenschaften von überzeugender Aussage. Kalis Name ist von Kala abgeleitet, der Zeit. Erst in diesem temporären Zusammenhang wird ihr symbolhafter und alles vernichtender Auftritt verständlich. Mit der dahineilenden Zeit kommen Verschleiß, Vergänglichkeit, Tod. Die Zeit schlägt Wunden. Die Zeit heilt Wunden. Im Zwielicht ihres Tempels, den Blutstrahl geköpfter Ziegen noch vor Augen, den auf- und abschwellenden Gebetsgesang der Brahmanen im Ohr, lehne ich in einem Winkel an kühlen Steinen und sinne dieser Göttin nach. Schaurig schön, wenn man seine Gebeine noch vollzählig am Leibe hat und Kali in gebührender Distanz zur Kenntnis nimmt. Gewalt, derart personifiziert und als Inkarnation göttlicher Kraft auf die Altäre der Opferung berufen, beflügelt die Phantasie nun mal mehr als die Güte einer auf den christlichen Altar der Anbetung gestellten Maria. Kalis bevorzugte Orte sind der Platz der Totenverbrennung und das Feld des Krieges. Ihr Anblick drängt einem den Verwesungsgestank faulender Leichen, süßlichen Blutgeruch und das Klappern von Knochen geradezu auf. Kali erwürgt ihre Feinde mit bloßen Händen, frißt in gieriger Lust deren Eingeweide, schlürft genüßlich ihren Lebenssaft. Wehe wenn sie losgelassen! In rauschhafter Zerstörungswut wird von ihr niedergemacht, was und wer ihr in die Quere kommt.

Kali erledigt die Drecksarbeit und tritt zugleich als rasende Reinemachefrau an. Erst wenn die Hydra-Häupter des Bösen vom sündigen Leib getrennt sind, brutal, schmerzhaft, kompromißlos, kann der Erneuerungsprozeß beginnen. Es ist die immer wieder herausfordernde Aufgabe seit der Menschheitswerdung. Weil die Köpfe ständig nachwachsen in Anmaßung und Überheblichkeit ihrer Träger, wird Kali nicht arbeitslos. Im Kampf gegen das Böse wächst sie zu wahrer Größe heran, trinkt das Blut ihrer Widersacher, tanzt im Rausch über die Erde und ist nicht einmal vom Ehemann Shiva aufzuhalten, den sie zu Boden wirft. Aus Scham, so heißt es, streckte sie danach die Zunge heraus. Sie ist die aktive, die Powerfrau unter den Gemahlinnen Shiwas. Jede Verkörperung steht für eine der menschlichen Hoffnungen, Wünsche, Ideale. Kalis leidenschaftliches Umsichschlagen läßt an Weiber denken, die zu Hyänen werden, doch Kali als Inbegriff der Zeitenwende ist in ständigem Wandel. Nichts ist endgültig, alles vergänglich. Kali mordet und schlägt damit den Weg frei für den Neubeginn.

Wenn Shiva und ihm zur Seite seine Frau Parvati in volkstümlicher Darstellung abgebildet werden, dann sind sie das Traumpaar wie aus einem Bollywoodfilm. Er der strahlende Held, sie die vollbusige Schönheit mit wehendem Haar. Die Maler der himmlischen Gestalten langen tief in die Farbtöpfe. Ich liebe solche Bilder, auf denen die Götter als Zimmerzierde in die heimische Hütte genommen werden können wie zurückgekehrte Familienmitglieder. Und sind sie nicht miteinander verwandt und verschwägert, die Menschen und die Götter? Alle ihnen zugesprochenen Eigenschaften und alle von ihnen mit Opfern erbetenen Hilfen entstammen menschlichem Bedürfnis, die Götter in den Menschen und die Menschen in den Göttern zu finden. Welch ein Wechselspiel. So hat Parvati viele Schwestern und Cousinen, die aus ihr hervorgehen mit eigenen Namen, unterschiedlicher Ausstattung und einprägsamen Gesichtern. Parvati ist zugleich die gütige Sati und Uma; und in ihren schrecklichen Verkörperungen entstammen der einen Dewi, die als Sammelbegriff der weiblichen Gottheit gilt, auch Chamunda und Durga und eben die vielverehrte und gefürchtete Kali. Und am Ende meiner Reise Indien südwärts am Kap Komorin will ich Kanyakumari treffen, die sanftmütige, die schöne Göttin, die sich ihre jungfräuliche Reinheit bewahrt. Alle sind sie miteinander verwandt und spannungsvoll aufeinander bezogen. Im indischen Pantheon versammelt sich die Weisheit und Erkenntnis uralter Lebenserfahrung. Wie jeder Mensch ja nicht nur eine unwandelbare Persönlichkeit ist, keine starre Puppe, sondern je nach Alter, Ängsten, Herausforderung, Liebeshöhenflug und Todesnähe unterschiedliches Verhalten an den Tag legt und morgen zu Taten fähig ist, die er heute nicht für möglich hält, und gestern etwas machte, was ihm heute unverständlich erscheint, so verkörpern die Götter die Niederungen und Gipfel der Menschen in ihrem Da-Sein und lassen sich von ihnen durch Einsicht und Opfer gnädig stimmen. Vielleicht…

Im Hause der Kali treibe ich wieder einmal dahin, Indiens Götter zu erahnen. Es ist ein neuerlicher Versuch, aus der abendländisch-säkularen Prägung eines der katholischen Kirche davongelaufenen Christen in der verwirrenden Welt indischer hinduistischer Tempel eine Ordnung zu finden. Voller Bewunderung für den Geist, der darin steckt; und voller Skepsis gegenüber den Priestern und Politikern, die damit ihre Interessen und Machtgelüste verbinden. Da sehe ich mich ganz in der Nachbarschaft jenes Buddha, der genau dies infrage gestellt hatte und das Rad seiner Lehre in Bewegung setzte. Eine Lehre, in den Ursprüngen verstanden, die die Götter entthronte und ohne Blut- und Rauchopfer auskommt. Vor 2.500 Jahren ist das gewesen. Buddha hielt nicht viel vom Glauben, sondern setzte an dessen Stelle die Erkenntnis. Brahmane war nach seinem Verständnis niemand von Geburt, sondern nur durch sein Tun. Buddhas reine Lehre hat sich in Indien nicht behaupten können.

Ich hoffe, bei der weiteren Reise wird mir Kali den Kopf oben belassen. Ich brauche ihn noch. Vorsorglich bitte ich Ganesha, den elefantenköpfigen Gott, um Beistand. Überall, wo Indiens Geist hinwehte in den Ländern Südostasiens, habe ich ihn getroffen und als vertrauten Gefährten augenzwinkernd meiner Sympathie versichert, ob er nun in Stein, Gips, Plastik oder Bronze zu sehen war. Er ist der hilfsbereite Überwinder von Hindernissen. Reisenden ist er besonders wohlgesonnen, so wird mir immer wieder versichert. Dickbäuchig, wohlgenährt und rundherum ein Sinnbild vollendeter Zufriedenheit thront Ganesha, neben ihm die stets um die plumpen Füße huschende Ratte. Dem Elefantengott, so berichten die alten Legenden, hat vor vielen Generationen der Dichter Krishna Dvaipayana Vyasa das Mahabharata diktiert, und Ganesha hat das umfangreichste Epos der Menschheit auf Palmblättern niedergeschrieben in der ihm eigenen Geduld und Verläßlichkeit. In kompakter Zuversicht ist er bereit, mit schlenkerndem Rüssel das Ungemach der Menschen zu verscheuchen; ein Helfer, auf den man sich verlassen kann. Zumindest schadet es ja nichts, mal bei ihm vorbeizuschauen. Er gilt als Sohn von Shiva und Parvati. Auch ein Verwandter der Kali also. Eine schrecklich nette Familie.

Traumstraße mit Schlaglöchern

Mein Lieblingsplatz ist vorne links. Das hat nichts mit ideologischer Weltsicht zu tun, die solcherart ausgerichtet längst die klare Perspektive verloren hat. Gemeint ist ein Sessel im Omnibus, meistens abgewetzt und durchgesessen, von löchrigem Plastik überzogen, das oftmals geflickt wurde. Ein eisernes Gestell hält diese Art indischen Patchworks ohne künstlerischen Anspruch zusammen; mit ausgeleierten Stahlfedern ist es ausgestattet, unbequem nach stundenlanger Benutzung, die Rückenlehne hart. Wahrlich kein Möbel der Luxusklasse und doch begehrt, umkämpft als ein kleiner Freiraum in der stikkigen Enge zusammengedrängter Menschen und ihres Gepäcks.

Rechts neben mir, durch die Wölbung der Motorhaube getrennt, sitzt der Fahrer, in dessen Hände ich vertrauensvoll und alternativlos mein Schicksal lege. Den Lokomotivführer bekommt man in der Eisenbahn üblicherweise nicht zu sehen. Der Pilot im Flugzeug läßt sich zuweilen mit sonorer Stimme via Bordlautsprecher vernehmen wie eine himmlische Offenbarung, bleibt aber gesichtslos. Der Kapitän eines Fähr- oder Passagierschiffes regiert entrückt von hoher Kommandobrücke aus. So ein Busfahrer jedoch ist leibhaftiger Lenker meiner Reise. Ich suche an diesem Morgen seinen Blick, erhoffe mir ein aufmunterndes Lächeln in verschwörerischer Gemeinsamkeit, heil und unbeschadet das Tagesziel erreichen zu wollen. Der da, mit dem ich Kalkutta verlasse auf dem weiten Weg nach Süden, ist ein

Koloniale Bank in Kalkutta.

gealterter Mann, vermutlich Familienvater, grau bereits die strähnigen Haare, eingefallen das Gesicht. Ein schmächtiges Kerlchen als Herr der dieselgetriebenen Pferdestärken unter der Motorwölbung. Nein, er würdigt mich keines Blicks und verschwendet kein Lächeln in gefurchter Miene. Ich werde nicht einmal beachtet, obwohl ich im überfüllten Bus das einzige Bleichgesicht bin; und das wird fast jedes Mal so sein bei dem sich nun über Monate erstreckenden Vorstoß gen Süden.

Indien hautnah. Auf Busbahnhöfen und in den Bussen habe ich stets das bedrängende Gefühl, die Milliarde Inder ist mir ständig auf den Fersen, rückt mir auf die Haut, drückt mir die Pelle ein, ist in körperlicher Aufdringlichkeit allgegenwärtig. Es gibt kein Entrinnen. Ich lasse mich seit Jahrzehnten durch die Welt treiben, auf Reisen wahrlich nicht bestrebt, den Menschen auszuweichen, sondern den Kontakt zu suchen, doch in keinem Land erscheinen sie mir so geballt, so zusammengedrängt in lärmendem, schrillem, grellem Plural und Präsens wie in Indien. Der Mensch als Masse. Eine Horrorvision. Doch auch Indien besteht aus einer Milliarde eigenwilliger Individuen, einzelner Schicksale, eigenständiger Gesichter. Ich halte Ausschau.

Noch steht der Bus. Die Innentemperatur heizt sich auf schwüle Saunagrade auf. Schweißbäche rinnen den Rücken abwärts. Der Fahrer läßt schon mal den Motor aufheulen wie ein räudiges Raubtier, das an seinen Ketten zerrt. Von meinem Ausguck vorne links sehe ich auf eine Mauer. Behördliche Saubermänner haben daraus eine Ordnung heischende Lehrtafel gemacht.

Knatschrot ist sie gestrichen. Gelbe Piktogramm-Figuren geben Lebenshilfe. Ein Männchen pinkelt aufgemalt gegen eben diese Mauer. Darf nicht sein. Durchgestrichen. Ein anderes Männchen entledigt sich seines Mageninhaltes durch Erbrechen auf den Boden. Darf nicht sein. Durchgestrichen. Das dritte Männchen schmeißt eine Bananenschale weg. Darf nicht sein. Durchgestrichen. Ich bin vermutlich das einzige Lebewesen in weitem Umkreis, das diese pädagogisch anspruchsvolle Wandgestaltung zur Kenntnis nimmt. Augen und Nase bestätigen, in ihrer Empfindlichkeit beleidigt, daß die Verhaltensanleitung eher als Aufforderung zum Urinieren, Kotzen, Wegwerfen verstanden wird denn als Abschreckung, sich just vor der Mauer damit zurückzuhalten.

Ich versuche es noch einmal mit dem Blickwechsel und nicke dem Fahrer aufmunternd zu. Von seiner Tagesform hängt auch mein Wohl und Wehe ab. Hat er heute ausreichend gefrühstückt? Geht es ihm gesundheitlich gut? Ist ihm seine Frau auf die Nerven gegangen oder hat sie ihm wegen der Schulden, der kranken Tochter, des mißratenen Sohnes eine Szene gemacht? Denkt er jetzt über die Aussichtslosigkeit nach, jemals aus dem Teufelskreis seiner beschränkten Verhältnisse herauszukommen? Oder nimmt er sie in götterfürchtiger Gelassenheit und in Puja-bereiter Opferfreude hin wie sie sind? Hineingeboren in die unabwendbare Kaste und soziale Hierarchie. An der Innenwand über dem breiten Frontfenster hängt ein Glaskasten. Gold und rot und weiß sitzen darin Shiva, Buddha, Christus nebeneinander, in indischen Bussen ein seltenes Trio religiöser Nachbarschaft. Vielleicht hilft diese Dreifaltigkeit über das Ärgste an Mißlichkeiten hinweg. Um das transparente Behältnis windet sich eine Girlande aus Plastik.

Der Fahrer erwidert andeutungsweise mein Lächeln und nickt zurück. Die Reaktion beruhigt mich und weht mir über den dröhnenden Motor und dessen ätzende Abgase einen Hauch von Vertrauen herüber. Damit wird die Bremse nicht stabiler, der verbeulte Bus nicht jünger, die abgefahrene Bereifung nicht profilgriffiger, doch die menschliche Regung stärkt meinen Glauben, daß auch dieser Mann trotz aller Sorgen, die ihn bei seiner Heimkehr erwarten, heil wieder nach Hause kommen möchte.

Im Ameisenhaufen des Busbahnhofes hatte ein Junge lachend auf meinen Rollsack gezeigt und mir nachgerufen, ob ich denn für dieses Vehikel einen „NP" hätte. Das mobile Gepäck ist längst unzertrennlicher Begleiter geworden, schon auf vielen Reisen dabei. Eine Art Rucksack, der am herausziehbaren Haltegriff mit drei Fingern leicht zu ziehen ist und auf zwei Hartgummirädern rollt. Praktisch. Ich hatte dieses schwarze Ding hinter mir hergezogen und war von Bus zu Bus gelaufen. Ob ich ein „NP" habe? Klar doch! „National Permit" heißt das, und „National Permit" ist auf die Lastwagen gepinselt, wenn sie die Genehmigung haben, in ganz Indien zu verkehren. Das Dreimonatsvisum räumt auch mir diese Bewegungsfreiheit ein.

Es geht los. Der Ruck, der den lebenden und toten Businhalt durcheinander schüttelt und die Masse aus Leibern und Reiseutensilien zusammenrutschen läßt, wirkt auf mich befreiend. Das ist jedes Mal so, wenn endlich nach langem Herumfragen, welcher denn der richtige Bus sei, nach mühsamem Hin und Her und zähen Wartezeiten so ein altersschwaches Gefährt in Bewegung kommt. Noch immer empfinde ich dann diesen Aufbruch ins Unbekannte als Akt des Loslösens. Die angespannten Magennerven entkrampfen sich. Zurücklehnen. Durchatmen. Auf zu neuen Ufern. Weiter. Eine Stimmung des Ungebundenseins umfängt mich, ein Hauch von Freiheit, Urinstinkte des Jägers und Sammlers schwingen mit. Kein Blick mehr zurück, nur den nach vorn, wo der Horizont ist. Wie oft habe ich das auf Reisen schon ausgekostet. Immer wieder aufs Neue ein Erlebnis. Das Busfahren wird zur Lebensreise. Unterwegs-Sein und schauen.

Der Sitz vorne links im Omnibus verhilft zu wirklich freiem Blick in Fahrtrichtung. Ich will sehen, wo es lang geht. Die Scheibe ist stellenweise verschmiert, das Loch ganz oben mit Folie zugeklebt. Weiß der Teufel, ob es ein Einschuß war oder die Folge eines aufgewirbelten Steines. Meine Sicht ist jedenfalls offen. Hupend schiebt sich der Bus aus Kalkutta hinaus. Quälend langsam zieht sich das Herauskommen aus diesem Stadtkörper mit seinen darmträgen Verschlingungen hin. Erst nach eineinhalb Stunden öffnet sich das flache Land. Endlich.

Wir werden begrüßt. Ein weißhaariger älterer Herr winkt uns entgegen. Nicht irgendeiner. Es ist Shri Atal Bihari Vajpayee, der im Mai 2004 abgewählte Prime Minister of India, bis dahin Regierungschef des Subkontinents. Hohen Triumphbögen gleich überspannen grüne Tafeln die Straße, nun vierspurig und den europäischen Autobahnen nachgebildet. Neben Städtenamen und Entfernungsangaben ist jedes Mal auch der einstige Toppolitiker der hindu-nationalistischen BJP (Bharatiya Janata-Partei) zu sehen, der den Reisenden den Gruß entbietet und siegesgewiß und als oberster Polizist verkehrsregelnd in Indiens Zukunft weist. Der Bus fährt auf dem National Highway Nummer 5 südwärts. Damit erfüllt sich der Traum des geschaßten Premierministers. So ist jedenfalls auf den Tafeln zu lesen, die das Autobahn-Projekt als seinen ganz persönlichen Herzenswunsch in die Landschaft stellen. Golden Quadrilateral heißt das Unternehmen, das als Highway-Viereck die Metropolen Kolkata, Delhi, Mumbai und Chennai verbindet. Alle paar Kilometer winkt Vajpayee als Werbeheld wie in einem andauernden Wahlkampf aus der Höhe der Verkehrsschilder den Reisenden zu und macht ihnen klar, daß die Autobahn als seine Vision vom neuen Indien gilt. Klar auch, daß nach dem Wahlsieg der konkurrierenden Congress-Partei mit Sonja Gandhi nun allmählich die Porträts des Verlierers aus dem Verkehr verschwinden werden. Die Gesichter wechseln, die Aufgabe bleibt.

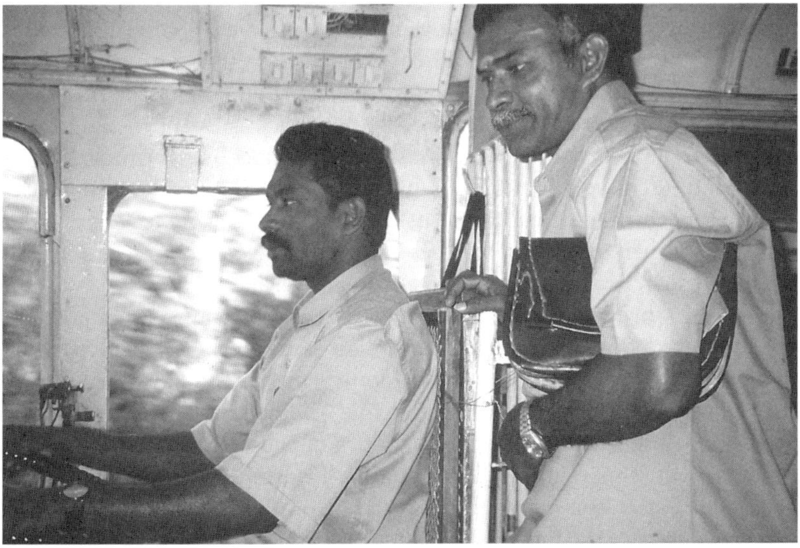

Busfahrer und Schaffner.

Der altersschwache Bus dreht auf wie ein Ackergaul, der im Dauerstau von Kalkutta noch lahmte und sich nun mal die Beine vertreten kann. Das beschleunigte Dahinrollen gibt eine Ahnung von Fortschritt und es ist, als blieben die Slums von Kalkutta nicht nur räumlich zurück. Ein Highway verhilft zur Illusion schrumpfender Distanzen. Die Staats-Rennstrecken weisen vier- und sechsspurig, in jedem Falle großspurig, den Weg aus den Gassen der Armut in die Weiten der regionalen Supermacht. So die Brücken-Botschaft, weiß auf grün, unter der mein Bus in regelmäßigen Abständen hindurch fährt. Ich spüre die Dynamik des anderen Indien, das auf High-tech und Digitalisierung stolz ist. Hinter mir piepst ein Mobiltelefon. Ein junges Mädchen kramt in seiner Tasche und holt das Sprechgerät heraus, das eines der neuen Symbole für Modernität ist. Indien schaltet von Orts- auf Weltzeit um. Hallo Zukunft! Wir kommen!

Ich lasse mich vom Motorengeräusch, von der Hitze und vom winkenden Ex-Prime-Minister zum Dösen verleiten, nicke ein, schwebe dahin auf Indiens futuristischer Autobahn, sehe rechts und links blühende Landschaften, wohnliche Häuser, satte Kinder und lachende Mütter, zufriedene Männer auf dem Weg zu ihren Feldern, zu Büros, Fabriken, und ich beobachte das friedliche Miteinander der Hindus, Muslime, Sikhs, Christen, Buddhisten. Sauber ist das Land, nirgends Müll oder Exkremente, India shining, glänzendes, strahlendes Indien – und plötzlich werde ich jäh aus dem Halbschlaf aufgeschreckt und aus dem Märchenland vertrieben. Der Bus, gerade noch in gleichförmigem Gedröhn und stetigem Tempo um die 60 Stundenkilometer auf der linken Fahrbahn, wie sich das in britischer Tradition des Linksverkehrs gehört, schwenkt harsch nach rechts, verlangsamt drastisch und poltert auf der rechten Spur weiter. Mein erstaunter Blick zum Fahrer. Routiniert dreht er sein Steuerrad. Ende der Ausbaustrecke. Auf orangefarbenen Schildern steht: „Road work in progress". Indiens Fortschritt ist mal wieder auf der Strecke geblieben. Aus dem Hightech-Land bin ich ins vertraute Holper-Land der Schlaglöcher zurückgekehrt. Der Fahrer hält das Steuer fest mit beiden Händen, jedem Krater unter uns möglichst ausweichend.

Die Fortschritts-Schneise hat noch viele Unterbrechungen. Traum und Alptraum wechseln sich ab. Da wird in uralter Weise geschuftet. Frauen tragen in Blechschalen auf den Köpfen zerkleinerte Steine zu den Baustellen. Schweres Gerät versetzt Berge. Dann wieder sind kilometerweit überhaupt keine Menschen zu sehen. Still ruht die Zukunft. Auf endlosen halbfertigen Betonfundamenten rennen Jungen kleinen harten Kricketbällen hinterher. Lastwagen, Autos, Busse verschwinden in gelben Staubwolken. Auch Highway Nummer 5 zwingt zu Stop-and-Go, wie ich es von sonstigen Straßen kenne, nur auf diesem noch unvollendeten Weg der Visionen ist alles größer, weiter, eindrucksvoller. Mit feuchten Tüchern sind die frisch zementierten Fahrbahnen abgedeckt, schmuddelig graue Teppiche, kilometerlang ausgebreitet für den Empfang des allseits erwarteten Ehrengastes namens Aufschwung. Streckenweise sind die Häuser, Hütten, Grundstücke wie von einem Dämonenschwert durchschnitten. Abgesäbelt stehen nun in gebührendem Abstand zur Fernstraße die halben Behausungen. Ich schaue in einstige Zimmer, denen die Außenwand fehlt. Es ist, als habe ein Riese mit beiden Händen die Dörfer von gestern für das Indien von morgen einfach zur Seite geschoben. So rigoros wird dem Fortschritt Platz gemacht.

Wenn der Bus auf Touren kommt, erscheint es unvorstellbar, daß eine wandernde Kuh die Fahrbahn kreuzt oder sonst ein umherstreunendes Hindernis den Aufbruch ins 21. Jahrhundert aufhalten könnte. Weit gefehlt. Plötzlich wie aus dem Nichts treibt ein Hütejunge eine Herde schwarzer Büffel, aus ländlicher Ödnis dahertrabend, über die Baustellen. Ständig wechselt der Fuß des Fahrers zwischen Gaspedal und Bremse. Die Busfahrt an diesem Tag und in den folgenden Wochen und Monaten wird zum Anschauungsunterricht für Entwicklung im Stottergang. Ent…Ent…Entwicklung. Der Sitz vorne links ist mein rollender Logenplatz. Auf dem Spielplan steht das Stück „India in progress". Eine Aufführung mit offenem Ende und vielen Pausen.

Erotik in Stein

Ashokas Botschaft in runzliger Felsenhaut

Ich bin enttäuscht. Einen mächtigen Felsen hatte ich mir vorgestellt, hoch aufragend und mit weithin sichtbaren Schriftzeichen bedeckt. Ich hatte erwartet, aufblicken zu müssen nach allmählicher Annäherung. Nun wäre ich beinahe vorbeigelaufen und muß mich bücken. Die Zeichen sind hinter einem schützenden blaugestrichenen Eisengeflecht nur mühsam zu entdecken. Ich habe eine epochale Botschaft der Menschlichkeit und Duldsamkeit vor Augen. Doch der überwältigende Eindruck, vor einem frühen Zeugnis von weltgeschichtlicher Bedeutung zu stehen, will sich nicht sogleich vermitteln. Die unspektakuläre Schlichtheit des Ortes Dhauli steht im Gegensatz zur Aussage, die Kaiser Ashoka in dieses Gestein hat meißeln lassen.

Ich schaue mich um in früher Stunde. Oberhalb des ummauerten und vergitterten Felsbrockens ist ein Elefant aus dem Stein geschlagen. Den Rüssel gesenkt, den Kopf erhoben, schreitet er aus dem Felsen, zwei Füße im Freien, den Rest des Körpers behält der massive Stein in seinem Innern. Grob behauen ist das Tier, einen Meter groß. Der Elefant ist die einzige erkennbare Gestalt hier in der Ansammlung der wie von einem Riesen ausgestreuten Brocken. Lauernden, in sich zusammengerollten Tieren gleich liegen sie umher. Nein, die hügelige Landschaft des Flusses mit Geröll, Wiesen, spärlichem Baumbewuchs ist nicht imposant. Nichts ragt da großartig himmelwärts, und doch ist hier Geschichte festzumachen: Indiens Fundamente und Spuren eines einzigartigen Herrschers. Graue Regenwolken fegen darüber hinweg, feuchte Fetzen eines Zyklons in der Bucht von Bengalen. Ausgemergelte Hunde streunen durch die Gegend mit wenig Aussicht auf Freßbares, ruhelos wie der Wind. Er trägt mir an- und abschwellendes Gebimmel zu. Die frommen Töne kommen von der Hindu-Stätte auf dem Hügel gegenüber. Mit pinkfarbenem Anstrich ist der Tempel vor die weiße Glocke des buddhistischen Friedensstupas gebaut worden, der von meinem Platz aus nicht zu sehen ist. In religiöser Eintracht stehen die beiden auf der einzig bemerkenswerten Höhe in weitem Land, eine Nachbarschaft bezeugend, die historisch verwurzelt ist, aber in der indischen Gegenwart gänzlich unterschiedlichen Zuspruch bekundet.

Dem Hauptweg folgend, der von der stark befahrenen Straße zwischen Bhubaneswar und Puri rechts abzweigt, hatte mich zuvor eine Autorikscha die Serpentinen hinauf gebracht, die sich asphaltiert um den Hügel winden. Das ist eigentliches Ziel der Pilger und Ausflügler. Scharenweise besuchen sie den Hindu-Tempel, dort ihre Gebete und Opfer zu verrichten; und voller Neugier gehen sie die 50 Meter weiter, an Souvenirbuden vorbei und bettelnden Hungerleidern, zum Stupa buddhistischen Geistes. Damit hat von den

Indern kaum jemand etwas im Sinn. Der Hindu-Tempel ist von ihresgleichen gebaut worden, den Stupa haben japanische Stifter errichten lassen. Anfang der 1970er Jahre war das. Solche hell leuchtenden Mahnmale in vollendeter Rundung stehen an etlichen Orten im nördlichen Indien, wo sich buddhistische Spuren ausfindig machen lassen, Spuren der Pilgerreisen des historischen Buddha, Spuren des Kaisers Ashoka, der wie kein anderer Monarch in der Nachfolge des Erwachten zur Verbreitung von dessen Lehre beigetragen hat. Mehr als zweitausend Jahre ist das her. Japaner erinnern auf indischem Boden mit ihren Friedenspagoden daran, nicht die Inder. So stehen da oben die beiden religiösen Bauwerke nebeneinander, das eine Hort bunter, lärmender Opferung, das andere eher stilles Besichtigungsobjekt im Vorbeigehen.

Zu Fuß steige ich schmale Pfade hinab. Unterhalb des Pagoden-Hügels, wo eben jener Kaiser Ashoka seine menschenfreundliche Botschaft der Versöhnung und des hohen moralischen Anspruchs in mehrere Quadratmeter des braungrauen Gesteins hat schreiben lassen, bin ich in diesen Stunden ganz allein. Weder die historische Bedeutung, noch die abseitige Lage locken Besucher an. Hier gibt es nichts besonders Augenfälliges zu besichtigen, aber Sternstunden der Menschheitsgeschichte zu erahnen. Auf dem ausgetretenen Weg nebenher treibt ein barfüßiger Junge schwarze Kühe talwärts. Er winkt mir mit seinem Stock zu und lächelt in dunklem Gesicht, das so schwarzbraun ist wie der Felsbrocken, auf dem ich sitze. Schon seine Urahnen werden so des Wegs gegangen sein, die Urahnen gegenwärtiger Kühe zur Weide führend. In dem Bild liegt die Ruhe ewigen Kommens und Gehens, wahrlich Alltägliches und doch in dieser millionenfachen Abfolge an so vielen anderen Orten Indiens ein kraftvolles Gleichnis von Geburten und Wiedergeburten.

Nicht das Bild ist außergewöhnlich, der Ort ist es. Ich weiß nicht, wie oft sich hier die Menschen in Gier und Hader in die Haare gerieten und sich gegenseitig totschlugen, der friedliche Morgen trügt. In dieser eher langweiligen Gegend hat der Überlieferung nach eine Schlacht die Erde mit menschlichem Blut getränkt, die jenen Kaiser Ashoka entsetzte und fortan sein Tun veränderte. Aus dem brutalen Eroberer wurde ein Weltenlenker der Gewaltlosigkeit. Vielleicht ist das ja auch nur eine fromme Legende. Was aber Ashoka in Felsen und auf Säulen schrieb mit eisernem Stift und menschlicher Zuneigung, ist einzigartig in der Weltgeschichte. Vor ihm und nach ihm haben auch andere Führer ihre Namen und Notierungen den ihre Anwesenheit auf dem Erdenrund ewig überdauernden Steinen anvertraut. Siegesmeldungen waren das üblicherweise, Verherrlichungen ihrer Taten, Eigenlob. Ashoka hinterließ die Kunde von persönlicher Reue und ethische Verhaltensregeln. Nicht nur ein über allem thronender Herrscher, der Macht ausübt und Unterwerfung fordert, ist in seinen versteinerten Worten zu erahnen, sondern in erstaunlicher Nähe ein fühlender Mensch. Es ist als habe der Felsen eine lebendige Haut, in die Ashoka seine Botschaft ritzen ließ, Worte, die dem toten Gestein eine zeitlose Aussage geben. Der Lesekundige kann sie zu Leben erwecken – und dem heutigen Besucher, so er sich die in seine Sprache übersetzte Botschaft vornimmt, erscheint die Mitteilung aus grauer Vorzeit auf verblüffende Weise aktuell. Was der Kaiser aufschreiben ließ, ist zeitlos und heute dringender denn je geboten.

Der Elefant, der über Ashokas versteinerter Mitteilung wacht, könnte davon berichten. Ich wünschte mir, das Tier würde erzählen von dem Morden in dieser Gegend, dem Todesschrei der Geschundenen und der Einsicht, die der Monarch daraus erlangte; und was wäre wohl zu erzählen von den Zeremonien bei der öffentlichen Verkündung der Edikte in diesem Felsklotz als Folge des kaiserlichen Sinneswandels. Welch ein kenntnisreicher Führer durch Zeit und Raum wäre das Rüsseltier, das mir bis zur Hüfte reicht. Aber es tut das, was seinesgleichen immer tut, es hüllt sich in Schweigen und stellt die Ohren seitwärts, daß ihm kein Laut verborgen bleibe.

Auch Leutnant Kittoe wird sich über diesen erstarrten Elefanten gewundert haben und noch mehr über die geheimnisvollen Zeichen in dessen Obhut. Der Offizier in Her Majesty's Diensten war 1837 der erste Europäer, dem an dieser Stelle die Felseninschrift aufgefallen war. Schon in den Jahren zuvor stießen Briten bei Jagden und Exkursionen auf derartige Zeugnisse früher Aufzeichnungen in gestürzten Säulen und abschüssigen Steinen, mit denen sie nichts anfangen konnten, auf die sich weder befragte Einheimische noch die weitgereisten Europäer einen Reim machen konnten. Die Zeichen stammten aus dem Zeitalter vorchristlicher Zeitrechnung, da indische Herrscher dem Wort vertrauten, nicht den Bildern. Ganz das Gegenteil zum Fernsehspektakel flüchtiger Schein-Informationen unserer Tage. In Steine wurden die Parolen gebannt, von den gebildeten Zeitgenossen verstanden, von den Nachfahren aber schnell vergessen – was den epochalen Bekundungen des Kaiser Ashoka nicht nur die Wahrnehmung raubte, sondern ihrem moralischen Anspruch langfristig die Wirkung versagte.

Erst 1838 gelang es dem englischen Forscher James Prinsep mittels Schriftvergleichs auf zweisprachigen Münzen, die rätselhaften Zeichen zu deuten. Ähnliche Fels- und Säulendokumente wie in Dhauli waren nämlich an mehr als dreißig anderen Orten entdeckt worden. Heute sind sechs große Felsschrifttafeln und sechs Pfeiler und Säulen mit derartigen Inschriften bekannt, außerdem eine Anzahl kleinerer Felsen- und Höhleninschriften. Bei seinen Pilgerfahrten auf den Spuren des historischen Siddhartha Gautama, der zum Buddha, zum Erwachten wurde, ließ der Kaiser kunstvoll gestaltete Säulen errichten. Es waren gewissermaßen die Eckpfeiler des Ashoka'schen Machtbereiches. In seiner Regentschaft zwischen 273 und 232 v.u.Z. dehnte er es gewaltsam und kriegerisch fast auf das gesamte Gebiet des Subkontinents aus.

Vom (heutigen) Afghanistan bis weit in den Süden hatte Ashoka die Eroberungen seiner beiden Vorgänger, die ebenfalls der Maurya-Dynastie angehörten, erweitert. Machtbesessen und skrupellos wie andere Könige auch.

Ich klopfe dem Elefanten freundschaftlich auf den Rüssel, was das Tier erwartungsgemäß unbeeindruckt läßt. Der Blick schweift über die noch immer grau verhangene Ebene. Wie ein schmutziges Tuch hüllt der Dunst die Landschaft ein. Hier, so heißt es, besiegten Ashokas Truppen die Soldaten des Kalinga-Reiches. Dieser östliche Teil des gewaltigen indischen Dreiecks fehlte dem Kaiser noch in seiner territorialen Unterwerfung des Subkontinents. Ashoka war nicht zimperlich zu Werke gegangen. Um den Thron zu besteigen, hatte er wahrscheinlich erst einmal Brüder und Halbbrüder und andere Konkurrenten umbringen lassen oder eigenhändig ins Jenseits befördert. Blut ist die am verschwenderischsten benutzte Tinte der Geschichtsschreibung. Kalinga, etwa das Gebiet des heutigen Bundesstaates Orissa, war das Tor zu den östlichen Meeren. Von seinen Küsten aus wurde Handel mit den Ländern Südostasiens betrieben. Das brachte Reichtum, Schätze, maritime Vorherrschaft ein. Kaiser Ashoka gewann um 260 v.u.Z., im achten Jahr seiner Regierung, die Schlacht um die Ost-Erweiterung.

Die Verluste waren gewaltig. 100.000 Menschen wurden umgebracht, viele starben an den Folgen des Krieges. 150.000 wurden als Gefangene deportiert. Diese Zahlen stammen von Ashoka selbst. Er erwähnt sie in seinen Felsenedikten, die überall etwa identisch sind. Hier in Dhauli verzichtete der zerknirschte Eroberer allerdings auf die makabre Bilanz seines Kalinga-Feldzuges. Den Hinterbliebenen der Grausamkeiten brauchte er die Zahl der Opfer nicht mitzuteilen. Die hatten die leidvolle Erfahrung selbst gemacht. Über die numerische Exaktheit wird man streiten können, nicht aber über die Wandlung des Kaisers. Er bekundete Reue, ließ sich vom Geiste Buddhas beflügeln, bekannte sich fortan zur Gewaltlosigkeit. Er tats in der dritten Person, was die Edikte wie Berichte erscheinen läßt: er tats aber in solch menschlich-direkter Weise, fern der gedrechselten Kanzleisprache, daß die persönliche Autorenschaft in jeder Zeile erkennbar wird. In der Sprache Prakrit und der so genannten Alt-Brahmi-Schrift teilte er sich seinen Untertanen mit; und weil er verstanden werden wollte, sind die Edikte in den verschiedenen Landesteilen den jeweiligen regionalen Sprachen angepaßt.

Ich schaue auf die Zeichen an der Wand. Die Chiffren geben dem Felsen eine merkwürdige Beschwingtheit. Ich vermag sie nicht zu entziffern, mir sind sie nur kleine runde Kringel in fortlaufender Reihe, die scheinbar dahintanzen. Doch von ihrem Sinn zu erfahren, macht die Ungeheuerlichkeit der Botschaft deutlich. Ich lese die mitgebrachte Übersetzung laut und lasse mir die Worte auf der Zunge zergehen.

„Alle Menschen sind meine Kinder“, bekennt der Kaiser, „wie ich meinen

Kindern wünsche, sie möchten in jeder Beziehung Heil und Glück in dieser Welt und in der anderen Welt erlangen, so wünsche ich dies auch allen anderen Menschen.“ Nur an dieser Stelle hat er das verkünden lassen, gewissermaßen ein Zusatzprotokoll nach siegreicher Schlacht und vollzogenem Abschlachten. Es ist wohl als Werben um Hirn und Herz seiner neuen Untertanen zu verstehen, die gezwungenermaßen dem Reich einverleibt wurden.

Er blieb alleinherrschender Monarch, der auch nach der öffentlichen Reue nicht etwa die Menschen Kalingas wieder sich selbst überließ, aber er kümmerte sich um die Wohlfahrt seiner Völker, befahl die Anpflanzung von Bäumen, das Bohren von Brunnen und sagte eindeutig: „Wälder sollen nicht sinnlos oder um Lebewesen zu vernichten niedergebrannt werden.“ Ein Grüner vor mehr als 2000 Jahren! Er richtete Hospitäler ein, ließ Heilpflanzen anbauen, sorgte für Bewässerung und reiche Ernten.

Den Buddhismus macht er zur Staatsreligion, läßt aber die anderen gewähren, wenn sie sich an den Großmut der Gegenseitigkeit halten. In den vier Jahrzehnten seiner Regentschaft zwischen 273 und 232 v.u.Z. wird dank seiner Protektion und seines missionarischen Eifers aus der buddhistischen Sekte eine aufstrebende, die Nachbarländer durchdringende Weltreligion. Ashoka vereint in seiner Person weltliche und spirituelle Macht, Politik und Religion. Von Wachstum der inneren Werte als Folge des Wachstums der äußeren Werte spricht der Philosoph auf dem Thron und nennt die Spielregeln: „Voraussetzung aber dafür ist die Zurückhaltung im Reden, auf daß man nicht bei unpassender Gelegenheit die eigene religiöse Vereinigung herausstreiche und über andere religiöse Vereinigungen abfällig urteile. ... So ist denn nur das Zusammengehen gut, auf daß ein jeder der Sittenlehre des anderen Gehör und Aufmerksamkeit schenke.“ Er predigte Toleranz und Liebe zu allen Kreaturen. „In diesem meinem Reiche darf kein lebendiges Wesen getötet werden, um ein Opfer zu veranstalten“, gibt der Kaiser Weisung in einer Zeit, da in den Tempeln die Schlachtermesser gewetzt wurden und die Brahmanen professionell den Opferbetrieb in Schwung hielten. Ashoka wurde gemäßigter Vegetarier und hat mit solchem Vorbild die indischen Eßgewohnheiten bis heute nachhaltig beeinflußt.

Hört, hört: Der Kaiser dürfte ziemlich geräuschempfindlich gewesen sein; schon das macht ihn mir, der ich Indien nur mit mehreren Packungen Oropax bereisen kann, sympathisch. Mehr als zwei Jahrtausende vor Lautsprechern und der elektronisch verstärkt in die Lande gedröhnten frommen Geschäftigkeit befahl der Herrscher: „Auch soll man keine lärmenden religiösen Feste feiern, denn der König Devanampriya Priyadarsin (so nannte er sich: der von den Göttern geliebte, der Humane) sieht viel Übles an solch lärmenden Festen.“ Dem kann ich lauthals zustimmen.

Offenbar hatte Ashoka auch der Bürokratie den Kampf angesagt. „Überall kümmere ich mich um die Angelegenheiten des Volkes. Wenn in einer Angelegenheit, bei der ich selbst befohlen habe, Unterstützung zu gewähren oder eine bestimmte Anordnung zu befolgen oder in einer dringenden Sache, die den Ministern anvertraut ist, im Ministerium Uneinigkeit besteht und sich die Notwendigkeit der Vertagung ergibt, dann soll mir stets unverzüglich davon berichtet werden. So habe ich es angeordnet. Ich kann nämlich nie genug tun in der raschen Erledigung aller Angelegenheiten.“ Auweia, das ist besonders lange her. Von seinen vielen Ermahnungen und guten Absichten haben seine indischen Nachfahren in Amtsstuben und Ministerien diese ganz besonders nachdrücklich unter Papierstapeln des Unerledigten begraben.

Wir wissen zu wenig darüber, was vom geistig-moralischen Anspruch des Kaisers in seiner Regentschaft tatsächlich in die alltäglichen Lebensumstände seiner Untertanen – seiner Kinder – umgesetzt wurde. War es der frühe Versuch einer Zivilgesellschaft? Wohl kaum. Schließlich hatte auch er Rivalen; und die von ihm benannten reisenden Beamten, die auf Recht und Ordnung zu achten hatten, wirkten natürlich nebenberuflich als Spione und Handlanger seiner Machtdurchsetzung. Daß sich ein Gewaltherrscher, der mit der Kriegsmaschinerie seiner Möglichkeiten das Kalinga-Reich unterworfen hatte, zum gütigen, paternalistischen Weltenlenker wandelt und fortan nichts Böses mehr tut, klingt zu idealistisch, um wahr zu sein. Wer sich im von ihm kontrollierten buddhistischen Orden nicht unterordnete, wurde verstoßen. Er schaffte die Todesstrafe nicht ab, räumte aber den armen Sündern eine Gnadenfrist und Zeit zum Abschied von der Familie ein. Ein ordentliches Stück propagandistischer Selbstdarstellung ist den Edikten eigen. Doch dies ändert nichts an der Gültigkeit der Lehrsätze. Sie können als eine in dieser Form erstmals schriftlich fixierte Deklaration von Menschenrechten verstanden werden. Es sind Maßstäbe, an denen sich Menschen in ihrem Tun messen lassen müssen. Unerreichte Maßstäbe bis heute! Mir wird klar, warum ausgerechnet Ashoka, der doch die Grundlagen Indiens schuf und von Patinapura aus, dem heutigen Patna in Bihar, zentralistisch das erste Großreich regierte, von den heutigen Hindu-Fundamentalisten verschmäht wird. Er gilt ihnen nicht als Gründervater ihres angestrebten Hindu-Staates, in dem alle Nicht-Hindus bestenfalls geduldet werden. Ashokas Toleranzbegriff paßt nicht in ihr Weltbild der Ausschließlichkeit. Der Saulus-Paulus-Herrscher dachte wohl bereits in größeren Zeiträumen: „Diese Anordnungen erließ ich, damit sie Geltung haben, solange meine Söhne und Urenkel regieren, solange Mond und Sonne scheinen, damit die Menschen entsprechend handeln.“

Die kaiserlichen Edikte sind unerfüllte moralische Forderungen geblieben. Der Elefant als treuer Hüter der Zeichen von Dhauli steht in unerschütterlicher Festigkeit dazu. Möge er die Botschaft noch lange Zeit bewahren. Die Welt hat sie nötig. Blinzelt mir das kluge Tier nun nach Stunden meiner Anwesenheit nicht ermunternd zu? Ich zwinkere einvernehmlich zurück. Allmählich klart der Tag auf.

Segel der Sehnsucht

Der Tod stinkt zum Himmel. Stundenlang wandere ich den Strand von Paradeep entlang. Ich wandere durch einen Friedhof. Ein jammervoller Anblick. Der übliche Dreck ist es hier nicht, der mich entsetzt, nicht die ans Ufer gespülten Abfälle aus Plastik und Exkrementen, die das Meer ausspuckt und den Küstenbewohnern mit an- und abrollenden Wellen geduldig wieder zurückgibt wie einen ekelerregenden Vorwurf, doch endlich an Land für die Müllbeseitigung zu sorgen und nicht die Bucht von Bengalen als vermeintlich endlosen Schlund ihrer Wegwerf-Ignoranz zu mißbrauchen. Nein, hier kam auch anderes aus dem Wasser und kehrt nie mehr zurück. Grauschwarze kleine Hügel im verschmutzten Sand fesseln den Blick. Wie Warzen auf dem schorfigen Endlosleib der Küste, die sich von Nordost nach Südwest entlangwindet, sehen sie aus. Auch diese seltsamen Körper hat die Brandung an Land getragen. Doch das Meer war ihr ureigenes Element, sie gehörten seinem Lebensraum an, bewegten sich darin mit Eleganz und schwebender Leichtigkeit. Nun sind sie tot. Ich stapfe im Sand von Leichnam zu Leichnam. Mal liegen da zwei, drei in elender Nachbarschaft, mal trennen hundert Meter die leblosen Wesen, die sich bis zu ihrem Hinscheiden auf festem Grund nur tollpatschig und niedergepresst von zentnerschwerem Gewicht bewegen konnten. Die Natur hat sie mit Flossen, nicht mit Beinen ausgestattet. Es sind Riesenschildkröten. Olive Ridleys, Lepidochelys olivacea, wie ich später dem einschlägigen Fachbuch entnehme.

Erst mal ist es bloße Neugier, die mich von Kadaver zu Kadaver weiterziehen läßt. Der Anblick ist entsetzlich. Der Strand wirkt wie ein Schlachtfeld nach wüster Metzelei. Krähen vollführen einen makabren Tanz um die Schildkröten, fliegen auf, vertreiben sich im Kampf um Leckerbissen und machen einen Höllenlärm. Hart schlagen ihre Schnäbel zu und picken die Augen der gepanzerten Meerestiere aus. Hunde scharren im Sand unter den Körpern und machen sich gegenseitig die Fleischfetzen streitig. Leichenfledderer am makabren Werk. Manche Schildkröten sind schon zerfetzt. Leere Augenhöhlen starren als stumme Anklage in den Himmel. Wo noch Aas in den Panzern verwest, weht mir eine Wolke ekelerregenden Geruchs entgegen. Der Tod, überall der Tod. Über die weite Strecke ist der Strand menschenleer. Ich fühle mich auf bedrückende Weise allein mit dem Massensterben, unterwegs in ei-

Gestrandet bei Paradeep.

ner Welt des Grauens. Möwen kreischen, alten Klageweibern gleich. Ich gerate in eine Stimmung träumerischer Traurigkeit.

Auch Schildkröten sind in Indien Tiere der besonderen Art. Vishnu, der den Menschen wohlgesonnene Gott, war er nicht in vielerlei Gestalt auf die Erde gekommen? In zehnfacher Inkarnation, Avatavas genannt. Als Fisch zuerst, dann als Schildkröte, Kurma sagen die Inder. In diesen Erscheinungsformen stecken Schöpfungsmythen. Aus dem Meere kam das Leben. Auf dem Lande entwickelte es sich fort. Die Schildkröte ist amphibisches Wesen dazwischen. Jeder Hindu kennt die Geschichte vom Quirlen des Milchozeans. Nach der Erschaffung des Alls wollten die Götter das große Gewässer rühren, um den Trank der Unsterblichkeit zu gewinnen. Sie riefen Dämonen herbei. Die wanden eine Schlange wie ein Seil um den Rührstock, zogen an beiden Enden und brachten ihn in gewaltige Umdrehung. Das Meer brauste auf. Die Wogen drohten, die drei Welten zu vernichten. Der Kosmos, gerade erst erschaffen, geriet in Gefahr. Da kam Vishnu in Gestalt der Schildkröte, um wieder festen Halt zu geben, Retter in Not. Auf dem Rücken von Kurma, dem sicheren Urgrund, stand nun der gigantische Quirl. Das tosende Meer beruhigte sich. In ungezählten Variationen der Skulpturen und Bilder ist die Szene zu sehen. Fest und verläßlich bildet Vishnu als Schildkröte das Fundament des Seins, eine tragfähige Brücke zwischen den Elementen.

Am Strand von Paradeep liegen die symbolträchtigen Tiere kraftlos und verendet zu Hunderten. Am weiteren Küstenabschnitt der Region sind es jedes Jahr Zehntausende. Was geschieht hier? Geheimnisvolles Sterben? Aber nein. Jedermann kennt Ursachen und Zusammenhänge. Ich komme im Hafen mit einigen Männern ins Gespräch. Blaue Pullover haben sie an, und auf ihrer Brust ist das Wappen des „Port of Paradeep“ zu sehen, bärtige und wetterfeste Typen. Als ich sie auf die modernen Kaianlagen und die vertäuten Frachtschiffe, die Kräne und die betriebsame Organisation der Anlagen großen Ausmaßes anspreche, ist in ihrer Reaktion von herbem, verhaltenem Stolz zu hören, in eben diesem internationalen Hafen zu arbeiten.

Es ist einer der größten an Indiens Ostküste, in den zurückliegenden Jahren stetig ausgebaut, erweitert, mit Computern ausgestattet. Hier werden Phosphate verladen, Sulfate, Eisenerzeugnisse, Kohle, Düngemittel. Im Hinterland ragen Schornsteine auf und blasen gelbe, schwarze, grüne Abgaswolken in die Lüfte: sichtbar, riechbar. Das sieht nicht nach Umweltschutz aus und wirkt auch aus der Ferne ziemlich ungesund. Mir kommt Tagores frühe Einsicht in den Sinn: „...aus der Tiefe der See, aus der Erde, selbst aus dem Rachen des Todes haben wir nur alles gegrapscht, gegrapscht, gegrapscht...“ Die Anfänge der chemischen Industrie im indischen Stil der kompakt großformatigen Anlagen reichen hier Jahrzehnte zurück. Paradeep ist keine Stadt heiteren Strandlebens, auch wenn es mit solchem Etikett in den Prospekten der staatlichen Tourismuswerbung gepriesen wird. Nein, das sind über Quadratkilometer verteilte Fabriken und Dreckschleudern und drei-, viergeschossige Kastenhäuser in langen Reihen, in denen die Arbeiter und ihre Familien wohnen. Alles schäbig, heruntergekommen und von üblen saisonalen Stürmen gebeutelt. Wassertürme stehen herum wie schwarze giftige Riesenpilze. Die labyrinthisch verzweigten Siedlungsstraßen ohne Markt und Zentrum wirken seltsam seelenlos. Mehrere Zehntausend Menschen leben hier. Doch in den Straßen, den weitläufigen, vom Reißbrett auf die flache Landschaft übertragen, pulsiert kein indisches Leben. Die Bewohner der Industrieregion scheinen entweder in den Fabriken zu stecken oder sich in diesen funktionalen Wohnkuben zu verstecken. Kinder? Ich sehe nur wenige. Eine merkwürdig tote Stadt der langen Wege, die alle zum Hafen führen.

Die robusten Männer mit dem Wappen auf der Brust nicken wissend, als ich nach den Schildkröten frage. Da ist kein Geheimnis. Auch in den Zeitungen ist vom massenhaften Dahinscheiden zu lesen. Umweltschützer schlagen Alarm. Ohne nennenswerten Erfolg. Einer der Männer deutet auf das Meer hinaus. Ich schaue am kleinen rotweiß beringten Signalturm auf den künstlichen Deichen der wellenbrechenden Steinbrocken vorbei zum Horizont. Mir fällt nichts Besonderes auf.

„Die Schildkröten geraten in die Propeller der Trawler“, erklärt einer der Hafenarbeiter, „das bekommt ihnen nicht gut.“ Sein Kollege ergänzt: „Andere verfangen sich in den Netzen der Fischer und werden verletzt wieder ins Meer getrieben. Solche Netze sind verboten. Wen schert's.“ Der dritte fügt an: „Die Frachtschiffe kreuzen zu dicht an der Küste. Auch das ist verboten. So werden die Tiere auch von den Schiffsschrauben verletzt.“ Schulterzucken. So ist das nun mal. Nicht ein Kapitän sei deshalb je zur Rechenschaft gezogen worden. Und die Fischer? Das seien doch die Ärmsten hier. Wie sollten sie bestraft werden! Ihr Job sei mühevoll genug. Schildkröten? Davon gebe es doch nun wirklich reichlich. Vishnus Inkarnation? Kurma. Ja ja, davon wissen auch diese Männer, aber das sei doch eine ganz andere Geschichte. Lachen in bärtigen Gesichtern. Mythologie und Umweltschutz bleiben ohne Zusammenhang.

Der Küstenstrich bei Paradeep ist, was die Anziehungskraft für eben diese Schildkröten der Art der Olive Ridleys betrifft, einzigartig auf der Welt. Am Gahirmatha-Beach, ein paar Kilometer nördlich des Hafens, liegt einer der weltweit größten Brutplätze. In den Wintermonaten landen mehrere Hunderttausend Schildkröten-Weibchen und legen Millionen von Eiern in den Sand. Diese Massenankunft ist ein Mysterium. Es heißt, Schildkröten kehren an den Ort zurück, wo sie selbst aus den Eiern schlüpften, und schließen so den Kreis von Geburt und Fortpflanzung über Tausende von Kilometern maritimer Wanderschaft durch den Indischen Ozean. Für endlose Scharen der amphibischen Kreaturen wird es eine Reise ohne Wiederkehr. Sie gehören zu den geschützten Arten wie Tiger und Elefanten. Später werde ich im Internet endlose Eintragungen unter der Rubrik „Orissa Turtles“ finden. Umweltschutzorganisationen werden aktiv. Die Strandwanderung, die zum Ausflug in ein Totenreich wird, läßt die Vergeblichkeit der Mühen erahnen.

Dabei bin ich nicht nur wegen der gepanzerten Eierleger hierher gekommen, und wegen der von giftigen Abgasen durchzogenen Stadt und ihres geschäftigen Hafens auch nur bedingt. Mich lockt vor allem die historische Dimension der Küste an. Hier ist Aufbruch nach Osten und Südosten zu lokalisieren. Schon zu Zeiten des Kalingareiches und wahrscheinlich bereits davor, 2.500 Jahre zurückreichend, wurden an diesem Strand die Schiffe aufgetakelt und mit Wasser und Proviant ausgestattet, unter deren Segeln die Händler, Seeleute, Abenteurer in ungewisse Weiten eintauchten. Der Horizont war stets Herausforderung gewesen, der Drang, hinter dessen Schattenlinie zu gelangen, unwiderstehlich. Nie war das Meer wirkliches Hindernis.

Ich stehe am Ufer und habe zum ersten Mal auf dieser Reise Indien südwärts das Gefühl von unendlicher Weite und spüre etwas von der Sogkraft, die vom Meer ausgeht. Gerade läuft ein Containerschiff von der Länge eines Fußballfeldes ein, die Fahrt verlangsamend. Dumpf gellt das Signalhorn über die Kais. Das ist Gegenwart. Die gestapelten Kästen der Fracht kennzeichnen in rechtwinkliger Hochhausdimension die Funktionalität moderner Marine, die ausschließlich von Profit, computergesteuerten Liegezeiten und perfekter nautischer Technik bestimmt wird.

Mir kommt ein ganz anderes Schiff in Erinnerung. Es kämpft gegen die Stürme an, die Segel straff gespannt. Mit aller Kraft rammt sich das Boot in die Wellenberge. Ganz aus Holz ist es gefertigt, von keinem Nagel zusammengehalten, sondern von Tauen aus Kokosnussfasern umschlungen. Die Männer an Bord klammern sich an Masten und Reling fest. Gesteuert wird achtern mit Seitenrudern. Ausleger geben Halt. Und doch wirkt das Boot zerbrechlich, eher das Skelett eines Bootskörpers denn ein massiver Rumpf. Mehr als 1.200 Jahre ist das Schiff alt. Auf den Steinreliefs des Borobudur im zentralen Java ist es zu sehen: viertausend Kilometer weiter südöstlich. Der buddhistische Tempelberg breitet an seinen Sockeln und Pilgerwegen rund um den einzigartigen Stupa die legendären Begebenheiten der Wiedergeburten des Siddhartha Gautama aus, der zum Erwachten wurde, zum Buddha. In den sich über Hunderte von Metern erstreckenden Reliefs öffnet sich ein Bilderbuch von erstaunlich detailgetreuen Alltagsszenen des ersten Jahrtausends. Mit solchen Schiffen waren die Menschen unterwegs von Küste zu Küste und segelten die Landlinie entlang. Auf solchen Planken wurden Schmuck, Edelsteine, Stoffe, Seide von Indien ostwärts verfrachtet und Schildpatt, Kampfer, Benzoe, Gewürze, Arzneien aus der Apotheke der Tropen als Tauschobjekte heimgebracht. Leichtgewichtige Güter, der geringen Lademöglichkeit entsprechend,

Heimkehr.

doch edel und wertvoll beim Weiterverkauf. Es waren Luxusartikel für die Oberschicht beiderseits des Horizonts. Indes: Mehr noch und folgenreicher als materielle Handelsware gelangte auch der Geist der Zeit über den Horizont hinaus.

Ein erregender Gedanke an den flachen Ufern von Paradeep. Hier ließen sich mutige, unternehmungslustige Menschen auf das große Abenteuer der Meere ein, vor Jahrtausenden schon. Und wenn die Winde wohlgesonnen waren, dann war es auch Ort der Rückkehr. Mit dem saisonal wechselnden Monsun trieben die Segel in die Ferne und nach Monaten in die Heimat zurück. Der Winde Wiederkehr und deren Regelmäßigkeit zu nutzen, war eine der großartigen Entdeckungen gewesen; die Schiffe so auszurüsten, daß sie den Monsunkräften folgen konnten, wurde eine der die Geschichte prägenden Leistungen.

Ich erinnere mich, wie ich vor vielen Jahren erstmals vor dem gewaltigen Tempelrund des Borobudur im fernen Indonesien stand und mich in die Bilder seiner steinernen Galerien vertiefte. Das Schiff ist ein Schlüsselmotiv zum Verständnis dafür, wie Tausende von Kilometern entfernt vom nördlichen Indien, von der Welt des Religionsstifters Buddha, dessen Lehre, dessen geistiger Funke bis nach Java gelangen konnte und dort den Aufstieg von Königreichen und Dynastien beflügelte. Dies geschah ebenso und früher in den wasserreichen Ebenen des Mekongdeltas und anderen Regionen Südostasiens. Mutter Indien sandte ihre Boten über die Meere, und während der Wartezeiten auf bessere Winde tauschten sie Waren aus und berichteten von den indischen Weisheiten, trugen die hinduistischen Götter weiter und die buddhistische Lehre, und beides fiel auf fruchtbaren Boden hinter jenem Horizont, auf den ich nun von Paradeep aus schaue. Als Buddhas Lehre im Ursprungsland längst vergessen war, blühte sie weiter in überseeischer Ferne.

Von hier ging keine kriegerische Invasion aus. Nicht Schiffe der Eroberung wurden in die Wellen gestoßen, sondern Gefährten der See mit Menschen friedlicher Absichten. Kaufleute, Mönche, Brahmanen, Gelehrte, Flüchtlinge. Sie fuhren hinaus aufs Meer und suchten Gold, waren an Austausch interessiert, an Geschäften und an der Weitergabe ihrer religiösen Vorstellungen. Ziemlich sicher ist, daß nicht nur indische Segel ostwärts gerichtet waren, sondern ähnliche Schiffe von dort her aufkreuzten und an diesen Gestaden landeten. Eine unerhört fruchtbare und folgenreiche Wechselbeziehung.

Nun gerate ich wirklich ins Schwärmen. Sri Lanka, Burma, Thailand, Kambodscha, Laos, Vietnam, die malayische Inselwelt, Indonesien. Von der indischen Ostküste aus wurden sie angesteuert und einbezogen in den indischen Kulturkreis. Mutter Indiens entfernte Verwandte im Geiste wuchsen heran, kopierten nicht einfach die Vorbilder, sondern formten aus den frühen Anregungen bodenständige Kulturen und schufen buddhistisch und hinduistisch inspirierte Kunstwerke eigener Art. Auf den ersten Booten drängten sich ein paar Dutzend Männer zusammen. In den frühen Jahrhunderten unserer Zeitrechnung wurden schließlich Schiffe gebaut, die bereits 200 Passagiere aufnehmen konnten.

Kein Stein, kein historisches Zeugnis erinnert noch daran, weder hier in Paradeep noch an südlicheren Gestaden des Aufbruchs. Immerhin. Ich frage die Männer vor dem Hafenerwaltungsgebäude danach, die das Sterben der Schildkröten so unbeeindruckt läßt. Nickende Köpfe. Von den historischen Ursprüngen ihres Ports haben sie eine Ahnung. Ich meine, wieder einen Anflug von Stolz aus ihren Worten herauszuhören. Schiffe von der Art des Borobudur-Reliefs sind die Vorfahren dieser Riesenfrachter, die heutzutage hier einlaufen. Aber von der Begegnung der Kulturen wird kaum die Rede sein in solch nüchtern funktionaler Umgebung. Geistiger Austausch findet anderswo statt und wird nicht mehr auf Schiffsplanken befördert, sondern – wenn überhaupt und beispielsweise – auf der globalen Datenautobahn des Internet, in völliger Windstille, allenfalls von Computerviren bedroht.

Diese Gegenwart mit Immigrationsbehörde und amtlichem Mißtrauen holt mich schnell wieder ein. Über den Strand war ich gewissermaßen von hinten in das Areal der Hafenanlagen eingedrungen, an verrosteten Schiffswracks vorbei, über Müllhalden stolpernd und immer wieder um bestialisch stinkende Schildkrötenleichen einen Bogen machend. Frohgemut schreite ich schließlich durchs große Tor des Hafens, um ins Freie und in die Straßen von Paradeep zurückzukehren. Den Wachsoldaten mit altertümlichen Gewehren rufe ich ein freundliches „Hello!“ zu. Der Gruß wird lässig erwidert. Im Gewühl der Radfahrer, Passanten, Händler bin ich das einzige Weißgesicht, selbst wenn ich wollte, könnte ich mich nicht unsichtbar machen. Indische Vorschriften an solch offiziellen Einrichtungen wie einem internationaler Großhafen sind mir vertraut. Daß mich das uniformierte Personal unbehelligt vorbeigehen läßt und kein Woher-Wohin erfragt, wundert mich. Schon meine ich, hundert Meter vor dem Tor, davongekommen zu sein. Da läuft mir ein junger Mann hinterher. Jeans, offenes Hemd, kein Zeichen offiziellen Amtes. Aber energisch sein Verlangen, meinen Pass sehen zu wollen, und das unmißverständliche Begehr nach meinem Visum. Ich schüttle den Kopf. Wer er denn sei, so ohne Legitimation. Er druckst herum, unsicher. Offensichtlich subaltern und geschickt von seinem Vorgesetzten. Der läßt nicht lange auf sich warten. Kurzgeschorene Haare, resolut, gutes Englisch. Auch er in ziviler Kleidung. Einwanderungsbehörde. Da gerate ich also in die Mühlen der indischen Administration. Ob ich denn von einem der Schiffe gekommen sei? Wie ich in den Hafen gelangte? Was ich hier zu suchen hätte? „Immigration. Protected Area“, sagt der Mann.

Ich finde mich in einem Dickicht von Mißverständnissen wieder. Ich gebe meinem Gesicht die in ähnlicher Lage erprobte freundlich harmlose Dümmlichkeit. Tourist sei ich, über den Strand spaziert, nicht ahnend, daß ich so das streng bewachte Territorium des Hafens betreten würde. Daß ich genau dies beabsichtigt hatte, wohl wissend, nicht durchs Haupttor gelassen zu werden, verschweige ich tunlichst. Sollte ich etwas von Schiffen sagen, die ich vom Borobudur her kenne? Eine in solcher Situation ziemlich dürftige Erklärung. Von vorn nach hinten, von hinten nach vorn wird mein Reisepaß durchblättert, der Visumsstempel dicht vor die prüfenden Augen gehalten. Ich spüre, wie der Beamte nebst Gehilfen im Zweifel ist, was er von diesem hereingewehten Fremden halten soll. Ein Mensch, der den Hafen offiziell gar nicht betreten hat, denselben nun aber durch das einzige Tor verläßt, muß Mißtrauen erwecken. Ich bedauere, dem Hüter der Einwanderung diese Scherereien zu bereiten, preise die Küstenlandschaft und wage nun doch den Hinweis auf die geschichtlichen Tiefen. Ein verwunderter Blick aus dunklen Augen trifft mich. Der Kontrolleur schaut mich an, als hätte ich nicht alle Tassen im Schrank. Daß ich Wochen zuvor in Kalkutta erlaubtermaßen eingereist bin, ist dokumentiert. Daß ich jetzt aus dem schwer bewachten Tor des Hafens von Paradeep herausspaziere, durch das ich gar nicht eingetreten war, stiftet Verwirrung. Mir ist gelungen, was ich allerorten sorgsam zu vermeiden suche: nämlich aufzufallen und selbst Gegenstand behördlicher Neugier zu werden. Der musternde Blick aus amtlich geschulten Augen bleibt unpersönlich. Meint der Mann, einen Spion vor sich zu haben? Einen illegalen Herumtreiber? Einen blinden Passagier? Ein Objekt, dessen Aufspürung seiner ausbleibenden Beförderung nützlich sein könnte? Hat er da einen dicken Fisch im Netz? Mir ist unwohl bei der Sache und mir bleibt nur die Rolle des harmlos dreinschauenden Touristen, der keiner Vorschrift etwas zuleide tun möchte. Wenn der Mann wüßte, daß ich auf verbotenem Terrain fotografiert habe, geriete ich endgültig in die Zwänge weiterer Untersuchung.

Ich erhalte den Paß zurück. Ein Kopfnicken, dem ich noch immer Mißtrauen entnehme. Aber es scheint geringer zu sein als des Mannes Bedürfnis, sich wieder an seinen Schreibtisch mit dem vermutlich kalt gewordenen Milchtee zurückzuziehen. Ich darf weitergehen. „Thank's a lot", sage ich erleichtert, „all the best for you." Ob ich damit den richtigen Ton treffe, weiß ich nicht. Sein Gruß ist geringschätzig unterkühlt. Unsere Wege trennen sich.

Ich kehre außerhalb des Hafengebietes an den Strand zurück. Später Nachmittag. Der Himmel zeigt sich nun von strahlendem Blau. Lockende Ferne. In mir steigt dieses heitere Reisegefühl des Unterwegs-Seins auf. Freiheit. Niemandem verpflichtet. Gerade amtlichen Schlingen und Fußangeln entkommen. Mich packt Übermut. Dank sei Ganesha, dem Beseitiger der Hindernisse und Schutzpatron der Reisenden. Draußen auf See ziehen winzige Se-

Zurück von der harten Arbeit.

gelschiffe vorbei. Heimkehrende Fischer in hölzernen Booten, von Rudern und Winden getrieben, nicht von einem Dieselmotor. Geräuschlos schweben sie dahin. Weiße, blaue, gelbe, rote Dreiecke auf azurblauen Wellen. Ich habe solche Boote am Strand gesehen. Armselige Kähne sind es, von Stürmen zerschunden, eine Art Floß, immer wieder geflickt, fünf, sechs verwitterte Holzbalken nur, von Perlonschnüren zusammengehalten. Die Segel sind Plastikplanen. Die tägliche Ausbeute ist kümmerlich. Aber aus der Ferne erscheinen sie wie gemalt mit den Farben der Fantasie. Geisterhaft gleitend, zarten Schmetterlingsflügeln gleich, die eine Riesenhand verschwenderisch aufs Wasser gestreut hat. Vielleicht war das Bild ähnlich, wenn Schiffe im Verband ausliefen vor langer, langer Zeit, verabschiedet von den Verwandten und Mönchsbrüdern und begleitet von den Gewinnerwartungen der Investoren der kostbaren Fracht. Hinter dem Horizont entschwanden die Boote mit der Ungewißheit ihrer Besatzung, jemals wieder in die heimatlichen Gefilde zurückzukehren. In wundervoller Leichtigkeit schweben die Segel der Sehnsucht davon. Mir ist, als nähme ich eine Parade ab, ein Admiral der Träume am Ufer der Zeitlosigkeit. Ach, wenn es denn so wäre! Auch in den Netzen dieser Fischerboote verheddern sich die Panzer der Meere. Tödlich.

Radtour in Buddhas Dreieck

Ein ortskundiger Mann im überfüllten Bus empfahl mir das „Nirvana“ und wies damit nicht etwa in unbestimmbares jenseitiges Verlöschen, sondern auf eine solide Bleibe im indischen Diesseits. „Nirvana“, brüllte er mir im Lärm des Busses zu, nachdem ich aufs Geratewohl mein Reiseziel in die geballte Runde der Mitreisenden gerufen hatte, und der Name klang wie eine Verheißung. Ob es ein guter Tipp ist, gilt es herauszufinden. Kurz nach sechs Uhr morgens war ich dem ungastlichen Paradeep davongefahren. Drei Stunden später steige ich auf offener Landstraße aus. Der Bus dröhnt davon. Das Gefühl von Verlassenheit steigt auf. Eben noch eingekeilt zwischen den Leibern in der rollenden Sardinenbüchse, stehe ich nun allein vor dem „Nirvana“. Es ist weit und breit das einzige Steinhaus, breit gezogen, gelb gestrichen, zweigeschossig mit oben entlangführender Veranda, das einzige Gebäude überhaupt an der Straße in weiter flacher Landschaft, aus der in der Ferne karge, rotbraune Hügel aufragen, sonnenbeschienen in bläulichem Dunst. Ein Hotel? Ich weiß, im Umkreis von hundert Kilometern gibt es kein anderes. Der Name klingt beziehungsreich zu dem, was ich in dieser Region erkunden möchte.

Nein, das „Nirvana“ ist weder, wie befürchtet, geschlossen, noch überfüllt. Ein sanftmütiger Junge öffnet die Glastür, die von innen verriegelt ist, als gelte es, unliebsame Eindringlinge fernzuhalten. Ich gehöre offensichtlich nicht dazu. Der Junge hat etwas Behutsames. Lächelnd bittet er mich zu warten, das Zimmer müsse erst zurechtgemacht werden. Er stammt aus Nepal, spricht nur mäßig Englisch und erweist sich als hilfsbereit. Das läßt sich von indischen Hotelangestellten selten sagen, die eher eine Mischung aus Desinteresse und Inkompetenz verkörpern als freundliches Entgegenkommen. Im „Nirvana“ wohnen seltsame Leute. In den nächsten Tagen lerne ich sie kennen. Ein indisierter Chinese, geboren in Darjeeling, Restaurantbesitzer in Kalkutta, mit dem abwesenden Hotelchef befreundet. Davon erzählt er mir in flüssigem Englisch, der einzige Mensch übrigens, mit dem ich mich hier ausreichend unterhalten kann. Er wolle vom Streß in Kolkata ausspannen. Der zweite Chinese, der in dunklem Anzug und Krawatte den ganzen Tag herumlungert und stets von seiner nachlässig gekleideten jungen Frau begleitet wird, spricht ebenso wie sie kein Wort englisch. Was sie hier tun? Fingerzeig auf übermannshohe chinesische Vasen mit Drachen- und Blumendekor, in stabile Holzgestelle verpackt. Die Eingangshalle ist voll davon. Zentnerschwere Dinger. Die sollen hier verkauft werden. Kunden? Ich kann auch nicht den Schatten eines solchen erkennen. An den Wänden hängen Gemälde der Buddha-Legenden. Im Büro, wo mich der Nepal-Jüngling meine Daten ins Gästebuch eintragen läßt, liegt ein aufgeschlagener Bildband mit Motiven des Stupas von Sanchi. Wunderbare Steinreliefs mit Buddha-Szenen aus der Epoche des Kaiser Ashoka. Leben hier Buddhisten? Der Junge schüttelt den Kopf. Ich bin in ein bizarres Panoptikum geraten.

Mein karges Zimmer hat den Charme eines Armeleute-Hospitals. Bett und Tisch und Stuhl und die unvermeidliche kalte Neonröhre, die abends jeden Hauch von Gemütlichkeit vertreibt, wenn nicht ohnehin der Strom ausfällt und ich mich mit dem Strahlefinger meiner Taschenlampe zurechtfinden muß. Ich bin froh, ein Dach über dem Kopf zu finden. Wie sonst könnte ich mich ohne dieses diesseitige „Nirvana“ in Buddhas Dreieck entspannt und in jener Gemächlichkeit bewegen, die seinem Erbe angemessen ist?

Ob ich ein Fahrrad mieten könne, frage ich den Jungen aus Nepal. Sanftes Kopfschütteln. Auf die Idee sei noch kein Gast gekommen. Ich solle im drei Kilometer entfernten Dorf Patharajpur eine Autorikscha mieten. Ein Fahrrad? Aus der Reaktion spüre ich, wie abwegig mein Ansinnen ist und wie weit weg ich von touristischem Betrieb bin. Dies bestätigt der erste Eindruck im Dorf. Der Name Patharajpur klingt vielversprechend und sehr indisch – ist es auch in all seiner Ärmlichkeit. Drei, vier Marktgassen, von Bretterbuden und einfachen niedrigen Steinhäusern gesäumt. Männer bestimmen das Bild. Fahrräder überall, in jeglichem Zustand, museumsreif die einen, fabrikneu andere. Aber eines mieten? Wiederum Kopfschütteln. Das sei hier nicht üblich. Ein bulliger, finster dreinblickender Mann in den 30ern fährt mir langsam mit seinem Motorrad hinterher. Auf dem Nummernschild lese ich den Hinweis „Press“. Unrasiert ist der Typ, struppig die schwarze Mähne, seine vorderen Zähne stehen weit auseinander. Nein, kein Fahrrad, sagt er, aber er könne mir sein Motorrad anbieten und mich zu Buddhas Stätten fahren. Ich bin es diesmal, der den Kopf schüttelt. Der Mann erscheint mir aufdringlich und unsympathisch. Ich winke ab. Mich auf ihn und seinen Rücksitz einzulassen, wäre unkalkulierbare Abhängigkeit. Ich gehe weiter an den Läden entlang, sehe Bananenbüschel, an Stöcken aufgehängte Stoffe, Dosen mit Ölfarbe, in olympischen Ringen aufgetürmte Eisendrahtrollen. Und Fahrräder. Sollte ich denn keines für ein paar Stunden mieten können? Der Mann mit „Press“ auf seinem Nummernschild rollt mir nach. Er wolle mir helfen. Warten Sie. Ich zögere. Er parkt sein Vehikel. Allseitige Neugier um mich herum. Sofort bietet mir ein Junge einen Plastikstuhl an. Ich möge doch Platz nehmen. Dann kommt der andere aus einer der Gassen zurück und schiebt ein Fahrrad. Da, das könne ich haben. Der Mietpreis? Abweisende Geste. Nein, nichts, kostenlos. „Wenn Sie unbedingt mit dem Rad fahren wollen, bitteschön.“ Seine Miene hellt sich auf. Mein Mißtrauen schwindet, läßt sich aber nicht ganz unterdrücken. In solchen Situationen hat es bei der Rückkehr schon Ärger gegeben. „Heute Abend können wir weiter plaudern“, sagt er und bleibt unbestimmt, was er wohl damit meine. Ich stelle mich auf Nachforderungen ein und fahre los, übermütig klingelnd, vermutlich das erste Weißgesicht, das hier mit einem Drahtesel auf Entdeckungstour startet.

Ich bin glücklich. Kein Mietauto, kein Autorikscha, auch der Sozius eines Motorrades könnte mir nicht dieses befreiende Gefühl verschaffen, das mich bei einem solchen Aufbruch erfüllt. Kräftiges Treten, gemächliches Vorankommen, Dahinrollen und überall dort halten können, wo mir danach zumute ist – das ist ein Stück Freiheit unter stahlblauem Himmel. Ich strample über harte ausgetrocknete Feldwege, an Schlaglöchern vorbei, mich zur Seite drückend, wenn mal ein Kleinbus vorbeidonnert, ein Lastwagen eine Staubwolke aufwirbelt, einheimische Radler-Kollegen entgegenkommen. Dies ist die rechte Geschwindigkeit, sich auf dieses hügelige Land mit vereinzelten rotbraunen Höhen und breiten, träge dahinfließenden Flüssen einzulassen und nachzuspüren, was buddhistischer Geist hier vor mehr als 1.200 Jahren an Zentren der Einkehr entstehen ließ.

Im Umkreis von 20 Kilometern bauten sich die Mönche mehrere Klöster, die ein imaginäres Dreieck verbindet. In ländlicher Abgeschiedenheit zogen sie sich zurück wie es zu späterer Zeit im fernen Europa die Brüder der christlichen Orden auch taten. Jenseits der Marktplätze suchten sie ihr Heil. Abgesondert von der lärmenden Welt alltäglicher Notdürfte kamen sie zusammen, um in Meditation und Innerlichkeit den Kreislauf der Wiedergeburten zu überwinden. Sie taten es nicht mehr einfach in freier Natur, wie es zu Zeiten der Hauslosigkeit des historischen Buddha der Brauch war, umherziehend einst als bettelnde Pilger, nur während der Regenzeit unterkriechend in dürftigen Hütten aus Blättern und Zweigen. Mit Landschenkungen wohlhabender und wohlmeinender Gönner, mit den Spenden auf gute Taten bedachter Förderer buddhistischer Achtsamkeit boten sich den Mönchen ein Jahrtausend nach Buddhas Verlöschen die Grundlagen soliden Klosterbaus und kostbarer künstlerischer Ausgestaltung. Nalanda, südlich von Patna in Bihar, ist die berühmteste dieser Stätten buddhistischer Bildungsarbeit. Die dortigen Ruinen sind heute Wallfahrtsziel des internationalen Buddha-Tourismus geworden. Daß es ähnliche Klosteranlagen in diesem Winkel des einstigen Kalinga gab, fünfhundert Kilometer südlich von Nalanda und fern der Städte und Hauptstraßen, ist nur noch den Fachleuten bekannt. Mit dem Niedergang des Buddhismus in Indien um die erste Jahrtausendwende versanken die Klöster in Orissa in Schutt und Vergessenheit. Seit den 1960er Jahren buddeln die Archäologen in der Hinterlassenschaft. Was ist geblieben?

Ich sehe Ratnagiri schon von weitem. Auf dem einsamen Hügel in flacher Landschaft sind Mauerreste zu erkennen, nun eine gepflegte Anlage mit Zaun und Wärterhäuschen und Eintrittsticket und mürrischem Führer, der sich mir als dem einzigen Gast aufdrängt, mein Bedürfnis ignorierend, wenn ich schon eigenfüßig radelnd unterwegs bin, auch allein durch die Trümmer des

Klosterruine in Lalitgiri.

Klosters streifen zu wollen. In aller Höflichkeit entziehe ich mich der Bakschisch heischenden Fürsorge, einen unverständlich dreinblickenden älteren Mann zurücklassend. Hier wurden die Fundamente nicht mit den rotbraunen Ziegeln aufgeschichtet, aus denen Nalandas Klostermauern erwuchsen, sondern aus solidem Stein geformt. Hunderte von kleinen einstigen Stupas, noch in ihren ausgegrabenen Sockeln erkennbar, waren aus massivem Felsgestein geschaffen, wie alles hier oben an Ewigkeit erinnert, für die gebaut wurde. Als beträte ich einen verfallenen Märchenpalast, so ist der Eindruck beim zentralen Kloster mit weitem quadratischen Innenhof, um den die Zellen gruppiert waren. Das Eingangstor ist aus Granit. Das weitläufige Gebäude mit den erhaltenen Grundmauern, längst der Dächer beraubt, stimmt feierlich und macht klar, daß hier kein Palast weltlicher Machtdemonstration stand, sondern ein sakraler Ort spiritueller Versenkung, eben dieser Welt abgewandt. Der Blick wird von der Buddha-Statue im hinteren Teil angezogen, gemessenen Schrittes komme ich näher. Ich blicke auf. Zweieinhalb Meter überragt mich der sitzende Buddha, die Handhaltung in der Geste der Erdbeschwörung, bis auf die abgeschlagene Nase in bestem Zustand. Auffallend die steinernen Damen in der Nachbarschaft. Die Flußgöttinnen Ganga und Yamuna sind als Reliefs abgebildet. Und immer wieder Tara. Auf ihren prallen weiblichen Rundungen verweilt das Auge besonders gern. Tara ist eine Figur des späteren Buddhismus, von den Ursprüngen des Religionsstifters schon weit entfernt. Mit den Frauen hatte er seine Schwierigkeiten. Von der Gründung eines Nonnenordens wollte er nichts wissen. Daß nun vollbrüstige Damen im Lotossitz meditieren, dem ehrwürdigen Buddha gleich in ihrer Haltung, hätte ihn zu Lebzeiten wohl erstaunt. Als weiblicher Boddhisattva gilt Tara, als Retterin; sie ist eine der Figuren, die spätere Volksfrömmigkeit im nördlichen, tibetisch geprägten Buddhismus zwischen die noch erdverhafteten Menschen und die abstrakten Nebel des Nirvana stellte. Tara hier in solcher steinernen Vielzahl zu sehen, zeugt vom Einfluß aus dem Norden, wo sich zu jener Zeit längst eigenständige Schulen entwickelt hatten.

Das dörfliche Leben in der Ebene bleibt in Distanz. Ich schaue über das Panorama einer weithin kultivierten Landschaft der Reisfelder, der Seen, der niedrigen Hütten und Bambushaine. Der Wind trägt Kindergeschrei herbei. Der dem Himmel so nahe Schauplatz hier oben hat etwas Magisches, ist nicht nur räumlich abgehoben und versetzt den Besucher in eine Stimmung des Schwebenden, Schwerelosen. In diesen Stunden, meinen Stunden, zertrampelt keine der an solch historischer Stätte sonst unvermeidliche Schulklasse die feingesponnene Atmosphäre des Unausgesprochenen. Keine Touristengruppe hört sich die mit Megaphon gedröhnten Erklärungen eines Führers an. Ich blicke über die gründunstige Weite, klettere auf den Mauern herum, höre hinein ins Schweigen der einstigen Klosterzellen. Wie mochte es gewesen sein, als sich die Mönche hier zum Gesang vereinten, als sie in Meditation versanken? Das ausgegrabene Gemäuer strahlt Geheimnisvolles aus. Taras Brüste regen die Phantasie an. Blieb das Weibliche in stilisierter Skulptur nur kaltes kunstvoll gemeißeltes Gestein oder wurde es nicht doch in fleischlicher Sinnlichkeit höchst lebendig in die Rituale einbezogen? Wie waren die Verbindungen zu den anderen Klöstern der Region? Austausch? Konkurrenz? Kluge Bücher geben Auskunft, wenngleich sich da auch die Gelehrten in den Deutungen nicht einig sind.

Was mich in diesen Momenten bewegt, ist die Ausstrahlung eines Ortes, dessen Steine das spirituelle Streben von Menschen aufsogen, die nicht bloß in primitiver Art des Überlebens dahinvegetierten, sondern inmitten anspruchsvoller Architektur, umgeben von symbolträchtiger Figurenvielfalt, geschmückt vom Reichtum hochstilisierten Dekors, in geistige Tiefen vorstießen. Was immer auch hier an menschlicher Verfehlung, an Versagen, Scharlatanerie und Hokuspokus stattgefunden haben mag, das wird relativiert von der Größe dessen, was den Rahmen gab: eine Klosteranlage, die mehr als ein Jahrtausend nach dem Zusammenbruch noch in den Ruinen etwas mitteilt von der Herausforderung des Geistes, eben diese Unzulänglichkeit zu überwinden, wenigstens zeitweise, in Ansätzen, als Funke, der weitergegeben wird über die Generationen und Zeiten hinweg, als Idee, dem irdischen Jammertal entkommen zu können. Die Lehre des Erhabenen wirkt fort. In solchen Klöstern wurde sie weitergedacht und weitergelebt.

Pralle Weiblichkeit in buddhistischer Umgebung. Steinrelief in Ratnagiri.

Ich bummle radelnd weiter. Das Fahrrad ist ja nicht nur Beförderungsmittel, es ist eine Weltanschauung. Wortwörtlich! Ich kann und will gar nicht durch Indien strampeln, aber hier ist das muskelbetriebene Gefährt auf Buddhas Spuren – mal wieder – ein ideales Vehikel mich, Einsichten und Reisewünsche zu befördern.

Fünf Kilometer entfernt breiten sich die buddhistischen Anlagen von Udaygiri über einen Abhang aus, der zwischen dem 7. und dem 12. Jahrhundert seine Glanzzeit hatte. Ich komme aus der Ebene. Ehe ich aufsteige, das Rad schiebend, schaue ich einem Bauern zu. Mit geübter Hand drückt er Reishalme in die feuchte Erde. Aus dem leuchtend grünen Teppich des Beetes mit den Setzlingen werden die Pflänzchen vereinzelt und über das Feld verteilt, daß sie wachsen und Frucht tragen. Bis zu den Knöcheln steht der Mann im aufgeweichten Boden, gebeugt der nackte Oberkörper. Unzählige Male wiederholt er die Handbewegungen, ohne Hast, doch von beständiger Gleichförmigkeit. Das Bild ist von archaischer Ruhe erfüllt. Der Bauer, dem die indische Kastenordnung den Platz ganz unten zuweist, wenig geachtet, zum kümmerlich kargen Dasein verurteilt, war es, der den Mehrwert erzeugte, aus dem die prachtvollen Paläste der Herrscher und die von ihnen gestifteten Klöster erstehen konnten. Auf solch unermüdliches Tun des Bruders eines Sisyphos blickten schon die Mönche, als an Udaygiris sanft abfallendem Hang die Stupas in vollendetem Halbrund aufragten, die Klosterzellen bewohnt waren. Hier hatten sie Weitblick nach Osten. Die räumliche Ausdehnung der Anlage über Hunderte von Metern des terrassierten Hangs erstaunt. Noch wird gegraben. Vieles bleibt in der Erde verborgen. Der mich begleitende junge Mann spricht kein Wort englisch, ist stummer Wächter und nicht abzuschüttelnder Schatten. Mit seinem Schlüssel öffnet er vergitterte Tore, hinter denen ich Buddhastatuen erblicke, auch hier in der Geste der Erdbeschwörung.

Und weiter zum dritten Kloster, das in südwestlicher Richtung den Eckpunkt des Dreiecks bildet, zehn Kilometer entfernt. Lalitgiri ist die älteste der buddhistischen Stätten in dieser Region. Die Gründung wird im ersten Jahrhundert unserer Zeitrechnung vermutet. Auch hier bauten die Mönche auf einem Hügel über den banalen Dingen derer, die in der Ebene fürs Überleben schuften mußten und müssen. Nachdem ich ein paar aufdringliche Jungen, die mich mit dem Verlangen nach „Pen, Pen…" und „Bakschisch…" nervten, endlich losgeworden bin, kann ich allein losziehen. Malerischer Verfall. Am Wegrand beim Aufstieg fällt mir eine kleine Statue auf. Nur noch die Füße sind erhalten geblieben. Zwei einsame Füße, denen der Körper weggebrochen ist, den sie einst trugen, vielleicht von der Last des Alters gestürzt, vielleicht auch gestohlen für museale Zurschaustellung irgendwo in fernen Räumen. Die Füße als Sinnbild des Pilgers rühren an. Motiv des Unterwegs-Seins, der Ruhelosigkeit. Auch mein Motiv. Nackt und schutzlos wirken nun diese Fuß-

Zwillinge, die nichts und niemanden mehr zu tragen haben, übriggeblieben aus der großen Zeit eines von Menschen erfüllten Klosters. Nein, nicht nur eines, es standen mehrere solcher Stätten der Einkehr auf diesem Hügel. Die quadratischen Grundmauern sind erhalten geblieben, vom Erdreich, das sie längst begraben hatte, durch die Neugier und die Schaufeln der Archäologen befreit. Auch hier schreite ich auf einen Buddha zu – der von religiösem Pathos durchdrungenen Atmosphäre des Ortes entsprechend geht man da nicht oder läuft gar, sondern schreitet. Symbolhaft die Gestalt aus Stein. Kopf und Oberkörper fehlen. Nur noch die zur Meditation angewinkelten Beine sind erhalten, ruhend auf dem Lotossitz, und die zur Erde gerichtete rechte Hand. Eindrucksvoll und Respekt gebietend auch in solch torsohafter Verstümmelung.

Unter einem schattenspendenden Baum stehen Dutzende kleiner Stupas. Daneben entdecke ich Skulpturen rätselhafter Art. In einer steinernen Kiste liegt ein Buddhakopf, im offenen Bauch des Körpers öffnet sich eine Treppe wie in einem Felsentempel, einen knappen Meter lang die Figur, achtlos auf den Boden geworfen, so scheint es. Diese geheimnisvolle Statue unbestimmten Alters und die steinernen Plastiken daneben wirken wie das Werk eines zeitgenössischen Künstlers. Ein Penis ist in die unmittelbare Nähe einer Vagina gemeißelt, sehr grob und an die Kritzelein in Pißbuden erinnernd, vulgär, von Flechten und Moos überzogen, Zeugnisse primitiver Sexualität. Mit der reinen Lehre des asketischen Buddha hat dies vermutlich wenig, mit den menschlichen Trieben wohl sehr viel zu tun.

Mitten hinein in Buddhas Klosterruinen von Lalitgiri wurden in jüngerer Zeit zwei kleine Tempel gebaut, verwitterte grauschmutzige Würfel aus Ziegelmauern mit engen, niedrigen Türöffnungen. Einer birgt einen weißen Lingam, Shivas Symbol männlicher Zeugungskraft. Shiva ist überall. Er hat Buddha überdauert. Beziehungsreich für dessen Untergang in Indien ist der geradezu demonstrative Bau hinduistischer Tempel auf dem Grund einstiger buddhistischer Klöster. Drüben an den Hängen von Udaygiri ist es ebenso. Mich erinnert das an katholische Kirchen, die in Mexiko auf den Fundamenten von Maya-Opferstätten errichtet wurden: aufgetürmte Siegerpose. So sind die beiden einfachen Shiva-Tempel auch in Lalitgiri ein Stempel, der von den Nachfahren aufgedrückt wurde und Wandel in der Verehrung göttlicher Autorität verkündet. Ein bärtiger Mann hockt sich davor nieder. Ich bin wieder mal verblüfft, wie aus vermeintlich menschenleerer Umgebung urplötzlich ein solches Wesen auftaucht. Indien ist nie und nirgends menschenleer. Mißtrauische alte, müde Augen schauen mich an.

Zwischen den Klostermauern und dem großen restaurierten Stupa auf der Höhe des Hügels steht der moderne kleine Kastenbau des Museums. Es ist vollgestopft mit Buddhas. Eine erstaunliche Sammlung von sitzenden, stehenden, predigenden Buddhas und Boddhisatvas, zumeist aus braunem Stein geschlagen. Mir fällt auf, daß die meisten ziemlich grob gestaltet sind, man spürt die handwerkliche Serienfertigung und den Verfall der großen Kunst. Das sind Stücke der späten Jahrhunderte und offensichtlich aus der Zeit, da buddhistische Energie allmählich verflog. Die meisten Figuren wirken so, als hätten die Künstler keine Zeit mehr gehabt, als kopierten sie nur noch Vorbilder, deren Qualität sie nicht erreichen konnten. Es fehlen Schwung und Eleganz.

Vom Halbrund des wieder errichteten Stupas ganz oben schweift der Blick in die Ebene der braunen Reisfelder. Da unten wird geerntet. Fruchtbarkeit so weit ich schauen kann. Aus solcher Ernte erwuchs Kultur, deren Bruchstücke ich hier bewundere. Oben der Geist, das Nachdenken, die elitäre Suche nach Wahrheit und Werten. Unten der Hände Arbeit, die das leibliche Leben sichert. Das Landschaftsbild wird zum Gleichnis, in dem freilich auch Abhängigkeiten sichtbar werden. Was haben die Mönche hier oben den Bauern da unten zu bieten gehabt? Hat Buddhas Erkenntnis von Leid und dessen Überwinden denen da unten etwas genützt? Ohne bäuerlichen Fleiß allerdings wäre eine Stätte des Geistes da oben gar nicht möglich geworden. Lassen wir beides in wechselseitiger Befruchtung gelten. Daran hat sich prinzipiell seit Menschengedenken nichts geändert. Nur die steinernen Zeugnisse haben andere Dimensionen angenommen. An welche Kulturdenkmäler unserer Zeit des 21. Jahrhunderts werden sich wohl Wanderer meines Schlages, wenn es sie denn noch geben sollte, in weiteren tausend Jahren erinnern? Vor welchen Ruinen werden sie stehen und nachdenklich über deren geistigen Gehalt sinnieren? Eine Herde gemächlich wandernder Kühe grast zwischen den Klostermauern. Ziegen nagen an dürrem Gebüsch.

Nach Sonnenuntergang kehre ich müde und verschwitzt nach Patharajpur zurück, biege von der stark befahrenen Hauptstraße in die Marktgassen ein, klingle mich an Menschen und Kühen vorbei und habe den Kopf erhoben wie nach einer erfolgreichen Expedition. Mein Pressemann winkt mir entgegen. Sofort wird mir der obligate Stuhl zugeschoben. Nichts von einer Nachforderung. Mir das Rad überlassen zu haben, war Ehrensache. Das Wort Miete oder sonst ein Obolus werden überhaupt nicht erwähnt. Ich erhalte eine Visitenkarte und staune wieder einmal. Zwei Telefonnummern und ein Mobilphone sind darauf vermerkt, desweiteren der Hinweis auf die in der Sprache Orissas erscheinende Zeitung „Prajatantra“. Die werde in Cuttack gedruckt, erfahre ich. Er arbeite hier als Landreporter. Immer wieder piepst sein Handy. Offenbar ein gefragter Mann. Ob er denn der Redaktion heute schon eine Meldung durchgegeben habe, will ich wissen. Nein, es passierte noch nichts, es passiere überhaupt viel zu wenig, um interessante Berichte absetzen und davon anständig leben zu können, klagt der Pressemann. „Sie geben ja auch nichts her, nachdem Sie ohne Zwischenfälle wieder hier eingetrudelt sind", sagt er lachend. Ich bedaure, in keinen Unfall, keinen Raub, keinen Mord oder in sonstige Anschläge auf meine Person verwickelt worden zu sein. Nichts also für die Zeitung. Nicht mal eine klitzekleine Meldung. Wie bin ich froh darüber!

Patchwork im Reisfeld und ein vermiester Sonnenuntergang

Gleich hinter dem „Nirvana" beginnt Indiens ländliches Leben. Ich wandere an abgeernteten Reisfeldern entlang, setzte sorgsam meine Schritte auf den Erddämmen drumherum, nun von der Sonne hartgebacken und trittfest, und bewundere Kunstwerke des Zufalls. Es ist Waschtag. Zum Trocknen breiten die Frauen ihre Saris auf den Stoppeln aus. Die meterlangen Stoffbahnen liegen nebeneinander. Bunte Teppiche kräftigen Rots und Blaus und Grüns ziehen sich hin über dem braunen Gelb. Das ist ungewollte Volkskunst. Die Hülle der Armut wird zu Patchwork, die Kleidung der Anmut in weitflächiger Enthüllung, nun die Mutter Erde schmückend. Nicht die raffiniert durchwirkten Seidensaris städtischer Wohlstandsdamen leuchten in einträchtigem Nebeneinander, sondern die einfachen Baumwollstoffe der Landfrauen. Zwanzig, dreißig Farbstreifen, mal parallel, mal über Kreuz ausgebreitet. Gelegentlich bläht der Wind die leichten Tücher und spielt Wellengang mit ihnen. So schön kann Waschtag sein.

Ich bummle durch Indiens Hinterland, wo noch immer drei Viertel der Milliarde leben. Fern der urbanen Ballungszentren, unerreicht von elektrischen Leitungen, unterversorgt, was medizinische Betreuung und schulische Unterrichtung betrifft. Die Misere der Menschen, deren Unfähigkeit zu lesen und zu schreiben, deren Mangelernährung, deren Schulden und Abhängigkeiten im großen Vergessensein staatlicher Instanzen – nichts davon ist auf den ersten Blick zu erkennen. Ich wandre im Schatten der Palmen und schaue der Ernte zu, die den Landbesitzern den Ertrag bringt und den Erzeugern nicht mal den Magen füllt. Auf den Köpfen, von beiden Händen gehalten, werden die Reisstrohballen mit den Körnern heimwärts getragen, gebeugt sind die Bauern unter der Last. Auch Kinder sehe ich, in langer Reihe, die schweren Bündel schleppend. Eine Gruppe, die nicht beschäftigt ist, folgt mir auf Schritt und Tritt. Indien mal für sich allein erleben? Es ist ein unauflöslicher Widerspruch. Ich bin der Fremdkörper, der alle Neugier auf sich zieht. Eine Abwechslung im täglichen Einerlei. Ich möchte rasten, hineinhören in diese Landschaft des Reises und des Fleißes. Aber immer dann, wenn ich mich niederlassen will am Rande eines Feldes, unter einem Baum, am Ufer eines Teiches, muß ich angeekelt sehen, wie dicht bevölkert die Region ist und daß die Erfindung der Latrine oder ähnlicher Einrichtungen zur kultivierten Art der Notdurftverrichtung bis hierher nicht vorgedrungen ist. Wo Menschen leben, hinterlassen sie Häufchen. Gleich neben den Hütten und Häusern, hinter den Siedlungen, am Wegesrand. Da folgte ich in der Nachbarschaft den Spuren jenes weisen Mannes, der als Buddha das Geistesleben Indiens bereicherte, da habe ich die Früchte der großartigen Reiskultur vor Augen, ich freute mich eben noch an dem Farbenspiel der Saris und kann hier wie andernorts nicht verstehen, wie dicht Weisheit und Scheiße nebeneinander liegen. Der Blick ist auf den Boden gerichtet, aus dem eine der großen Kulturen der Menschheit erwuchs. Doch nicht deren Zeugnisse suche ich, sondern nur bescheiden einen Platz ohne Exkremente. Wie kann es sein, daß Zivilisation und animalische Primitivität nicht weit genug auseinanderzuhalten sind im ländlichen Indien? Armut allein reicht als Erklärung nicht aus. Ich habe viele Gespräche mit klugen Leuten darüber geführt und stieß immer wieder in die Grauzone von mangelndem sozialen Gemeinsinn und völliger Trennung von privater Sauberkeit und öffentlicher Ignoranz.

Ich finde endlich ein Stückchen Erde ohne, setze mich und bin im Nu von Dutzenden offener Augen umringt. Kinder, Halbwüchsige, Erwachsene. Eben noch menschenleer, so der Eindruck des Winkels, doch da tauchen sie auf und starren mich an. Es ist diese unversteckte Neugier, von keiner Hemmung, von keiner gesellschaftlich begründeten Zurückhaltung gebremst, weil auf mich, diesen Fremden, keines der üblichen Verhaltensmuster paßt, weil mit mir keine Kastenschranken zu berücksichtigen sind. Wir haben keine gemeinsame Sprache und wissen nichts voneinander. Daß ich nur schauen und in Ruhe gelassen werden will, mich in das kleine gelbe Heftchen der Reclam-Ausgabe der „Upanischaden“ versenken möchte, ein paar Gedanken zu skizzieren gedenke, wie sollten dies die einfachen Leute ahnen oder gar verstehen? Ich lese: „Vom Schein laß mich gelangen zum Sein,/ von der Finsternis laß mich gelangen zum Licht,/ vom Tod laß mich gelangen zum Leben.“ Kein Platz für geistige Höhenflüge. Ich höre um mich herum in aufdringlicher Stimmenvielfalt: „Pen. Rupia. Bakschisch.“ Und ich sehe diese erwartungsvoll auf mich gerichteten Blicke und ausgestreckten offenen Hände.

Ich ziehe weiter, im Schlepp die Meute, die sich weder durch Worte noch durch Gesten noch durch mein Schweigen abweisen läßt. Ich denke an den Mohr im Struwwelpeter. Hier bin ich der Schwarze.

Seltsame Köpfe liegen an Wegkreuzungen, vor Baumstämmen, an Bächen. Männerköpfe. Wie abgehackt von einem Rumpf liegen sie da, losgelöst von imaginären Körpern, einsam und mit aufgerissenen großen Augen. Wieder habe ich den Eindruck, angestarrt zu werden. Doch es sind tote Augen, auf-

Volksfrömmigkeit am Wegrand.

gemalt auf Gipsköpfen und Steinen. Lokale Gestalten der Volksfrömmigkeit. Die haben kultische Bedeutung, zweifellos, nur welche und in welchem Ritus bleibt verborgen. Ich blicke auf die Köpfe zu meinen Füßen herab und spüre, wie erfüllt die Luft ist von Geistern und Göttern und Kräften, die unsichtbar bleiben, aber das Leben der Menschen bestimmen.

Ein junger Mann spricht mich in gutem Englisch an. Mit seinen Freunden steht er im Schatten eines Banyanbaumes und plaudert. Ich bin willkommener Gesprächspartner und habe das untrügliche Gefühl, daß hier an vielem Mangel herrscht, nur nicht an Zeit. Ja, er habe ein College besucht, erzählt er mir, wegen Geldmangels aber keinen Abschluß erreichen können. Nun hänge er im Dorf herum, kein Job, nichts zu tun, was dem wenigen entspräche, was er mal gelernt habe. Er lacht mir zu. Es ist ein offenes, sympathisches Lachen. Er wolle sich politisch betätigen. Aber ohne Verbindungen habe er keine Chance. Er erwähnt das Wort Korruption. Dann bittet er mich – wie üblich bei solchen Bekanntschaften im Vorübergehen – um meine Adresse in Deutschland. „Können Sie mir nicht einen Job besorgen?“ Er fragt danach mit einer Selbstverständlichkeit, die so konkret wie weltfremd ist. Mein Schulterzucken nimmt er gelassen hin und übersetzt seinen Kumpanen unser Geplänkel. Ich frage nach den makabren Köpfen im Sand und habe einige Mühe, ehe er versteht, was ich denn meine. „Ach, die hiesigen Schutzgeister“, sagt er dann nebenbei und bleibt im Vagen – ob mangels Wissen oder ausreichender Vokabeln kann ich nicht deuten –, offenbar wenig interessiert, mir dazu weitere Auskünfte zu geben. Ich nicke verständnisvoll. Könnte ich denn einem atheistischen Eskimo so nebenbei erklären, was bei der so genannten heiligen Wandlung während einer katholischen Messe passiert? Und warum ein massakrierter, gefolterter nackter Mann festgenagelt an einem Kreuz hängt...

Sonnenuntergang. Ein blutroter Ball hängt über dem Horizont, von Scherenschnitten der Palmen eingerahmt. Das ist der reinste Kitsch. Ist Postkarte. Hundertmal schon gesehen. Und doch überwältigend. Ein milder Windhauch verscheucht die trockene Hitze des Tages. Niemand nimmt das Verlöschen am tiefblauen Himmel als Besonderheit wahr, nur ich gerate stets ins vielgesichtige öffentliche Interesse, wo immer ich mich niederlassen möchte, das schöne Schauspiel zu beobachten. Mein Bedürfnis nach Allein-Sein bleibt unverstanden. Ich wechsle den Ort, sorgsam aufpassend, den leiblichen Ausscheidungen von Mensch und Tier auszuweichen, mal Mutter Erde, mal die Sonne im Blick. Hoffnungslos. Immer dichter rücken mir die Leute auf die Pelle. Nun habe ich mit meinen Ausweichmanövern nicht nur Neugier, sondern auch Mißtrauen geweckt. Ich spüre, daß ich hier die Ordnung durcheinanderbringe. Mit der Hand auf die Sonne deutend, mit dämpfenden Gesten mein Ruhebedürfnis vermittelnd, mindere ich die allseitige Beachtung keineswegs, sondern stachle offenbar die Neugier an, was wohl dieser Fremde wirklich hier suche. Nicht von Wolken wird der Sonnenuntergang getrübt, sondern vom unterschiedlichen Verständnis, also gegenseitigem Missverständnis. Wo ich Rücksicht wünsche, wird ein Eindringling vermutet. So jedenfalls meine Deutung. Da staut sich Aggression auf. Einige Bauern kommen über die Reisfelddämme näher. In den Gesichtern erkenne ich Ärger, Abwehr. Mein Lächeln bleibt unerwidert. Ich laufe schließlich davon, der nun auch körperlichen Bedrängnis entkommend.

Nirvana? Abgeschiedene ländliche Einsamkeit? Stille? Nicht mal im Hotel, das Nirvana heißt. Wieder einmal werden meine indischen Illusionen zerschlagen. Wortwörtlich. Ich hatte die Ursache des Ärgernisses beim ersten Rundblick von der Veranda aus gar nicht bemerkt, weil der sehnsuchtsvolle Blick von den Hügeln jenseits der Ebene angezogen wurde, wo sich Buddhas einstige Klöster verbergen. Erst bei einbrechender Dunkelheit und dem Abschwellen des Lärms der vorbeifahrenden Lastwagen und Busse dröhnt die Anlage auch den letzten Anflug vom Traum meditativer Ruhe weg. Auf dem flachen Feld steht eine Steinzertrümmerungsanlage. Trucks karren die Felsbrocken an. Über rasselnde Förderbänder werden sie in die Zermalmungsmaschinen gekippt. Stampfende Lokomotiven rollen heran. So jedenfalls donnern die gewaltigen Hämmer. Ein Inferno. Vor allem nachts bei gespenstischer Beleuchtung. Da reise ich den Bahnhöfen, Industriezentren und Menschenansammlungen davon, wähne mich in einem ländlichen Winkel und werde mit Höllenlärm sogar in Buddhas Dreieck eingeholt von einer Außenstelle der Neuzeit. Es gibt kein Entrinnen mehr. Nur immer wieder der fluchtartige Versuch der Weiterreise.

Damen mit und ohne Unterleib

Noch umhüllt die Tempel feiner Frühdunst, und sein Rosa mischt sich mit dem Rauch der Morgenfeuer, der aus Hütten und Häusern aufsteigt. An den Brunnen drängeln sich Frauen und Kinder. Mit fasrigen Holzstäbchen werden die Zähne geputzt. Kühe durchstöbern in aller Behäbigkeit die Abfallhaufen. Angenehm frisch ist es um diese Stunde zwischen sechs und sieben, wenn die Altstadt von Bhubaneswar erwacht.

Rikschafahrer klingeln sich den Weg frei im dichter werdenden Gewimmel der ersten Pilgerscharen. Brahmanenpriester, die weiße Schnur ihrer Kaste um die nackten Schultern und Bäuche geschlungen, weisen ebenso würdig wie geschäftstüchtig den Eingang zu den Heiligtümern. Allmählich taucht die steigende Sonne die Tempel in warmes Rot; und deren Spiegelbilder im grünalgigen Wasser des von Menschenhand angelegten Sees Bindu Sarovara leuchten wie der späte Abglanz jenes Goldenen Zeitalters, von dem die historischen Quellen künden und blumiger noch die Legenden und volkstümlichen Geschichten erzählen. Hier vermischten sich die Kulturen aus dem südlichen und dem nördlichen Indien. Das fruchtbare Land zwischen dem Meer im Osten und dem unwirtlichen Gebirge im Westen und Nordwesten, das einmal Kalinga hieß, war Mittler geistiger Ströme und zugleich wegen seiner Wohlhabenheit und Weltoffenheit begehrte Beute nicht nur des reumütigen Ashoka, sondern auch späterer rivalisierender Herrscher.

Bhubaneswar ist die Hauptstadt des Bundesstaates Orissa. Mit 700.000 Einwohnern ist sie unter den Millionenmetropolen des Subkontinents eine der kleineren Schwestern. Doch auch hier sind die Zuwachsraten atemberaubend. Ich komme nach einem Jahrzehnt zurück. Damals nannte die offizielle Statistik 300.000 Einwohner. Nun staune ich über den Verkehrsstau nördlich des Bahnhofs und die neuen Geschäftsviertel in der Austauschbarkeit moderner gesichtsloser Allerweltsfassaden aus Glas und Beton. Kilometerweit vor dem Zentrum ist der Busbahnhof eingerichtet worden. Bhubaneswar, ehedem überschaubar und geruhsam, wurde eine Stadt schier endloser Straßen.

Fußgängerzone sind eigentlich nur noch die alten Viertel, ohne als solche ausgewiesen zu sein. Autos quetschen sich auch hier durch die verwinkelten und verdreckten Gassen um die Tempel. Kräftig ist das Aroma, die Nase beleidigend; stark die Kulisse der Erhabenheit, ein Entzücken fürs Auge und die anderen Sinne. Indien gibt sich nicht mit langweiligem Mittelmaß zufrieden. Aus alltäglicher Notdurft ragt das Sakrale empor. Mal gesenkten, mal erhobenen Hauptes streife ich durch das Labyrinth der Frömmigkeit, weiche Kuhfladen und anderen animalischen wie humanen Entleerungen aus und bewundere, was da zum Ruhme der Götter in den Himmel gebaut wurde. Hier begegneten sich die Religionen, Sekten, Heilsbringer. In unmittelbarer Nachbarschaft blühten die Opferlehren der Brahmanen auf; die Askese des Buddha fand Anhänger; die Strenge des Jainismus ebenso. Tausende von Tempeln ragten himmelwärts. Die meisten der Bauwerke stürzten wieder ein. Der Hinduismus erwies sich als die lebendigste und dauerhafteste Kraft religiöser Bekundung. Etwa fünfhundert Tempel blieben stehen. Einige Dutzend sind das Ziel gläubiger Hindus bis zum heutigen Tag; und anders als die gegenwärtige Fortschrittsarchitektur in Ausprägung und Maß einzigartig und unverwechselbar.

Der größte von allen: der Lingaraja-Tempel. Sein 45 Meter hoher Turm ist weithin zu sehen, die flache grüne Landschaft prägend wie ein merkwürdiges, pilzartiges Riesengewächs. Klar sind die senkrechten und waagerechten Linien aufeinander bezogen und durch die gerundeten Formen des Gesamtbauwerkes in ihrer Starre aufgehoben. Hintereinandergereihte Tempelhallen mit Dächern in Gestalt von Stufenpyramiden weisen zum Hauptturm, der

Muktesvara-Tempel.

sich über dem Heiligsten erhebt, parabolisch sich nach oben verjüngend. Der Orissa-Stil, auch Nagara-Architektur genannt, regt zu eigenwilligen Vergleichen an. Einem Bienenkorb ähnlich. Oder einer riesigen stehenden Ananas. Oder ins Gigantische gewachsenen Blumengirlanden, wie sie als gebündelte Blütenzöpfe knatschgelb an den Kiosken als Opfergaben hängen. Oder prallen Maiskolben ähnlich. Oder sollte man die Dinge beim wahren Namen nennen: gewaltige Phalli, an denen die Spermatropfen zu Figuren, Bildern, Szenen in Stein geronnen sind, Shivas üppiges Schöpfungswerk für die Ewigkeit. Die Fachleute vermuten übrigens, daß die Tempeltürme die Fortentwicklung einstiger Opferstätten sind, die von aufrechtstehenden, oben zusammengebundenen Bambusstangen geschützt wurden. Als man in Stein zu bauen begann, behielten die Architekten die ursprüngliche Form bei.

Shiva ist die heilige Stätte geweiht, dem Gott, der Neues schafft und es zerstört und wieder aufbaut, Inbegriff des indischen Stirb-und-Werde. Sein Symbol ist der Phallus. Lingaraja, die fürstliche, die königlich aufgerichtete Demonstration der Männlichkeit. Der Tempel wurde zwischen dem 7. und 12. Jahrhundert geschaffen; er gilt als Höhepunkt der Orissa-Bauweise und wurde in den 1920er Jahren gründlich erneuert. Mir als Nicht-Hindu ist der Eingang zum Lingaraja verwehrt, nicht einmal in den Vorhof darf ich eindringen; üblicherweise wird es an solchen Stätten erlaubt. Von einer Plattform abseits der von Bettlern, Pilgern, Straßenjungen und Händlern umlagerten Tore schaue ich über die Mauern hinein in den ausgedehnten Komplex, der sich in Winkeln, Schemen, Ahnungen verliert. Irgendwo scheppert eine Trompete, metallene Instrumente rasseln. Der königliche Penis bohrt sich in die Höhe, als wolle er auch den Himmel befruchten. Auf der gerundeten Turmhöhe flattern, roten Flammen gleich, zwei langgezogene Dreiecksfahnen, die vom Sieg Shivas künden und von seiner Allgegenwart.

Das geschäftstüchtige Bhubaneswar jenseits des Bahnhofs scheint mir weit weg zu sein. In den schmalen Gassen der Altstadt, auf schmutzigen Pfaden, hineinschauend in schäbige Läden, dämmrige Restaurants, an modrigen Teichen entlanggehend, habe ich den Eindruck, in einer indischen Kleinstadt auf Entdeckungstour zu sein, die bald hinausführt in die Reisfelder und die Welt der Dörfer. Tempel werden zu Wegemarken. Keiner hat die Dimension des Lingaraja, aber viele sind älter als er, Ruinen die meisten, in prachtvollem Zustand einige, alle einbezogen in pulsierendes Leben.

Ich finde meinen Lieblingstempel von einst wieder. Am schönsten von allen erscheint mir der Muktesvara, im 9. Jahrhundert gebaut. Im kleinen Wasserbecken davor nehmen die Gläubigen ein weniger den Körper als den Geist reinigendes Morgenbad; auf der einen Seite die Männer, die sich bis auf ihr Lendentuch ausziehen; auf der anderen Seite die Frauen, die es mit Geschicklichkeit verstehen, rituelle Waschung, den Wechsel ihrer Saris und den gebotenen Anstand vor aller Augen in ansehnliche Harmonie zu bringen. Ein knöchriger Alter taucht ein ins grünliche Naß. Schütter sind seine Haare von der Farbe des Salzes und des Pfeffers, die faltige Haut dunkelbraun wie das Gestein des Tempels. Seine Brille hat er ins Gras gelegt. Er faltet die Hände zum Gebet, hebt sie über den Kopf, die Augen geschlossen. An seiner ausgezehrten Gestalt, fast schon ein Skelett, perlen die Wassertropfen ab. Von einem der benachbarten Tempel schallt das Meißeln der Steinmetze herüber, die ausbessern, was Wind und Wetter zerstörten. Das metallische Tacktacktack tönt wie eine Maßeinheit der Zeit, ein Sekundenschlag der Weltuhr.

Ich trete ein ins Dämmerlicht. Das von Öllampen und einer armseligen Glühbirne erhellte Innere des Muktesvara-Tempels ist auch mir zugänglich. Ich beuge mich vor der niedrigen Pforte und schaue dem Priester zu. Mir ist, als dringe ich in einen Schoß ein, einen warmen, düsteren Innenraum, den kein Sonnenstrahl mehr erreicht. Hier wie in vielen dieser heiligen Häuser werden zu morgendlicher Stunde die Linga geschmückt. Unter dem Gewölbe des Turmes reckt sich auf dem Boden der Stein des Shiva auf, massig und glatt poliert von ungezählten streichelnden Händen. Er ruht in der ovalen Umrandung des Weiblichkeit symbolisierenden Gefäßes, Yoni genannt. Der alte Tempelhüter verziert Shivas Symbol mit roten und weißen Blüten, legt grüne Blätter darauf. Zärtlich tut er das, einem Liebhaber gleich. Dann stellt er eine aufgerichtete Kobra aus Messing mitten in die Opfergaben. Das Bedrohende, Leben Gefährdende bleibt stets in Nachbarschaft zur Leben spendenden Zeugung. Die flackernden Flämmchen der Butterkerzen werfen unruhige Schatten. Als sich der Brahmane im Lotossitz niederlässt, erkenne ich, daß seine vermeintlich schwarzen Haare gefärbt sind; das Graue ist zu sehen im nachwachsenden Ansatz. Kleinliche Eitelkeit sogar hier, wo doch kosmische Kräfte zu beschwören sind.

Vor dem Tempel erhebt sich freistehend ein Tor mit zwei Säulen und einem Rundbogen von romanischem Format mit barockem Dekor. An allen vier Seiten des Tores lagern auf den oberen Simsen spärlich bekleidete Frauenstatuen unterschiedlichen Ausdrucks und eigenwilliger Ausstrahlung, eine Persönlichkeit jede einzelne, lockend und einladend, als sei dies die Pforte zu einem Freudenhaus. Drei von ihnen reizen mich kaum, ihr Lächeln wirkt fast dümmlich. Die eine aber, vorne links, zum Tempel gerichtet, hat es mir angetan. Ich sehe die Göttliche, erkenne sie hocherfreut wieder nach all den Jahren: vertraut, begehrenswert und unerreichbar. Den Kopf in den Nacken gerichtet schaue ich auf. Das Fernglas rückt sie mir näher. Ich bin Voyeur und freue mich der die Phantasie beflügelnden Intimität. Hingehaucht wie ein Gedicht liegt sie da. Die Augen gesenkt, die prallen Brüste quellen unter schwerem Schmuck hervor, die üppigen Haare sind mit einem Diadem gekrönt. Ein ihr zu Füßen hockender Affe reicht ergeben eine Erfrischung. Die Hüfte ist von leichten Tüchern umschlungen. Und dieses Lächeln! In sich versunken, verträumt, in wundervollen Gedanken schwebend, weltentrückt, entspannt, innehaltend im Weltentrubel. Solch ein heiterer Moment ist vor tausend Jahren in Stein erstarrt, in rötlichem Stein, den die Morgensonne durchwärmt und lebendig werden lässt. Sinnt die Schöne der vergangenen Liebesnacht nach? Träumt sie von der nächsten? Erinnerung und Erwartung zugleich. Lasziv und voller Unschuld in himmlischer Entrücktheit. Nimm mich, so ihre stumme Körpersprache, eine Lockung, die sie nicht einzulösen vermag, und so schwingt Spott mit in dieser Verführung.

Ach, verehrter Buddha, der du das verwesende Fleisch gewahrtest, wo doch noch die Knospen sprossen. Du hast ja Recht, was die Vergänglichkeit flüchtiger Lust betrifft. Hier aber ist sie überlistet von künstlerischer Hand. Da fließt kein Blut unter rosig steinerner Haut, da pocht kein liebendes Herz, und doch regt der Anblick solcher Vollkommenheit die Nachfahren und Bewunderer zu höchst lebendiger Sinnlichkeit an. Immer wieder aufs Neue. Ein Gedicht aus dem 16. Jahrhundert, das der Königin Mahadevi zugeordnet wird, könnte der Göttlichen auf den Leib geschrieben worden sein: „Mit Ungeduld erwart' ich dich, / Komm bald, mein Herr, zu mir, / Ich schmücke meinen Körper schon / Mit Safran und goldenem Zier. / Ich verschmachte vor Durst nach Liebe, / Die ich im Herzen heg', / Voll Inbrunst nach dir spähend, / Such ich dich auf jeglichem Weg." Natürlich ist damit nicht unsereiner gemeint, sondern Shiva. Der ist ja auch hier Hausherr. Phallisch streckt er diesen und die anderen Tempel empor, stets bereit zur kosmischen Vereinigung, die uns irdischen Kleingeistern so sinnlich und artistisch vorgeführt wird.

An Augenlüsten ist wahrlich kein Mangel in der alten Stadt. Man muß nur genau hinschauen an den Tempeln. Überall ist Hochzeit. Nicht der Tod herrscht vor, wie er zentrales Thema des Christentums ist, sondern die Vereinigung. Am Ramesvara-Tempel sind acht Paare in Rundungen der fließenden Formen gestellt, die keinen Zweifel an ihrem Tun offenlassen, weder die Paare, noch die Rundungen, noch die Formen. Von vorn, von hinten, stehend kommen sich die jeweiligen Männer und Frauen mehr als nahe. Kontemplation und Kopulation. Da war das alte Indien dem Abendlande weit voraus. Rechts neben einem Ganesha, der in elefantenfreundlichem Einverständnis das Malheur übersieht, sind die beiden Akteure schon etwas außer Atem geraten und haben nicht nur Kondition und Contenance verloren, sondern auch manches Glied. Nach dem Anblick der anderen gemischten Doppel wirkt dieses ziemlich mitgenommen und weist auf die Endlichkeit allen Mühens hin. Die Liebende, die ihren Gespielen so hingebungsvoll umarmt und auf seiner Hüfte sitzt, ist als Folge neidischen Fraßes der Monsunstürme zur Dame ohne Unterleib verkommen. Derweil machen die anderen Sechs weiter beim Sex wie seit tausend Jahren schon. Um 1060 ist der Tempel gebaut worden.

Die Schöne vom Muktesvara-Tempel.

Das Staatsmuseum von 1957 ist deutlich jüngeren Datums, aber auch in dessen weitläufigen Räumen treffe ich betagte Damen von erstaunlicher Präsenz. Ansehnliche Göttinnen auch hier, die alles versprechen, was leibliche Freuden bereitet. Doch eine thront im Reigen der steinernen Angebeteten, die einem jegliche Lust erschlaffen läßt. Chamunda, eine lebensgroße Figur aus dem 8. Jahrhundert. Oh Shiva, wie abschreckend! Elendiglich zerfurcht hockt sie da auf einem hingemeuchelten Mann, sie selbst nur noch ein Skelett mit einem Flammenkopf, um den Hals eine Kette von Totenköpfen, ein abgeschlagenes Männerhaupt in der Rechten. Eine Schwester der rasenden Kali. Die Augen verschwinden in tiefen Höhlen, die Glieder sind von Adern wie von ekligem Gewürm überzogen. Das ist der Horror, der Horror. Als wolle sie es herausbrüllen, ist der Mund zu einem entsetzlichen Schrei aufgerissen. Das rechte Bein ist auf den Boden gestützt, das linke nach oben angewinkelt. Sie ist eine der sieben Matruka, der Mutter-Götter des Shaktikultes. Es sind die Counterparts von Brahma, Vishnu, Shiva, Maneshvara, Indra, Kumara, Vahara. Allesamt wohlgeformte Damen, denen man die Bereitschaft zur zärtlichen Annäherung ansieht. Nur Chamunda schreckt ab. Vier Arme hat sie, die beiden oberen sind abgebrochen, und es fällt nicht schwer anzunehmen, daß der

Verlust bei männlicher Abwehr geschehen sein könnte. Vor den ausgemergelten Brüsten hält Chamunda eine Almosenschale, nichts gebend, nur fordernd. Aber wer wohl will diesem Jammergestell etwas spenden? Diese Göttin bestätigt auf grausame Weise des Buddhas Abneigung gegen weibliche Reize. Da vergeht der Spaß. Ihr Anblick kann einen in die Einsamkeit der Wüste vertreiben oder in die düstere Klause einer Berghöhle. Abgründe tun sich auf. Das völlige Gegenteil jener paradiesischen Anmut der Göttlichen am Muktesvara-Tempel. Doch zweifellos: Beides ist Indien.

Wie dankbar bin ich, als mir später doch wieder ein kokett strahlendes Mädchen zulächelt. Eines dieser Mädchen von heute. Auf hochhackigen schwarzen Modeschuhen kommt sie daher, schulterlang das offene Haar, leuchtend der Sari, der den schlanken Körper bedeckt. Selbstbewußt schaut sie mich an. Nicht der Frauentyp, der sich aufheulend in den Scheiterhaufen des verstorbenen Gatten stürzen würde; und, daß sie in der Küche durch Flammen zu Tode käme, von einer vergeblich weitere Mitgift fordernden Schwiegermutter gequält und vom eigenen Mann mit Kerosin überschüttet – auch dies scheint mir unvorstellbar. Vermutlich hat sie studiert, entstammt der oberen Mittelschicht und ist städtischer Herkunft. Sie lächelt mir zu auf einem Hochglanzfoto einer gevierteilten Illustriertenseite, in die mir der Imbissbrater am Straßenrand die öltriefenden Samosas packt. Mit Daumen und Zeigefinger fischt er die goldgelben Teigdreiecke aus dem dampfenden Berg neben dem zischenden Öfchen, auf dem sie eben noch in kochendem Fett schwammen. Grauhaarig ist der Alte und knöchrig und faltenreich im Gesicht, als könnte er sich nicht mal an den eigenen Samosas satt essen. Das Öfchen, ein paar Töpfe und Beutel, ein Stapel aus mattgrünen Blättern zu handtellergroßen Näpfen gepreßt, ein Vorrat an Löffeln, die nur zurechtgeschnittene Blattstrünke sind – das ist die Garküche. Und natürlich die zerschnittenen Zeitschriften, in denen sich das moderne Indien der feinen Leute widerspiegelt. Ich umfaße die gedruckte papierne Schönheit mit der Linken, und zwischen den Samosas lächelt sie mir zu. An das Vorbild beim Muktesvara-Tempel reicht sie nicht heran, bewahre, doch dieses Bild ergänzt den Reigen der Damen, denen ich in Bhubaneswar begegne, auf charmante Weise. Ölfleckig und zerknüllt ist sie geworden durch meinen Mittagsschmaus. Ich muß mich von ihr trennen. Doch die Göttliche bleibt. Jahrhunderte hat sie überdauert. Bei meinen Streifzügen durch Bhubaneswar kehre ich immer wieder zu jener Dame am Muktesvara-Tempel zurück und entbiete ihr stets meinen begehrlichen Gruß.

Tod zwischen Markt und Meer

Sonntagnachmittag. Zu Tausenden promenieren Menschen am Strand von Puri, tummeln sich Lemmingen gleich im flachen Wasser und werfen sich Bälle und Bemerkungen zu. Kinder reiten auf Kamelen. Ballonverkäufer lassen ihre bunten Trauben schweben. Ein Riesenrad dreht sich als Mühle der Lustbarkeit. Aus Lautsprechern durchdröhnt Bollywoods Filmmusik, die Trommelfelle attackierend, das Treiben. Da wird geschrieen, gegessen, herumgetobt. Das städtische Indien ist herausgequollen an die Küste. Die hiesige Version von Zufrieden-jauchzet-Groß-und-Klein schwappt den Strand auf und ab. Bloß nicht allein sein. Bloß keine Stille.

Doch dann. In unmittelbarer Nachbarschaft des lärmenden Massengewoges tut sich als seltsame Kehrseite ein Einhalten auf. Ein paar Stufen landeinwärts ansteigend. Neben Hotels und Restaurants stehen die würfelähnlichen Steinkästen kleiner Tempel. Ich sehe dahinter brennende Holzstapel und im Sand lagernde Büffel und Kühe. Bin ich neben dem Ausflugstrubel in einen Ausschnitt dörflicher Geruhsamkeit geraten? Zwischen Markt und Meer ein Fleckchen ländlichen Atemholens? Nein, der Abgrund könnte nicht tiefer sein. Zufällig und fast übergangslos wechsle ich die Welten von Leben und Tod. Kein reißendes Gewässer markiert die Grenze zum Hades, kein vielköpfiger Zerberus verwehrt knurrend den Zugang. Zur Stadt Puri gerichtet steht ein offenes steinernes Tor. „Savargadvara“ ist darüber geschrieben. Rechts tanzt die blau gefärbte Kali ihr schauerliches Solo auf dem Gemäuer, überlebensgroß, das Schwert schwingend und die üblichen Greuel vollbringend. Links ist Shiva zu sehen, einsam in majestätischer Größe. Von dieser Seite eintretend, könnte der Besucher gewarnt sein, eingestimmt auf Existentielles. Aber kommt er von der Seeseite wie ich, empfängt ihn keine göttliche Warnung, und der betonierte Weg durch den sandigen Verbrennungsplatz erscheint fürs erste als harmlose Passage.

Die beiden Scheiterhaufen, die da lodern, und die drei schon zur Glut niedergebrannten Flammen dienen keiner lebenden Seele mehr zur Erwärmung. Hier ist der Ort, an dem die Toten von reinigenden Feuerzungen verzehrt werden in schamloser Zurschaustellung und mit seit vielen Generationen erprobter Geschäftigkeit. An den Ghats von Varanasi, die sich kaskadenartig dem Ganges zuneigen, ist tausend Kilometer nördlich die Luft von Frömmigkeit erfüllt. Am klassischen Ufer zum indischen Jenseits ist dort jedermann auf Leben und Tod eingestellt. Da werden im großen Stil hinduistische Riten zelebriert. Hier aber am Strand von Puri verschmort menschliches Fleisch zwischen Meer und Markt, eher beiläufig und unbeachtet. Der Seewind trägt die grauen Rauchfahnen davon, spielt mit dem flüchtigen Gekräusel, löst in scheinbares Nichts auf, was einmal Atem und Leben war. Ich rieche und habe Mühe, den Geruch zu benennen. Süßlich? Nein, eigentlich nicht. Eher wie erhitzter Kunststoff. Bakelit. Irgend ein Zeug aus einer chemisch-industriellen Küche.

Auf den beiden Scheiterhaufen krümmen sich die Leichen in sengender Hitze. Füße ragen aus dem glimmenden Gehölz. Die Zehen gespreizt, aus den Fersen tropft eine Flüssigkeit. Das braune glänzende Fleisch der Schenkel platzt auf und verfärbt sich grau-weiß. Ich muß an Brezeln denken, die in Bayern zum Bier gehören. Einige Männer stehen herum. Berufsmäßig stochern sie mit langen Bambusstangen in den Feuern, richten die Scheite aus, bewegen die Glieder der Toten, daß sie von den Flammen erfaßt werden. Gelegentlich wird aus dem Messinggefäß flüssige Butter, das geheiligte Ghee, ins Feuer geschüttet, daß es sich beeile wie von Spiritus getränkt.

„Beste Qualität", erklärt mir einer der Männer. Er trägt einen rotweiß karierten Wickelrock um die Hüften und einen roten Punkt auf der Stirn. Sein Oberkörper ist nackt.

„Ist das das Ende oder der Anfang?" frage ich ihn.

„Da verbrennt ein Verstorbener", sagt er nüchtern und emotionslos, „und zur selben Zeit wird ein Mensch geboren. So ist das. Wir brauchen nichts hineinzudeuten."

Mir erscheint diese Sicht der Dinge an diesem Ort zu dieser Zeit mit diesem Anblick erfreulich einfach. Die Kühe liegen von der Wärme der Scheiterhaufen angelockt neben den sich reckenden Leichen. Wiederkäuend blicken die Tiere in die Flammen, teilnahmslos und doch dazugehörend wie Familienmitglieder. Ich versuche, die lodernden Flammen zu durchschauen und zu verfolgen, was sich hinter dem Rauchvorhang ereignet. Ich gewahre verrenkte Arme, herausgestreckte Füße, verkohlende Köpfe. Ich staune, wie lange es dauert, bis ein menschlicher Körper zu Asche verfällt. Mehr als eine Stunde fressen und lecken die Flammen daran herum. Vom Strand schallt Leibeslust herüber. Ich höre das luftige Pfeifen der Muscheln heraus, die dort feilgeboten werden als Mitbringsel von Puris unterhaltsamer Küste. Man bläst hinein, und es tönt wie ein letzter Gruß der Lebenden, traurig und hohl. Da die Menschenmassen, die sich lautstark und hautnah ihrer lebendigen Gegenwart versichern. Hier vollkommene Einsamkeit und endgültiges Alleingelassensein. Im Schatten einer Hauswand bemerke ich zwei in Tücher geschnürte Bündel. Die nächsten Leichen.

„Sacred place", sagt der Mann mit dem roten Punkt auf der Stirn und deutet auf dieses sandige Viereck, das von schmalen betonierten Wegen durchzogen wird. Gefräßig flammen die Totenfeuer auf. Funken sprühen, wenn die in Knochen und Hölzern fuhrwerkenden Bambusstangen den Ablauf der Verbrennung regeln. Heiliger Platz? Ich vermag weniger Riten als vielmehr Rou-

Tempelanlagen von Puri.

tine zu erkennen. Darin unterscheiden sich der von Menschen wimmelnde Strand auf der einen und die von Geschäften mit ausgebreiteten Stoffen gesäumten Marktgassen auf der anderen Seite kaum. Das Leben draußen und das Beseitigen der sterblichen Überreste drinnen sind nur die beiden Seiten einer Münze. Hier wird bar bezahlt.

Ein Wort Rabindranath Tagores fällt mir ein. Er legte ein versöhnliches Band auf die Wunden der Trauer: „Wenn wir unsere ganze Aufmerksamkeit auf die Tatsache des Todes richteten, so würde uns die Welt wie ein ungeheures Leichenhaus erscheinen, aber in der Welt des Lebens hat der Gedanke an den Tod die denkbar geringste Gewalt über unsern Geist. Nicht weil er die am wenigsten sichtbare, sondern weil er die negative Seite des Lebens ist. Das Leben als Ganzes nimmt den Tod nie ernst. Es lacht, tanzt und spielt, baut Häuser, sammelt Schätze und liebt, dem Tod zum Trotz."

Grotesk angewinkelt greift eine rechte Hand aus den Flammen ins Freie. Die Leiche liegt auf dem Rücken unter der hölzernen Last. Es sieht aus, als wolle sich die gewesene menschliche Kreatur noch einmal ans Leben klammern. Die krallenartigen Finger greifen ins Leere.

Der Mann stützt sich auf seine Bambusstange und wendet sich wieder mir zu. „Wie ist das bei Ihnen in Deutschland mit der Verbrennung?" will er wissen.

„Krematorium", antworte ich, „hinter dicken Mauern, den Blicken der Angehörigen entzogen. Wir sperren den Tod ein."

Er nickt und weiß davon. „In den großen Städten gibt es auch bei uns elektrische Öfen. Hier aber ist es für die Leute selbstverständlich, Feuer anzuzünden. Die edle Aufgabe des ältesten Sohnes."

Der Wind treibt mir den Geruch zu, den ich nicht beschreiben kann, den Geruch des Schauders. Ich stehe in einem Grenzbereich des Seins, und doch wirkt das Geschehen eher banal als ergreifend. Mir ist, als sei ich auf einen Müllplatz geraten.

„Wollen Sie nicht einen Schnappschuß machen?" lädt der Mann im rötlichen Flackerschein ein.

Ich schüttle den Kopf und drehe mich nach einem penetranten Piepston um. Handys. Sogar an diesem Platz. Ein Hüter des Feuers, ein Verwandter des Verstorbenen, gibt irgendeine Auskunft. Lachend tut er das und gestenreich. Nein, da ist nichts Zeitloses. Ich bin mitten in der Gegenwart.

„Savargadvara" übersetzt mir der Mann mit „Gate to heaven", und als ich im offiziellen Führer Puris nachblättere, ist von „Way to heaven" die Rede. Ausdrücklich wird der Ort erwähnt wie andere touristische Sehenswürdigkeiten auch. Geradezu optimistisch heißt es da: „Burning of dead bodies here bring salvation for all men." Ich kann mich also einbezogen fühlen in den ewigen Kreislauf des Heils.

Ein graues kleines Männchen spricht mich an. Er nennt sich „burning man". Ich solle mir das Schauspiel doch aus einer bequemeren Position ansehen, rät er und begleitet mich zu einer der Steinbänke im sandigen Quadrat. Auch er erklärt mir mit heiserer Stimme, wie heilig der Platz und nur mit Varanasi zu vergleichen sei. Der kleine alte Mann erscheint mir wie ein Todesbote.

Grauschwarz sind seine Hose, sein Hemd, die Plastiksandalen – verschlissen, verbraucht, verkohlt. Mein Blick streift jene schokoladenfarbene Gestalt, die rücklings in den Flammen schwelt und nackt die Hinfälligkeit alles irdischen Seins sichtbar macht. Anders als in Varanasi, wo die Leichen in Tücher gehüllt sind, werden hier die Toten so zu Asche, wie sie auf die Erde kamen, nämlich ohne Textilien. Hier sind die Flammen letzte Umhüllung bis nichts mehr bleibt als ein graues krümeliges Etwas. Nichts sonst, was einst Gier und Durst nach Reichtum angehäuft hatte. Kein Grab. Kein Friedhof.

Dies freilich hindert den zerknitterten Alten neben mir auf der hohen unbequemen Bank nicht daran, sein eigentliches Begehr zu erwähnen. „Das Holz ist teuer geworden", sagt er krächzend, als sei seine Stimme von dem ewigen Rauch in Mitleidenschaft gezogen worden. Seine sehnige Rechte weist hin zu dem Verschlag, wo die Baumstämme lagern und von Beilhieben auf Feuerformat geschlagen werden. „750 Rupien für eine Verbrennung", rechnet er mir vor, „das können sich nur wenige Familien leisten." Dann schaut er mich aus wässrigen, kränklichen Augen an. „Spenden Sie", drängt er mich, „eine Spende an diesem Ort ist für Ihr Seelenheil, für Ihr Karma, von Nutzen." Ein interessanter Aspekt. Darin steckt das eigennützige Geben und Nehmen, das die uralten Opfer-Religionen bestimmt: Ich spende, damit mir Gutes widerfahre. Ich mache mir die Götter genehm, dafür helfen sie mir aus der Patsche. Do ut des nannten die Römer solchen Handel. Genau diesen Deal verachtete jener Buddha, der sich vor zweieinhalbtausend Jahren mit den Brahmanen-Priestern seiner Zeit anlegte. Sie haben in Indien Buddhas Lehre überdauert und sind im Opfer-Geschäft geblieben. Der Feuer-Mann bekräftigt das Verlangen mit seiner Kurzformel: „Donation is good for you."

Mein behutsam abwehrender Einwand, ich wolle mir das noch überlegen, findet keine Zustimmung. „Vorige Woche hat ein Ausländer wie Sie 200 Rupien gespendet", sagt der Burning-man, der so grau wie Asche ist. Bis in die Gassen läuft er mir nach und bietet Verhandlungen über die Höhe der Spende an. Ich tauche ein ins Marktgewimmel, wunderbar erleichtert, das Tor zum Himmel noch einmal als Ausgang zum Leben durchschritten zu haben. Tagore tröstet: „…in Wahrheit ist der Tod nicht die letzte Wirklichkeit. Er sieht schwarz aus, wie die Luft blau aussieht; aber er gibt unserem Dasein ebenso wenig seine Farbe, wie die Luft auf den Vogel abfärbt, der sie durchfliegt."

Ich freue mich auf einen gebratenen Fisch zum Abendessen.

Tempelindustrie auf Hochtouren

Ich muß draußenbleiben. „Only Hindus are allowed“, lese ich blau auf weiß, und das Schild am Haupteingangstor des Jagannath-Tempels in Puri nennt noch eine ausgrenzende Vokabel. Nur Hindus seien „eligible“, also: annehmbar, passend, vorzuziehen, heiratsfähig – wie mir das Wörterbuch als Verständnishilfe zur Auswahl anbietet. Ansonsten dürfen keine Kameras, keine Radios, keine Waffen und auch kein Lederstück beispielsweise in Gestalt eines Gürtels ins Innere der heiligen Stätte gebracht werden. Soldaten mit altertümlichen Gewehren wachen über die Einhaltung der restriktiven Regeln, auf daß das telleräugige Dreigestirn Jagannath bestehend aus dem Herrn des Weltalls, seiner Schwester Subhadrabe und seines Bruders Balarama nur von den Glaubensgenossen verehrt werde. Als hellhäutiger Fremder werde ich sofort im anbrandenden Pilgerstrom amtlicherseits aussortiert. Ein bärbeißiger Grünuniformierter, auf sein Schießeisen gestützt, weist mit dunklem Blick grimmig auf das Schild und macht klar, daß sich hier Ost und West nicht treffen.

Das irritiert ein wenig. Die offiziellen Schriften preisen die Universalität des Ortes, dessen religiöse Vielfalt eine Jahrtausende währende Vorgeschichte hat. Jagannath wird als göttlicher Inbegriff von allem und für alle beschrieben. Dahinter stecke kein geringerer als Krishna, und in dieser Inkarnation Vishnus lebe eine archaische Gottheit lokaler Verwurzelung weiter. Kann sein, daß sich hier an den Gestaden der Ostküste die Rituale der Ureinwohner mit denen der eingewanderten so genannten Arier vermischten, daß auch Elemente des Buddhismus, des Jainismus in die hinduistische Götterwelt einbezogen wurden. Puppen in den Puppen. Wo immer man in Indien die Verpakkung göttlicher Idole aufzudröseln beginnt, steckt hinter jeder freigelegten Schicht eine weitere Generation mit eigenen Namen, Geschichten, Verkörperungen und komplizierten Familienverbindungen.

Im offiziellen Heft der Puri-Selbstdarstellung lese ich von phantasievollen Verwicklungen, in denen sogar Gottes Sohn und Allahs Prophet einst vorbeigekommen sein sollen. O-Ton englisch: „Some scholars hold that even Jesus Christ and Mohammed, the founders of Christianity and Islam respectively also visited Puri.“ Einschränkend wird allerdings vermerkt: „But the historicity of such a view is yet to be established.“ Warten wir also ab, was die „scholars“ da noch alles herausfinden werden, bis sich die vermeintlichen Besucher Jesus und Mohammed hier auch wissenschaftlich nachweisen lassen. Immerhin eine sehr großzügige und einnehmende Art, die religiöse Universalität Puris darzustellen. Gerade deshalb erscheint es als Widerspruch, allen Nicht-Hindus den Eintritt zu verbieten.

Obwohl mir der Anblick der Dreiergruppe am originalen Ort im Innern des Tempel-Labyrinths verwehrt wird, habe ich sie dennoch vielfältig im Blick. Auf dem weiten Vorplatz wird das Trio in tausendfachen Varianten feilgeboten. Auf Postkarten und Postern, in Plastik, Holz und Papier geformt, hinter Glas und bildlich eingesperrt in Guckgästen der Spielzeug-Fernseh- und Fotoapparate begegnet man dem Götteridol auf Schritt und Tritt. Kreisrund sind die Augen aufgerissen, rot und weiß und braun angemalt, eine Art erschreckt dreinschauender Pinguine, die sich für einen tropisch-bunten Karneval verkleidet haben. Seltsam simpel und naiv. Nichts da von der künstlerischen Raffinesse sonstiger Götterstatuen, nichts von Ebenmaß und kosmischer Ausstrahlung des indischen Pantheons in seiner ästhetischen Vielfalt, für deren ideale Gestalten die Menschen Modell standen.

Die Legende bietet immerhin eine Erklärung für die fratzenhafte Schlichtheit, an der sich so gar nichts von genialer Inspiration der großen Kunst erkennen läßt. König Indradyumna habe den himmlischen Architekten Vishvakarman gebeten, zur Verehrung Vishnus diesbezügliche Figuren zu schaffen. Der nahm den Auftrag an, verlangte aber ungestörtes Arbeiten. Als der ungeduldige König dennoch mal beim Schaffensprozeß vorbeischaute, wohl weil ihn seine neugierige Frau dazu drängte, warf der göttliche Künstler empört die Brocken hin. Das Werk blieb unvollendet. Genau dieser Eindruck drängt sich auch dem heutigen Besucher auf.

Eine der Dachterrassen der umstehenden Häuser verschafft Nicht-Hindus den Überblick. Ein einträgliches Geschäft. „50 Rupien“, bellt mir ein mürrischer Jeans-Träger jugendlichen Alters entgegen, als ich in einer Nebengasse die von Straßenhändlern angegebene Tür passieren will. Mein freundlicher Gruß bleibt unerwidert. „50 Rupien“, wiederholt der Wächter in hölzerner Ernsthaftigkeit. Nicht der Hauch eines Lächelns huscht über das unfrohe Gesicht. Indische Art. Ich staune immer wieder in Restaurants und sonstigen Stätten gebührenpflichtiger Gastlichkeit, wie stumpf und gleichgültig die Bediensteten den Fremden und auch die eigenen Landsleute abspeisen, von deren Geld sie immerhin bezahlt werden. Bedient zu werden oder wie hier drei Stockwerke aufsteigen zu dürfen, wird in lässiger Geringschätzung wie ein Gnadenakt behandelt, ausnahmsweise und nebenher einem Unwürdigen gewährt, einem, der weder einer angesehenen Kaste noch einer akzeptierten Religion angehört. 50 Rupien für einen Rundblick aus luftiger Höhe entsprechen einem ordentlichen Mittagessen. Touristenschicksal. Ich trag's mit Fassung. So schleiche ich mich denn an der personifizierten schlechten Laune vorbei und klettere steile Steintreppen hinauf.

Vor mir, unter mir, um mich herum breitet sich eines der meistbesuchten Pilgerzentren Indiens aus. In heutiger Ausdehnung stammen die Bauwerke aus dem 12. Jahrhundert. Drei weißgestrichene Pyramidendächer bedecken ansteigend hintereinander den Durchgang auf dem Weg zum Haupttempel, der sich braun und klobig im Orissa-Stil 65 Meter über das von hohen festungsartigen Mauern umgebene Areal erhebt. An der Spitze wehen bunte Fahnen. Um den Haupttempel gruppieren sich im Stadtgebiet von Puri weitere 30 sakrale Anlagen. Ich überschaue eine Tempelindustrie, die auf Hochtouren arbeitet, durchorganisiert wie ein Großbetrieb zur Erzeugung von guten Taten. Von der Dachterrasse blicke ich wie auf eine Brandung. Geschrei, Gehupe. Gebimmel, Gewimmel. Die Vitalität eines von Menschen überquellenden Landes macht sich breit. Endlos die Schar der Menschen, die erlaubtermaßen durchs Haupttor ein- und ausströmen. Davor wird am Brunnen mit den elefantenköpfigen Hähnen das Reinigungsritual vollzogen. Halbnackte Männer tragen aus dem Tempel schwergewichtige Tongefäße mit Reis und Gemüsesuppe. Es sind Gaben der Küchenfabrik, die im Innern des Komplexes für Tausende frommer Hungerleider kocht und das Mahl verteilen läßt. Jagannath ernährt seine Gefolgsleute. An 200 Herdstellen, so heißt es, sind Hunderte von dienstbaren Helfern unablässig mit der Zubereitung von Speisen für die Pilger beschäftigt. Hier ein Mahl einzunehmen, ist Gottesdienst und gibt dem Wallfahrer neue Kraft für Geist und Körper. Selbstverständlich nicht zum Nulltarif. Ich sehe von meinem Ausguck neben riesigen Werbewänden, auf denen sich Indiens Konsumwelt verführerisch widerspiegelt, auch einen Hinweis der Allahabad-Bank: man möge doch reichlich für den Tempel spenden und dies per Überweisung an ihren Schaltern tun: „free of charge". Auch solch ein gottgefälliges Unternehmen wie der Jagannath-Kult verharrt nicht in mittelalterlichem Bettelgebahren des Bargeldtransfers, sondern ist längst einbezogen in den virtuellen Kapitalfluß und den kabellosen Handyverkehr. Dessen Gepiepse ist selbst im geräuschvollen Pilgergewoge nicht zu überhören.

Jeder Tag ist Jahrmarkt. Doch einmal im Jahr bekommt man hier kaum einen Fuß auf den Boden. Der weite Platz mit den Souvenirbuden, endlos geparkten weißen Ambassadors und Bussen, den Restaurants und Menschenmassen ist im Juni und Juli der Schauplatz des Rath-Yatra-Festes. Dann werden die drei Gottheiten auf haushohen Holzwagen, mehr als 14 Meter aufsteigend, ausgefahren und nicht nur von den üblichen Tausenden täglicher Besucher, sondern von Millionen bewundert und leidenschaftlich begleitet. Über die zwei Kilometer lange Straße macht das Trio einen Ausflug hin zu Gandicha Mandir, dem Sommerhaus der Götter. Die prachtvollen, vierrädrigen Wagen des Jagannath und seiner Sippe haben in sprachlicher Verballhornung sogar Eingang ins Englische gefunden. Juggernaut lautet die abgewandelte Vokabel für Götze, Popanz, Monster; und im modernen Umgangsenglisch ist damit der schwere Lastwagen, der dicke Brummi, gemeint. Ost und West begegnen sich immerhin verbal.

Heute geht es, verglichen mit dem Rummel des Rath-Yatra-Festivals, geruhsam zu. Ein Händler der dreigesichtigen Devotionalien lehnt sich in seinem Stand zurück und reißt seinen Mund zu einem abgrundtiefen Gähnen auf, als wolle er all das fromme, geschäftige Treiben um sich herum verschlingen wie ein gieriges Monster. Derartige Bilder kennt man gemalt. Im tatsächlichen Leben habe ich selten jemanden so elementar gähnen sehen. Mit schläfrigmüden Augen verfolgt der Mann mangels Kundschaft das Geschehen auf seinem kleinen Fernsehschirm, der zwischen den zahlreichen Souvenir-Jagannaths und dessen großäugigen Gefährten steht und auch ihnen telegene Fernsichten gewährt. Über die matte Scheibe flimmern andere indische Idole. Männer schlagen da mit einem Holzpaddel winzige Bälle durch die Luft, andere rasen hinterher, furchtbar in Eile und Regeln folgend, die unsereiner nie durchschauen wird. Es handelt sich um Kricket.

Ob mich die Götter warnen wollten? Heimgekehrt in mein Hotel am Strand von Puri mache ich eine beunruhigende Entdeckung. Quer über dem Kopfende im Bett liegt das von der Wand herabgestürzte Gardinenbrett. Ein mehrere Kilo schweres Ungetüm, zwei Meter lang, das nun völlig in Tüll und Stoffen verwickelt ist. Ich sehe die Löcher im Putz. Da waren mal Dübel und Schrauben und gaben der Zimmerverdunklung soliden Halt. Lange her. Seitdem wurde offenbar beträchtlich mehr der Einnahmen in gottgefällige Spenden und Opfergaben investiert als in die Erhaltung des Hotels. Offenbar ist das Ding nicht zum erstenmal in die Tiefe gefallen. Nun sind die Vertiefungen vom Rost der Nägel gebräunt. Stümperhafter Pfusch.

Nach langem Bitten und Warten erscheint einer der Jungen vom Hotel. Er lacht und kommt mit der Selbstverständlichkeit eines Angestellten, den erstens nichts erschüttert und der zweitens weiß, daß aller Menschen Mühen vergeblich ist, eine Reparatur eingeschlossen. Wir wuchten das Brett, das für die Ewigkeit gemacht zu sein scheint, nach oben, drücken die Nägel in die Löcher, hämmern und schrauben und haben offenbar höchst unterschiedliches Vertrauen in solches Tun. Der Junge klopft erst sich den Staub aus dem Hemd, dann mir kumpelhaft auf die Schulter. „Hält", sagt er, „hält für immer." Weg ist er mit seinem Werkzeug der Improvisation. Mir drängt sich ein unausgesprochener Kurzdialog auf. In ferner Zukunft, sich vage meiner erinnernd, fragt jemand: Was ist eigentlich aus dem Siebert geworden? Och der, so antwortet ein Kundiger, der ist bedauerlicherweise in einem indischen Hotel von einer Gardinenstange erschlagen worden. Mit bescheidenen Mitteln versuche ich, dieser Auskunft vorzubeugen. Ich binde die Gardinenkonstruktion mit Stricken fest, mehr meiner Beruhigung wegen als eine wirklich verlässliche Statik erzeugend. Der Schlaf holt mich in eine Welt ohne Damoklesbretter. Durch meine gefährdeten Träume geistern Kricketspieler und kleine schwarz-rot-weiße Männchen mit riesengroßen Augen.

Postalisches mit Hindernissen

Die Götter beließen es bei der Warnung, mich demütig an die Endlichkeit jeweiligen Seins zu erinnern. Als ich die auf der Höhe gebliebenen Gardinen zur Seite schiebe, scheint mir die aufgehende Sonne ins Gesicht. Von der Veranda des ebenerdigen Bungalows verfolge ich das Schauspiel zwischen Traum und Tag, im Korbstuhl baumelnd, der mit einer rostigen Kette an der Decke hängt. Solide, wie ich hoffe. Der Junge vom Hotel überreicht mir die Tasse mit dem heißen Milchtee wie eine königliche Morgengabe, schaut in das Zimmer zur Gardinenaufhängung und blickt mich dann mit einer strahlenden, fast triumphierenden Miene an: Na-habe-ich-es-nicht-gesagt? Der Tee ist köstlich, dampfend heiß, höllisch süß, die Aussicht phantastisch.

Von diesem Stück der indischen Ostküste aus ist ein Phänomen zu beobachten. Abends versinkt in diesem Blickwinkel die Sonne, und vom selben Schauplatz läßt sich morgens der Sonnenaufgang beobachten. Wieder eines dieser indischen Wunder. Ich blättere in der Reiselektüre. In den Gedichten aus dem Rigveda finde ich passend zur Stimmung den Hymnus an die frühe Stunde, vor zwei oder drei Jahrtausenden in Worte der Zeitlosigkeit gefaßt: „In Majestät aufstrahlt die Morgenröte, / Weißglänzend wie der Wasser Silberwogen. / Sie macht die Pfade schön und leicht zu wandeln / Und ist so mild und gut und reich an Gaben. / Ja, du bist gut, die leuchtest weit, zum Himmel / Sind deines Lichtes Strahlen aufgeflogen. / Du schmückest dich und prangst mit deinem Busen / Und strahlst voll Hoheit, Göttin Morgenröte." Ich hab sie fest im Blick, die wohlig wärmende Dame, die über den Horizont aufsteigt. Die Verse geben ein Gefühl von Trost und Ruhe. Ist es nicht beglückend, daß über einen solchen zeitlichen Abstand zum namenlosen Verfasser ein Funke des Mitempfindens, den Neuempfindens überspringt? Daß die Worte über all die Unterschiede der Existenzen ein Echo haben in dieser Zeit, in diesem Moment meiner Gegenwart? Daß ein derartiges Gefühl über all die Scheußlichkeiten hinausreicht, die sich Menschen gegenseitig angetan haben seit der Entstehung der Veden? Vom Strand knattern die Dieselmotore der startenden Fischerboote herüber. Eine Krähe krächzt mir einen heiseren Morgengruß zu. Von Totenfeuern will ich vorerst nichts mehr wissen. Von meinem eigenen schon gar nicht. Die zunehmende Tagestemperatur reicht mir vollkommen zur inneren und äußeren Erwärmung.

Bummel durch Puris Gassen, die verschlungen und düster zum Haupttempel führen. An einem der ruinenhaften Steinhäuser, von den Stürmen der Zeit zerzaust, entdecke ich das rote Schild „Postoffice". Die über und über mit Plakaten beklebte Wand ist zur schäbigen Collage verkommen. Ziegen knabbern an den Papieren. Hinweistafeln versprechen die Ausführung von Geldüberweisungen und den Verkauf von Postwertzeichen. Der Service ist eine Marke für sich, wie ich bald erfahre. Der Schalter zur Gasse hin, ein 50-mal-50-Zentimeter-Loch, ist vergittert, als werde dahinter ein Schatz gehütet. Drei in Saris gekleidete Frauen warten davor. Aus dem Dunkel reicht der lange Arm des indischen Staates ein Formular. Eine der Frauen greift zu, unbewegt ihre Miene. Offenbar werde ich von innen erkannt, obwohl ich hinter den Gittern niemanden sehen kann. Eine männliche Stimme fragt nach meinem Begehr. Ich nenne den Wunsch, drei Briefmarken für meine Sammlung zu erwerben.

„Welche Marken?" tönt es aus der Finsternis wie aus einem Grab.

„Irgendwelche der unteren Tarife mit bunten Motiven", sage ich in das Loch hinein. Zugegeben, im amtlichen Umgang mit einer Behörde keine präzise Angabe. Schweigen jenseits der Mauer. Ich habe den Eindruck, daß damit der Geschäftsvorgang bereits beendet ist. Nach einer Weile höre ich: „Come in!" Es klingt einem Befehl ähnlicher als einem Hilfsangebot. Doch eigentlich wird mir bevorzugte Behandlung zuteil, darf ich doch in den gemeinen Postkunden unzugänglichen Innenraum vordringen.

Ich gehe an den Frauen vorbei in den schwarzen Hausflur, hinein in einen schmalen Schlauch mit schmierigen Wänden. Mir ist, als verschlucke mich ein Schlund. Es riecht nach Küchenabfällen und Armut. Im Innenhof hocken Menschen auf dem Boden, offenbar die Hausbewohner. Niemand beachtet mich. Ich klopfe an die Holztür des Postoffice. Abermals tönt es „Come in!" Ein winziger Raum, der nur spärlich durch das vergitterte Fenster zur Gasse beleuchtet wird. Ich sehe draußen die bunten Saris. Habe ich eine Gefängniszelle betreten? An einem länglichen Tisch sitzen zwei Männer. Überall Stapel mit Papieren. Ein Durcheinander. Der amtlichen Steifheit zum Trotz geht von den Postbeamten, die ich im Dämmer nur mäßig erkennen kann, eine gewisse Freundlichkeit aus. Keiner fragt nach meinem Woher, Wohin. Ich darf mir aus dem großformatigen Heft drei Briefmarken aussuchen. Ein Kranich, ein Baby, eine Katze sind darauf abgebildet. Ich pappe sie in die innere Rückseite meines Notizbuches. Es ist eine auf vielen Reisen gepflegte Gewohnheit, unterwegs als Andenken ein paar Marken zu kaufen und sie abstempeln zu lassen. Ein harmloses Späßchen. Ich bezahle mit einem Zehn-Rupien-Schein die zusammen neun Rupien kostenden Marken. Eine Rupie für den entgegenkommenden Service, wehre ich lächelnd die zurückgegebene Münze ab. Nein. Mir schlägt Entrüstung entgegen. Ein Postmann nehme doch kein Trinkgeld an. Na, dann nicht. Bitte, jetzt nur noch einen Stempel ins Notizbuch.

„Geht nicht", lehnt der ältere der Männer ab.

„Warum nicht?"

„Wir dürfen Briefmarken nur auf Postsendungen abstempeln, die tatsächlich abgeschickt werden", so die Erklärung.

Ich sehe den Tagesstempel mit Holzgriff auf dem Tisch, aufgerichtet wie Shivas Lingam. In amtlicher Würde steht das Instrument auf dem schwarzen runden Stempelkissen, das wie Yoni aussieht, weiblich ergeben und weich. Das klassische Paar von männlicher Kraft und weiblicher Bereitschaft, den Zeugungsakt zu vollziehen. Ich bin überrascht, wie mir nach so vielen Tempelbesuchen ein profaner Gegenstand ganz selbstverständlich in seiner symbolhaften Verfremdung erscheint und sogar in der Dürftigkeit einer schäbigen Nebenpoststelle an Sakrales denken läßt. Ich sage kein Wort davon.

„Da, schauen Sie“, ich zeige auf andere Notizbücher, in denen die Marken von Stempeln datiert wurden und an anderen Postschaltern keine Ablehnung erfuhren. Mein Nachdruck, lächelnd vorgebracht und die Harmlosigkeit meines Ansinnens betonend, stößt plötzlich auf eine hoch aufgerichtete Mauer des indischen Postsystems. Heftiges Kopfschütteln.

Ich deute auf Kranich, Baby und Katze und auf den Lingam, der so tatenlos herumstehe. Ihn auf mein Markentrio zu drücken, könne doch kein so arges Vergehen sein. Der mit Datum versehene Stempel würde mir als Erinnerung an diesen Tag und dieses freundliche Postoffice ein nettes Souvenir sein. Zwecklos. Das verbieten die Vorschriften, höre ich wieder. Aber man könne doch auch mal eine Ausnahme machen. Dieser Vorschlag trägt mir erst recht böse Blicke ein, als wollte ich Beamte zu kriminellen Handlungen verleiten. Mein sportlicher Ehrgeiz ist geweckt. Der Stempel gewinnt eine Bedeutung, die lächerlich ist, aber zur Probe wird, wie weit der indische Staat in den Grundfesten seiner Bestimmungen zu erschüttern ist. Wirklich keine Möglichkeit?, bohre ich weiter.

Kurze Besprechung der beiden Männer. Durch die Gitter sehe ich, wie geduldig die Frauen draußen warten. Kein drängendes Wort. Der Unterpostmann sagt schließlich, er müsse bei der Direktion des Hauptpostamtes nachfragen. Über eine Ausnahmeregelung könne er hier allein nicht befinden. Ich nicke dankbar, nun befriedigt, daß in die Sache endlich Bewegung kommt. Der Mann tippt auf den Tasten seines Handys. Es ist der einzige Gegenstand in dem Postverließ, der auf zeitgenössische Technik und den aktuellen Stand des Datumsstempels verweist, der mir so hartnäckig verweigert wird. Bedeutungsschwangere Stille im Raum. Ich höre gedämpftes Kindergeschrei von der Gasse. Ein Fahrrad klingelt vorbei. Es entspinnt sich ein immer ausgedehnteres Telefongespräch. Dem Oberpostmann am anderen Ende der schnurlosen Verbindung wird wortreich der Sachverhalt dargelegt. Natürlich in der Landessprache Oriya. Ich verstehe nichts vom Inhalt, entnehme den Pausen aber, daß zurückgefragt wird und ich Zeuge eines gewichtigen Dienstgeschehens bin. Da ist mit guten Worten oder gar einer Spende für das indische Postwesen nichts mehr auszurichten. Hier wird auf höchster Ebene verhandelt. Die ernsten Gesichtszüge des telefonierenden Mannes und das ergebene Zuhören seines Mitarbeiters nähren in mir die Vermutung, daß da mit dem Postminister persönlich debattiert wird.

Als der Beamte sein Handy zur Seite legt, erwarte ich einen Schuldspruch, ein Urteil, eine Schicksalswende zu vernehmen. Stempeln oder nicht stempeln? Ich gebe mich noch Sekunden lang der Illusion hin, aus der Länge des Gesprächs und dem Tonfall herausgehört zu haben, daß in meinem Falle eine Ausnahme genehmigt werde. Die Entscheidung ist niederschmetternd.

„Wie ich schon sagte, wir dürfen nur zu befördernde Briefe und andere Sendungen abstempeln", faßt der Mann die Order von ganz oben zusammen.

Ich habe keine weichen Knie, und ich rufe mir in innerem Dialog die Bedeutungslosigkeit meines Stempel-Wunsches ins Bewußtsein zurück; aber irgendwie habe ich das Gefühl, eine Niederlage erlitten zu haben. Das Gespräch mit dem Postminister oder wenigstens einem seiner engsten Mitarbeiter in Puris Hauptpostamt gab meinem Begehr eine Qualität, an die ich beim Betreten der schmuddeligen Amtsstube gar nicht gedacht hatte. Mein letzter kläglicher Versuch nach dem fernmündlichen Urteilsspruch mit einem Augenzwinkern doch noch zu einer Einigung zu gelangen, scheitert, wie ein Einbruchsversuch durch die Gitterstäbe vereitelt werden würde. Der Lingam mit Datumsanzeige steht weiterhin ungenutzt auf dem Tisch und versagt meinen drei Marken die erlösende Vereinigung. Mit dünnem Gruß schleiche ich mich weg von der Stätte meiner Kapitulation.

Als ich abends zufällig am Hauptpostamt vorbeikomme, nehme ich noch mal einen Anlauf. Energisch steige ich die Treppen des modernen Gebäudes mit der hellen Abfertigungshalle hinauf. Ich schiebe einem der Schalterbeamten mein Notizbuch durch den Schlitz unter der trennenden Glasscheibe und bitte um die Abstempelung. Keine Rückfrage, kein Anruf. Anstandslos knallt er das Postsiegel aufs Papier, Katze, Kranich, Baby mit einem schwarzen Doppelkreis umschlingend: Symbol der Endlosigkeit und des ständigen Wiederkehrens. Puri steht darauf. Aber irgendwie kann ich mich des glanzlosen Vorgangs und des späten Sieges nur noch mäßig erfreuen.

Vor dem Postgebäude parkt ein Lastwagen. Auf dessen Seitenwand erkenne ich farbenfroh die Umrisse des indischen Subkontinents aufgemalt. Darüber ist zu lesen: „India is great." Darunter steht: „Thank you." Ich weiß nicht genau, wem die Huldigung gilt. Brahma, Shiva und Vishnu sind stets des Dankes wert, und Mutter Indien ist mit ihren vielen Gesichtern und unterschiedlich stempelnden Händen wahrlich „great". Ich stimme im Vorübergehen in das „Thank you" ein. Wieder ganz versöhnt mit der Welt im allgemeinen und meinem Gastland im besonderen.

Stromausfall in Konark und der Sonnengott Surya zieht weiter

Ich bleibe an der Küste. Nach Norden windet sich von Puri die schmale Straße dreißig schlaglochreiche Kilometer bis Konark, ein Dorf nur und keinen Abstecher wert, wenn es da nicht ein Kunstwerk von Weltrang gäbe. Vom überfüllten Bus aus behalte ich rechterhand den Golf von Bengalen im Blick, auf dessen Wellen die Seeleute just den Tempel als Orientierungshilfe anpeilten, dessen pyramidenförmige Spitze sich mir noch hinter Wäldern verbirgt. Sie ist um die 40 Meter hoch. Der ehedem dazugehörige Turm, der Sanktum, soll einst 75 Meter hoch gewesen sein, vielleicht noch höher. Eine gewaltige Herausforderung der Natur und Statik. Längst stürzte er ein, auf Sand gebaut, von Stürmen gebeutelt, von Erdbeben erschüttert. Schwarze Pagode hieß das Heiligtum bei den Seefahrern. Ich bin zum Höhepunkt der Nagara-Bauweise unterwegs, dem grandiosen Finale meiner Reisewochen in Orissa. Der Tempel von Konark wurde im 13. Jahrhundert errichtet und ist das letzte bedeutende Bauwerk des Nagara-Stiles. Die UNESCO erklärte es zum Weltkulturerbe. Es ist dem Sonnengott Surya geweiht. Sein Name benennt den Zusammenhang: Kona = Ecke, Arka = Sonne. Soweit zur Erinnerung an eine Kurzvisite vor mehr als einem Jahrzehnt das Wichtigste aus dem Reiseführer. Verblaßte Schemen von damals. Spannungsvolle Erwartung heute.

Nun sitze ich auf der Mauer, die den gepflegten Rasen umgibt, aus dessen gut bewässertem saftigen Grün das Ungeheuerliche in rötlicher Wucht aufsteigt. Zu Stein gewordener Geist und Genius. Staunen und Schweigen. Nach nichts anderem ist mir zumute. Doch vorerst werde ich daran von einem uniformierten Wächter gehindert. Er will mich verscheuchen, weil ich die Mauer hinunterfallen könnte, etwa zwei Meter tief. Ich mache dem jungen Aufpasser klar, daß ich nun schon in betagte Jahre gekommen sei, ohne je von einer Mauer gestürzt zu sein, daß mich sehr wohl der Anblick des Tempels begeistere, ich aber darob kaum aus meinem seelischen wie körperlichen Gleichgewicht geraten würde. Im Gegenteil, meine Stand- und Sitzfestigkeit seien gerade hier in solch anregender Umgebung besonders stabil. Aufmerksam hört er zu. Sein Gesichtsausdruck spiegelt die Unsicherheit eines dienstlich beauftragten Mannes wider, der ins Schwanken gerät, ob er am Sinn seines Jobs zweifeln soll oder am Geisteszustand eines Besuchers. Meine Auskunft stimmt ihn immerhin nachdenklich, er zieht sich wortlos in sein Häuschen zurück und läßt mich beinebaumelnd am vermeintlichen Abgrund zurück.

Welch ein Anblick in natürlicher Superbreitwand mit viel Himmel. Ein

Tempel von Konark – der Wagen aus Stein.

von Menschenhand geschaffenes Gebirge ragt da auf, steingewordene Mythologie vom Feinsten in Gestalt einer vierkantigen Stufenpyramide. Es ist ein kolossaler Wagen mit zwölf Rädern an jeder Seite, die drei Meter hoch sind und doch aus meiner Distanz winzig wirken. Ebenso die sieben, teilweise arg beschädigten Pferde, die das gigantische Gefährt des Sonnengottes Surya auf seiner Bahn durch den Kosmos ziehen. Von meinem Blickpunkt erscheinen sie wie die Pferdchen an einem Karussell, so erdrückend gewaltig ist der Tempelwagen. Alles ist großartig in des Wortes wahrer Bedeutung: Kunst der Spitzenklasse. Hinter der Mauer, die mir den Logenplatz einräumt, liegen die Trümmer der eingestürzten Partien zuhauf. Es sind steinerne Wälle im Schatten ausladender Bäume. Allein dieser Schutt zeugt von den unfaßlichen Ausmaßen der einstigen Anlage, die größer war als alles, was Bhubaneswar zu bieten hat. Nahezu jedes der unbeachteten Bruchstücke ist behauen und verziert und könnte ein Museum bereichern, Abteilung altes Indien.

In das vom morgendlichen Marktgetriebe hergewehte Bollywood-Gedudel zahlreicher Lautsprecher mischt sich das rhythmische Klicken der heutigen Steinmetze, die am Erhalt und an der Renovierung beteiligt sind. Die Arbeitstöne miserabel entlohnten Fleißes werden von der Geräuschwolke überdeckt, die Tausende von Touristen, indische zumeist, aufsteigen lassen. Trillerpfeifen der Wächter halten die Massen vor dem Sturm auf das archäologische

Das Rad des Lebens...

Erbe mühsam zurück. Die in der Sonne blitzenden Stahlzäune drumherum sind neueren Datums, unvermeidlich, aber störend.

Es gilt, ein Kunstwerk zu besichtigen, das Züge von Größenwahn trägt und in seinen Dimensionen den Kulminationspunkt einer Kultur- und Machtepoche aufzeigt. Der Bau geht auf einen König namens Narasimha Deva zurück, der im 13. Jahrhundert regierte und im Osten Indiens, als sich von Westen der Islam und neue Herren gewaltsam ausbreiteten, Eigenständigkeit und Eigensinn in den Himmel wachsen ließ. Nicht Shiva, nicht Vishnu ist der Tempel gewidmet, sondern Surya. Der Sonnenkult reicht in die dunkelste Vorgeschichte zurück, da die Menschen begannen, die Gesetze des Universums zu durchschauen und dessen Götter versöhnlich stimmten, um das eigene Überleben erträglicher zu machen. Sie stellten sich vor, daß Surya, der Sonnengott, auf einem Wagen über den Himmel reist, von sieben Pferden gezogen, jeden

... und seine Nabe.

Tag eine Tour von Osten nach Westen. Helios aus dem hellenistischen Pantheon läßt grüßen. Ob und wie der so eigenartig mobil-immobile Tempel im kultischen Sinne genutzt worden war, ist unter den Gelehrten umstritten. Möglicherweise brachte schon in frühen Jahren ein Erdbeben schwere Schäden, vielleicht auch ein Blitzschlag. Die Zerstörung an Suriyas Sonnenkutsche ist unverkennbar, trotz der Erneuerungsarbeiten, die zur britischen Kolonialzeit im 19. Jahrhundert begannen.

Ich umrunde das göttliche Fuhrwerk und klettere auf die Galerien. Es ist ein fröhlicher Tempel. Bis in die Höhen der umlaufenden Etagen wird getrommelt, getanzt, geflötet. Tausende von Elefanten, Pferden, Menschen bevölkern die Friese, die sich ums gestaffelte Dach hinziehen. Bewegung, Betrieb, Vergnügung im Stein wie heutzutage unter dem besichtigenden Fußvolk drumherum. Es ist eine Augenlust. Überall entdecke ich auch hier Skulpturen emsig mit sich beschäftigter Männlein und Weiblein. Tantrisch und tänzerisch vereinigen sie sich, breiten die Schenkel aus, liebkosen erogene Zonen. Nichts, was Menschen miteinander treiben können, bleibt in den Reliefs und Plastiken ausgespart; und viele der artistischen Darstellungen übersteigen die anatomischen Möglichkeiten. Die Akteure wirken heiter und so gar nicht verkrampft, wie ich das von den viel berühmteren, geradezu berüchtigten Darstellungen von Khajuraho in Erinnerung habe. Dort im heutigen Bundesstaat Madhya Pradesh scheinen die Paare im sportlichem Wettbewerb ans liebende Werk zu gehen, auch an den Tempeln von Bhubaneswar ist an erotischen Leistungsdruck zu denken. Nicht so in Konark. Da wird fröhlich gebumst, um den sonnenbeschienenen Kosmos zusammenzuhalten. Ob der Anblick im heute so prüden Indien jugendfrei ist? Die Zurschau-Stellungen regen sogar gegenwärtiges Fleisch an. Ach, so kann man das auch machen! Tipps und Tricks für Fortgeschrittene. Von platonischer Liebe kann da keine Rede sein. Auch den Vergleich mit Schmetterlingen haben die Steinmetze von einst gar nicht erst bemüht. Das Leben erscheint als einziges, immerwährendes Fest. Indisches Grundverständnis teilt sich mit: nirgends ein einzelner Mensch, niemand ist allein, erst im Plural wird das Sein und Da-Sein richtig praktiziert.

Die am Tempel beschäftigten Figuren freilich bleiben stumm und unterscheiden sich damit vorteilhaft von den Besuchern. Deren Hauptinteresse besteht augenscheinlich darin, sich vor eben dieser steinernen Lustbarkeit gegenseitig zu fotografieren und dies dem Rest Indiens lautstark mitzuteilen. Ernsthaft blicken sie in die Objektive, steif und hingegeben, einem unvermeidlichen Touristen-Ritual frönend. So präsentierten sich einst Urgroßeltern vor der Plattenkamera. Ich mittendrin im Gewühl. Eine Familie bittet mich, gemeinsam mit mir abgelichtet zu werden. Respektvoll werde ich „uncle" genannt und stimme lachend zu. So gerate ich wohl in die Vorzeigeausbeute einer Reise und bevölkere nun die Bilderflut eines Fotoalbums irgendwo im Subkontinent. Inbrünstig brüllen die Führer ihre Erklärungen in den Tag, als verkündeten sie ex officio die Wahrheit einer ewig gültigen Lehre. Schon lange ist Konark kein sakrales Zentrum mehr. Nicht Priester, sondern Wächter regeln den Verkehr. Das sonst an solchen Stätten unvermeidbare Schuheausziehen, bei Vergessen und Nachlässigkeit von unerbittlichen Tempeldienern eingefordert, entfällt hier.

Der zum Stillstand gekommene Wagen des Sonnengottes ist mir besonders sympathisch. Surya durcheilt Zeit und Raum, Licht bringend und Wärme ausstrahlend. Seine Reise unterteilt die Abfolge der Tage, Wochen, Jahre, ist Inbegriff der Verläßlichkeit, des Kalkulierbaren, meßbar in Sekunden und Temperaturen. Der gesamte Tempel steckt voller Zahlensymbolik, in der die Sonne als Hüterin von Zeit und Vergänglichkeit und Wiederbelebung erscheint. Der Sonne huldigten alle Kulturen. Bemerkenswert, daß ihr gegensätzliche Geschlechter zugeordnet werden. Weiblich im deutschen Sprachgebrauch, männlich im französisch-romanischen. Hat dies mit Strahlkraft zu tun? Bläßlich und matt Frau Sonne im Norden, sengend und hart Herr Sonne im Süden. Bezeichnend ist es, daß in Konark nicht die Göttin der Morgenröte, sondern der Sonnengott verehrt wurde. Männlich also auch in diesen Gefilden.

An der Westseite sehe ich acht halbwegs intakte Räder, an der Ostseite neun der ehemals vierundzwanzig. Der Grad der Beschädigung ist unterschiedlich, die Wirkung grandios. Die jeweils sechzehn Speichen gelten als Symbol des in jeweils 90 Minuten unterteilten Tages. Jedes Rad ist in seinem Rund ein Sinnbild der Unendlichkeit. Sogar in den Medaillons auf Nabe und Speichen ist pralles Liebes-Leben in den Stein gebannt. Jedes Rad ein Abbild der Sonne, um jede Nabe dreht sich die Welt. Unter Sand und Erde waren die steinernen Kostbarkeiten lange verschüttet und vor Wind und Wetter und Räubern geschützt gewesen. Was einst Tausende von Arbeitern in jahrelanger Mühe aus dem harten Material formten, wird von der milden Abendsonne in den Konturen aufs Neue modelliert.

Die hereinbrechende Dunkelheit entzieht mir den Blick auf Einzelheiten. Zuerst hebt sich der Tempelwagen als gewaltiges Dreieck gegen den samtenen Himmel ab, dann färben Scheinwerfer das Gefährt blassgrün und lassen es aller Erdenschwere zum Trotz entschweben in die Nacht: geheimnisvoll und märchenhaft. Über mir ein funkelnder Sternenhimmel. Suryas Wagen ist wieder weitergefahren.

Plötzlich wird dieses augenscheinliche Verschwinden nicht nur im mystischen Sinne spürbar, sondern ganz real. Mich umgibt völlige Finsternis, als habe ein boshaftes Wesen den großen Lichtschalter abgedreht. Was, wie mir nach wenigen Sekunden bewußt wird, stimmt. Stromausfall. Brown out. Das Musikgedröhn aus den Lautsprechern der Marktstraße verstummt. Eine Wohltat. Die Scheinwerferbatterien, die eben noch Suryas Glanz eine eindrucksvolle Konkurrenz machten und von der angeblichen Überlegenheit menschlichen Einfallsreichtums kündeten, den natürlichen Tag-Nacht-Rhythmus zu überlisten, sind nur noch schwarze Ungetüme. Nach 18 Uhr verschwindet Suryas Sonnenwagen hinter dem Horizont. 19.30 Uhr gehen die elektrischen Lichter aus. Wie oft habe ich das auch andernorts erlebt. Das Netz ist überlastet. Spitzenzeit. Dann versinkt der Fortschrittsglaube, den Politiker gern bei Wahlkampfreden und sonstigen Versprechungen bemühen, im Dunkel der Nacht. In Restaurants und wohlhabenderen Häusern werden donnernd die Generatoren angeworfen mit der routinierten Selbstverständlichkeit von Ritualen und Gottergebenheit. Die technisch weniger ausgerüsteten Arme-Leute-Behausungen und Imbißstände versinken im Flackerschein von Petroleumlampen und Kerzen. Mancher Ehemann kann dann verfrüht den Mantel der Nacht nutzen, das indische Bevölkerungswachstum zu beschleunigen, ohne sich der halsbrecherischen Übungen der Tempelskulpturen zu befleißigen. Der schlechten Sicht- und sonstiger Verhältnisse wegen bleiben die Paare erdverbunden und horizontal. Das wäre alles ganz unterhaltsam und reine Privatangelegenheit, wenn nicht Volksvermögen aus politischem Unvermögen in Atombomben und Raketen und Korruption gesteckt würden, was für die Mehrheit der Inder weder hell noch satt macht. Die Hälfte aller Haushalte hat noch immer keinen Stromanschluß. Daß auf den Sonnenwagen wahre Scheinwerfer-Kanonen gerichtet sind, energielos in diesen Stunden, wird Surya vielleicht ein höhnisches Lachen entlocken, weit hinterm westlichen Horizont nun. Bis er wieder für Licht sorgt, kabel- und kostenlos, liegt eine schwarze Decke über dem ländlichen Indien, wo die Mehrheit seiner Menschen lebt. Ich tappe mit solch düsteren Gedanken zurück zum Hotel und mache mir Notizen im fahlen Schein meiner Taschenlampe. Gute Nacht Indien.

Bauern, Fischer, Kingfisher

Surya ist zurückgekehrt. Ich rolle mit dem beim Fahrradhändler gemieteten Zweirad in den jungen sonnigen Tag hinein. Hilfsbereit und lächelnd hat mir der Handwerker den zehn Kilometer langen Weg über die Dörfer von Konark nach Kurum auf die Rückseite einer Rechnung gezeichnet. Gut gemeint, aber bei den verschlungenen Pfaden auf der weiten fruchtbaren Ebene muß ich landeinwärts immer wieder die Bauern nach der Richtung fragen. Hinter mir bleibt das lärmende Konark, das ja gar kein Dorf ist, sondern eine lange gebogene Marktstraße, von der der mit Souvenirbuden eingezwängte Weg zum Sonnentempel abzweigt. Die Atmosphäre wechselt schnell. Ich radle durch stille Dörfer. Sie wirken sauber, unaufgeregt, schläfrig. Die Lehmhäuser sind mit naiver Bemalung um die Türöffnungen geschmückt. Erdfarbene Bäume sind da zu sehen, simple Blumen, ornamentenhafte Ranken. Die Leute lächeln mir zu, sind neugierig freundlich und verstehen kein Englisch. Kurum? Jeder kennt den Ort.

Aus dem Schatten von Palmen kommend, stehe ich unvermittelt vor einem Geviert einstiger Grundmauern. Gebrannte braune Ziegel bilden ein Rechteck, zwanzig mal zwanzig Meter. Hier stand einmal ein buddhistisches Kloster. Kein Reiseführer weist zu diesem Winkel des Vergessens. Am viereckigen Teich, der offensichtlich einmal zum Kloster gehörte, waschen Frauen bunte Stoffe. Im gekräuselten, graugrünen Wasser spiegeln sich gemächlich vorbeizottelnde Ochsenkarren, zweirädrig, mit Reisstroh beladen. Ein alter Mann hält eine Schale mit Reis über den Kopf und läßt die Körner auf eine ausgebreitete Matte fallen. Der Wind bläst die Spreu davon. Mir ist, als habe jemand die Zeit verlangsamt. Ein gebeugtes Männchen schlurft barfuß auf mich zu, die Rechte auf einen Bambusstock gestützt. Um den mageren faltigen Körper schlottert ein orangefarbener Fetzen Stoff. Den eingefallenen Oberkörper umschlingt die Brahmanenschnur. Silbergraues, schütteres Haar. Im Gesicht hat er gelbliche Bartstoppeln wie geschnittene Reishalme auf abgeerntetem Feld. Der Alte erscheint mir so ausgetrocknet wie manche Tümpel, an denen ich vorbeikam. Eine Gestalt aus Haut und Knochen. Er grüßt unsicher lächelnd, entblößt schwarze Zahnstümpfe und spricht mit brüchiger Betonung ein verständliches Englisch.

„Ich bin sehr arm", teilt er mit, „82 Jahre alt."

„Wo haben Sie denn Englisch gelernt. Ist doch ziemlich ungewöhnlich in einem solchen Dorf?" frage ich überrascht.

„Ich habe viele Jahre in Fabriken in Kalkutta gearbeitet. Die Leute dort sprechen Bengali. Das kann ich nicht. Ich stamme hier aus dem Dorf. So lernte ich Englisch."

Er nähert sich mir und hebt den Kopf dicht an den meinen. Wässrige Augen schauen mich an. „Ich kann Sie nicht klar erkennen", sagt er gedehnt, „die Augen, mein Alter. Eine Brille kann ich mir nicht leisten. Sie sind sicher wegen des buddhistischen Klosters gekommen. Sehr selten, daß uns ein Fremder besucht." Die Klostermauern waren unter der Erde versteckt gewesen, berichtet der Alte, der sich der archäologischen Grabungen vor Jahrzehnten erinnert. Solide erscheinen die Mauern, von Palmen und Bananenbüschen beschattet. Ein in diesem Teil Indiens rares Zeugnis für die weite Ausstrahlung der buddhistischen Lehre. Die Zeit ist darüber hinweggegangen, vor vielen Generationen schon.

Er öffnet ein gelbgestrichenes Eisentor zu einem kleinen weißgetünchten Häuschen. „Schauen Sie", seine fleischlose Linke weist ins dämmrige Innere, „das ist Lord Buddha."

Da sitzt er in Stein gehauen, die Nase abgebrochen. Die rechte Hand ist zur Erde gerichtet, die Linke nach oben flach aufs linke Bein gelegt, auf Lotos ruhend; auf dem Kopf eine Art Tiara. Ich kann das Alter nicht bestimmen. Vielleicht trennt mich ein Jahrtausend von dieser Statue und den klösterlichen Grundmauern.

„Gibt es denn in Kurum Buddhisten?" will ich wissen.

„Nein, hier in unserem Dorf ist niemand Buddhist", weiß der Alte und schüttelt müde den Kopf, „und in den anderen Dörfern auch nicht. Wir sind Hindus."

„Das ist Vishnus neunte Inkarnation", sage ich auf die Figur deutend und erwähne damit, wie der Hinduismus den guten alten Buddha vereinnahmt hat und den einstigen Kritiker der brahmanischen Opferreligion nicht etwa verfemt, sondern umarmt und ihn damit wirkungslos macht. Bei meiner Bemerkung überzieht ein einverständliches Lächeln das Gesicht des Alten. „Lord Buddha, Vishnus neunte Awatara", sagt er leise.

Im Geäst der Bäume erzählen sich Vögel ihre Geschichten. Sanfter Wind streicht durch die Blätter. Ich spüre etwas von dem anderen Lebenslauf hier im ländlichen Winkel, der am Gang der Ochsenkarren orientiert ist. Wie ein alter gebrechlicher Pilger steht der Mann vor mir und reicht mir nur bis zur Schulter. Er ist zurückgekommen in die alte Heimat, angekommen fast am Ende seines Lebensweges. Ich erfahre von seinem Sohn, seinen Enkeln. Sie leben im Dorf Kurum und sind ebenso arm wie er, der sich zum Hüter des Lord Buddha machte und mir eine kleine, zur Schale gekrümmte sehnige Hand, die zum Arbeiten schon lange nicht mehr taugt, entgegenhält. Nach dem Empfang meiner Spende schlurft er in eine der Gassen zurück. Kein Dank. Eine solche Regung wäre unüblich. Aber der mißmutige Gesichtsausdruck zeigt deutlich, daß eine großzügigere Gabe erwartet worden war. So ist das immer.

Ich atme die warme, würzige Luft ein und erfreue mich der scheinbar friedvollen Dorf-Atmosphäre, die mit Kasten und Armut alles andere als eine Idylle ist. Ich kann wieder gehen und bin nicht zum Bleiben verdammt wie die Alten hier. Es fällt auf, wie wenigen jungen Leuten ich begegnet bin. Die suchen ihr Heil in den Städten. Dörfer wie Kurum sind Altersheime.

Ein anderer Greis kommt des Wegs. Der Mann ist in ein langes weißes Gewand gehüllt und scheint der Dorfpriester zu sein. Gewohnheitsgemäß öffnet er die Tür zu Lord Buddha. Er schmückt ihn mit gelben Blüten, wäscht die Skulptur mit klarem Wasser. Solcherart umsorgt er auch die kleineren Statuen neben Buddha, unverkennbar hinduistische Götter. Dann legt er allen aus einem Aluminiumteller eine Reisspeise vor, läutet mit einem Glöckchen, sagt „Oam..." und zu mir gewandt und den längst entschwundenen Rückkehrer aus Kalkutta meinend: „A bad man." Was immer das bedeuten mag, läßt das wenige, was der Priester in englische Worte fassen kann, läßt die Streitigkeiten, Rivalitäten, Gehässigkeiten in der engen Welt eines solchen Dorfes erahnen. „A bad man", wiederholt er nachdrücklich, vielleicht hätte er auch sagen wollen: ein Außenseiter, ein Verfemter. Der Priester hat einen kräftigen grauen Bart und scheint der einflußreichere Mann zu sein. Mich bittet er seltsamerweise um keinen Obolus. Bald ist auch er verschwunden. Ich bin allein mit der verschütteten Geschichte und den verdorrten Wurzeln des Buddhismus. Auf den Klostermauern liegen Wäsche und Reiskörner zum Trocknen. Über mir rascheln die Blätter, und es ist anzuhören wie der zögerliche Applaus eines imaginären Publikums.

Ich trete wieder in die Pedale und frage mich ostwärts in Richtung Küste durch. Ich wechsele Welten, Kasten, Lebensweise innerhalb weniger Kilometer, nur die Armut bleibt erhalten. Auf den Dünen jener Wellenausläufer, von denen einst die Schwarze Pagode als Markierung angepeilt wurde, zieht sich über Hunderte von Metern eine Fischersiedlung hin. Holzboote sind an den Strand gezogen. Ich lasse das Rad an einer der Hütten stehen und marschiere an Abfallhaufen, bettelnden halbnackten, rotznäsigen Kindern und im Sande hockenden Männern vorbei. Dicht an dicht sind die Behausungen gebaut; keine Steinmauern hier wie in den ländlichen Dörfern, sondern aus Flechtmatten zusammengefügte Wände und Dächer, zerzaust von Monsunwinden, vergänglich, völlig schmucklos. Auf den Dünen ragen hochnäsig die bunt gestrichenen Boote auf, an Land gezogen bis zur nächsten Ausfahrt. Draußen auf dem Meer kämpfen die Fischer gegen die Wellen an. Die Brandung schleudert heimkehrende Boote kielhoch und läßt sie sofort wieder in die schäumende Tiefe fallen. Das Bild hat etwas von der existentiellen Bedrohung natürlicher Gewalten, die jeden Tag aufs Neue herausgefordert werden im Kreislauf von Stirb und Werde, im ständig gefährdeten Versuch zu überleben. An einem Bootsrand hängen lange silberne Fische zum Trocknen. Wie gummiartige Schwerter sehen sie aus, dahinschmelzend, als seien sie von Dali gemalt. Von der Stromleitung, die hoch über die Hüttenansammlung führt und nirgends eine Abzweigung hat, hängt ein Kabel herab, das illegal die Energie anzapft und einen Lautsprecher speist, auf daß auch hier Bollywoods Filmgekreisch über die Köpfe dröhnt. Es ist die einzige Unterhaltung weit und breit.

Auf einem Betonblock, der in abgeblätterten Farben für Pepsi Cola wirbt, mache ich Rast und überschaue Hüttensiedlung und Strand unter unendlich stahlblauem Himmel. Plötzlich steht ein kleiner Junge vor mir. Immer steht in solcher Situation in Indien wie aus dem Nichts aufgetaucht ein kleiner Junge mit großen Augen und bettelndem Blick, schüchtern und aufdringlich zugleich. Auf einem Haufen von Netzen liegt ausgestreckt ein Mann auf dem Rücken, die nackten braunen Beine von sich gestreckt. Schläft er? Ist er schon tot? Habe ich nicht solche Beine auf den Scheiterhaufen an Puris Strand gesehen?

Der Wind bläht die Hemden der vorübergehenden Männer und spielt mit den Saris der Frauen. Der Wind, der ewige Wind. Hinter den Sandhügeln, davor, am Ufer, im Hinterland: überall sehe ich hockende Gestalten mit nacktem Hintern, die sich entleeren. Tiere haben wohl feste Plätze und scheißen sich nicht ihren Lebensraum voll. Hier gibt es keine Begrenzung, keine Latrinen, nichts, was die Orte des Essens und des Gegenteils davon trennt. Hier ist alles auf Sand gebaut und zum Meer gewandt, das die Reinigung übernimmt oder auch nicht. Die Szene hat nichts Zärtliches, gar etwas Weiches, Verschwommenes. Alles ist hart und von den Farben eines unerbittlichen fordernden Schicksals geprägt. Hier wird man geboren, hier werden Kinder gezeugt, hier

Imbiß in der Garküche.

wird gestorben – wenn dies nicht auf See geschieht. Das Meer ist gebendes und nehmendes Element. Niemand hat hier Wurzeln. Alles ist unfertig wie die Wanderdünen, die der Wind ständig neu gestaltet. Ich muß an die Vergeblichkeit jeglichen Mühens denken. Alles ist Schein. Maya heißt das in Indien.

Eines der Boote landet den Fang vieler Stunden in der Einsamkeit der See an. Haifische werden auf dem Sand ausgebreitet, fünf, sechs silbergraue Fische, die Torpedos gleichen. Rauh wie Schmirgelpapier ist ihre Haut, spitz stehen die berühmten Flossen ab. Mit einem rostigen Messer, das immer wieder auf halbrundem Eisen geschliffen wird, schneidet ein Fischer die Meeresräuber auseinander. Erst werden die Flossen abgetrennt, dann die blutigen Streifen abgesäbelt. Ein unappetitlicher Anblick. Aus den Bäuchen der weiblichen Tiere werden von grauen Häutchen überzogene Babys gezerrt. Sie sind groß wie eine Männerfaust und komplett entwickelte Mini-Haie. Die Köpfe mit den berüchtigten Zähnen werden ins Meer geworfen. Blutig wälzen sie sich in den Wellen. Krähen und Raubvögel kreisen über dem Schlachtplatz und stoßen kreischend nieder, ihre Schnäbel in Augen und Kadaver schlagend. Aufgeregt machen sie sich die Beute streitig. Durchs Wasser schossen Haie als Verfolger und Schrecken anderer Meeresbewohner, nun sind sie Opfer der Menschen geworden, die ihnen furchtlos zupackend den Garaus machten und doch selbst auch nur Opfer sind, Randbewohner, Ausgestoßene im großen Kreislauf um Profite. Den machen andere, die gar nicht erst zum verdreckten Strand mit den Blutspuren kommen.

Prall gefüllte Netze werden entleert. Silbern ergießt sich die Beute auf den Sand. Noch sind die Tiere in ihrer Eleganz zu sehen, schöne Geschöpfe, edel geformt und ihrem Element vorzüglich angepaßt. Doch nach dem Geschrei um den Verkauf, dem Gezänk der Frauen, dem Registrieren der Menge werden die Fische in Körben auf den Köpfen der Frauen landeinwärts getragen. Dort warten bereits Lastwagen, auf deren Ladeflächen die Fische gekippt werden, nun nur noch wabbelige Masse zur weiteren Verarbeitung. Das einzige Betonhaus am Strand ist ein schäbiger Tempel, würfelförmig, ohne Zierrat. Blutrote Wimpel wehen davor, zerfleddert.

Auf dem Wege zurück nach Konark durchfahre ich die triste, trockene Gegend zwischen Meer und Land, unfruchtbar, von Brackwasser ausgelaugt, von kümmerlichem Gestrüpp überwuchert. Auf der Stromleitung sitzt ein Kingfisher. Ich halte an und blicke hinauf. Ein prachtvoller Geselle mit rotem spitzen Schnabel und orangefarbener Brust. Metallisch blau glänzen die Flügel. Pfiffig schaut er auf mich herab. Ich freue mich, mal wieder einen dieser Vögel in natura zu sehen. Alles an ihm ist leuchtend. Ein fliegendes Juwel. Welch eine optimistisch stimmende Erscheinung in dieser Zwitterlandschaft, Vorfreude einer ausgetrockneten Kehle weckend. Unter seinem Namen verspricht das Etikett der Biermarke „Kingfisher“ einen „King of good times“. In einem der Restaurants an Konarks Marktstraße gönne ich mir während des üblichen Stromausfalls einen kräftigen Schluck und schlage die amtliche Warnung vom gesundheitsschädigenden Alkoholgenuß, die mir der Aufdruck vermittelt, in den Abendwind: „Consumption of Liquor is Injurious to Health.“ Na, dann Prost, König der guten Zeiten!

Alles fließt

Alleinstehende Königin hinter Gittern

Ob's an der konsequenten vegetarischen Ernährung liegt? Fett setze ich jedenfalls mal wieder keines an in Indien. Im Gegenteil. Die Bahnfahrt von Berhampur nach Visakhapatnam wird zum Härtetest. Südwärts verkehrt auf diesen dreihundert Kilometern entlang der Küste kein Langstreckenbus. Ich muß mich also in einen der überfüllten Züge quetschen. Bei meinen spontanen Entscheidungen, wann ich jeweils die nächste Etappe anpeile, kann ich kein Ticket für die Erste Klasse reservieren, sondern sollte froh sein, wenn ich überhaupt einen Platz ergattere. Auf einer der Bänke Dritter Klasse der Massenbeförderung rücken dösende junge Männer zusammen. Mir wird ein einladendes Lächeln zuteil, und meine rechte Hinternhälfte erhält einen Ruhepunkt. Viel mehr als ein Punkt ist es wirklich nicht. Ich habe die folgenden fünf Stunden zunehmend spürbaren Anlaß, an eben diesen Körperteil zu denken. Sitzfleisch habe ich ja eh keines, jedenfalls nicht im landläufigen Sinne von Daheim-bleiben-Wollen. Daß die Redewendung nach den ersten Monaten dieser Indienreise aber auch wörtlich zu verstehen ist, muß ich nun erfahren. Auf der Holzklasse zu reisen, schmerzt. Die Bänke sind nur aus dünnen Brettern zusammengenagelt. Wer kein Polster mitbringt oder eines angewachsen hat, muß leiden. Ich habe den Eindruck, nicht einfach zu fahren, sondern zu rutschen, und zwar hin und her auf der eigenen Rückpartie.

Es gibt aber auch erfreuliche Ablenkung. Ich beobachte ein zartgliedriges Mädchen, das große, ausdrucksstarke Augen hat, kokett in die Runde der zusammengepferchten Erwachsenen schaut und an den Händen einer lachenden jungen Mutter heitere Tanzschritte vollführt. Ein liebenswerter Anblick in dem schmuddeligen Wirrwarr. Drei, vier Jahre mag das Mädchen jung sein. Die Gesten, das Kullern der dunklen Augen, die Bewegungen sind so anmutig, ungekünstelt kindlich und doch mit einer Andeutung künftiger tänzerischer Raffinesse, daß mir der Wunsch kommt, dieses Geschöpf möge aus all dem Ärger des Älterwerdens herausgehalten werden und sich seine Unschuld erhalten. Das Leben ist nicht danach, ich weiß, und eine Bahnfahrt rüttelt die Illusion erbarmungslos durcheinander. Draußen sehe ich mal karge, abgerundete Berge, mal Reisfelder. Der Übergang von Orissa nach Andhra Pradesh, von Nord- nach Südindien; es ist ein felsiges, steiniges Land, keine abwechslungsreiche Region.

Der Zugkellner und seine Gehilfen verteilen aufgestapelte Plastik- und Aluminiumschälchen. Mittagessen. Das Gegröle meiner Nachbarn, die sich auf den Bänken, davor, darunter und auf den Schlafbrettern über den Köpfen ausbreiten, geht in allgemeines Schmatzen über. Später fliegen die leeren Behältnisse durch die Fenster und wirbeln als Umweltverschmutzung über die Hänge. Was mit Bananenblättern, der ehedem üblichen Essensgrundlage, verderblicher und für Kühe und Ziegen nahrhafter Abfall war, ist mit den Kunststoff-Materialien des so genannten Fortschritts unverrottbarer Müll geworden. Technische Machbarkeit und das Verständnis, damit vernünftig umzugehen, klaffen noch weit auseinander. Mutter Indien wird langfristig versaut. Überall.

In der Millionenstadt Visakhapatnam begegne ich dem Wegwerfgeist der modernen Konsumgesellschaft, auf den ich mich im Zug schon einstimmen konnte. Die ganze Stadt zwischen den Bergen der Eastern Ghats und dem Meer ist davon erfüllt. Schon vor dem Bahnhof und später bei meinen Streifzügen durch die Straßen und über die Hügel, die das Stadtbild prägen, ist spürbar: Hier wird Geld verdient, hier wird es ausgegeben. Solch riesenhafte Werbeposter habe ich zuletzt in Kalkutta gesehen: aggressiv, bunt, beherrschend und mit der einen schreienden Botschaft: Glück, Status, Gesundheit sind käuflich! Hier hat sich die neue Mittelschicht einen Stützpunkt eingerichtet. Hier ist einer der größten Handelshäfen Indiens. Werften. Ein Ankerplatz der Kriegsmarine. Kilometerweit versperren hohe Mauern die Sicht aufs Meer. Düngemittelfabriken. Ölraffinerien. Stahlwerke. Juteproduktion. Zukkermühlen. Aus Erzlagern im Landesinnern schaffen Eisenbahnen den Bodenschatz herbei. Rostige Förderanlagen ziehen sich kilometerweit wie gigantische Schlangen durch Siedlungen. Nicht, daß es keine Slums gäbe, keine Armenviertel, keine Bettler, keine aufdringlichen Kinder. Die indischen Selbstverständlichkeiten sind hier nur nicht erwähnenswert. Die Stadt hat etwas vom Aufbruch des dynamischen Indien voller Unternehmungsgeist. Die in Luxusvillen, mehrstöckigen Residenzen, Appartementhäusern und Edelhotels angelegten Profite säumen die schier endlose Uferpromenade. Vom Hafen wandere ich die Küste nordwärts, die gebirgsartig aufragende Kulisse der neuen Reichen zur Linken, den Blick über die Bucht zur Rechten. Das ist modernes Indien mit seiner weißgestrichenen Wohlstandslandschaft und Meeresrauschen. Über Kilometer setzt sich diese raumgreifende Küstenbebauung auch südwärts der rund um die Hügel sich ausdehnenden Stadt fort.

„Indien hat eine große Zukunft", sagt mir ein Mann in den Dreißigern, der auf seiner Visitenkarte neben Email-Adresse, Mobilphon-Nummern und Homepage den Namen Parvan Kumar stehen hat und sich als Filialleiter der Bank of India ausweist. Er sagt das überzeugend, und in seiner sonoren Stimme klingt es nicht wie eine Sprechblase, sondern wie eine nüchterne, nicht anzuzweifelnde Zielbestimmung. Wir kommen in der Hotellobby ins Gespräch. Er wartet auf seine Freunde vom Rotaryclub, die sich zu einem Essen treffen. Dunkler Anzug, dezente gestreifte Krawatte, elegante Slipper. Kein schwarzer Schnauzbart, den die meisten indischen Männer unter der Nase haben. Sein Gesicht ist glattrasiert. Buschige Augenbrauen wölben sich über seinen mich kritisch musternden Augen. Ein Machertyp. Stadtmensch. Auf seiner Stirn leuchtet kein aufgemaltes Shiva-Zeichen, kein roter Punkt, kein religiöser Hinweis, den so viele Inder vor sich hertragen. Mir ist, als sei mir der Mann schon auf einer der riesigen Werbetafeln im Straßengewühl begegnet und da machte er Reklame für den Indian Way of Life. Er ist nicht unsympathisch. Das Lächeln hat etwas Gewinnendes und seine lässige Art strotzt von Selbstbewußtsein. Deutschland? Zu meiner Herkunft fallen einem Mann seiner Zunft nicht mehr Hitler und Krieg ein, sondern Industrie, Wirtschaft, Handel. Vergangenheit ist nicht seine Sache.

Mit ironischem Unterton fragt er: „Haben Sie denn nun in Deutschland genug Computerfachleute aus Indien? Oder brauchen Sie in der Krise gar keine mehr? Die Staatsschulden können sicher auch Ihre eigenen Leute berechnen." Er lacht in abgehobener Gutmütigkeit, einer, der es sich leisten kann, auf anderer Leute Kosten einen Witz zu machen. Nebenher empfiehlt er mir, ein Konto bei seiner Bank einzurichten; so etwas lohne sich sogar bei einer Reise wie der meinen.

„Sie kommen nach Indien und schauen immer nur angewidert in die Slums, und Ihre Medien berichten entweder anklagend über die Armut oder idealisierend über Tempel", sagt er, „Indien ist mehr, viel mehr." Er erwähnt wirtschaftliche Zuwachsraten, Börsenkurse, Konsum. Ich wende ein, daß Armut und Dreck ja wohl keine Erfindung der Journalisten seien. „Ok. Die ungleiche Verteilung des indischen Reichtums ist ein Problem", gibt er zu, wischt aber den Einwand als geringfügig weg, „ohne die Reichen und deren Investitionen gäbe es keine Entwicklung. Vergessen Sie nicht, wir haben in Indien mehr Dollar-Millionäre als Deutschland Einwohner hat."

Eine Gruppe Herren steuert auf ihn zu, erst vom Hotelportier, der mit rotem Turban und weißem Gewand wie ein Maharadscha aussieht, salutierend durch die Glastür geleitet, dann vom Banker mit dem Hello! der Gleichgesinnten begrüßt. Er dreht sich noch einmal zu mir um und sagt mit angedeutetem Winken: „Nice to meet you." Dann zieht sich das moderne Indien in einen der klimatisierten Nebenräume zurück.

Auf jeder der drei größten Erhebungen, die inselartig aus dem weißen Häusermeer der geschäftigen Stadt aufragen, steht symbolträchtig ein weithin sichtbares Zeugnis indischer Religiosität. Ich steige zum Hindutempel hinauf und lasse den Rundumblick bis hin zum Hafen schweifen, wo Dunst und giftig-gelber Rauch aus Industrieschloten die Frachtschiffe einhüllt. Smog über der Stadt. Vom Preis der Investitionen, den die Allgemeinheit zu bezahlen hat, hatte der Banker nichts gesagt. Das hohe Tempeltor, über und über mit mythologischen Figuren bevölkert, ist bereits Südindien: vierkantig pyramidenförmig sich nach oben verjüngend. In der offenen Halle schwebt langgezogen mit tiefem Echo das „Oam…“ des wohlgenährten Priesters, der vor einem Paar mit demutsvoll gesenkten Köpfen hockt und den beiden offenbar Trost zuspricht. Sie bedecken mit den Händen das Opferfeuer und streichen dann mit den Fingern über Stirn und Augen.

Nach weiteren Ab- und Aufstiegen keuche ich steile, gewundene Treppen zur Moschee empor. Aus dem Sockel mit grünorange gestrichenen Lotosmotiven erwächst eine weiße Kuppel. Mohammeds Gefolgsleute nicken mir zu. Ich sehe lange weiße Bärte in lebensunfrohen olivgrauen Gesichtern mit Blikken, die mich aufmerksam und schweigend mustern, nicht abweisend, aber auch nicht einladend.

An einem Gespräch ist der katholische Pfarrer interessiert, den ich auf dem Ross Hill gegenüber treffe. Die neugotische Wallfahrtskirche mit spitzem Turm kündet von christlichem Missionseifer, der hier der Jungfrau Maria huldigt. Der Gottesmann aus Kerala war einige Jahre in Deutschland, spricht munter dessen Sprache und erzählt mir mit dem Selbstbewußtsein, einer Weltmacht anzugehören, daß sich die christlichen Schulen allgemeiner Wertschätzung erfreuen, auch die Kinder der Hindu- und Moslemfamilien unterrichten und somit noch immer einen weitreichenden Einfluß auf Bildung und Gesellschaft ausüben. In christlichen Instituten wird indische Elite trainiert, die eine Stadt wie Visakhapatnam in Gang hält. Eigenartig: Nicht nur weil wir deutsch miteinander reden, auch mit diesem christlichen Hintergrund klingt etwas von Vertrautheit mit, die an anderen religiösen Stätten nicht aufkommt. Ich kann aus der Kirche als zahlendes Mitglied austreten, nicht aber aus dem geistigen Erbe des Abendlandes. Nachbarschaft über Kontinente hinweg. Das wird sogar spürbar beim morgendlichen Plausch im Schatten der Maria-Kirche, dem sich ein anderer Pfarrer zugesellt. Der Grund für den Wirtschaftsboom an diesem Küstenstrich? Auch seine Antwort ist klar: Education. Sorgfältig hat der junge Geistliche seine Haare nach hinten gebürstet; wie feiner glänzender schwarzer Eisendraht ziehen sie sich um seinen Kopf. Bildung, Ausbildung in den christlichen Colleges, fügt er wie selbstverständlich an, sei ein Schlüssel zum Erfolg. Den Anteil der katholischen und protestantischen Glaubensgenossen in der Stadt beziffert er mit 20 Prozent, was vermutlich übertrieben ist, aber die Selbsteinschätzung kennzeichnet. Unausgesprochen klingt das so, als wäre es vorteilhafter für das ganze Indien, wenn es von mehr Christen als Hindus bewohnt würde. Längst bestimmen indische Christen ihr Gemeindeleben selbst und kommen ohne weiße Missionare aus, aber sie bleiben einbezogen in den nach Rom ausgerichteten Weltkonzern des katholischen Zentralismus.

An einen anderen, wenngleich in der Weltgeschichte sehr viel kurzlebigeren Machtapparat globaler Ausdehnung erinnert ein verstaubtes Denkmal an der Stelle, wo sich in der Altstadt der vielen kleinen Läden die Town Main

Road und Rajaram Mohanroy Road kreuzen. Von hohen Bäumen überschattet steht da ein Pavillon, nach vier Seiten hin offen, und hinter Gittern posiert eine weibliche Gestalt wie eine Gefangene. Ich schaue genauer hin in diesen düsteren Winkel, der übrig geblieben ist aus einer versunkenen Epoche und im Straßenverkehr seltsam vergessen und unbeachtet herumsteht wie ein unnütz gewordenes Möbel auf dem Sperrmüll. Einige alte Männer liegen schlafend auf den Stufen. Hunde strecken alle Viere von sich. Aufrecht und von oben herab blickt die Frau über solche Mißachtung ihrer Würde in eine unbestimmte Ferne. Bärbeißig der Blick, herrisch die Miene. Das Haupt ist mit einer Krone bedeckt. Die linke Hand hält eine Weltkugel, die in königlichen Kreisen gern als Apfel bezeichnet wurde. Die rechte Hand ist locker auf der Hüfte angewinkelt. Die Dame, und um eine solche handelt es sich offensichtlich, ist in bronzene, üppig wallende Kleider gehüllt. Trotz perlengeschmückten Dekolletés und Rüschchen an den Ärmeln wirkt sie barsch und männlich, abweisend und unnahbar. „Her Majesty Victoria, Empress of India", lese ich. Nach ihr ist ein ganzes Zeitalter benannt.

Mir kommt ein weitaus prunkvolleres Memorial in Erinnerung. Es beherrscht protzig die Weite des Maidan-Platzes in Kalkutta. Der weiße Zuckergußbau mit Kuppel, Türmen und Säulen ist Markenzeichen der Stadt und sollte als monumentales Zeugnis britischer Weltmacht sakralen Schauer verbreiten. Tat es wahrscheinlich auch. Heute ist es nur noch ein beeindruckendes Beispiel, wie der ins Gigantische gesteigerte Kitsch durch den historischen Abstand geadelt und als Ausdruck anmaßender Überheblichkeit betrachtet werden kann. Davor sitzt Queen Victoria in bombastischer Massigkeit in erstarrter Kleiderfülle, eingepanzert in die Konventionen ihrer Zeit: Die Königin von Kalkutta unter freiem Himmel ist der umgitterten Victoria in Visakhapatnam ebenbürdig. Voluminös, geradezu fett und jeder Zoll die Verkörperung von Macht. Drinnen im lichten Kuppelbau von Kalkutta aber steht Victoria als junge Frau, in weißem Marmor modelliert, grazil, sanft, bescheiden. Beide Male leibhaftige Künderin vom Aufstieg und Höhepunkt des britischen Empires. Am Märchenschloß in Kalkutta, 60 Meter hoch, wurde lange gewerkelt. Im Januar 1906 legte der Prince of Wales, der spätere König George V., den Grundstein. Erst im Dezember 1921 weihte es der Herzog von Windsor ein.

Die Verehrer der Königin in Visakhapatnam waren schneller. Das Denkmal wurde bereits am 24. Mai 1904 enthüllt. Ich umrunde die Stätte im Abseits von Geschichte und städtischer Betriebsamkeit. Die Gitterstäbe, die ehedem Schutz boten, erscheinen als Verließ einer historischen Figur, die Herrscherin und Beherrschte zugleich war, gefangen in den Weltmachtkämpfen ihrer Zeit und Patronin der Unterwerfung eines ganzen Subkontinents. Das Pathos von einst ist eingerostet. Tauben sitzen auf der Krone und hinterlassen weiße Schlieren der Respektlosigkeit.

Heute werden andernorts die Reden der hehren Ideale und durchschaubaren Absichten gehalten. Vor einem solchen Schauplatz mache ich in der Oberstadt eine Pause. In einem kleinen Park, dem Rathaus gegenüber, ist ein Podest errichtet. Darauf ist ein überlebensgroßer Gandhi im Wanderschritt erstarrt, den Stab in der Rechten, blumenumhangen der hagere, fast nackte Körper. Ganz die vertraute Pose der über Indien verteilten Klischee-Darstellung. Hier erscheint Gandhi aber gar nicht als der Vater der Nation, sondern eher wie ein Popstar von vorgestern, dem niemand mehr zuhört. Zu seiner bühnenartigen Plattform auf Stelzen führt eine Leiter. Neben seinem Kopf bietet eine Art Rednerpult zeitgenössischen Parteimatadoren und sonstigen Volksverführern den Platz, um von oben herab mitreißende Ansprachen zu halten. Die Kombination von Denkmal für Helden von gestern und Sprachrohr für die von heute ist eine Spezialität der Region. Gandhi kann nicht mehr widersprechen, wenn neben ihm wortreich in die Kiste aus Demagogie und Rhetorik gegriffen wird.

Ein paar Ecken weiter stehen noch die hohen Mauern des Gefängnisses aus britischer Kolonialzeit. „Central Prison" ist auf verwittertem Putz zu erkennen. Hier sitzt niemand mehr ein. Ein versöhnlicher Spruch, in schwarzer Farbe ans Tor gepinselt, hat die Zeiten überdauert: „Hate the Crime, but not the Criminals." Mit dem Slogan können Schurken zu allen Zeiten ganz gut leben.

Ein Held von gestern hält Frankreichs Trikolore hoch

„Venez!" ruft mir jemand im morgendlichen Gewimmel der Marktstraße von Yanam zu. „Kommen Sie!" Es klingt mehr wie ein Befehl als eine Einladung. Nichts ist hier auf den ersten Blick anders als sonstwo in Indien; und doch vermag die französische Anrede nicht zu überraschen. Ich habe sie geradezu erwartet und war enttäuscht, daß sie erst Stunden nach meinem Eintreffen in Yanam erfolgte und all die Menschen, die ich bis dahin traf, kein Wort Französisch verstanden.

Ich war mit dem Bus aus Kakinada gekommen, einer weitläufigen, gesichtslosen Stadt an der Bucht von Bengalen. Durch eine fruchtbare amphibische Ebene führt die Straße. Kanäle mit stehendem Gewässer ziehen sich wie schwarzblütige Adern durch das flache Land. Rauschende Palmen aus dem Bilderbuch der Tropen werfen breite Schatten. Zwischendrin das braune Ödland der künstlichen Teiche zur Zucht von Garnelen, herausgeschnitten aus dem üppigen Grün. Bunte Werbetafeln preisen Futtermittel und Ventilatoren für die Sauerstoffanreicherung der Shrimpsbecken an, untrügliche Zeichen einer industriell ausgebeuteten Natur. Das Hinweisschild mit der Aufschrift „Pondicherry", das wie ein Triumphbogen über der Straße gespannt ist, signalisiert schließlich eine historische Dimension und markiert Sonderstatus. Das Hafenstädtchen Yanam, auf der Landkarte rot umrandet, gehört zu den vier Restposten einstiger französischer Niederlassungen in Indien. Nämlich: Mahe an der südwestlichen und Karaikal und Pondicherry an der südöstlichen Küste gelegen, die unter dem Sammelbegriff Union Territory of Pondicherry einen eigenen Bundesstaat im indischen Unionsstaat bilden. Nach dem endgültigen Rückzug der Franzosen 1954 wurde damit ein weiteres Kapitel der Fremdbestimmung abgeschlossen. Noch immer wird die postkoloniale Kuriosität weit auseinanderliegender Küstenstädte durch das verblassende Erbe der Europäer zusammengehalten.

Auf dem Weg zum Hafen in Yanam versteckt sich linkerhand hinter Bäumen eine kleine katholische Kirche. Weißgestrichen ist das Gebäude mit blauen Türen. Der spitze Turm ragt neugotisch auf. Ich erkenne die Jahreszahlen 1744 und 1768 als Marken weißer Vorherrschaft. Die runde Turmuhr der Firma Collin hat römische Zahlen und stammt aus Paris. Nach dieser Zeiteinteilung hatten sich einst die Menschen im Einzugsgebiet der Franzosen zu richten. Die schwarzen Zeiger weisen starr und unbeweglich auf 15.45 oder 3.45. Diese Zeit ist schon lange abgelaufen. Die Kirche ist eines der wenigen erhaltenen historischen Bauwerke aus französischer Ära.

Im Kampf um die europäische Vorherrschaft auf dem Subkontinent waren sich britische und französische Konkurrenten spinnefeind und in mörderische Scharmützel verwickelt. Im 17. und 18. Jahrhundert stritten sie sich erbittert um Handelsrechte und die Gunst der regionalen Fürsten. Die Briten erwiesen sich letztlich als die besseren Strategen und weitsichtigeren Eroberer, pragmatisch-protestantisch, militärisch überlegen. Die Franzosen betrieben ihre Vorstöße weniger gezielt und hatten zumeist geringere Rückendekkung bei den Herrschern in Paris als die Engländer bei ihren Regierungen in London. Imperiale Kolonialherren wie ihre Widersacher sind die Franzosen in Indien nie geworden. Nachdem die Trikolore in Laos, Vietnam und Kambodscha als Folge der vernichtenden Niederlage im Kampf um die nordvietnamesische Bergfestung Dien Bien Phu eingezogen werden mußte, war 1954 der Rückzug auf indischem Boden keine Tragödie mehr, sondern eher das unspektakuläre Ende einer gescheiterten Besitznahme, die die Welt ohnehin nie so recht zur Kenntnis genommen hatte. Was blieb, ist dieses eigenartige Quartett von Küstenorten namens Pondicherry, in dem Yanam das nördlichste Mitglied ist, das abseitigste, unbekannteste.

„Venez!" höre ich es im Straßenlärm noch einmal. Neben mir hält ein rostiges, altersschwaches, doch lautstark knatterndes Moped. Der Fahrer in den 70ern – genau 76, wie ich später erfahren werde – richtet sich vor mir auf. Ein hochgewachsener drahtiger Herr, asketisch-schlank, dunkelhäutig, die grauen Haare zur Bürste gestutzt. Über den Lippen liegt ein Bärtchen, das als weißer dünner Strich dem Gesicht einen Anflug von Frivolität verleiht und ahnen läßt, daß der Träger eine unübliche Biografie haben könnte. Er fragt in der Sprache Molières, zwar nicht mit dessen Eleganz und Wortschatz aber verständlich knapp und geradeheraus, nach meinem Woher-Wohin. Die Stimme ist schnarrend, die Worte kommen abgehackt und erwecken sofort den Eindruck soldatischer Disziplin. Auch wenn es anders tönt, sein forsches „Venez!" ist eine Einladung. Ich nehme dankend und neugierig an. Auf dem Nummernschild des Mopeds sehe ich – wie das Hoheitszeichen einer Besatzungsmacht – die Farben blauweißrot.

Mit mir auf dem Rücksitz kurvt er durch die Gassen von Yanam. Die Gebäude sind niedrig, ärmlich, ein- und zweistöckig, weiß getüncht die meisten. Schon deshalb fällt der Farbschmuck über der Tür des flachen Hauses auf, vor dem wir anhalten. Blau-weiß-rot ziehen sich da breite Streifen hin. Auch die beiden tragenden Eisensäulen im großen Innenraum sind derart francophil gestrichen. An der Wand hängt die Trikolore. Ich meine, in einen Außenposten französischer Interessenvertretung zu kommen. Als Monsieur Nallams stellt sich mein so spontaner Gastgeber vor. Er zeigt mir als Bestätigung von Rang und Namen einen seiner Briefköpfe. Neben dem Namen lese ich: „Brevet de retraite du combattant France." Der pensionierte Haudegen in französischen Diensten verfolgt mit Wohlgefallen meinen schweifenden Blick. Ich sehe ein großes gerahmtes Foto an der Wand. Es zeigt das Porträt eines jungen Mannes in französischer Uniform. Dienstgradabzeichen weisen ihn als Feldwebel aus. Die Augen sind auf den Betrachter gerichtet, selbstbewußt, jugendlich unternehmungslustig. Der Unteroffizier scheint mit sich und der Welt zufrieden zu sein, offensichtlich ein Mann, der festen Boden unter den Füßen hat. Auf dem Kopf das militärische Käppi, an der Brust einige Orden. Ich bin stolz darauf, so die Botschaft des schon etwas vergilbten Bildes. Ich deute mit dem Finger auf das Porträt und dann auf Monsieur Nallams. Er nickt, zufrieden, über die Jahrzehnte hinweg erkannt zu werden, und lächelt unter seinem Bärtchen. In der zerknitterten Miene des Alters leuchtet ein Abglanz jenes Stolzes von damals. Mehrere Ringe schmücken seine Finger, einer hat drei Steine, die rot und weiß und blau glitzern.

„Ich war Soldat", sagt er in einem Ton fester Überzeugung, die die Summe seines Lebens ausmacht, „französischer Soldat", präzisiert er das, was ihn geprägt hat. Er stammt aus Yanam und ist einer von den Indern, die in jenen Jahren, da die Unabhängigkeitskämpfer ihres eigenen Landes die europäische Zwangsjacke abzustreifen versuchten, den Europäern in anderen Teilen der

Welt halfen, deren dortige Vorherrschaft zu erhalten. Verrückte Welt! Der Sergeant Nallams erhielt seinen militärischen Schliff auf Kasernenhöfen in Paris und anderen Gegenden Frankreichs. In Algerien hat er dortige Aufständische beschossen, weil es ihm die Oberen so befohlen hatten. In schwarzafrikanischen Ländern verteidigte er die Interessen der Herren in Paris. „Ich habe stets gehorcht und gekämpft, wo man mich hingeschickt hat", sagt er, und offenbar focht ihn niemals ein Zweifel an, auf der richtigen Seite der Front zu stehen. Die Uniform war Halt seines Lebens und ist als Erinnerung an die Jahrzehnte des Söldnerlebens die geistige Stütze des Alters. Der französische Staat hat ihn nicht vergessen. „Ich bekomme 1000 Rupien im Monat als Rente", rechnet mir der friedlich gewordene Kämpfer vor, „das ist nicht viel, aber ich bin zufrieden."

Draußen auf dem Hof stellt er mir seine Frau vor, eine kleine freundlich lächelnde Frau im Sari. Nein, französisch könne sie nicht verstehen, übersetzt mir Monsieur Nallams die Antwort auf meine Frage. Seine Frau habe ja hier in Yanam die Stellung halten müssen. Dann seien die beiden oft und für lange Zeit getrennt gewesen, werfe ich ein. Die Frau nickt duldsam und macht den Eindruck, daß sie sich an diese Besonderheit ihrer Ehe gewöhnt hatte. Und noch eine Übernahme abendländischer Weltsicht war bestimmend für das Leben der indischen Soldaten in französischen Diensten: der katholische Glaube. Neben den blauweißroten Zeugnissen der Grande Nation im kleinen Haus des folgsamen Mannes sind überall Devotionalien christlicher Zugehörigkeit zu sehen. Um den Hals trägt der Ex-Soldat ein goldenes Kreuz. Der hintere Raum ist mit einem Altar ausgefüllt, der dem Interieur die sakrale Weihe einer Kapelle gibt. Neben dem Vermerk des pensionierten „combattant" leuchtet mehrfarbig Mutter Maria mit Sohn auf dem Briefpapier. Von einer Kachel an der Hofwand schaut mich Jesus an: der süßlich, liebliche Jesus ganz im gefühlvoll-frommen Stil gemalt, wie indische Volksfrömmigkeit den Göttern Krishna und Vishnu und Shiva nebst Ehefrauen darstellt.

All das führt mir Monsieur Nallams vor, der noch immer mit sich und der Welt zufrieden zu sein scheint, ganz wie damals auf dem Foto, das den Sergeanten für die Nachkommen abbildete. Ein Überlebender der Geschichte. Mir geht durch den Kopf, wie viele Menschen solch ein gutgläubiger Söldner wohl ins Jenseits befördert hat, nicht etwa, weil er sie gehaßt hat oder weil er für eine Idee ins Felde zog, die die seine gewesen war, sondern auf Befehl von Offizieren einer Armee, die ihm Brot und Lohn und Anerkennung verschaffte. Davon zehrt er heute noch.

Auf dem Friedhof zwei Kilometer landeinwärts ist die Geschichte begraben. Ein ummauertes Viereck, fünfundzwanzig mal fünfundzwanzig Meter, dörfliches Leben drumherum und gegenüber unübersehbar eine große Fabrik zur

Zweimal Monsieur Nallams.

Herstellung von Keramik als Kulisse des Industriezeitalters. Als ich um 7.30 Uhr vorbeischaue, pfeift die Sirene zum Arbeitsbeginn. Arbeiter trinken ihren Tee aus, der an einigen Buden verkauft wird, und schlurfen hin zum Fabriktor. Die Grabmale sind gemauerte Vierecke, grau der Verputz, rot die verfallenen Ziegel. Die wuchtigen Steinklötze mit Marmorplatten geben nur spärliche Hinweise, die zumeist ins 18. Jahrhundert reichen. Da sind Schicksale zu wenigen, kaum noch lesbaren Chiffren geschrumpft. „Micot de Lacombe agée 87 ans et sa famille“ lese ich und staune über ein solches in tropisch-malaria-verseuchter Küstenregion ungewöhnlich langes Leben. Eine Desirée Dace Cormaty, 1909 in Saigon geboren, 1938 hier gestorben, markiert mit ihren Lebensorten französische Außenposten. Bei Michel Arlard, 1876 in Megue, Frankreich, geboren, 1900 in Yanam gestorben, ist eine der wenigen Berufsangaben vermerkt: Student der Theologie und Medizin. Einer jedenfalls, der keine Chance hatte, etwas aus seinem Leben zu machen. Eine Platte nennt die Namen von fünf Ordensschwestern, die zwischen 1850 und 1899 vermutlich in den Himmel kamen. Soeur Claire, Augustine, Theophile, Denise, Lucile haben den Glauben hierher gebracht, der im Hause Nallams so stark fortlebt. Das Schloß am Tor ist rostig und offenbar schon lange nicht mehr geöffnet worden. Ich schaue über die Mauer in das Viereck der Vergangenheit.

Doch Monsieur Nallams ist nicht der einzige Überlebende. Bei meinen Rundgängen werde ich von älteren Herren mit „Bonjour“ begrüßt und mit „Bon voyage“ entlassen. Auf einer der Parkbänke am Markt bittet mich ein weißhaariger Greis zu einem Plausch, der wegen seines gestörten Gehörs freilich gar nicht zustande kommt. Er reicht mir ein Blatt Papier und deutet an, ich möge meine Fragen aufschreiben. Leider könne er kein Wort mehr verstehen. Nur reden könne er noch. Er tut es in gebrochenem Französisch, dem die Vokabeln entflohen sind. Immerhin erfahre ich, daß er Beamter im Gesundheitsdienst der Franzosen war. Er nennt Namen von Ärzten, die längst hinter dem Horizont des Lebens verschwunden sind. Der taube Mitarbeiter von einst bleibt auf der Parkbank zurück.

Auf taube Ohren treffen auch die Sprüche, mit denen der Weg zum Meer gesäumt ist. „Don't waste drinking water“, steht auf einem der zahlreichen Schilder, die den abgrundtiefen Unterschied zwischen staatlichem Pflichtpensum an Sprechblasenproduktion und dem alltäglichen Verhalten der Bürger in leere Worte faßt. „Speed thrills but kills.“ – „National loss is our loss.“ – „Grow trees.“ – „Do not encroach government properties.“ – „Keep city clean.“ – „Don't allow cattle roaming on roads.“ – „Pay taxes correctly.“ – „Avoid pollution.“ Ach, wenn solche Parolen gegen Korruption und Umweltzerstörung in Indien nicht nur verbal beschworen, sondern in die Tat umgesetzt würden! Der Augenschein und die tägliche Zeitungslektüre sprechen dagegen. Ehrwürdige, aber leider auch nur stumme Herren verfolgen den Passanten zum Wasser. Dutzende von schwarzen Mamorbüsten stehen da rechts und links, im Dezember 2003 eingeweiht. Es ist die Ahnengalerie indischer Idole. Gandhi, Vivekananda, Chandra Bose, Nehru, Rajiv Gandhi... In goldenen Lettern sind die Namen aus dem Who-is-who des geistigen und politischen Aufbruchs eingraviert. Nur ein einziges Weißgesicht entdecke ich in schwarzem Marmor. Immerhin! Sir Arthur Cotton ist zu sehen, der als allseits geschätzter Pionier der Kanalisation in die indischen Geschichtsbücher aufgenommen wurde. Im 19. Jahrhundert ließ der Brite die seit Urzeiten von Überschwemmungen heimgesuchte Region der Flüsse Godavari und Krishna mit künstlichen Wasserläufen, Speicherbecken und Schleusen durchziehen und schuf damit ein ausgeklügeltes Bewässerungssystem, das bis heute genutzt wird. Franzosen werden in der aufwendig gestalteten und achtungsgebietenden Reihe großer Häupter nicht erwähnt.

An einem der Abende speise ich draußen beim Hafen, wo sich der Goringa Godavari-Fluß gemächlich und von Mangroven gesäumt landeinwärts windet. Eigentlich ist es nur noch eine Anlegestelle für Fischerboote, versunken in historische Bedeutungslosigkeit. War das mal eine Handelsstation, wo um Frankreichs Profite gefeilscht wurde? Kreuzten hier ehedem Schiffe der Franzosen auf, von Segeln und Machtgier getrieben? Nichts in der Bucht vermag solche Bilder der Phantasie noch zu beflügeln. Auf einer Mauer liegen Garnelen zum Trocknen, hingestreut wie blaßgelbe Kieselsteinchen. Den gebratenen Fisch kann ich an Yanams Gestaden in besonders preiswertem Kingfisher-Bier schwimmen lassen. Zum Erbe der Franzosen in den Pondicherry-Enklaven zählen die im Vergleich zu den anderen indischen Staaten um 30 bis 50 Prozent niedrigeren Preise für alkoholische Getränke. So trinkerfreundlich und die Leber gefährdend ist das nur noch in Goa zu erleben, wo die Portugiesen bis 1961 die Herren waren. Von der Bar winkt mir der rotgewandete Sai Baba zu. Der kleine Mann und große Heilige wird gerade in dieser Region allerorten verehrt. Weißbärtig schaut er mich milde von einem Plakat an, das inmitten einer jeden Alkoholiker freudig stimmenden Flaschenbatterie mit Whisky, Brandy und sonstigen hochprozentigen Getränken hängt. Mir erscheint der fromme Mann etwas unpassend in solcher Umgebung. Als heiteren Zechbruder kann ich ihn mir nicht vorstellen. Verhalten ist sein Winken mit der rechten Hand. Sagt er freundlich auffordernd Prost? Oder deutet die Geste die Aufforderung zur Mäßigung an? Ich nehme einen kräftigen Schluck und winke dezent zurück zur Bar. Zwinkert Sai Baba mir zu? Ich kann mich täuschen.

Flußlandschaft mit Wäschern, Lenin und anderen

An den Uferbänken des Godavari herrscht Hochbetrieb. Die Männer schlagen und klatschen und dreschen und patschen, als wollten sie ihre ärgsten Widersacher windelweich prügeln. Mit weitem Schwung holen die Arme aus und lassen die Wäschestücke auf die Steinstufen niedersausen. Das rhythmische Patsch-patsch-patsch! hallt über die Flußlandschaft mit der Stadt Rajahmundry und den Wasserweiten des Godavari, der hier Ausmaße eines Sees erreicht. Ich bin angekommen im ausgedehnten Delta von Krishna und Godavari im Hinterland der Coromandelküste, die nun die weitere Reise südwärts bestimmen wird. Zwischen den Strömen ließ jener Sir Arthur Cotton Mitte des 19. Jahrhunderts ein weitverzweigtes Netz von Kanälen anlegen, aus denen die Reisfelder noch heute getränkt werden.

Eine der längsten Brücken Indiens schwingt sich bei Rajahmundry über den Godavari-Strom und verliert sich in der Gestaltlosigkeit fernen Dunstes; und weil Fahrzeuge nicht nur in diesem Jenseits verschwinden, sondern auch aus der Grauzone herüberkommen, ist die Vermutung berechtigt, daß es da drüben im Westen wieder festes Land gibt. Die filigran-verflochtene Stahlbrücke ist ein schier endloser eiserner Käfig mit zwei Etagen. Oben rollen Autos und Lastwagen und darunter Eisenbahnen. Gelegentlich überdröhnt das Geratter einer hoch über den Köpfen vorbeikriechenden Zugschlange das Aufklatschen nasser Wäschebündel, bis das blaue Waggonreptil in vermeintlichem Nichts verschwindet. Eine überragende Kulisse des Industriezeitalters vor den Niederungen seit Menschengedenken unveränderter Schinderei.

Das Patsch-patsch-patsch! teilt die vormittäglichen Stunden ein wie der aufstampfende Prügelstock eines unsichtbaren Sklavenantreibers. Der braucht gar nicht anwesend zu sein; er steckt ihnen allen in Leib und Seele. Niemand beaufsichtigt die Wäscher, die Dhobis, und ihre Frauen und Kinder. Jeder ist bereits durch Geburt und Kaste eingespannt in das Reinigungswerk am großen Fluß des Lebens. Dhobi zu werden, ist keine Berufsentscheidung; Dhobi zu sein, ist Schicksal, das man sich nicht aussucht, dem man sich fügt.

Ich setze mich auf die Stufen am Ufer und lehne mich zurück. Zuschauer unter den Brüdern und Schwestern des Sisyphus. Unbeachtet von ihnen, zu sehr sind sie mit dem Waschen beschäftigt, das mir wie ein über allen Beteiligten liegender Fluch erscheint. Familien, Nachbarn, Sippen sind darin verwickelt. Omas rühren mit Holzlöffeln in steinernen Bottichen, unter denen ein Feuer schwelt. Immer wieder treibt mir der Wind beißenden Rauch in die Augen. Frauen jeglichen Alters schrubben, rubbeln, wringen. Kleine Mädchen tragen die Stoffbündel zusammen. Kleine Jungen weichen sie ein. Kinderarbeit? Auch Kinderarbeit! 50, 60 Menschen arbeiten in eingespieltem Rhythmus zusammen. Jeder Handgriff ist seit Generationen ungezählte Male getan und wird weiter getan werden.

Hier wird kein Opfer dargebracht und nicht unterschieden zwischen rituell-rein und chemisch-sauber. Solches Verhältnis zum Wasser kennzeichnet indisches Selbstverständnis von Religiosität und Hygiene. Die Trennung von Bhakti und Bakterien erlaubt Indern bei geheiligter Abfolge spiritueller Fleckenentfernung in die schwärzeste Dreckbrühe zu steigen, ob Dorftümpel oder Ganges bei Varanasi, ohne deren üblen Schadstoffmix zu beachten, und innerlich gereinigt wieder aufzutauchen, ungeachtet der Schmutzschlieren, die ihnen über die Körper laufen. Bhakti ist lautere Hingabe, Bakterien sind Erreger von Krankheiten, Gärung, Fäulnis. Welten liegen dazwischen. Für die Dhobis ist das Naß auch nicht immer klar und durchsichtig, die Aufgabe jedoch eindeutig. Es geht einzig und allein um die Säuberung von Kleidungsstücken. Tag für Tag.

Am frühen Morgen hatte einer der Dhobis im Hotel an meine Zimmertür geklopft. „Laundry?", drang sein Ruf in meinen Halbschlaf. Etwas zum Waschen? Ich drückte ihm das vorbereitete Bündel durch die halbgeöffnete Tür. Ein schmächtiges Männchen stand da, seinen Dhoti, das Leinentuch, über die nackten dürren Beine gekrempelt. Mit geübtem Griff nahm er die Sachen, deutete auf meine Armbanduhr und zeigte auf die sechs. Heute Abend bringe er alles zurück. Ich war noch gar nicht richtig wach, nahm ihn kaum wahr, und wußte doch, daß ich mir keine Sorgen zu machen brauchte, ob ich je wieder in den Besitz meiner Kleidung kommen würde. Dhobis, so die erprobte Erfahrung vieler Reisen in Indien, sind personifizierte Zuverlässigkeit. Ich hatte mich noch einmal aufs Ohr gelegt.

Nun überfliegt mein Blick das scheinbare Durcheinander von Wäschebergen, dampfenden Tüchern, durch den Fluß gezogenen Hosen, Hemden, Saris, zum Trocknen ausgelegten Textilien, Hunderte von Hüllen menschlicher Be- und Verkleidung. Unter der Brücke neben den massigen Betonpfeilern wird gebügelt, gefaltet, sortiert. Die klobigen Bügeleisen werden mit glühender Holzkohle erhitzt. Wenn ich es nicht besser wüßte, ich würde wieder einmal den Eindruck haben, ein nie mehr zu entwirrendes Chaos zu sehen. Irgendwo liegen vermutlich auch meine verschmutzten Habseligkeiten und harren der Reinigung. Mit welcher Organisation und unverwechselbaren Kennzeichnung die Dhobis solch verstreute Einzelteile wieder zum Stapel ihrer Besitzer fügen, gehört zu den vielen Wundern Indiens.

Ich wandere weiter in einer Stadt, die kein Reiseführer vermerkt, weil sie keine berühmten Tempel aufweist oder sonstige Sehenswürdigkeiten, sondern nur

Ein Säulenheiliger auf dem Marktplatz.

austauschbare Alltäglichkeit. Auf dem Markt landeinwärts werden Säcke mit Zwiebeln verschnürt. Stämmige Männer mit nackten Oberkörpern wuchten sich die Lasten auf die Schultern. Mitten in dem Gewühl schaut mich Lenin an. In Gips und mit indisch-bunten Ölfarben bemalt ruht seine Büste auf einem Podest. In Augenhöhe stehe ich dem Berufsrevolutionär gegenüber. Kinnbart, Schlips und Kragen. Ein solches Klischee versteht auch der weniger talentierte Künstler in Gips zu formen, anrührend und naiv. Mit starren Augen überblickt Wladimir Illjitsch das Treiben und Getriebenwerden um ihn herum. Die örtliche Kommunistische Partei hat in der Nähe ihr Büro, einen Bretterverschlag eher denn eine solide Kaderschmiede des Klassenkampfes, der hierzulande noch die zusätzliche Fessel der Kastenzugehörigkeit zu sprengen hat. Was Proletariat ist, läuft mir bei meinen Streifzügen durch die Stadt leibhaftig über den Weg. Wer hier Säcke trägt, gehört dazu. Auch die Dobhis haben nichts als ihre Muskeln und Arbeitskraft. Ihre Produktionsmittel sind bescheiden und von geringem Wert. Was Lenin bedeutet, wird nicht allen klar sein. Der Mann aus Rußland und aus der Mottenkiste der Geschichte steht nicht allein als Hoffnungsträger im Marktgewimmel. Die Säulenheiligen der kleinen Leute geben sich ein Stelldichein. Ein paar Schritte weiter ragt Indira Gandhi auf, auch sie ein aus Gips und Ölfarben gestaltetes Leitbild. Vor einem Kino wachsen die Leinwandidole baumhoch in den Himmel, zusammengenagelt aus Brettern und schreierisch bemalt. Nicht weit entfernt mahnt jener Verklärte zu Einsicht und Besinnung, der mir neulich beim Kingfisher-Bier in Yanam von der Bar her so milde zugewinkt hatte. Sai Baba in Rajahmundrys Straßen ist zehn Meter hoch und über jedermann erhaben. „Ein heiliger Mann?" frage ich die Fahrradrikscha-Wallahs, die zu seinen Füßen auf Kunden warten. Einer von den barfüßigen Pedaltretern rollt mit den Augen und ruft mir zu: „Ein Gott!"

Ich bin angekommen im südlichen Indien. Der Unterschied zum Norden ist spürbar. Die Menschen reagieren spontaner, erwidern ein Lächeln, geben von sich aus Auskünfte. Das Reisen wird leichter. Nicht alle Busse sind vollgequetscht. Fahrpläne sind nicht nur ein Ausdruck guten Willens und ein unerfülltes Versprechen, sondern durchaus verläßliche Hilfe bei der Zeitplanung.

Früher Abend. Verschwenderisch verströmt die untergehende Sonne ihr Gold in den Fluß und malt die so zerbrechlich wirkende Riesenbrücke leuchtend rot an. Darunter schweben die Dreiecke einiger weißer Segel. Eine gebeugte alte Frau nimmt ein Bad in den Fluten, ohne sich ihres Saris zu entledigen, taucht ein und streicht sich die langen, schwarzen, ölig glänzenden Haare glatt. Nur ihre Beine sind entblößt, als sie tropfend die Stufen am Ufer betritt. Ein Bein ist elefantös dick aufgedunsen und unförmig angeschwollen, das andere spindeldürr und schorfig. Ein Motorboot zieht einen Strich durchs unbewegte Wasser. Die letzten Wäscher räumen ihren Krempel auf. Mir ist, als betrachte ich ein rätselhaftes Gemälde, in das ich auf märchenhafte Weise hineingeraten bin. Es atmet tiefe Ruhe. Endlich einmal.

Im Hotel wartet bereits der Dhobi. Koboldgleich kommt er im dämmrigen Gang auf mich zu und lächelt aus den Tiefen seines fast schwarzen Gesichts heraus. Es ist das freundlich-schüchterne Unterschichts-Lächeln, Ergebenheit und Bitte um Aufmerksamkeit zugleich. Jeder kennt in der Kastenhierarchie seinen Platz und benimmt sich entsprechend. Nur im Umgang mit Ausländern gibt's keine festen Regeln. Das Verhalten reicht von ruppig-arrogant bis devot-ergeben; letzteres ist eher die Ausnahme, das übliche liegt irgendwo dazwischen. Auf beiden Händen trägt der Dhobi die in ein Tuch geschlagene Wäsche. In meinem Zimmer wird sie mir wie ein Geschenk überreicht. Dann breitet der Mann jedes Stück auf dem Bett aus, gesäubert und gebügelt. Die Szene hat etwas Konspiratives. Ich streiche über die Sachen, die so viele Tropfen meines Schweißes aufgesaugt hatten und nun blütenrein sind, wohl gefaltet und ganz der Stolz des Überbringers. Strahlend schaut er mich an. Unsere Blicke treffen sich. Die indische Gesellschaftsleiter mit dem strengen Oben und Unten und den zahlreichen Stufen dazwischen, namenlos und zumeist von mir in verwirrender Vielfalt wahrgenommen, hat plötzlich einen Repräsentanten. Da steht einer von ganz unten vor mir. Gnomenhaft zerknittert sein Gesicht, gezeichnet von Entbehrung und harter Arbeit. Er reicht mir gerade mal bis zur Brust. Seine Augen mustern mich aufmerksam, nicht etwa unterwürfig, sondern mit der Sicherheit eines Mannes, der vom Wert seiner Arbeit weiß. Einer von den Profis, denen ich am Vormittag bewundernd zugeschaut hatte. Da liegen Hemd, Pyjama, Unterwäsche, Socken sorgsam gefaltet, die geschrubbt und auf Steine geschlagen worden waren, wie es sich gehört. Ich lobe das Werk, was den Mann sichtlich freut und offenbar nicht die übliche Reaktion seiner Kunden ist. Er nennt seinen Preis. Ich lege ein Trinkgeld dazu. Sein Händedruck ist kräftig. Wie ein Geist aus der Unterwelt schleicht er sich barfuß aus dem Zimmer und verschwindet im schwach beleuchteten Gang. Bald wieder eingesogen vom quirligen, gnadenlosen Überlebenskampf, der morgen noch vor Sonnenaufgang unten am Godavari-Fluß seine Muskelkraft erfordert – sein einziges Kapital, das mit Bargeld so jämmerlich wenig zu tun hat. Da hilft auch kein Lenin.

Steinbruch der Zivilisation

Über das uralte Gemäuer wandert ein grüngelber Käfer. Ausgebrannt sind die Ziegel. Der buddhistische Geist, dem sie in Amaravati einst festen Halt gaben, ist längst verflogen; und der Stupa in Form einer vollendeten Halbkugel verendete in der Banalität eines Steinbruchs. Der Käfer bewegt sich zeitlupenhaft langsam, von niemandem verfolgt, von keinem Feind bedroht, nur von mir beobachtet. Die Flügel glänzen metallen, edel gestaltet, schwarz-blau gepunktet. Ein Käfer nur? Ein dahinziehendes Juwel, von göttlichem Goldschmied ziseliert, so will mir scheinen. Ein entfernter Verwandter des Skarabäus ist's, der im alten Ägypten verehrt wurde und als kunstvoll verziertes Amulett die Größen des Reiches schmückte. Schmetterlinge umtanzen das Rund der Ziegel, die als Grundmauern das einstige Heiligtum in seinen Dimensionen erahnen lassen. Schwarzbraun und leuchtend rot sind die flatternden unruhigen Wesen, die sich auf keine Richtung festlegen und im flüchtigen Zickzack den geschichtsträchtigen Ort bevölkern. In den blätterreichen hohen Bäumen balgen sich schrill schimpfende grüne Papageien. Schwarze Flugenten schnattern wie geifernde Weiber, die sich über den Dorfklatsch aufregen. Fliegende Hunde hängen kopfunter im Geäst, piepsen durchdringend und machen sich, ihre Flugsegel aufklappend, bereit, in den frühen Abend auszuschwärmen. Zu Hunderten baumeln sie da oben. Diese Zwitterwesen regen stets die Phantasie an. Säugetiere mit spitzer Hundeschnauze und rötlichem Fell, Vegetarier und doch so aussehend, als würden sie ihre Zähnchen genüsslich blutsaugend in Halsschlagadern verbeißen wollen. Eigentlich harmlose Riesenfledermäuse, aber wenn sie bei Sonnenuntergang in Scharen losfliegen und sich als schwingende Scherenschritte gegen den Himmel abheben, ist es, als sei ein Geisterheer zu dem verruchten Schloßdes Dracula unterwegs.

Mit solch malerischem Getier ringsum bin ich allein, und ich bin in diesen Stunden des verlöschenden Tages allein mit den Bruchstücken einer Wiege der Zivilisation. Es ist nicht mehr viel davon zu erkennen. Als Colonel Colin Mackenzie hier 1797 aufkreuzte, konnte der Mitarbeiter des archäologischen Dienstes der britischen Verwaltung noch staunend aufschauen. Der Stupa wölbte sich, obwohl schon damals längst eine Ruine, über sechs Meter hoch. Zwei Jahrzehnte nach seinem Besuch, bei dem diese buddhistische Stätte von westlichen Augen überhaupt erstmals registrierend wahrgenommen worden war, kehrte Mackenzie zurück und konnte seinen Augen kaum trauen. In der Zwischenzeit waren die verlassene Region neu besiedelt und die Steine des Stupas als Baumaterial verwendet worden. Unwiederbringliche Kunstschätze waren zertrümmert, verschleppt, verschwunden. Wo ich nun in Gesellschaft kriechender, flatternder, kreischender Kreaturen den Blick über einen nur gut zwei Meter ansteigenden von ausgedörrtem Gras bedeckten Erdhügel kreisen lasse, der knapp 50 Meter im Durchmesser hat, erhob sich einer der größten, eindrucksvollsten, künstlerisch bedeutendsten Stupas Indiens, Maha-chaitya genannt.

„Massiver kuppelförmiger Bau, der eine Kammer enthält, in der entweder eine Reliquie oder Asche des Buddha oder eines buddhistischen Heiligen eingeschlossen ist", so die Kurzerklärung eines Stupas. Der in Amaravati könnte nach den Berechnungen der Fachleute eine Höhe von 28 Metern und einen Durchmesser von 57 Metern gehabt haben. Diese Kuppel und Dutzende kleinerer Stupas in der Nachbarschaft bestimmten vor zweitausend Jahren die Silhouette des flachen Landes am Krishna-Fluß. Hier breitete sich zwischen dem 2. Jahrhundert v.u.Z. und dem 2. Jahrhundert danach eines der geistigen Zentren des südlichen Indien aus. Die Ursprünge reichen in Kaiser Ashokas Regentschaft zurück. Die späteren Satavahanas-Könige, die an den Ufern des Krishna-Gewässers ihre Hauptstadt anlegten, förderten den Ort buddhistischer Lehre. Wenn wir den Überlieferungen trauen können, dann herrschte hier eine Atmosphäre der Toleranz. Von einem König heißt es, er folgte den

Tempelwagen und Eingang zum Heiligtum Amaravati.

brahmanischen Opferregeln, und die Königin bekannte sich zum Buddhismus. Von solch friedlichem Nebeneinander der Religionen, Götter, Lehren können wir heute nur noch träumen und sind deshalb gern bereit, den Blick idealisierend in die Vergangenheit zu richten. Was sich in Amaravati wirklich abgespielt hat, bleibt im Schweigen der Stupa-Ruine verborgen; Intrigen, Rivalitäten, Rankūne, Attentate und Verleumdungen sind ja keineswegs nur neuzeitliche Ausdrucksformen menschlicher Unzulänglichkeit. Aber wenn eine Epoche früher Zivilisation solche Bauwerke hervorbrachte wie den Super-Stupa von Amaravati, dann konnte diese Leistung nur aus einem konstruktiven Geist schöpferischer Kreativität entstehen, in dem sich Religion und Macht vereinten. Die Autorität der Mönche und die der Könige, spirituelle und politische Kräfte begegneten sich im Zusammenspiel unterschiedlicher Interessen, die ihren gemeinsamen Ausdruck in solch grandiosen Kunstwerken fanden.

Davon gibt der Stupa-Stumpf nur noch eine blasse Ahnung und kein imposantes Zeugnis mehr. Die Reste von Skulpturen, Reliefs, Bilderwerken, steinernen Medaillons, Mauerstücken sind in den Museen der Welt zu sehen, in Madras und Kalkutta, in Paris und London. Immerhin wurde in Amaravati eine Sammlung von Originalen und Abgüssen zurückbehalten, die in den Gemäuern eines modernen Flachbaus der Phantasie auf die Sprünge helfen, ein paar Meter vom archäologischen Grabungsplatz entfernt. Hell und licht werden die Fundstücke präsentiert. Im Innenhof steht ein zwei Meter hohes Modell des Stupas, den es nicht mehr gibt. Ich umrunde die Miniatur und habe den Eindruck, mit einem Hubschrauber um das gewaltige Vorbild zu fliegen. Die Hocke erlaubt die Illusion, wenigstens optisch durch die Tore zu schreiten und sich satt zu sehen am unendlichen Bilderreichtum der Steinmetzarbeiten. So gewinnt die Vorstellung der Größe, die Anordnung der Tore, Mauern, der vier den Kuppelsockel umlaufenden Marmor-Reliefs eine dreidimensionale Ansicht.

In der Ecke des Museums sitzt ein Wächter auf seinem Plastikstuhl und behält mich als einen der wenigen Besucher mißtrauisch unter Kontrolle, damit ich bloß kein Foto mache. Kaum einer der Aufpasser in indischen Museen, ob den berühmten oder denen in abgelegener Provinz wie Amaravati, kann einem irgend eine sachdienliche Frage beantworten; aber alle wachen sie sprungbereit darüber, daß das strenge, im Zeitalter des Massentourismus und der digitalen Kameras so anachronistische Fotografierverbot eingehalten wird. So etwas provoziert die Rache des kleinen Mannes. Indische Museumsbedienstete sind die personifizierte Herausforderung für Besucher wie mich, in sportlichem Versteckspiel möglichst unbemerkt doch auf den Auslöser zu drücken. Auch hier kann ich der Versuchung nicht widerstehen und setze nach jedem Klick im Winkel kurzzeitigen Unbeobachtet-Seins die harmlose Miene des mäßig interessierten Betrachters auf. Eine heuchlerische Maske. Denn ich bin wieder einmal von den Stücken hell begeistert, die das alte Indien der Welt als Erbe hinterlassen hat. Hilfreich ist jedem Objekt auf einer beigefügten Skizze des Stupas die originale Platzierung zugeordnet. Der Gang durchs kleine Museum wird zum visuellen Puzzle, das sich zum Gesamteindruck fügt. Jedes Teil ist ein Kunstwerk für sich. Motive aus den Vorleben des Buddha sind zu erkennen, die Jataka-Geschichten. Ähnlich wie am großen Stupa von Sanchi, dem im zentralen Indien einzig erhalten Stupa vergleichbaren Ursprungs und historischen Gewichts, zeigen auch hier die Reliefs alltägliche Szenen einer versunkenen Kultur. Selbstbewußt wirken die dargestellten Menschen, einbezogen in eine verläßliche Ordnung, Vertreter einer durchgeistigten, anspruchsvollen Lebensweise. Auch hier wird Buddha in den Reliefs noch nicht leibhaftig abgebildet, sondern erscheint in Symbolen, als Fußabdruck, als Lotos, als Rad.

Aus späterer Zeit stammt der aufrecht stehende Buddha, auf den im Hauptraum des Museums alle Aufmerksamkeit gerichtet ist. Die Arme sind abgebrochen. Lang fällt die faltenreiche Robe, filigran gestaltet und tatsächlichem Stoff in fließender Leichtigkeit sehr ähnlich; ein Meisterwerk im griechisch beeinflußten Stil der Gandhara-Skulpturen. Über zwei Meter groß, vermutlich im 3. Jahrhundert geschaffen. Es ist, als komme einem dieser Mönch entgegen aus anderer Zeit, aus anderer Sphäre, abgehoben und doch dieser Erde verbunden und trittfest auf kräftigen Füßen pilgernd. Er wirkt gut genährt, rund das Gesicht, fleischig die Lippen, die Augen geschlossen, der Blick in den Tiefen jenseitiger Erkenntnis versunken. Das ist ein Mann, der die Zweifel hinter sich gelassen hat und vom Bewußtsein erfüllt ist, das Leiden dieser Welt und den Irrsinn irdischer Gier überwunden zu haben. Jeder Zoll eine unumstößliche Autorität, die über den Dingen steht. Bis ins 13. Jahrhundert wirkte an diesem Ort buddhistischer Geist und strahlte aus ins weite Land. Dann geriet auch hier die Lehre in Vergessenheit, die die Abhängigkeit von brahmanischen Opfern und hinduistischen Göttern in individueller Selbsterkenntnis und im Vertrauen auf den eigenen Weg zu überwinden versprach. Shiva und Vishnu und die Seinen erwiesen sich in Indien als stärker und langlebiger als Buddha und seine Anhänger.

Pilgerziel heutzutage ist weniger die stille archäologische Stätte als vielmehr und geräuschvoller der Amareshvara-Tempel oberhalb der Uferbänke am Krishna-Fluß. Dorthin führt die einzige breite Straße des Ortes, von Läden, Restaurants und Marktständen gesäumt. Hinduistischer Wallfahrtsbetrieb. Das Übliche. Lautsprecher plärren das Tempelgeschehen in alle Himmelsrichtungen. Erst nach Sonnenuntergang legt sich über die weite Flußlandschaft ein Mantel der Ruhe und Zeitlosigkeit. Im seichten Wasser spielen die Farben der angeleinten Fischerboote und lassen in ihrem sanften Auf-und-

Flußübergang.

Ab ein bezauberndes Aquarell der Vergänglichkeit dahinfließen. Windstille. Der jenseitige Horizont wird von blaudunstigen Hügeln begrenzt. Breitwand.

Plötzlich fällt mir die Bewegung darin auf. Von den Ghats, den zum Fluß führenden Steintreppen, beobachte ich ein Schauspiel der großen Inszenierung. Aus der Tiefe der vom mäandernden Strom mit verschlungenen Wasserarmen durchzogenen Ebene kommt eine unförmige schwarze Welle auf den Ort zu. Was ist das? Erst allmählich erkenne ich: Büffel traben daher. Hunderte, Aberhunderte, Tausende schwarzer Kolosse in einer Herde vereint, die ein paar Treiber mit Rufen und Stockschlägen zusammenhalten. Gemächlich setzen die Muskelpakete ihre stämmigen Beine; jedes Hindernis ignorierend steigen sie in die Fluten und durchqueren den hier einige Hundert Meter breiten Flußlauf. Die letzten Strahlen der Abendsonne färben das Fell der Tiere glänzend anthrazit. Wie eine unendlich langsam anschwemmende Woge von Steinkohle sieht das aus. Kein Gedränge, kein Gebrüll, so völlig unindisch sind da Massen unterwegs, schwimmend, stapfend, wassertretend, als wär's eine kolossale Kneippkur. Die Hirten halten ihre Kleiderbündel auf den Köpfen und staksen bis zum Hals im Fluß neben den Büffeln her. In dem Bild stecken animalische Kraft und Behauptungswille. Indiens Stärke. Zeit und Raum verschwimmen unter samtblauem Himmel zu einem archaischen Panorama von ewig neuem Aufbruch, von Völkerwanderung und Unterwegs-Sein. Der unaufhaltsame Vorstoß zum anderen Ufer.

Wo Buddha baden ging

Ich bleibe Buddha auf den Fersen. Nein, so respektlos sollte ich das nicht sagen, und unhistorisch ist es ja auch. Der leibhaftige Buddha, der vor zweieinhalb Jahrtausenden durch dieses irdische Jammertal pilgerte, ist nie ins südliche Indien gekommen. Er war ein Mann des Nordens. Aber dank des missionarischen Eifers Kaiser Ashokas wurde seine Lehre auch weit in den Süden verbreitet und trug in den Regionen am unteren Krishna-Fluß unschätzbare geistige Früchte, die freilich heute im Abseits liegen und verkümmert sind: die Landschaft und die Früchte. Genau deshalb drängt sich mir die rustikalere Wortwahl auf. Als ich von Amaravati mit Bussen in Richtung Westen weiter landeinwärts reise, über Guntur und Macherla, habe ich nicht den Eindruck, in blühende Gärten des Geistes vorzustoßen. Kahle felsige Hügel prägen als schorfige Glatzköpfe das Bild der Weite. Ausgedörrt ist die rotbraune Erde. Wassermangel im unteren Einzugsbereich des Krishna-Flußes? Ausgerechnet hier Dürre, wo ich mich einem der größten Stauseen Indiens nähere, einem der höchsten Staudämme der Welt? Einem der ambitioniertesten Bewässerungsprojekte aus den Gründerjahren des unabhängigen Indien? Abseits von Etwas. Ich dringe in eine der ältesten Kulturlandschaften des Subkontinents vor und sehe nackte Steine und ausgetrocknete Flußbetten, verkrüppeltes Gehölz, vereinzelte struppige Büsche. Es ist ein Ausflug in staubige Öde. Hier war seit der Steinzeit immer wieder der Anfang von Vielem. Vom Faustkeil bis zur High-tech-Stromerzeugung reicht menschliches Trachten, das sich in dieser Gegend lokalisieren läßt. Sie erinnert mich indes, Schweiß treibend und Durst erzeugend, mehr an Prärie als an Premiere.

Zweierlei lockt in diese unwirtliche Region von Nagarjunasagar. So heißt der Staudamm nebst neuer Siedlung und See. Das Wasser-Werk aus den 1950er Jahren wurde zur indischen Berühmtheit. Seine Fluten überschwemmten mit dem Anspruch zukunftsorientierter „Nationbuilding“ fundamentale Wurzeln, aus denen das neue Indien grünen sollte. Was im Tal an den westlichen Ufern des Krishna an archäologischen Kostbarkeiten gerettet und auf die felsige Höhe einer Art Museumsinsel gebracht wurde, ist zweihundert Meter über dem Wasser die Sehenswürdigkeit Nummer zwei. Nagarjunakonda genannt. Konda ist ein Wort aus dem Telugu und bedeutet Hügel. Nagarjuna als Namensvetter war ein buddhistischer Denker im 2. Jahrhundert.

Im Bus blätterte ich noch mal in einschlägigen Schriften und renke mir fast den Hals aus, um endlich etwas von den Wundern zu erkennen. Der Klapperkasten kurvt durch die wenn schon nicht von Gott, so doch von nährender Fruchtbarkeit verlassenen Gegend. Um mich herum die vertrauten Mitfahrer solcher Landpartien. Schulkinder in einheitlicher Kleidung, die Mädchen haben die Haare zu Kringelzöpfen geflochten. Marktfrauen mit Körben und Kartons. Alte stoppelbärtige Männer, die ihre Dothi-Tücher um sehnige Stachelbeer-Beine winden. Soldaten unterwegs zur Kaserne oder heimischen Hütte. Ich sitze vorne links neben dem Fahrer, einem jungen Mann mit Brille und einem Lehrergesicht. Mir geht mal wieder durch den Kopf, daß ich mein Wohl und Wehe einem solchen Manne anvertraue. Dessen Stimmung und Befindlichkeit und dessen Fahrvermögen entscheiden schicksalsträchtig über meine Möglichkeiten, nach Stunden durchgerüttelt und verschwitzt unversehrt auszusteigen oder plötzlich mit gebrochenen Knochen oder schlimmeren Kalamitäten der Extremitäten in den Trümmern des Busses eingeklemmt zu sein. Ein paar Sekunden der geistigen Abwesenheit des Fahrers reichen aus, diesen Richtungswechsel meiner Reise auszulösen. Nicht, daß mich dies sonderlich beunruhigt, schließlich ist das Vertrauen auf die jeweils heile Ankunft, an der ja auch der Fahrer mit Familie und dem Bedürfnis nach Schmerzvermeidung interessiert sein müßte, eine Grundvoraussetzung jeder Reise durch Indien. Aber in einschläferndem Gerüttel wabert das Unfallrisiko doch gelegentlich als winkendes Gespenst durchs Gemüt. Vor allem bei einem abenteuerlichen Überholmanöver, bei Abgründen und unübersichtlichen Serpentinen. Daß in schnell erreichbarer Nähe medizinisch kompetente Hilfe auftauchen könnte, erscheint beim Blick durchs Busfenster wenig wahrscheinlich. Ich wünsche wieder einmal dem Fahrer, daß er ausreichend gefrühstückt, keinen Ärger mit seiner Frau, hoffnungsvolle Kinder und jüngst seinen Lohn bekommen hat. Aber vielleicht fühlte sich gerade dieser Brillenträger zu Höherem berufen, nahm als verhinderter Intellektueller nur unwillig den Busjob an und tuckert nun frustriert und in seinem Selbstwert erschüttert durch das Land. Darin stekken Unsicherheitsfaktoren, die seine Reaktionsfähigkeit beeinflussen könnten. Letztlich bleibt natürlich neben Glaube und Liebe nur die Hoffnung, der über der Frontscheibe väterlich winkende Sai Baba werde es schon richten. Auch Shiva aus Plastikgold blickt mich gefaßt und zuversichtlich an.

Auf dem Busbahnhof von Macherla drängen sich seltsame verschrumpelte Weiblein in das Gefährt. Sie unterscheiden sich wesentlich von den Mitreisenden. Alt sind die kleinen Frauen und sie haben mit farbenfreudigen Ornamenten geschmückte Kleider um die faltigen, ausgemergelten Körper gehüllt, Beine und Rücken nackt. Die Ohren werden von schweren Silbergehängen lang gezogen, die in die wirren schwarzen Haare verwickelt sind. Eine Vielzahl weißer Ringe umgibt die Arme. In die Schultertücher sind winzige Spiegel eingenäht, die funkeln und glitzern. Verfallen und zerfurcht sind die Gesichter, müde die Augen, schlecht die Zähne. Adivasi, Ureinwohner der Region. Doch weder der Schaffner, der die quirlige Schar unter buschigen Augenbrauen mustert, noch sonst jemand aus der Sitznachbarschaft kann oder will mir sagen, welcher Volksgruppe sie angehören. Sie haben Verständigungsschwierigkeiten beim Kartenkauf. Der Schaffner gibt sich erkennbar wenig Mühe mit den Kreaturen aus einer anderen Welt und behandelt sie barsch, von oben herab. Es ist spürbar, daß die Frauen einer uralten Kultur angehören und daß sie in dieser Landschaft tiefer verwurzelt sind als all die anderen im Bus. Sie strahlen eine morbide Würde aus. Doch die armseligen Wesen mit dem schweren Silberschmuck wirken wie Ausgestoßene und Bettlerinnen. Bei einem Stopp auf offener Straße steigen sie aus. Nirgends vermag ich ein Dorf, eine Hütte, ein Zeltlager zu entdecken. Im kargen Erdbraun verschwindet die Gruppe. Der Wind bläht ihre Tücher auf und spielt schamlos mit diesen ausgezehrten Körpern.

Der Bus rollt von einem Hügel kurvenreich abwärts. Plötzlich habe ich eine vermeintliche Luftspiegelung vor mir. Die Überraschung ist perfekt. Wie eine außerirdische Erscheinung sehe ich eine riesige schwarze breite Wand in der Landschaft. Ein düsteres Monster, das sich querlegt. Die Staumauer. Der Bus fährt darauf zu, dreht ab, nähert sich der Straßenwindung folgend, keucht an der linken Seite des gewaltigen Bauwerkes die Steigungen hinauf. Oben auf der Gipfellinie des Staudammes pendeln Fahrzeuge hin und her, winzig. Das Schauspiel bannt den Blick. Ich schlage in meinen schlauen Büchern nach. 124 Meter ist der Damm hoch, 1.450 Meter lang. Zum Vergleich: das Ulmer Münster mit dem höchsten Kirchturm der Welt ragt 162 Meter in den Himmel. Auf einer Fotografie tosen über die Mauer weiße Wassermassen in die Tiefe der aufgewühlten Fluten des blauen Krishna. Das braust und brodelt und sieht so toll nach Fortschritt und Beherrschung der Natur aus. Eine gigantische schneeweiß schäumende Wand. Und die Wirklichkeit? Vor mir, über mir sehe ich nur ein breites grauschwarzes Betongebirge, das von keinem Tropfen benetzt wird. Ein trostloser Anblick. Trist. Tot. Erledigt. Aus.

Das Foto mit den herabstürzenden Fluten des gestauten Krishna wurde vor einem Jahrzehnt aufgenommen. So erzählt mir der Auskunftsbeamte in seinem kleinen Büro an abschüssiger Asphaltstraße auf den Hügeln oberhalb des Sees. Als Plakat hängt das Motiv werbewirksam an der Wand. Der Mann scheint sich über meinen Besuch und meine Neugier zu freuen. Offenbar wird er nicht von Scharen wißbegieriger Fremder heimgesucht. Jede meiner Fragen löst zumindest das verbal aus, was die Stauanlage mit H_2O nicht mehr zu leisten vermag: einen Wasserfall. Seit einem Jahrzehnt ist der erforderliche Regen ausgeblieben. Der Pegelstand ist der niedrigste seit zwölf Jahren. Ausbleibende Himmelsgaben verschärfen den von Menschen verursachten Notstand. Indiens Fortschrittsglaube und das Vertrauen in die Folgenlosigkeit unbeschränkter Eingriffe in den Naturhaushalt haben jüngere Stauanlagen an anderen Flüssen aufgerichtet, in benachbarten Bundesstaaten wie Karnataka beispielsweise. Man gräbt sich gegenseitig das Wasser ab. Schuldzuweisung

Paddeln im Stausee.

von Regionalregierung zu Regionalregierung. Die Bauern der Region ziehen protestierend vor die Büros der Politiker und fordern die Öffnung der Staubecken, um gefährdete Ernten zu retten. Über Jahre andauernde Trockenheit lassen all die schönen Pläne und Zuwachsraten vergilben. Der Streit ums Wasser hat längst existentielle Konflikte ausgelöst.

Ich mache mich auf den Weg. Über die Staumauer führt kilometerlang die Straße. Eine Gratwanderung. Zum Westen breitet sich zwischen baumlosen Hügeln und einzelnen Inseln das sich weit im Hinterland verlierende Tiefblau des Stausees aus: „...one of the world's largest man-made lake", frohlockt der offizielle Werbeprospekt, den mir der Auskunftsbeamte in die Hand gedrückt hatte. Nach Südosten fällt steil der Betonkoloß ab, gibt den Blick frei auf die völlig trockene Staumauer und die Bewässerungskanäle zu beiden Seiten, in denen nur dürftige Rinnsale dahin tröpfeln. Der Krishna über hundert Meter tiefer quält sich an Steinen und Geröll entlang, einem herbstlichen Gebirgsbach ähnlicher als einem reißenden Strom. Apropos Strom: Irrigation und Elektrifizierung sind zwillingshafte Aufgabe des Unternehmens Nagarjunasagar. In einem der streng von Soldaten bewachten Büros auf der Scheitelhöhe des Dammes sehe ich Tafeln mit der Tagesleistung der Stromerzeugung. Immer wieder lese ich in der entsprechenden Rubrik das Wort „nil", was wohl kaum an einen anderen bedeutenden Fluß erinnern soll, sondern schlicht mit Fehlanzeige zu übersetzen ist.

Am 4. August 1967 ist der Staudamm eingeweiht worden. Mit feierlichem Zeremoniell ließ Indira Gandhi als Premierministerin die Kanäle fluten und vollendete damit, was ihr Vater eingeleitet hatte. Am 10. Dezember 1955 hatte Premierminister Nehru den Grundstein zu dem epochalen Werk gelegt. Eine Inschrift oben auf dem Damm hält den damaligen Geist des Aufbruchs fest. Geradezu gotteslästerlich oder zumindest die Götter herausfordernd rief Nehru als einer der charismatischen Mitbegründer des modernen Indien aus: „When I lay this foundation-stone here of this Nagarjunasagar, to me is it a sacred ceremony. This is the foundation of the temple of humanity of India, the symbol of the new temples that we are building all over India." Der Vergleich mit einem Tempel, mehr noch: die Gleichsetzung des Staudamms mit einem sakralen Bauwerk spricht für Indiens allumfassende Religiosität. Nebenbei: Könnte ein deutscher Toppolitiker bei der Eröffnung eines Atomkraftwerks den Kölner Dom als Paten bemühen? Wohl kaum. Weitere Staudamm-Tempel sind seither gebaut worden. Die Folgen? Siehe im Text oben und im Tal des Krishna unten. Der sprießende Glaube an Mega-Projekte als die neuen Tempel Indiens, die angeblich das Leben aller Menschen nachhaltig und dauerhaft verbessern, dürfte seit Nehrus Zeiten ziemlich verdorrt sein. Vishnus und Shivas Tempel haben jedenfalls nichts an Popularität verloren. Im Gegenteil.

Und Nagarjunakonda? „Da hinten, sehen Sie." Ich war ins Freie gebeten worden. Mit ausgestrecktem Arm hatte der Mann vom Auskunftsbüro während seines Redeflusses über die diesige Ferne des Stausees gezeigt, „die Insel, etwas vom Ufer des Hügels davor verdeckt, das ist Nagarjunakonda." Ich konnte aus solch großer Entfernung keine Umrisse erkennen, zu sehr verschwammen die Berge und das Gewässer im Dunst. Und zum zweitenmal tauchte das Wort Nil auf, diesmal in einer Erfolgsstory. „Erinnern Sie sich an die Rettungsaktion von Abu Simbel?", hatte der Mann gefragt und mich natürlich gar nicht erst zu Wort kommen lassen. „Das sind die beiden Felsentempel am westlichen Nilufer in Oberägypten", fuhr er kaskadenhaft fort. Mir blieb nur zustimmendes Nicken. „Abu Simbel liegt zwischen der zweiten und dritten Staustufe des Assuan-Staudammes. Damit die aus den Felsen gemeißelten Gottheiten nicht in den Fluten und für die Nachwelt verschwanden, wurden sie zwischen 1964 und 1968 in Blöcke zerlegt und 65 Meter höher wieder aufgebaut, ehe das Wasser kam. So ähnlich sind wir hier auch vorgegangen. Was wir in unserer Region an archäologischen Schätzen haben oder besser: hatten, war bis zum Anfang des 20. Jahrhunderts völlig unbekannt. Erst 1926 begannen wissenschaftliche Untersuchungen, und die Forscher konnten sich Zeit lassen. Das änderte sich mit den Plänen für den Staudamm. Mit einem Mal wurde allen klar, was für immer verloren gehen könnte. Von 1954 an wurde im Tal des Krishna unter enormem Druck gegraben, konserviert und verlagert, um zu bergen, was zu bergen war. Es war ein Wettlauf mit dem Bau des Staudamms. Innerhalb von sechs Jahren wurden mehr als hundert Fundstätten gesichert. Sie datierten vom frühen Steinzeitalter bis ins Mittelalter. Neun Monumente sind dann in ihren originalen Ausmaßen auf die natürliche Felsplattform von Nagajunakonda gebracht und dort rekonstruiert worden. Vierzehn wurden als Repliken dargestellt. Schauen Sie sich das an." Ohne Punkt und Komma hatte der gute Mann das alles heruntergerasselt, als müsse er vor der nächsten Flut ins Trockene kommen. Eine unbegründete Sorge.

Ich übernachte in einem nahegelegenen Hotel und lasse mir bei der Erkundung von Nagarjunakonda einen ganzen Tag Zeit. In den Morgenstunden legt die Fähre am westlichen Teil der Staumauer ab, zieht gemächlich ihre Bahn im leicht gekräuselten See und erreicht nach 40 Minuten die zur Insel gewordenen Felsgestade, zweieinhalb Kilometer in Ost-West-Ausdehnung, ein Kilometer in Nord-Süd. Eine breite Steintreppe führt vom Ufer nach oben. Der Staudamm ist von hier aus nicht mehr zu sehen. In scheinbar archaischer Unberührtheit liegt die von Menschen und Maschinen geschaffene Landschaft aus Wasser und sanftgewellten Hügeln vor mir. Das Bild ist wie mit einfachen Bleistiftstrichen skizziert, auf Ursprüngliches reduziert. Die klaren Linien in klassischer Strenge erinnern an griechische Inseln. Natur und Zivilisation verbindet ein Spannungsverhältnis, das solche Regionen mit geistigem Tiefgang auszeichnet. Um mich herum eine versunkene Kultur. Untergegangen, fortgeschwemmt. Wortwörtlich. Der Gedanke daran fasziniert.

Der graue, U-förmige Flachbau des Museums erleichtert die Orientierung und verhilft zu praktischen Einsichten. Im Modell ist Nagajunakonda nachgebildet. Wie der Schöpfergott persönlich schaue ich auf diesen Miniatur-Ausschnitt von Mutter Erde, den Menschen schon in prähistorischer Frühzeit besiedelt hatten. Was nun flachgestreckte tischartige Felseninsel ist, überragte einst den Krishna-Fluß an seinem östlichen Ufer und war Landmarke für das weite Tal dahinter im Süd-Osten. Dort sind Hunderte von Tempelruinen entdeckt worden, brahmanische und buddhistische, ebenso ein Amphitheater, einzigartig in Indien, und Badeghats und Stupas. Sie reichen in ihrer Entstehung ins 3. Jahrhundert zurück. Vom Reich der Satvahanas, die von Amaravati aus die Region beherrschten, spaltete sich die Ishvaku-Dynastie ab und begründete hier am Unterlauf des Krishna ihren eigenen Machtanspruch. Er währte nur ein knappes Jahrhundert, dieses aber wird als das Goldene gepriesen, dem an baulicher Aktivität und an geistiger Schaffenskraft nichts Ebenbürtiges mehr folgte. Buddhismus und Brahmanen-Opferkult gediehen nebeneinander. Hier wurden römische Münzen gefunden. Buddhistische Mönche reisten übers Meer von Sri Lanka und anderen Regionen Südostasiens hierher, um zu lehren, zu studieren, zu predigen. Ein abgelegener Winkel? Mitnichten! Im Mittelalter wurde auf den Felsen ein Fort gebaut, von dem noch einige Mauern die Endlichkeit irdischer Macht bezeugen. Danach gerieten die Region und ihre Hinterlassenschaft völlig in Vergessenheit. Erst zu Beginn des 20. Jahrhunderts begannen Archäologen dort zu graben, wo nun das Wasser die Geschichte hinweggespült hat.

In den lichten Hallen des Museums sind die Fundstücke ausgestellt. Auch hier künden Reliefs von einem pulsierenden städtisch geprägten Leben, Motive ähnlich wie die von Amaravati. Was immer da an sakralen Szenen dargestellt ist und den Abstand zum Profanen markiert – Buddhas Geschichten in den vertrauten Bildern und kunstvoller Ausführung –, so ist doch bei allen Details alltäglichen Geschehens drumherum noch heute für Betrachter etwas von der Lust und Daseinsfreude vor 1.700 Jahren erkennbar. Vollbusige Nymphen, dickliche Waldgeister, Menschen im Gespräch. Voller Bewegung ist das in Stein gebannte Geschehen, von der inneren Ordnung einer Hochkultur zusammengehalten, die Maßstäbe für Menschlichkeit setzte. Wieder ist es ein stehender Buddha, der auch hier im Museum eine Ahnung von Autorität vermittelt, noch größer als der in Amaravati. Drei Meter ragt er vor mir auf, gestaltet aus rötlichem Stein, ein imposanter Torso mit abgeschlagenen Armen, zusammengeflickt aus Trümmern. Fotos zeigen die originale Fundstätte unten im Tal. Buddha lag zerstört auf der Erde, bäuchlings der Körper im Dreck, gefallen auch im übertragenen Sinne, was seine geistige Botschaft betrifft. Im Freien begegne ich dem Religionsstifter wieder. Als Nachbildung steht er da, von den roten Ziegeln der einstigen Grundmauern eines Klosters umgeben. Sie wurden unten im Tal geborgen wie die Reste von Tempeln, Stupas, brahmanischen Opferstätten. Als ausgedehntes Freilichtmuseum sind diese Bruchstücke in den ursprünglichen Umrissen wiedererstanden; und eigenartig: Weil das Rettungswerk nun auch schon wieder ein halbes Jahrhundert zurückliegt, fügen sich die Bauten längst in die Natur der Felseninsel ein, als gehörten sie hierher. Der Fuß tritt auf großflächige Blätter im gelbtrokkenen Gras. Hauchdünn sind sie und braun wie Pergament. Es knirscht bei jedem Schritt.

Replik eines geretteten Buddha.

Ganz am Ende der Insel, wo sie steil abfällt zum See, entdecke ich unter einem Baum eine Opferstätte gegenwärtigen Kultes. Ein Stein liegt da, gelb und rotgepunktet, im Geäst baumeln zwei abgeschlagene Ziegenbeine. Verdorrte Blumen davor, abgebrannte Räucherstäbchen. Kein Kunstwerk, sondern ein einfaches Stück jener indischen Volksfrömmigkeit, die es lange vor dem Auftreten jenes Buddhas gegeben hat und die seine Lehre überdauerte. Altes zeitloses Indien. Der Geisterort mit den einfachen Bestandteilen hingebungsvoller Versenkung verbirgt sich nur ein paar hundert Meter von Buddhas Fundstücken entfernt, mir aber ist, als lägen Welten dazwischen.

Über den blauen Spiegel des Sees treiben zwei winzige Rundboote. Ich hatte sie neben der Anlegestelle der Fähre schon gesehen. Auch an der zentralvietnamesischen Küste waren mir solche Boote vor Jahren aufgefallen. Aus geflochtenen Bambusstreifen und mit Teer bestrichen bieten die seltsamen Gebilde in der Form einer zu groß geratenen Reisschale einem Mann Platz, der das Gefährt mit einem Paddel voranstößt. Dem Transport von Brennholz dient so ein Rundboot und auch dem Fischfang. Die beiden Punkte da unten im See wirken einsam und verloren, einzige Wasservehikel weit und breit. Langsam, sehr langsam und lautlos schweben die Inselchen menschlichen Mühens dahin, das vergeblich scheint und so vergänglich wie die Blütezeit von Nagarjunakonda.

Wenn Volkskunst mit Füßen getreten wird

Es ist einfach schön. Die Linien wuchern dahin, verschlingen sich, bilden geheimnisvolle Muster in ausgewogener Symmetrie. Ich schaue der jungen Frau zu, die am Boden kauernd, solche Kunstwerke auf die rotbraune Erde vor ihrer Hütte zaubert. Ich habe Zeit. Wann mich ein Bus wieder von Maipadu zurück nach Nellore und damit zur Nord-Süd-Hauptstraße bringen wird, steht in den Sternen, die zu früher Stunde verblasst sind. Eine leuchtend klare Nacht geht zu Ende. Funkelndes Glitzern, wie es in solcher Strahlkraft nur in tropischen Gefilden zu bewundern ist, vorzugsweise an der Küste. Dorthin hat es mich wieder nach dem Ausflug ins Hinterland gezogen. Abermals schaute ich auf die Wellen, die den Fischern schwankender Arbeitsplatz sind und den Händlern der Vorzeiten eine Herausforderung waren, die Vorstöße über den Horizont hinaus zu wagen. Unterm gewaltig weiten Himmel hatte ich am Abend zuvor davon geträumt und es bis zur Müdigkeit hinausgezögert, ins Gästehaus hinterm Strand zu schlüpfen.

Ein abermaliger Tiefpunkt der staatlich eingerichteten Gastronomie. Ich war ja froh gewesen, in dem Dorf an der Küste überhaupt eine Bleibe zu finden. Die fünfundzwanzig Kilometer entfernte Großstadt Nellore mit dem üblichen Betrieb und gesichtslosen Geschäftsstraßen hat nun wirklich nichts Einladendes. Aber die Primitivabsteige von Maipadu, im Schatten düsterer Bäume versteckt, hat den Charme eines Weltkrieg-II-Bunkers am Westwall. Unter dem Namen Pinakini war der Flachbau 1978 eingeweiht worden. Die Marmortafel neben der Tür vermerkt die Namen der damaligen Honoratioren und die vollmundige Absicht, mit solchem Etablissement den Tourismus zu ungeahnter Blüte bringen zu wollen. Heute wirkt ein solcher Spruch wie ein ungewollter Witz. Was ich in staatlichen Hotels unter behördlicher Führung so oft erlebte, wird mal wieder in aller Schäbigkeit bestätigt. Das Gasthaus scheint seit seiner Eröffnung mit keinem neuen Anstrich mehr verwöhnt worden zu sein. Verwittert die Wände, schmuddelig die Gänge; und was in

Europa den Sperrmüll bereichern würde, ist hier die Zimmereinrichtung. Darüber wäre hinwegzusehen, aber das ist – bei aller Vorsicht vor Verallgemeinerungen – etwas typisch Indisches. Die Abneigung, etwas zu erhalten, zu pflegen, zu warten, zu erneuern, ist ausgeprägt. Nur das jeweilig Neue hat seinen Wert – bis es eben nicht mehr neu ist. Der mürrische Hauswart, natürlich miserabel bezahlt und über jede Art von Störung erbost, rückte erst auf wiederholte Nachfrage ein Handtuch heraus. So eines dieser grauen, flekkigen Uralt-Textilien, die auch nach mehrfachem Waschen nicht mehr sauber werden. Der Mann, die Verkörperung von Desinteresse und Resignation, drückte mir das Gebilde mit der Geste eines unverdienten Gunstbeweises in die Hand.

Ich war an einem Außenposten des Tourismus angelangt. Absteigen. Absteige. Kaum mehr erwähnenswert, daß die immerhin vorhandene Dusche nicht funktionierte. Als ich im Baderaum stand, gerade eingeseift, und mir aus dem Plastikeimer kühles Wasser über den Kopf schüttete, was völlig ausreicht, wenn nicht erst die Illusion einer Dusche geweckt würde, fiel prompt der Strom aus, was auch kein Malheur wäre, wenn gar nicht erst diese Fortschrittsvision aufflackerte und man gleich eine Petroleumfunzel hinstellte. Ich hatte also im Schein meiner Taschenlampe ausreichend Gelegenheit, über das dunkle Indien im abseitigen Winkel nachzudenken. Was ist aus dem Erbe der großen Kulturen geworden, deren bauliche Zeugnisse ich an so vielen Orten bewundere? Ein billiger Abklatsch. Da wird geschludert, gepfuscht, gekleckst, zusammengestoppelt. Ich staune immer wieder über die schlampige Nichtprofessionalität der Handwerker. Noch ehe ein Bau fertig ist – und eigentlich werden indische Neubauten nie fertig –, ist er schon reparaturbedürftig. Aber da kümmert sich schon niemand mehr um Schadensbegrenzung. Leider hat Shashi Tharoor, Schriftsteller und intimer Kenner seiner Heimat ja Recht: „… Indien ist kein unterentwickeltes, sondern ein hochentwickeltes Land im Zustand fortgeschrittenen Verfalls."

Ich schaue der jungen Frau fasziniert zu. Aus der hohlen Hand läßt sie weißen Reispuder auf den Boden rieseln. Mit sicherem Schwung formt sie Ornamente, deren Linien sich treffen, auseinanderführen, immer komplizierter werden, geradezu wuchern und doch vollkommen in ihrer spiegelbildlichen Ausgewogenheit bleiben. Der Boden vor der Tür der aus Brettern und Bambus und Palmblättern zusammengefügten Hütte ist ordentlich gefegt. Das ist familiär-privater Einzugsbereich weniger Quadratmeter. Solch insulare Sauberkeit liegt auch vor den Hütten der Nachbarn, wo ebenfalls Frauen und Mädchen mit der Erzeugung von kunstvollen Mustern beschäftigt sind. Neben den irdenen Malflächen aber liegt der Dreck, türmt sich Müll, und um die Ecken stinkt die Scheiße zum Himmel. Die Ausscheidungen der Kühe, Hunde,

Menschen im seltsamen Nebeneinander auf der untersten Ebene indischer Lebensart, wo die grazilen Kunstwerke in weiblichen Händen wie aus dem Nichts entstehen. Hier am Weg zum Strand von Maipadu und überall in den Siedlungen Südindiens.

In den Tagen des Erntedankfestes Sankranti, jedes Jahr im Januar, treibt die pulverisierte Volkskunst besonders üppige Blüten. Kolam werden die geometrischen Kritzeleien aus Pulver genannt. Jede Frau versucht, in der Gestaltung die Nachbarin zu übertreffen. Auf den Märkten werden Broschüren in der Größe von Schulheften feilgeboten, in denen Vorbilder jener Kolams abgedruckt sind, die Zahl der Linien und Punkte genau aufgeführt und zur Nachahmung empfohlen.

Die Frau in der Hocke hat keines dieser Hefte. Versunken zieht sie mit den feinen Strichen ihres Reispuders die Kreise vor dem Zugang ihrer Hütte. Zwei kleine Mädchen verfolgen jede ihrer Bewegungen, vermutlich die Töchter, die so schon früh die Kunst der Kolams lernen. Mutters Vorbild und Augenschein genügen. So wurden die Muster über Generationen weitergegeben. Was wurde aus Indiens Erbe der großen Kulturen? Ich meine, einen Abglanz zu erkennen. Da lebt ein Formgefühl fort, das tief in Traditionen wurzelt und in der Alltagsästhetik der Ärmsten immer wieder Gestalt annimmt. Im Kontrast zur offensichtlichen Sorglosigkeit, was die Nichtbeseitigung von Abfällen betrifft, breitet sich das Bedürfnis nach Schmuck aus. Nicht nur zum Sankranti-Fest, sondern auch sonst im Jahr. Mir fallen die Lotosblüten ein. Die zartvioletten duftigen Kelche an hohem schwankenden Stengel sind Symbol der Reinheit, in der Kunst zum Inbegriff des Unberührbaren erhoben. Und wo wurzeln Lotosblüten? Im schmutzigsten Sumpf, im schwärzesten Dorftümpel, im verdrecktesten Gewässer. Aus solchem Urschlamm des Häßlichen wachsen sie auf, und über dem Wasser entfalten sie ihre Pracht. Kolams sind Lotosblüten gleich. Jedes Dekor ist einmalig. Eine Augenweide, die mit Füßen getreten wird. Stunden später verlieren die Ornamente an Gesicht, werden vom Wind verwischt, von Hunden bepißt. Es ist Volkskunst im Vorübergehen. Die Frau dehnt ihr Phantasiegemälde immer weiter aus. Nun ergänzt sie das Rankenwerk mit Farben. Roter und blauer und gelber Puder wird eingestreut. Ich sehe dieses Werk intensiven Bemühens von flüchtiger Haltbarkeit und bewundere die Gebilde der Nachbarinnen und erinnere mich der an zahlreichen Orten geschauten Kolams.

Welche Vielfalt. Spinnennetze werden da aus Pulver gewoben, Sterne auf dem Boden ausgestreut, Blumen in verschwenderischer Fülle verteilt. Mir fallen die filigranen Muster von Klöppelarbeiten als Vergleich ein. Ich sehe die Umrisse von Ganesha, den flötenspielenden Krishna, zum Gebet erhobene Hände, stilisiert und auf Umrisse reduziert. Ineinandergerollte Schlangen liegen da herum, Schildkröten, Krähen. Alles eindimensional auf festgestampf-

Filigranes am Straßenrand.

ter Erde und doch geheimnisvoll wie gesprungenes Glas, das sich in einem Kaleidoskop zu phantastischen Zeichen vereint. An Mandalas ist zu denken, an Diagramme, in denen der Kosmos eingekreist und das Ungeheuerliche des Universums in ritualisierten Symbolen geordnet wird, die den Blick bannen und als Meditationshilfe dienen. Was da im gefegten Boden vor der Dorfhütte so harmonisch gestaltet wird von kundigen Frauenhänden, ist eben mehr als nur Schmuck und von tieferer Bedeutung als ein Ölgemälde an der Wand eines europäischen Hauses. Es sind Bilder der Beschwörung. Nichts ist in Indien bloß eindimensional, nichst nur vordergründige Zierde oder Ausschmükkung, die einzig das Auge erfreuen sollte. Stets steckt eine unsichtbare Kraft dahinter, die Abwehr des Bösen ist, Bann des Zerstörerischen, Hoffnung auf den Zusammenhalt widerstrebender Energien. Es ist die Dimension hinter der Fassade Indiens, dem Fremden unerreichbar und deshalb staunenswerter Anlaß versuchter Deutung, bei der vieles unerklärlich bleibt, aber eines sicher ist: allmorgendlich bröselt etwas in feinem Pulver auf die Erde, was das Leben erträglicher macht und ferner Abglanz längst versunkener Kulturen ist.

Die junge Frau in Maipadu reibt sich die Hände und wischt den Puder von den Fingern, betrachtet ihr Werk, hebt den Blick und schaut überrascht mich an, den sie als stummen Beobachter, ganz in ihr Tun vertieft, gar nicht bemerkt hatte. Sie lacht verlegen und wirkt wie ertappt bei einer heiligen Handlung, die keinen Zuschauer duldet. Ich frage mit Gesten, ob ich denn ein Foto machen dürfte. Sie springt auf und läuft scheu in die Hütte.

Und Shiva tanzt...

Gipfel der Glatzköpfe

Schilder am abschüssigen Wegesrand fordern Disziplin ein und drohen bei Nichtbeachtung finanzielle Strafen an. „Open Urination Prohibited. Fine 25 Rupees", lese ich. Alle paar hundert Meter bei steilem kurvenreichen Anstieg werden die Regeln wechselweise wiederholt: Felsen dürfen nicht bekritzelt werden; auch das Rauchen und das Spucken sind verboten, und daß sogar das modernste Lieblingsspielzeug der Inder ausgeschaltet werden muß, das Handy, signalisiert in schwarzer Schrift auf gelben Tafeln, daß ich mich nicht etwa in eine vergessene Einöde verirre, sondern im Bus von Tirupati hinauffahre in eines der meistbesuchten Pilgerzentren des Subkontinents und das perfektest organisierte von allen: Tirumala, ein aufregender Mix aus Reglementierung à la Singapur und religiösem Massenbetrieb indischer Superlative.

Ein farbiger Prospekt des Tourismusbüros läßt für den Pilgertempel und die Zahl seiner Besucher und die Höhe ihrer Spenden nur einen Vergleich zu: „...next only to Vatican city..." Die beziehungsreiche Verbindung von Tirumala und Rom erlaubt Rückschlüsse auf Gemeinsamkeiten bei Vermarktung, Organisation und Inszenierung der Volksfrömmigkeit. An beiden Orten arbeiten hocheffektive Pilgerapparate mit seit Jahrhunderten erprobtem Management. Profis bei der Hilfestellung auf den Wegen zu den Göttern und bei der Herstellung religiöser Glücksgefühle.

Ich mache mich also auf einiges gefaßt. Zweifel ob des Riesenrummels konnten freilich schon in Tirupati nicht aufkommen. Der weitläufige Ort in der Ebene am Fuße der Seshachalam-Berge besteht aus Hotels, Herbergen, Absteigen und Restaurants, einem Busbahnhof von Großstadtausmaßen, einem zweiten Busterminal für den Pendelbetrieb zum Pilgergipfel und einem Bahnhof mit All-India-Verbindungen. Es heißt, daß jeden Tag Zehntausend Pilger die heiligen Stätten von Tirumala auf- und heimsuchen, zu Festivals beträchtlich mehr. In überfüllten Zügen, in endlosen Buskarawanen, in privaten und gemieteten Autos reisen sie an, einzeln, Großfamilien, Gruppen, Schulklassen, Dorfgemeinschaften, Freundeskreise, Tattergreise, Frauenverbände, Studentenvereinigungen. Tirupati im Unterland ist Durchlauferhitzer für den eigentlichen Siedepunkt in nahezu 900 Metern Höhe.

Der vollbesetzte Bus kriecht die gut ausgebauten Serpentinen hinauf. Nadelbäume säumen die Straße. Immer tiefer bleibt das breite grüne Tal zurück. Mir ist, als entschwebte ich mit einem Hubschrauber; und die Illusion kommt trotz aller Vorankündigung auf, sich von den kleinmütigen Zänkereien der Menschen zu entfernen, ihrem plärrenden Gedränge zu entkommen und aufzusteigen in Sphären meditativer Höhenflüge. Oh, ich Naivling! Reise ich nicht seit Monaten durch Indien? Seit Jahrzehnten immer wieder? Und dann noch solche Traumgebilde. Bei der Ankunft da oben muß ich über meine Erwartung lauthals lachen. Mich empfängt nicht Entrücktheit, sondern Verrücktheit! Wie in Indien üblich: Die anderen sind immer schon da. Tausende, Abertausende. Eben noch die 18 Kilometer sich windende Straße in gebirgiger Natur scheinbaren Abseits, nun Menschen, Menschen, Menschen, die sich über die hügligen Wege eines ausgedehnten Komplexes von Hotels, Marktständen, Bungalows, Tempeln, Hallen, Verwaltungsgebäuden schieben, zwängen, stoßen. Ich dringe in ein Gewimmel ein, das mich an den Riesenkäfig der Howrah-Brücke in Kalkutta und das Chaos rund um Bombays Victoria Station erinnert; und Lourdes kommt mir in den Sinn. In Religiosität vereint, unterscheiden dennoch Prozedere und Intention die Pilgerströme grundsätzlich. Nicht das Gemeinschaftserleben wie bei der für alle zu einer festgesetzten Zeit gefeierten christlichen Messe ist das Verlangen der Hindu-Gläubigen, sondern der Blick auf das Heiligtum, der individuelle Moment der Vereinigung von Gebet und Wünschen mit dem Göttlichen, die durch eigenhändig ausgelösten Glockenschlag angekündigte Begegnung zwischen dem Einzelnen und dem Idol: Sieh her, nimm mich wahr, ich bin von weit gekommen zu schauen, zu opfern, um Beistand zu bitten. Im Zentrum von Tirumala steht der Goldene Tempel, der Sri Venkateshvara Swamy geweiht ist, einer weiteren Erscheinung Vishnus. Zum schwarzgesichtigen Abbild drängt alles.

Als gelte es, Raubtiere zu domestizieren, weisen Laufzwinger den Weg zu den Tempeln. Mit stabilen, stählernen Gitterstäben werden die Schlangen der anstehenden Massen gebändigt und wie Gefangene organisatorisch in den unausweichlichen Griff genommen. Geduldig reihen sich die Leute ein, warten in Schüben auf den Einlaß und passieren zuvor Sicherheitskontrollen wie beim Einchecken auf Flugplätzen. Kameras und Handys und Messer verboten. Taschen werden durchwühlt, und Röntgenaugen entgeht kein Schmuggelversuch. Ich wage es, stopfe den Fotoapparat nach ganz unten in meinen Umhängebeutel und werde zurückgewiesen wie ein Betrüger, der an der Pforte zum Paradies oder zu einem anderem Ort der Glückseligkeit ertappt, für unwürdig erkannt wird und der Verdammnis verfällt. Keine Chance. Eine Heerschar von jugendlichen Freiwilligen, Pfadfindern ähnlich, ist eifrig damit beschäftigt, alle Gegenstände auszusortieren, die den reibungslosen Durchzug der Pilgerscharen gefährden könnten. Verständlicherweise. Es bedarf nur geringer Phantasie, sich vorzustellen, was eine Panik, was ein Anschlag, was zufällig ausgelöste Hysterie in solchem Permanent-Pulk an Gewalt auslösen würde. Deshalb wird kanalisiert und reglementiert wie in einem Hochsicherheitsareal militärischer Brisanz.

Der Goldene Tempel wirkt inmitten des Trubels und der modernen Großbauten ziemlich verloren. Die Geschichte der heiligen Stätte reicht ins 10. Jahrhundert zurück. Doch was heute die Kulisse eines durch und durch organisierten Pilgerbetriebes ausmacht, ist neueren Datums. Die Massen bringen Geld und Gold in die Kassen. Zum Tempel gehören Krankenhäuser, soziale Einrichtungen, Schulen, eine Universität, ein Fernsehstudio, eine Radioabteilung. Tirumala gilt als eine der einträglichsten Pilgerstätten Indiens. Das ist ein Wirtschaftsunternehmen, das auf elektronische Abrechnung setzt und in High Tech investiert. Für die frommen Mägen wird mit Suryas göttlicher Energie gekocht. Auf dem Flachdach des Küchentraktes glänzen silbern die Sonnenkollektoren, die wie gelandete Flugobjekte von Außerirdischen erscheinen. Jedenfalls sehr futuristisch und funktional. „Free meals" lädt die Speisung der Zehntausend ein.

Um einen Panoramablick auf das von Hügeln umrahmte Tiruma werfen zu können, bitte ich in einem der Gästehäuser, die betoniert und bombastisch an den Hängen kleben, um Eintritt in ein Zimmer mit Fernsicht. Mehrere Generationen von Familienmitgliedern schauen mich erstaunt, aber nicht abweisend an, erschöpft hingelagert auf Betten und Stühlen, Kräfte sammelnd für den neuerlichen Aufbruch zum Allerheiligsten. Ein Mann öffnet das Fenster. Er spricht englisch mit amerikanischem Akzent. Seit sechs Jahren lebt er in Los Angeles, ausgewandert ins Computer-Eldorado und mit seiner mehrköpfigen Familie zur Pilgerfahrt heimgekehrt, den Urlaub nutzend. „Back to the roots?" frage ich. Lächeln im schnauzbärtigen Gesicht mit Brille. Deutliche Zustimmung eines Mannes, der sich verstanden weiß. Zum Hinduismus kann man nicht konvertieren, in solche Verbundenheit wird man hineingeboren; und deshalb erscheint mir der Hinduismus nicht als Weltreligion, sondern als Religion der Hindus in aller Welt.

Natürlich hätte ich es gleich erwähnen sollen, weil unübersehbar: Glatzen überall. So viele Menschen oben ohne hatte ich zuvor an keinem anderen Pilgerort bemerkt. Männer, Frauen, Kinder mit glänzenden oder mit gelber Paste eingeriebenen Köpfen. Seltsam, wie die abhanden gekommene Schädelzierde die Menschen gleichmacht und die Unterschiede verwischt. Auch der heimgekehrte Sohn aus Los Angeles hatte sein Haupthaar scheren lassen. Schopflos erzählte er mir von dem inneren Wohlbefinden, nunmehr ans Ziel einer langen Reise gekommen zu sein. Sich seiner Mähne entledigen zu lassen, gehört zum Opferritual. Auch dies wird nicht irgendwelchen Schnittern oder gar dem Selbstversuch überlassen, sondern ist zum Fließbandservice ausgebaut. „Free tonsur" lautet die Aufforderung, den Kopf hinzuhalten. In einer mehrstöckigen Halle wird von Friseuren geschnipselt und geschabt und weggekämmt, was sich dann zu Bergen schwarzer Strähnen häuft.

Dem demütigen Glatzkopf ist es Zeichen der Unterwerfung, allen sichtbares Signal, sich dem Heiligsten gebeugt und Riten eingehalten zu haben, die als gute Tat das Karma verbessern hilft; den Managern des Tempelbetriebs sind die haarigen Abfälle mehr als nur eine Geste, sondern gewinnbringender

Export. Diese Spielart indischer Wegwerfgesellschaft füllt die Tempelkassen. Die menschliche Wolle wird gereinigt, gebündelt und in die USA und nach Japan verschickt. Dort werden aus indischem Haupt-Schmuck die Perücken geflochten, die andernorts schütteren Bewuchs ergänzen und Eitelkeiten befriedigen sollen. Wenn das keine hilfreiche Tat der Spender ist! Mit ihrem nachwachsenden Rohstoff decken sie so manche ferne Blöße zu. Da sich allerdings viele der Geschorenen solchen Kahlschlags dann doch schämen oder denselben verbergen wollen, haben die Händler von Tirumala an zahlreichen Holzgestellen das Passende parat, nämlich Mützen in allen Größen und Preislagen. Auch durch diesen Freiluftmarkt der Kopfbedeckungen wälzen sich die Massen, probieren, feilschen, kaufen. Man sieht, „free tonsur" ernährt viele Münder.

Als ich am späten Nachmittag einen Bus für die Talfahrt suche und hoffnungslos eingekeilt werde von ebenfalls rückzugsbereiten Pilgern, die, nun von keinem Gitter mehr zum Anstehen gezwungen, in üblicher Ruppigkeit die Transportmittel stürmen, entweicht mir ein deutscher Fluch. Dieses „Verdammt noch mal!" ist nicht böse auf einzelne Inder gerichtet, sondern wird eher als Entspannung empfunden wie eine entwichene Darmblähung. Ich schimpfte in Goethes Sprache auch im Bewußtsein, mit solch ungebührlicher Wortwahl unverstanden zu bleiben. Aber denkste! Nach Drücken und Schieben und der Wiederholung jenes Fluches kann ich mich auf einen Platz quetschen, dünste im eigenen Schweiß und ergebe mich dem Schicksal solcher unerklärlichen Wartezeiten, ehe der zur Sauna mutierte Bus endlich anruckt. Ich bin der einzige Europäer im Durcheinander und habe meinen Verbal-Ausbruch längst vergessen. Da fragt mich mein Nachbar in Englisch, ob ich Deutscher sei. Ich nicke verblüfft und wische mir ein salziges Rinnsal von Stirn und Wangen.

„Woher wissen Sie das? Sieht man mir denn meine Nationalität an?" frage ich zurück, wieder einmal enttäuscht, irgendwelche Körperzeichen zu haben, die auf germanische Herkunft schließen lassen; wo ich doch so gern als Weltbürger durch die Kontinente reise.

Er schüttelt freundlich den Kopf, den haarlosen. „Nein, das kann ich nicht erkennen", sagt er, „aber Sie haben eben in deutscher Sprache gebrüllt. Ich verstehe sie ein wenig."

„Gebrüllt?" Ich zucke zusammen. Fällt bei dem allgemeinen Lärm überhaupt noch eine individuelle Lautgebung auf. Gebrüllt?

„Na, jedenfalls habe ich es gehört", lenkt der Mann versöhnlich ein. Er ist in den 30ern, wirkt jugendlich. Pausbäckig und bartlos ist sein Gesicht. Der Blick ist offen und geradeheraus. Über seiner Brille wölbt sich eine hohe, von keinem Härchen mehr bedeckte Stirn. Sein Englisch ist korrekt und geübt. Ein Typ, den man „educated" nennt.

„Waren Sie zum erstenmal hier?“ frage ich ihn.

„Nein, ich komme jedes Jahr her“, sagt er mit größter Selbstverständlichkeit und weckt meine Neugier, was er wohl beruflich mache.

„Oh, ich stamme aus Bangalore“, erklärt er und läßt damit schon eine Ahnung auf seinen Job zu. Ich erwähne Computer und erzähle ihm von meinen Eindrücken in der südindischen Metropole der IT-Branche, der Hauptstadt des Bundesstaates Karnata. Ich war ein Jahr zuvor im Silicon Valley Indiens gewesen. Überall hatten sich mir von den Werbewänden die flotten Sprüche der Computer-Unternehmen aufgedrängt. „Now let's build Cyber-Nation India“, beispielsweise, und eine Straße weiter pries ein Anbieter seinen Service mit dem Zusatz an: „Even Bill Gates would be delighted.“ Bangalore knistert und brodelt im digital aufgemotzten Nichts-ist-unmöglich der vor allem jungen Bewohner. Sie tragen auf T-Shirts die Aufbruchstimmung vor sich her: „Fit for the future!“ Davon erzähle ich meinem Nebenmann.

„Ja, auch mein Metier. Ich arbeite an der Entwicklung von Software“, teilt er mit. Wir müssen etwas enger rücken, weil noch im Anfahren einige Pilger aufsprangen und sich ins Businnere schieben. „Übrigens hat mein Unternehmen auch Aufträge aus München“, ergänzt er und schaut mich durch seine Brillengläser mit dem Selbstbewußtsein eines Mannes an, der seinen Platz im Leben kennt und sich seiner Fähigkeiten sicher ist. „Ich bin schon einige Male in München gewesen und habe mich auf Verhandlungen vorbereitet. Deshalb habe ich ja etwas von Ihrem Ausruf verstanden“, sagt er lachend.

Da sitzt also einer von den Computer-Freaks neben mir, die das neue, das aufpolierte Image Indiens verkörpern. Immerhin bildet die IT-Branche den Wirtschaftszweig mit den am schnellsten steigenden Wachstumsraten. So las ich gerade an diesem Tag morgens in der Zeitung. Die Erfolgsgeschichte der indischen Computer-Industrie hat nur einen Schönheitsfehler: die Zahl der Arbeitsplätze bleibt eine Größenordnung von Minderheit im Millionenheer der Arbeitslosen. Mein Nachbar gehört zu den verhältnismäßig wenigen, die Indiens Fortschritts-Reputation erstrahlen lassen. Was mich erst Recht neugierig macht.

„Jedes Jahr eine Pilgerreise nach Tirumala. Was veranlaßt Sie zu einer solchen Tour? Sie als ein Mann der Mathematik, der Wissenschaft, der computerklaren Ja-Nein-Entscheidungen?“

Er lächelt mir zu, offenbar den Hintersinn meiner Frage verstehend. Ich bringe ja wieder mal nicht auf eine Reihe, warum und wie ein solcher Geist moderner Denkart in den Pilgerrummel eintaucht und sich die Haare scheren läßt. „Ganz schön anstrengend“, bestätigt er, „ich mußte zweieinhalb Stunden in der Schlange stehen, ehe ich den Tempel betreten konnte. Aber warum ich herkomme?“ Er zögert, vielleicht weil er vermutet, mir doch keine überzeugende Antwort geben zu können: „Nun, hier oben in den Bergen, hier im Venkateshvara-Tempel, konzentrieren sich Kräfte, die ich woanders so nicht spüre. Mahavishnu." Eine einfache Antwort. Maha hat die Bedeutung von groß, ein Supervishnu also. Er beläßt es damit. Ich nehme mir vor, künftig auch in deutscher Sprache zurückhaltender mit Unmutsäußerungen zu sein.

Banken und weitere Seltsamkeiten

Man stelle sich vor: Eine Hotelhalle in Köln am Rhein geschmückt mit einer farbenfrohen Tapete voller Tropenmotive indischen Ursprungs. Taj Mahal schwebt in strahlendem Weiß über der Rezeption. Arjuna und Krishna preschen auf dem von Pferden gezogenen Streitwagen dahin. Heilige Kühe dösen im Verkehr. Ein flötender Schlangenbeschwörer läßt eine aufgerichtete Kobra tanzen. Menschenmassen zusammengepfercht in Slums von Kalkutta. Na, was einem so alles an indischen Klischees einfällt. Das macht Laune, nährt Fernweh, bestätigt Kennerschaft. Und wie präsentiert sich Exotisches umgekehrt? Europa in Indien? In der Lobby des „Aavanaa Inn" wird es mir auf Breitwand vor Augen geführt. Das Hotel in Vellore ist neu, dreistöckig, mit einem gläsernen Aufzug ausgestattet, mit dunklem Holz getäfelt. Freundlich und in verständlichem Englisch fragt eine junge Frau im Sari nach meinem Begehr; eine schöne Inderin mit guter Schulbildung und ebensolchen Manieren, stelle ich erfreut fest. Schon das ist an indischen Hoteleingängen so selbstverständlich nicht. Oft habe ich da den Eindruck, eher ungelegen zu kommen und irgendwie zu stören; und wenn ein unwirscher Rezeptionist mit geblähter Backe sein Pan kaut und den Speichelsaft mit eigenwilligem indischen Englisch vermengt, gerät die Kommunikation ins Stocken. Doch mein Erstaunen im „Aavanaa Inn" hat eine weitere Ursache. Während ich mich nach einem Zimmer erkundige, wird der Blick von der Empfangsdame abgelenkt und schweift in abendländischen Gefilden. Hinter der lebendigen Sarischönheit hüpft leichtfüßig eine gemalte Maid in Milch-und-Honig-Farben über eine verschwenderisch blühende Wiese. Französische Romantik in bestem Kitsch. Gegenüber bedeckt vier Meter hoch und breit eine Bauernstube die Wand. Eine häusliche Szene ist abgebildet. Ziemlich unaufgeräumt ist das Gemach. Nachlässig gekleidete Männer und Frauen, eine lachende Oma, auf dem Boden wuselnde Kleinkinder, ein zerwühltes Bett. Es wird mit einer Spindel gesponnen. Also irgendwie Folklore im 19. Jahrhundert. „Happy Home" ist das Werk untertitelt.

„Ein indischer Künstler?" frage ich über den Tresen hinweg, mich immer wieder verblüfft umwendend ob solch überraschend europäischer Augenweide. Das Breitwandgemälde ist mit einer gewissen Frivolität in Szene ge-

Exotisches Europa in einem indischen Hotel.

setzt, offensichtlich eine ins Wahnwitzige ausgedehnte Kopie, die das Vorbild aus unordentlichem Hause in der Nachbarschaft von röhrendem Hirsch, Camembert und Rotwein genießendem Mönch und vollbusiger Zigeunerin auf unfreiwillig komische und unbeabsichtigt satirische Weise meinem spöttischen Blick ausliefert.

Die Saridame nickt bestätigend. „Ja, ein indischer Maler." Ihre Miene verrät nichts von ihrem Kunstverstand und hat die neutralen Züge einer Angestellten, die ihren Dienst versieht und das Dekor übersieht.

„Und warum hier? Den flötenspielenden Krishna im Kreise der von ihm verführten Milchmädchen erwarte ich in Indien", sage ich lachend, „vielleicht auch Palmen mit Sonnenuntergang. Aber dies?"

„Da müßten Sie den Architekten fragen", wehrt die Hotelfrau ab, sanft und in aller Reserviertheit, die deutlich macht, daß sie sich mit mir nicht in eine kunsthistorische Diskussion einzulassen gedenkt.

Ich nehme diese optische Begegnung von West und Ost im indischen Hinterland amüsiert zur Kenntnis und genieße die Annehmlichkeiten eines gerade erst ein paar Monate jungen Hotels, das sich wohltuend von den üblichen Etablissements unterscheidet und befürchten läßt, wie es in ein paar Jahren aussehen wird. Noch hat es keine Zeichen der Verwahrlosung, keine roten Bethelkleckse auf Treppenabsätzen als Folge ausgespuckten Pansaftes, keine Flecken und Löcher in den Laken, keine Brandspuren von auf dem Nachttisch verschmorten Zigaretten, noch keine Schutt- und Müllberge auf dem Flachdach, noch nicht diese deprimierende Atmosphäre jener Hotelzimmer, in denen Generationen verhinderter Casanovas, liebeshungriger Paare, mäßig erfolgreicher Handelsvertreter, rücksichtsloser Geschäftsleute und müder Touristen einen Schmierfilm des Scheiterns hinterlassen haben; dafür aber gibt es in jugendlicher Frische funktionierende Lampen und Wasserhähne, einen stufenlos einstellbaren Propeller an der Zimmerdecke, und saubere, vollständig erhaltene Fensterscheiben, die den Blick freigeben in die Stadtlandschaft

Großreinemachen im Jalakantesvara-Tempel.

der weißen Häuser und die Landschaft karger Felsen über dem ausgetrockneten Bett des Palar-Flußes.

Die Stadt breitet sich um das von einem Wassergraben umgebene Fort aus, das mitten in Vellore mit mächtigen grauen Granitmauern und Toren eine schwergewichtige historische Dimension hinterlassen hat. Damit festigten die Vijayanagar-Fürsten um 1500 ihre Macht. Es heißt, daß ein italienischer Militärarchitekt bei der Planung des perfekt mit runden und eckigen Bastionen besetzten Forts beteiligt gewesen sei. Abermals eine Ost-West-Gemeinsamkeit, die freilich in folgenreicher Kolonialzeit endete. 1768 eroberten die Briten das Bauwerk, hielten darin Sultanskinder in menschenverachtender Geiselhaft und machten sich auch sonst nachhaltig unbeliebt, indem sie 1809 einen Sepoy-Aufstand niederschlugen. Längst sind die weißen Herren hinter dem Horizont der Geschichte verschwunden; und die Gräben werden nur noch von Fischen und keinen gefräßigen Krokodilen wie ehedem bevölkert. Unter weitausladenden Bäumen wirkt das Areal der Festung nun friedlich und in den Mittagsstunden verschlafen. Dann werden verschwitzte und verdreckte Polizeischüler durch die Hitze gejagt. Zivilisten, Müßiggänger, verliebte Paare und Pennbrüder aber dürfen im Schatten der spitztürmigen St.-John's-Kirche dösen, sich an die Mauern der minarettlosen Moschee lehnen oder im Jalakantesvara-Tempel träumen.

In dessen offener so genannter Hochzeitshalle lagere ich bevorzugt und ungestört. Ein Wald von aufwendig verzierten Steinsäulen trägt das Flachdach, unter dessen Schutz sich dämmrig-düster die hinduistische Götterschar versammelt. Ich bin in bester Gesellschaft. Hanuman und Ganesha und all seine Verwandten sind ringsum in feinsten Skulpturen erstarrt. Am eindrucksvollsten sind die Reiter, die sich aufbäumende Pferde zügeln. Bei genauerem Hinsehen zeigen die Tiere ihre wahre Gestalt. Es sind Fabelwesen, die einer ausschweifenden Phantasie entsprungen zu sein scheinen. Einige haben Elefantenrüssel, andere Raubtierhauer. Alles voller Bewegung und Dramatik. Ich sitze, die Beine ausgestreckt, gegen eine Säule gelehnt und habe den tanzenden Shiva im Rücken.

Durch die Halle streicht ein angenehmer Wind. Alles ist sauber und frisch und nicht von dem auch an solchen Orten üblichen Uringestank durchdrungen. Ich wähne mich in einer Grotte geheimnisvoller Tiefen, sehe Durga und einige Paare in sehr verhaltener Erotik, die, fern jener in Kornak geschauten sexuellen Artistik, mehr Andeutung als angestrengtes Tun vermittelt. In diesem Kabinett der Geister und symbolträchtigen Ungeheuer sinne ich meinen Bankgeschäften in Vellore nach.

Amerikanische Dollar cash oder Traveller-Schecks oder Euro in indische Rupien wechseln zu wollen, wird in einer solchen Provinzstadt zum Dauerlauf der Abweisung. Auch ein Indiz für touristisch kaum besuchtes Abseits.

Die erste harsche Zurückweisung erhielt ich in der Filiale der State Bank. Deren Schalter sind im Erdgeschoß eines der Geschäftshäuser gegenüber des Christian Medical College Hospitals zu finden. Das 1900 von amerikanischen Missionaren gegründete Krankenhaus gilt als eines der größten in ganz Indien. Eine weitläufige Gesundheitsfabrik mit kasernenartigen Gebäuden und bienenstockartigem Kommen und Gehen der Patienten und ihrer Familien. Die Bankfrau hinter Gittern fragte mich mit der Beamten eigenen Mischung aus Desinteresse und Herablassung, kaum aufblickend, ob ich ein „volunteer“ des Hospitals sei, einer der freiwilligen weißgesichtigen Helfer offenbar. Kaum hatte ich verneint, herrschte sie mich an, daß ich dann kein Geld eintauschen könne. Mein Hinweis, daß ich mit dieser Teil-Transaktion meines ehrlich erworbenen Vermögens willens sei, Geld nach Indien zu bringen und es auch hier auszugeben, was dem allgemeinen Wirtschaftswesen zugute kommen werde, stieß auf taube Ohren und trug mir einen giftigen Blick ein, als hätte ich einen unanständigen Antrag gemacht. Nicht etwa ein „sorry“, keinen Hauch eines Lächelns, kein tröstendes Wort, daß Vorschriften eingehalten werden müßten, für die sie nicht verantwortlich zu machen sei. Solche menschlichen Regungen würden ja versöhnen. Nichts dergleichen. Ich zog mit der Bestätigung, in Indien zu reisen, zur nächsten Bank weiter.

Die provinzielle Außenstelle der Overseas Bank durfte ich gar nicht betreten. Der Wächter davor, eben noch schläfrig dem Verkehr zuschauend, stand meiner ansichtig sofort von seinem Plastikhocker auf, umklammerte sein Schießgewehr, als gelte es, einen bewaffneten Überfall zu verhindern. Das sei eine Privatbank, knurrte er mich an, kein Eintritt, kein Geldwechsel. Der bärtige Geselle führte sich auf, als müßte ich von verbotenen Glücksspielen oder anderen kriminellen Machenschaften ferngehalten werden. „No, no“, drängte er mich ab, als ich versuchte, in das düstere Innere der Kaschemme einen Blick zu werfen. In der Indian Bank wurde ich wieder auf die State Bank verwiesen. Die Ing Vysya Bank wurde gerade geschlossen. Knirschend schoben sich die Stahlgitter ineinander, mich ausschließend wie einen lästigen Bittsteller. In der Federal Bank wurde mir angetragen, eine Fotokopie meines Passes mitzubringen. Woher nehmen? Schulterzucken. Ich staunte, daß es überhaupt so viele Bankfilialen in Vellore gibt.

Schließlich hoffte ich auf christlichen Beistand und Fürbitte aus dem Himmel des abendländischen Gottes. Catholic Syrian Bank las ich und fand, daß solches Firmenschild mein Vertrauen verdiene. Zwar hatte Jesus die Krämer aus dem Tempel verjagt und sich damit arg geschäftsschädigend aufgeführt, dies aber hinderte die sich auf ihn berufende Kirche fürderhin nie und nirgends, den einträglichen Umgang mit klingender Münze zur weltumspannenden Professionalität zu entwickeln, als es den Begriff Globalisierung noch gar nicht gab. Also Geldwechsel mit katholischem Segen. Frohgemut stieg ich die Treppe zum ersten Stock hinauf. Als Markenzeichen empfing mich tatsächlich der Gottessohn. Von der Wand über dem glasgeschützten Schalter schaute ein süßlicher Jesus herüber. Knatschbunt bemalt, aus Plastik geformt, von innen beleuchtet. Diese Bankenaufsicht stärkte meinen Glauben in eine rasche und korrekte Geschäftsabwicklung. Doch hinter dem Glas des Schalters schlug mir mit examinierendem Blick durch eine dioptrienstarke Brille blankes Mißtrauen entgegen. Der Mann mit vermutlich katholischem Glauben, Krawatte, dunklem Anzug und der Aura des arroganten Repräsentanten eines elitären Zirkels, den es vor Verunreinigungen zu schützen gilt, verlangte erst mal meinen Paß, ehe er sich bereit zeigte, die aktuelle Dollar-Tauschrate zu erkunden und damit die Bereitschaft zu erkennen gab, überhaupt einen Wechselvorgang einzuleiten. Er zog sich in einen Glaskasten rechts neben Jesus zurück. Ich war mir nicht sicher, meinte aber doch, der auf die Erde der Menschen gesandte Gottessohn mustere mich nun kritischer als bei meinem Betreten der Bank. Vielleicht war er als deren Mitarbeiter zu gewisser Aufmerksamkeit verpflichtet. Ich erinnerte mich, daß ich in Hindu-Tempeln bei den oft gestellten Fragen nach meiner Religionszugehörigkeit nicht ausdrücklich den Herrn als für mich zuständig nannte, sondern allgemein von der christlichen Tradition Europas gesprochen hatte, der ich natürlich angehöre. Ich versuchte jedes Mal, einen kritischen Unterton der Distanz in meine Antwort zu bringen. Jetzt in einer Bank Aug in Aug mit dem Sohn des christlichen Gottes konfrontiert zu sein, war mir etwas peinlich, weil mir solch bewußt gewählter Abstand fast wie ein Verrat erschien. Ich fühlte mich durchschaut. Shiva oder Vishnu, so schien es mir, wären wegen der fehlenden Vertrautheit an solchem Ort vielleicht doch weniger aufdringlich gewesen. Ich wartete geduldig. Der Banker kehrte zurück, hatte dieselbe strenge Miene wie zuvor, sagte geschäftsmäßig „Kurs 44“ und nahm nach meiner Zustimmung die Traveller Schecks entgegen, als seien die nicht mal den Papierpreis wert, und verlangte erneut meinen Paß zwecks Fotokopie. Bitteschön.

Abermals verschwand er im Glaskasten, nun von einem Kollegen begleitet. Er griff zum Telefonhörer. Ob er mit einer katholischen Autorität vatikanischer Finanzverwaltung konferierte oder mit dem geistlichen Beistand seines Instituts, konnte ich nicht erkennen. Ernste Gesichter im Glaskasten. Mein Paß wurde hin und her gewendet. Ich verfolgte eine für mich stumme Diskussion, die wie in einem Aquarium ablief. Jesus blieb ungerührt und strahlte vielfarben vor sich hin. Vielleicht hat er ja seine Schäfchen schon im Trockenen, ging es mir durch den Sinn. Die beiden Diener des Herrn kamen zurück und hatten offenbar eine Entdeckung gemacht. Nicht mehr nur gebieterisch die Mienen, sondern vorwurfsvoll. Die Unterschrift im Paß und die auf den Schecks seien nicht identisch. So wurde mir in einem Ton mitgeteilt, als sei ich wegen Schummelei gerade durch die Abiturprüfung gefallen. Ich war verblüfft und fühlte mich eines Betrugsdeliktes beschuldigt. Ich schaute mir meine Unterschriften an und fand, daß die eine so krakelig war wie die andere. Mein Aufbegehren, daß ich eigenhändig jedes Papier gegengezeichnet hätte, wurde ignoriert. Paß und Schecks wechselten wieder die Seiten des Tisches. Offensichtlich war auch in der Katholischen Bank niemand an einem Transfer meines Geldes interessiert, die Unterschriften mußten nur als ein vorgeschobenes Argument herhalten. Es handelte sich übrigens um die eher geringfügige Summe von 300 Dollar. „Gut, wenn Sie mein Geld verschmähen", grollte ich beleidigt, „dann will ich es auch nicht aufdrängen. Wenn es nicht mal hier einen Vertrauensvorschuß gibt, dann zweifle ich an der Seriosität Ihres Unternehmens." Meine Worte machten erwartungsgemäß nicht den geringsten Eindruck. Grußlos verließ ich den Raum. Jesus würdigte ich keines Blickes mehr.

Am nächsten Morgen startete ich in der Hauptfiliale der State Bank einen letzten Versuch und kam zum Ziel, Dollar-Schecks in ein Bündel Rupien-Scheine zu verwandeln. Wieder ein indisches Wunder der Unwägbarkeiten, bei denen der Amtsschimmel gequält und sehr zeitraubend wiehert. Immerhin durfte ich vor dem Schreibtisch eines leitenden Beamten in einem Nebenzimmer Platz nehmen und das fragwürdige Gefühl haben, bevorzugt behandelt zu werden. Ja, Schecks werden eingetauscht. Bitte, diese Formulare und jene und diese Unterschrift und diese Auskunft. Ich füllte Papiere aus, die den Eindruck erweckten, als wolle ich den Rest meines Lebens in Indien verbringen oder sonst wie mein Schicksal mit diesem Land, zumindest aber mit der State Bank verbinden. Derweil telefonierte der Mann mit einer Vielzahl sicher höchst bedeutender Menschen, unterschrieb ihm vorgelegte Schriftstücke, gab Kollegen irgendwelche Anweisungen, beriet die elegante Geschäftsfrau, die neben mir saß und wegen größerer Kredite verhandelte. Die erste halbe Stunde dehnte sich aus, die zweite. Bürodiener trugen Mappen von Schreibtisch zu Schreibtisch. Einer schlurfte mit meinem Paß und den Schecks von dannen und tauchte ein in die Halle der zahlreichen Schalter, Tische, Menschen, Papierstapel und Computermonitore. Ich konnte den Gedanken nicht ganz verdrängen, meine Dokumente nie wieder zu sehen. Das Wort Labyrinth fiel mir ein. Es wird mit Irrgang, Wirrwarr, Durcheinander übersetzt. Ich blickte den Abteilungsleiter des Labyrinths alle zehn Minuten erwartungsvoll an. Er beschwichtigte und nannte als Zeiteinheit „one minute". Nun wußte ich aus Erfahrung, daß zwar die Null in Indien erfunden worden war, nicht aber die Festlegung auf Größenordnungen, die damit ins Endlose ausgedehnt werden können. Die „one minutes" schwappten bereits in den Beginn der zweiten Wartestunde. Als mich schließlich eine ältere Frau aus einem vergitterten Käfig heraus zu sich rief und mich der Aufseher des Labyrinths mit triumphalen Augenaufschlag à la Hab-ich's-nicht-gleich-gesagt zur

Geldentgegennahme aufforderte, zog ich die Geldscheine durch den Schalterschlitz, als sei mir ein Gnadenbeweis zuteil geworden, als hätte ich nach unbestätigtem Verdacht der Urkundenfälschung und versuchten Vorteilsnahme eine Rehabilitierung erhalten. Also nicht drei Jahre Knast, sondern 13.200 Rupien. Ich wähnte mich unverdientermaßen belohnt, hatte das Bedürfnis, dem Bankbeamten herzlich die Hand zu schütteln und empfand plötzlich ein unbändiges Gefühl von Freiheit. Entlassen auf Bewährung. So reich beschenkt Indien seine Gäste. Beim Verlassen der Bank las ich noch die gedruckten Neujahrswünsche der lokalen Bankgewerkschaft von Vellore an die werte Kundschaft: „... a rewarding, rejuvenating and revolutionary New Year." Nur so zum besseren Verständnis: Reward heißt Belohnung, in Rejuvenate steckt die Verjüngung und Revolutionary hat etwas mit Umsturz zu tun.

Über solch vielversprechende Tendenzen im indischen Bankwesen denke ich nun im mystischen Schatten der Hochzeitshalle des Jalakantesvara-Tempels nach und weiß mich bei Vishnu, der auf einem engelhaften Garuda reitet, gleichermaßen entrückt und geborgen, dem schnöden Mammon und dessen Wechslergilde vorerst nicht mehr ausgeliefert. Ich dämmere hinein in einen Lustgarten der bargeldlosen Freuden. Kann sein, daß in meinen Träumen auch ein Milch-und-Honig-Mädchen über die Wiesen wandert, eines mit lieblich europäischem Gesicht.

Lingam unterm Mangobaum

Eine schöne Geschichte empfängt mich in Kanchipuram. Von Weibestreue und strafendem Mann wird erzählt, so recht geeignet, jedem seine Rolle im indischen Familienleben zuzuweisen. Es ist eine himmlische Geschichte. Parvati muß wohl etwas übermütig gewesen sein. Shivas Gemahlin hielt dem hohen Herrn beim ausgelassenen Spiel, nehmen wir an, es galt der Liebe, unbeabsichtigt die Hände vor die göttlichen Augen. Daraufhin wurde der Gatte nicht nur ärgerlich, schlimmer noch: Als Folge der zärtlichen Sichtblende fiel Dunkelheit über die Erde. Unbeteiligten Leuten ging also mal wieder das Licht aus, ohne daß sie wußten warum. Unschuldige Opfer da unten, wenn bei denen da oben die Sicherung durchbrennt. Eine alte Geschichte also. Aber das ist gar nicht das Besondere dieser Story. Shiva schob die Hände seiner Frau von den Augen, auf daß es wieder hell wurde im irdischen Jammertal. Die Gemahlin bat um Erbarmen. Shiva verzieh ihr gnädig, zur Strafe aber verlangte er Parvati eine Buße ab. In strenger Einkehr und Abgeschiedenheit sollte sie sich seiner Verehrung hingeben. So kam Parvati nach Kanchi, als es ein einsamer Flecken und noch keine Stadt war, also noch nicht Kanchi-puram hieß. Die um Vergebung bemühte Frau formte aus Erde einen Lingam, richtete Shivas männlichsten Körperteil auf und versank in Anbetung. Davon gerührt, stieg der Göttergatte aus einem Mangobaum herab und vollführte einen ekstatischen Tanz, der vielleicht doch besseren Ehehälfte zu gefallen. Die aber war so mit dem Lingam beschäftigt, daß ihr die Darbietung gar nicht auffiel. Da Männer in ihrer Eitelkeit verletzt sind, wenn ihr Auftritt unbeachtet bleibt, ließ Shiva strafend eine Überschwemmung übers Land von Kanchi fluten. Parvati focht das reißende Naß nicht an. Noch inniger umschlang sie den einzigartigen Phallus, der, obschon aus bröckliger Erde, in ihren Händen an kräftiger Gestalt zunahm und steif den Wassern trotzte. Solcherart seines Weibes gewiß, zeigte sich Shiva von seiner freundlichsten Seite, nahm Parvati wieder zu sich und segnete sie. Eine wahrlich schöne Geschichte, die deshalb ein Happyend hat, weil jeder das tat, was seines Platzes im Himmel und auf Erden ist. Indischen Frauen ins Haushaltsbuch ihrer Pflichten geschrieben.

Ich schaue gerührt die bildliche Darstellung des Liebesdienstes an. In naiver Pinselführung ist die Szene gemalt. Ein hingebungsvoll knieendes Weib umschlingt inbrünstig mit beiden Händen einen schwarzen kraftstrotzenden Lingam. Das Bild hängt im zweiten Hof des Ekambareshvara-Tempels, mittelalterlichen Kirchenfenstern ähnlich, damit auch den Schriften unkundige Besucher die Geschichte verstehen und allen Pilgern vor Augen geführt wird, wie eine unerschütterlich ergebene Frau zu handeln habe. In der Nachbarschaft reckt ein Mangobaum vielfingrig seine belaubten Arme in die Lüfte. Das knorrige Gewächs gilt als lebender Beweis der Legende. Mehr als tausend Jahre soll der Baum alt sein. Hier also bewies Parvati ihre Treue, festigte den Lingam in ihren Händen und begründete eine der sieben heiligen Stätten der Hindus.

Über das Stadtgebiet von Kanchipuram sind mehr als 70 Heiligtümer verteilt, hundert sollen es mal gewesen sein. Es war die Kapitale mehrerer Dynastien, von denen die der Pallavas den Anfang machte, gefolgt von den Cholas. Das reicht ins 3. Jahrhundert zurück. Seither wird hier gebetet und gebaut und geopfert und gespendet. Frömmigkeit liegt in der Luft. Viele der Tempel sind nur noch verfallenes Gemäuer, verkommen und vergessen. Andere breiten sich mit verschlungenen Gängen und Höfen aus. Einige Tempeltürme im typischen Stil Südindiens ragen als quadratische, sich nach oben verjüngende Pyramiden auf, über und über mit Skulpturen bevölkerte Gopuras. Der Torturm des Ekambareshvara-Tempels ist mit nahezu 60 Metern der höchste, um 1500 erbaut. Mit seinen Innenräumen und fünf Höfen und dem heiligen Badeteich erstreckt sich die Anlage über zehn Hektar, wahrlich eine Stadt in der Stadt und einbezogen ins Wirtschaftsleben, wie das bei Tempeln üblich ist. Am Zugang zur Säulenhalle hängt ein großes Schild, auf dem auch in englischer Sprache zu lesen ist: „Indian Bank welcomes you." Dazu das Firmen-

Geist und Geld.

emblem mit drei sich drehenden Pfeilen und als Markenzeichen sogar auf so schnöder Werbetafel die gute Parvati, die mit dem Lingam beschäftigt ist. Bleibt als mögliche Deutung der Verdacht, daß es nicht nur gilt, Mann und Frau zu vereinen, sondern auch Frömmigkeit und Finanzen.

Für's Auge wird allemal etwas geboten. Eine Gruppe wandernder heiliger Männer kommt durchs hohe Tor auf den Teich zu, dessen Mauerumrandung in Streifen rot und weiß gestrichen ist. Ein prachtvolles Bild schillernder Farben, wenn sich vor dieser Kulisse die orangeleuchtenden Roben der Sanyasis im unbewegten Wasser spiegeln. Die Hauslosen haben Waschtag und ziehen sich nackt aus, tauchen ihre Tücher ins Naß, wringen und rubbeln und legen sie auf die Stufen zum Trocknen aus. Es sind zumeist alte Männer mit weißen Rauschebärten, grauen Haaren und faltiger Haut, asketisch anzusehen und sehr enthaltsam. Sie schauen ernst drein, wirken verbittert und unfroh, so gar nicht entspannt und die Beglückung ausstrahlend, die doch das Loslösen von Hab und Gut und Gier und das Fernsein jeglicher Steuererklärung bewirken müßte. Nur einer entspricht dieser Erwartung. Er legt seinen Wanderstab auf die Teichbrüstung und fragt mich in bestem Englisch nach Woher und Wohin. Er ist jünger als die anderen, so um die 50, wirkt lebendiger als sie und strahlt eine sympathische Freundlichkeit aus. In seinen grauschwarzen Augen ist jugendliche Frische. Er lächelt unbeschwert und scheint mir all das zu sein, was ich bei einem gottgefälligen Mann vermute, der den weltlichen käuflichen Freuden entsagt. Er erzählt leichthin von ihrer Pilgerschaft durch Indien, die ganz im Norden, in Kaschmir, begonnen hatte. Wovon sie leben? Von Spenden natürlich, gelegentlich dürfen sie kostenlos in einem Bus mitfahren. Ich frage nach seiner Lebensgeschichte. Er lacht. Reporter sei er gewesen, „graduated“, ausgebildet und mit akademischen Auszeichnungen versehen. Jahrelang sei er als Nachrichtenjäger unterwegs gewesen, dann habe er als Manager in einem Medienunternehmen gearbeitet. Sanft die Stimme, leise und leichthin. Er berichtet davon wie ein Genesener von seiner überwundenen Krankheit. Ein Mann, der niemandem mehr etwas vormachen will oder muß. Vor sechzehn Jahren habe er den Schnitt gemacht. Familie? Die habe er verlassen. Ein Haus? Das brauche er nicht mehr. Eine Aufgabe? Anderen zu helfen auf dem Weg, die eigenen geistigen Kräfte zu stärken. Freiheit? Ja, er habe vollkommene Freiheit. Der Mann strahlt mich an mit einer Begeisterung, die ganz von innen kommt, und sein grauer voller Haarschopf paßt so gar nicht zu seiner jugendlich beschwingten Heiterkeit. Shiva und Vishnu werden gleichermaßen um Beistand gebeten. Er spricht die Namen aus, als gehörten deren Träger zu seiner Gruppe der wandernden Sanyasis, vertraute Weggenossen. Auch er taucht ein in das grünalgige Wasser des Tempelteiches, spritzt es sich übermütig mit vollen Händen ins Gesicht: ein Mann in Jahrtausende alter Tradition. Am späten Nachmittag sehe ich die gottgefällige Männerschar wieder. Sie zieht weiter. Der einstige Reporter winkt mir zu. Ich winke zurück. Fahrensleute unter sich.

Ich dringe ein in eine Unterwelt, ohne in Abgründe zu steigen. Es ist die räumliche Tiefe, die in den Hallen des Ekambareshvara-Tempel den Eindruck von gewaltigen Dimensionen vermittelt, als bewege man sich in einem düsteren Mutterschoß. Mit Säulen und Reliefs der Götter und ihrer Familien und Reittieren und Monstern sind die Gänge gesäumt, perspektivisch sich verengende Fernblicke freigebend. Nur spärlich fällt Tageslicht herein. Im Halbdunkel hockt eine männliche Gestalt mit weißem Bart, unbeweglich, die Augen geschlossen. Eine Plastik? Ein Meditierender? Ein Toter? Erst, als mich das stumme Wesen im Vorbeigehen wahrnimmt, für einen Augenblick zu mir schaut aus alten, getrübten Augen und langsam die Hände zu einem Segen ausbreitet, scheint mir, daß sich die Figur noch den Lebenden zugehörig fühlen müßte. Ganz sicher bin ich nicht. Durch Löcher in den massiven Steinplatten der Seitenwände malt die Sonne mit grellem Lichtfinger helle Flecken auf den Boden. Alles schwebt in diffusem Dämmer.

Das Allerheiligste ist auch hier den Nicht-Hindus verwehrt. In geheimnisvollem Dunkel, von rauchenden Opferfeuern umflammt bleibt der dortige Lingam weit hinten in einer Art Höhle meinen Blicken verborgen. Meine Schritte werden jäh gestoppt. Ein Mann in Khakiuniform hält mich zurück. Auf seinem linken Ärmel liegen drei Streifen, die einstige Zugehörigkeit zur Armee andeutend, wer weiß, jedenfalls Amtsautorität in Person. Eintritt für meinesgleichen verboten. Ob ich Christ sei, fragt seine knarrende Stimme; er packt mich an der Schulter. Ich schüttele trotzig den Kopf. Er schaut mich abweisend an und zerrt mich zur Seite. Ein Hindu?, hakt er nach. Kopfschütteln. Moslem? Abermalige Verneinung. Ich sei ein menschliches Wesen, erkläre ich feierlich mit Grabesstimme, der Atmosphäre angepaßt: „a human being.“ Der Alte blickt mich desinteressiert an, seinem Hüteramt folgend und mich abdrängend. Ob das Allerheiligste denn auch für „human beings“ unzugänglich sei, frage ich. Er senkt die Hand und sagt: „Yes, not allowed for human beings, allowed only for Hindus.“

Zur Rechten zieht sich eine stufenartige Brüstung entlang, auf der Hunderte von Lingams stehen, Ambossen gleich, vom Ruß der Opferfeuer ölig geschwärzt. Die flackernden Butterlämpchen der Pilger, mit Wünschen und Bitten angezündet, sehen in der Weite der domartigen Halle wie Irrlichter aus, funkelnde Signale verwunschener Seelen, spukhafte Geister jenseitiger Welten. Solche düsteren Innenräume haben seit jeher die Phantasie westlicher Besucher angeregt, die, vermeintlichen religiösen Humbug abwehrend, sich doch der Faszination solcher mit Magie aufgeladener Atmosphäre nicht entziehen können. Wenn da nicht Großfamilien schwatzend ihre Runde machten, Kindergeschrei in hallendem Echo ertönte, Männerrufe daran erinnerten, daß ich auch in diesen Gewölben mitten im gegenwärtigen Indien bin, es wäre unheimlich.

Eine noch junge Frau läuft singend durch das Säulenlabyrinth. Der Saum ihres roten Saris berührt bei jedem Schritt die bloßen Füße. Sie hat Augen und

Hände nach oben gerichtet in ferne Sphären, und unsichtbaren Adressaten gilt ihr inbrünstiger Ruf. Weithin tragen die Wände wie Schalltrichter den klagenden Klang ihrer hellen Stimme, die derart verfremdet wie ein Echo aus dem Jenseits tönt. Da will jemand gehört werden, sich mitteilen den Geistern, Menschen können damit wohl nicht gemeint sein. Oder doch? Ihr Gesang hat etwas Beschwörendes. Vor dem Mangobaum wirft sie sich nieder, das Gesicht in den Händen verborgen. Ihre Melodie verstummt. Parvati auf dem Bild beachtet die Schwester aus Fleisch und Blut nicht. Parvati ist mit dem Lingam beschäftigt.

Ein Kirchentag, Thomas und die Ungläubigen

Ich steige 134 schweißtreibende Stufen hoch und komme am St.-Thomas-Hügel dem Himmel um 91 Meter näher. Verschnaufpause. Weit und breit ist es die höchste Erhebung. Hier ragt das Markenzeichen abendländischer Besitzergreifung wie ein mahnender Zeigefinger auf. Es ist ja seltsam: Ein Kreuz in der Fremde weckt allemal heimische Gefühle, wieweit man sich der Kirche und ihrem Einfluß auch entfernt haben mag: innerlich wie äußerlich. Nach den allgegenwärtigen Hindugöttern und ihren Tempeln sind christliche Spuren eine Abwechslung auf vertrautem missionsgeschichtlichem Gelände. Wo ehedem auf dieser Höhe eine abgeschiedene Einsiedelei lag, öffnet sich ein Rundumblick über das sich den ganzen Küstenabschnitt entlang ausdehnende Chennai. Das Häusermeer der Hauptstadt des Bundesstaates Tamil Nadu und das tatsächliche Meer verschwimmen im Dunst. Chennai? Dergestalt hat indischer Politikerwille mit dem Bestreben, europäische Hinterlassenschaft wenigstens verbal zu tilgen, die Millionenmetropole umbenannt, die als Madras weltberühmt geworden ist. Gerade dessen Geschichte ist von Kreuz und Kolonialherren geprägt wie keine andere indische Großstadt. Und zwar in dieser Reihenfolge. Und noch immer sehr sichtbar.

Jahrhunderte bevor britische und französische Soldatenstiefel von Segelschiffen sprangen und den Strand der Coromandelküste betraten und europäische Kaufleute nebst Kolonialbeamten die Grundlagen der indischen Bürokratie schufen, rammten bereits die Abgesandten der christlichen Kirche das Kreuz in den Boden, in dem der Samen ihrer Botschaft aufgehen sollte neben den kraftstrotzenden Lingams der einheimischen Konkurrenz. Und mit Prominenz fing es an. Thomas, der Heilige, ein leibhaftiger Apostel aus der Zwölferschar des Jesus, war eigens nach Indien gekommen, um unter den Ungläubigen christliche Pionierarbeit zu leisten.

Auf denn, dieser Tag wird zum Kirchentag. Ich erhebe mich gewissermaßen über das moderne Chennai. Der Verkehrslärm verebbt in dieser Höhe des Hl. Thomas zu fernem Rauschen. Nur Flugzeuge donnern gelegentlich über den von Frömmigkeit und Märtyrerblut durchtränkten Hügel, startend und landend auf dem nahen Airport in der Ebene. Das Großstadtindien bleibt da unten zurück; will heißen: keine Monsterwerbetafeln des Konsums mehr, keine an allen Ecken und Enden pappende Plakate mit den Gesichtern von Politikern, kein Lautsprecherdauerdröhnen mit Filmmusiken. Dafür lebensgroße Heiligenfiguren aus Zement und Ölfarbe, erbauliche Bilder, Orgelklänge vom Tonband. Entrückt stehe ich vor der kleinen, turmlosen Kirche, die gelb gestrichen ist und von außen wie ein Fort wirkt: wehrhaftes Christentum, das hier frühe Triumphe und jähe Rückschläge zu verzeichnen hat. Jedenfalls verkündet dies die kircheneigene Geschichtsschreibung. Auf der blauweißen Tafel vor dem Gotteshaus ist so eine Art Inventarverzeichnis der Sehenswürdigkeiten aufgelistet: ein Knochenstück des Heiligen Thomas; das einstmals blutende Steinkreuz, vor dem er betete und niedergemeuchelt wurde; ein wundersames Porträt der Mutter Maria, vom Evangelisten Lukas eigenhändig gemalt und von dem Apostel Thomas hierher gebracht, es gilt als das älteste Bildnis Marias in Indien, so heißt es; vierzehn weitere Gemälde mit katholischem Pinselstrich.

Eine zweite Tafel vermittelt die Daten, wie sie fromme Überlieferung den staunenden Pilgern als Abfolge darbietet: Im Jahre 52 landete der Apostel Thomas aus Palästina kommend an der Malabarküste im Südwesten Indiens, verkündete die neue Religion, die mit dem Kreuzestod des Herrn und dessen Auferstehung zum Missionsauftrag geworden war, ließ einige Kirchen bauen und segelte im Jahre 66 ums Kap Komorin herum, an der Ostküste das Werk fortzusetzen, das nicht nur offene Ohren und freudige Herzen erreichte, sondern auch Gegner mit Groll und Stichwaffen auf den Plan rief.

Hier oben lebte der Apostel zeitweise; und hier traf ihn der Stoß des Mörders: „pierced by lance to death", heißt es auf der Tafel. Im tonnenförmigen Gewölbe der Kirche ist die verruchte Tat auf einem Bild zu sehen. Der betende Mann im braunen Gewand wird hinterrücks von einem Speer durchbohrt. Ein schwarzer Bösewicht, um die Hüfte weiße Tücher geschlungen, sticht zu. Mit gefalteten Händen betet der Heilige – unschwer am Heiligenschein um den Kopf zu erkennen –, sein Steinkreuz fest im Blick, unerschütterlich bis in den Tod.

Was daran historische Wahrheit, was fromme Vorstellung ist, bleibt unter den Fachleuten umstritten. Nicht mal die kirchlichen Hinweistafeln sind sich da einig. Auf einer wird das Todesjahr mit 68, auf einer anderen mit 72 angegeben. Weniges ist historisch gesichert. In einer der Informationsbroschüren des Erzbischofs von Chennai finde ich diesen erhellenden Hinweis: „Among historians, there are different views regarding the visits and apostolic activities of St. Thomas in India. This booklet is based on the catholic traditions and belief.“ Ich wandele also auf dem schwankenden Boden des Glaubens. Darauf ließ 1523 ein gewisser Diego Fernandez ein kleines Oratorium zum Andenken an den gemordeten Thomas errichten. 1527 baute der Portugiese Gasper Coelho die noch heute bestehende Kirche, gewidmet der „Senhora da Expectaçao“. 1720 spendete der armenische Kaufmann Petrus Uscan den Bau der Treppen zur Anhöhe des Thomas. Das Christentum hatte Anhänger gefunden und bedurfte der lokalisierbaren Einkehr.

Und was war mit dem blutenden Kreuz, dem „bleeding cross“? So etwas gehört ja zur Grundausstattung eines katholischen Wallfahrtsortes. Bei Grabungsarbeiten war das steinerne Kreuz 1547 gefunden worden. Nach katholischer Version vom Apostel eigenhändig aus dem Fels gebrochen und geformt. Von 1551 bis 1704 hat es jeweils am 18. Dezember eine wässrige Flüssigkeit ausgeschwitzt. Warum danach das Wunder versiegte, wird in den Schriften verschwiegen. Eigenartig, daß solche Geschehnisse irgendwann legendenumrankt in der Vergangenheit enden und sich der Überprüfung entziehen. Weil der Apostel als der ungläubige Thomas in die Geschichte einging, der sprichwörtliche Zweifler und in dieser Eigenschaft sympathisch gegenwärtig, darf auch den Nachfahrenden nicht verübelt werden, wenn sie nicht alle kirchlichen Angaben wortwörtlich nehmen. Wir erinnern uns: Der skeptische Jünger war erst von der Auferstehung seines Meisters überzeugt, nachdem er seine Finger in dessen Wunden gelegt hatte. Solch handgreifliche Überprüfung bleibt späteren Generationen versagt. Womit wir wieder beim Glauben sind. Papst Johannes Paul II. erneuerte denselben bei seinem Besuch am 5. Februar 1986. Auch dies war einen Gedenkstein wert.

Und das Grab? Ortswechsel. Neun Kilometer weiter östlich, Richtung Küste spitzt sich der neugotische Turm der St. Thomas-Kathedrale in den Himmel, 1896 über dem Grund mehrerer Vorgängerkirchen erbaut. Hier gründeten die Portugiesen 1505 ihre Niederlassung São Tomé. Die heutige Zukkerbäckerkirche in mattem Eidottergelb ist dem christlichen Geist ihrer Zeit entsprossen, der just im Geleit zu Industrialisierung, imperialer Machtausdehnung und Globalisierung die Gotik des Mittelalters in Beton und Stahl wieder auferstehen ließ und europäische Modellbauten als Fremdkörper an indische Küsten verfrachtete. Das Mittelschiff gibt den Blick frei auf das Grab des weitgereisten Apostels. Stufen führen hinab zur Krypta mit marmornem Altar und der Inschrift „The Tomb of St. Thomas“. Es ist nicht die einzige seiner so genannten letzten Ruhestätten. Reliquien des Heiligen wurden im 3. Jahrhundert nach Edessa in Kleinasien gebracht. Von dort gelangten Thomas-Teile auf die Mittelmeerinsel Chios und nach Ortona an der Ostküste der Adria. So verschlungen waren die Wege des Thomas zu seinen Lebzeiten und danach. Ich streiche mit den Fingern über den kalten Marmor. Es ist immer wieder rührend, ja, anrührend auch für den, der sich in der Tradition der bohrenden Fragestellung jenes Thomas sieht, wie die katholische Glaubensverbreitung weltweit von geheiligten Knöchelchen markiert wird.

Mylapore heißt der Ortsteil, der einmal weit vor der befestigten Stadt Madras lag und längst eingeholt ist vom raumgreifenden Chennai. Landeinwärts ist gleichwohl noch etwas zu spüren von der Anlage des Ortes, wo die ersten Europäer – Portugiesen, Armenier, Briten, vorübergehend Franzosen – ihren städtebaulichen Stempel aufdrückten. Geradlinig verlaufen die Straßen, von Bäumen beschattet, von freien Plätzen aufgelockert. Daß hier europäischer Geist wehte, ist noch immer zu spüren. Versteckt hinter Bäumen und modernen Wohnhäusern und eingebettet in eine Atmosphäre der Geruhsamkeit und gebremsten Zeitläufte grüßt Portugal. Vor der Kirche St. Luz wähne ich mich wie in einem Freilichtmuseum. 1516 ist an der geduckten, dreigliedrigen Fassade mit schwarzen Ziffern markiert. Vermutlich die älteste erhaltene Kirche von Madras, auch wenn sie erneuert und verändert worden ist. Sehr kompakt und erdverbunden wirkt das Gebäude, in das ein hohes Tor mit weit geschwungenem Bogen führt. Schräg fallen zu beiden Seiten die Stützmauern ab. Es gibt keinen Turm, sondern einen verputzten Aufsatz mit Glocken, zu dem eine äußere Steintreppe führt. Ocker und dunkelblau sind die beherrschenden Farben. Das Innere ist auch hier ein Tonnengewölbe; es vermittelt Geborgenheit, Schutz, Hineinkriechen, Unterschlupf vor sengender Sonne, Monsunstürmen, Regengüssen, Flucht vor feindlichen Zeitgenossen. In den Boden eingelassene Grabplatten datieren das Hinscheiden vom 17. bis 19. Jahrhundert.

1498 hatte der Portugiese Vasco da Gama den lange gesuchten Seeweg von Europa ums Kap der Guten Hoffnung nach Indien ausfindig gemacht und damit das Tor aufgestoßen, durch das fortan die Europäer eindrangen, Indien und die Länder weiter östlich zu erobern, die sie der Einfachheit halber Hinterindien nannten. Mit Kanonen und Kommerz wurde auch das Kreuz dorthin gebracht. Die eigentliche Missionierung begann, die das Werk eines Thomas fortsetzte, das weitgehend in Vergessenheit geraten war. Die der Mutter des Lichts geweihte Kirche – „Nossa Senhora da Luz" – reicht in die Anfänge dieser Neuzeit zurück, in der Indiens Menschen und Mächte unter die Fuchtel der Europäer gezwungen wurden.

Ich sitze auf den schweren Holzbänken von St. Luz und staune, welch frühe Zeugnisse jenes Machtanspruchs die Stürme der Jahrhunderte überdauert haben. Von draußen tönt Vogelgezwitscher herein. Der Trubel der Großstadt ist wie hinter Watte zu hören. Längst verklungene Stimmen drängen sich auf. In den Mauern brach sich einst das Echo inbrünstiger Dankesgebete schiffbrüchiger Seeleute. Pfarrer predigten hier von der Rechtmäßigkeit fragwürdiger Eroberungen. Kaufleute priesen Gottes Hilfe bei profitgierigem Handel. Ach, wie anheimelnd, der Phantasie freien Lauf zu lassen und nicht mehr den früheren Todesarten ausgeliefert zu sein. Die kurzen Lebensdaten, die ich auf den Grabplatten zu meinen Füßen entziffere, künden davon, daß sich die Akteure jener Zeiten beeilen mußten, um Seelen zu retten und Gewinne einzufahren. Viele der Namen sind in armenischer Schrift in die Steine gemeißelt. Ein weiterer Hinweis auf Kommen und Gehen an dieser Küste. Armenische Christen waren einige Hundert Jahre nach dem Auftreten des Apostels Thomas aus Persien eingewandert und spielten im Handel eine wichtige Rolle.

Davon erzählt mir Michael J. Stephen. Ich treffe ihn gut fünf Kilometer weiter nördlich, nachdem ich mit einer Autorikscha durch das schier endlose Chennai getuckert bin, das so gar keinen richtigen Mittelpunkt hat und dem Ortsunkundigen sehr verwirrend erscheint. Als letzten lebenden Armenier in Madras hatte der Autor eines Zeitungsartikels den Mann bezeichnet. Ich stellte mir einen Greis vor, den bärtigen, runzligen Vertreter einer aussterbenden Minderheit, hinfällig, von Traurigkeit und Nostalgie erfüllt. Nichts da! Michael ist 34 Jahre jung, stämmig, kerngesund, hat ein rundliches Gesicht, bartlos; und auf der behaarten Brust unter dem offenen Hemd baumelt ein goldenes Kreuz.

„Entschuldigen Sie mich, ich muß erst noch einiges mit dem Computer erledigen, ehe ich mich Ihnen widmen kann", sagt er zur Begrüßung. Er spricht gutes Englisch und drückt mir seine Visitenkarte in die Hand. Zwei Mobilphone-Nummern sind darauf vermerkt, Fax und E-Mail, Telefon sowieso. Der letzte Armenier in Madras. Immerhin, das stimmt. Er hütet die armenische Kirche, die der Heiligen Jungfrau gewidmet und in der Armenian Street zu finden ist.

Die zieht sich durch George Town im Norden von Chennai; nördlich vom Fort St. George gelegen, war es einst das Geschäftsviertel der Europäer. Die vielen Kirchen gerade in diesem Stadtteil künden noch heute davon, obwohl längst von indischen Christen bevölkert. In den belebten rechtwinklig angelegten Gassen und Straßen, noch immer als Popham's Broadway bekannt, wirken die Gotteshäuser wie die Illustration eines Geschichtsbuches. Dutzende Glaubensrichtungen und christliche Sekten sind zu finden. Die orthodoxe Syrische Kathedrale von 1880 ebenso wie die Wesleyan Chapel von 1820, die älteste Methodisten-Kirche Indiens, eine Lutheranische Kirche, die St. Mary's Kathedrale und die St. Xaviers-Kirche aus den 1950er Jahren mit rosafarbenen Neonröhren rund ums Kreuz und elektrisch erleuchtetem Heiligenschein. Gepflegt und frisch gestrichen sind sie alle. Damit bilden die Kirchen einen Kontrast zu den eher schäbigen zwei-, dreigeschossigen Neubauten im indischen Betoneinerlei der Stillosigkeit und zu den übriggebliebenen meist verwahrlosten Bauten aus kolonialer Zeit. Man mag ja schmunzeln über deren

Michael J. Stephen mit historischer Bibel.

Türmchen, Balustraden, Bögen, Treppen, Schnörkel, Säulen, Balkone, Mosaiken. Aber das hatte Charakter und sprach von Reichtum und dem Bedürfnis nach eigenständigen Formen und Verzierung – so ganz anders als die gesichtslosen Zweckbauten heute, die nur noch Masse, Anonymität, Austauschbarkeit und Übervölkerung kennzeichnen: Ärmlichkeit anstatt Ästhetik.

Von der Straßenseite her ist die Armenische Kirche die unscheinbarste von allen, wenig beeindruckend die graue Außenwand, eine Treppe, ein kleines Tor, das zu einem Familienanwesen zu führen scheint. Doch darüber ist der

Name der Kirche geschrieben, die 1772 gebaut wurde: St. Mary's Armenian Church. Erst im Innenhof offenbart sich das architektonische Kleinod, das in einem kleinen Park steht und sehr intim wirkt. Kambodschabäume mit harten dunkelgrünen Blättern und weißen Blüten werfen Schatten, in dem ein paar Hühner und Enten scharren. Der viereckige Turm steht frei und gibt in seinem oberen Teil sechs Glocken einen Halt. Die Vorhalle ist mit massiven tragenden Säulen ausgestattet. Die gesamte Kirche ist in Gelb und Grau gehalten. Feierlich die Stimmung. Mit Grabplatten ist auch hier der Boden belegt. Armenisch die Schrift.

„Klassisches Armenisch", erläutert Michael J. Stephen, „auch ich habe Mühe, es zu entziffern." Ich erfahre etwas von seiner eigenen Geschichte. Er ist in Bangalore geboren, in Kalkutta aufgewachsen. Dort lebt noch eine armenische Gemeinschaft mit Kirche, Schule und sozialen Einrichtungen. Aus Madras gingen in den 1990er Jahren die letzten Armenier weg, weil das Geschäft nicht mehr lohnte, weil der innere Zusammenhalt zerbrach. Die Kirche wird nur noch zu besonderen Anlässen benutzt. Einen Pfarrer gibt es schon seit vielen Jahren nicht mehr. Lange vor den Engländern waren die Armenier nach Indien gekommen, als Händler, nicht als Eroberer. Ab 1666 sind sie in Madras urkundlich erwähnt. Im 18. Jahrhundert lebten etwa hundert armenische Familien in dieser aufblühenden Stadt, und sie waren wohlhabend. Die solide Kirche zeugt davon.

„Wollen Sie einen unserer Schätze sehen?" Michael führt mich in den dämmrigen Innenraum. Der Geruch von kaltem, bitterem Weihrauch empfängt mich. Vor dem Altar mit Holzpodesten und quadratischen Bildern biblischer Motive flackert eine einsame Kerze. Der Kirchenhüter schlägt eine großformatige Bibel auf und verweist auf ganzseitige schwarz-weiße Bilder der Heilsgeschichte. „Hier, sehen Sie: im 17. Jahrhundert in Amsterdam gedruckt. In armenischer Sprache." In seinen Worten schwingt Stolz mit, Identität, Zugehörigkeit zu einer aussterbenden Volksgruppe mit eigener christlicher Tradition.

Ich darf blättern. Wenn ein solches Buch erzählen könnte: die Umstände seiner Entstehung, die Reise nach Mylapore, aus dem sich Madras entwickelte, die Anlässe der Gottesdienste, bei denen es aufgeschlagen wurde. Das ist der Stoff, aus dem Geschichte entsteht. Wir reden über das Geschichtsverständnis der Inder. Michael, der Armenier, spricht es ihnen ab. „Nein, sie haben kein Verhältnis zur Geschichte und deren Zeugnissen", tut er die Sache ab, „da drüben in der St. Mary's Kathedrale wollten sie neulich uralte armenische Grabplatten einfach mit Zement überdecken, weil Wege angelegt wurden. Sie hatten keine Ahnung von der historischen Bedeutung. Ich protestierte. So ist das immer. Da werden historische Plätze aufgerissen, zerstört, und niemand kümmert sich darum." Er sagt es in einem indischen Englisch, das sich im

Tonfall nicht von dem seiner Nachbarn unterscheidet, und doch klingt es anders. Ich spüre, daß da einer in langer Generationenfolge ein Fremder geblieben ist. Von seiner bevorstehenden Hochzeit erzählt er. Eine Frau will er heiraten, die aus Armenien stammt und nicht in Indien geboren wurde. Man bleibt unter sich.

„Am liebsten würde ich in Eriwan heiraten", bekennt er und zeigt auf ein Bild des vollbärtigen Patriarchen und auf ein Foto der dortigen Kirche, „da liegen unsere wahren Wurzeln." Er schüttelt bedauernd den Kopf. Nein, eine Rückkehr sei unmöglich. Er wolle sich in Kalkutta niederlassen, wo seine Mutter lebe.

Mein Kirchentag endet in einer weiteren St. Mary's Church. Sie steht innerhalb der Festungsmauern des Forts St. George. Einst brandeten die Wellen der Bucht von Bengalen an dessen Bastionen, heute versperren die modernen Hafenanlagen den Blick aufs Meer; und breite Straßen trennen die Militäranlage aus dem 17. Jahrhundert vom Wasser. Über einen Meter dicke Wände hat das Gotteshaus, und das Dach gilt als bombensicher. Während der Zeiten feindlicher Angriffe diente die Kirche als Schlafsaal der Soldaten. Lange her. Der letzte Kugelhagel verpuffte vor Generationen. Nun wirkt St. Mary mit spitzem Turm und hellem gelben Außenanstrich geradezu idyllisch und von Bäumen umgeben wie eine vergessene Theaterkulisse. Zeit- und Geografiehinweise wecken Erinnerungen an Abenteuerromane. „The oldest Anglican Church east of Suez" ist auf dem Eingangsschild zu lesen. Östlich von Suez – das war mal Inbegriff des britischen Empires, und das klingt noch heute nach Weltherrschaft. St. Mary wurde 1678 bis 1680 gebaut und 1985 gründlich renoviert. Auf Grabplatten im Hof entziffere ich als älteste Jahreszahl bei einer gewissen Elizabeth Baker 1652.

Eine fürsorgliche Hand hat die braunen, hohen Holzfensterläden weit geöffnet. Drinnen feierliche Stille, steif und vornehm, ein wenig muffig nach altmodischer Etikette riechend. Milder Wind streicht durchs Schiff, dessen Wände und Säulen kühl und weiß sind und von Schicksalen erzählen. Die Grabtafeln aus Marmor und blinkendem Messing quellen über von barockenem Zierrat, Ornamenten, tropischen Landschaften mit Palmen und Segelschiffen. Es ist, als wuchere die üppige Natur hinein ins Dekor der Toten. Nicht bloß Namen und Lebensdaten sind vermerkt, sondern Episoden der tragischen Art. Von Stürmen ist zu lesen, von Unfällen, von Kriegszügen. Das ist der Stoff, aus dem die anderen Bücher gemacht wurden, die Romane von Joseph Conrad beispielsweise, von Rudyard Kipling, Edward Morgan Forster, George Orwell. So betrachtet, erscheinen die verblichenen Akteure einer Epoche vertraut und leben literarisch weiter.

Auf den Platten wird überschwänglich gelobt. Ein Kapitän war „officer of distinguished merit whose great public services will live for ever in the annals of his country“. Ein anderer „was universally esteemed“, Helden, Wohltäter, Strategen allesamt und ehrsame Ehefrauen an ihrer Seite. Jedenfalls wird es so überliefert. Nur wenige dieser Gutmenschen konnten in gesegnetem Alter die Früchte ihres vermeintlich selbstlosen Tuns ernten. Besonders schnell und unerfreulich wurde ein gewisser Lieutnant Colonel Atkinson um seine Rente gebracht. Nach 32 Jahren Dienst „east of Suez“ raffte ihn der Klimawechsel auf der Heimreise dahin: „He sank under the intense heat of the Red Sea and died within a few days after his retirement whilest on his passage to England.“ Das geschah am 21. Mai 1858. Der Mann wurde gerade mal 53 Jahre alt, die Pensionskasse entlastet.

Die Turmuhr mit schwarzem Rund und goldenen römischen Ziffern ist 16 vor 12 stehen geblieben. Kein Grund zur Panik also. Später Nachmittag. Ich setze mich auf eine der Steinbänke im Garten. Großblättrig schwebt Laub aus den Bäumen und fällt leise raschelnd nieder. Ein historischer Winkel zum Ausruhen. Einzelne knallrote Hibiskusblüten leuchten aus dem Schatten wie Augen der Vergangenheit.

Ahnengalerie der Mächtigen für fünf Rupien

So sahen sie also aus. Es ist, als stiegen die Toten, deren Grabinschriften ich andernorts bewunderte, aus Grüften und Gruben wieder auf und stellten sich in Positur, die ihrem Range entsprach. Ich bin von Herren und einigen Damen umgeben, die jene Geschichte machten, die in Chennais Mauern noch immer zu erahnen ist. Im Ballsaal des Fortmuseums schauen mich von großflächigen Ölgemälden die Protagonisten ihrer Zeit an. Ich bin in feinster Gesellschaft und fühle mich bei so viel Adel in meiner bürgerlichen Belanglosigkeit arg an den Rand gedrängt. Gouverneure, Generäle und Spitzenpolitiker ihrer Majestät ringsum in diesem hohen langen Saal, den ein sattes Grün beherrscht. So recht das Gehäuse, um Feste zu feiern, die man wohl rauschend nannte. Hier wurde gefeiert, gekuppelt, geschachert und stehend manch ein Toast ausgesprochen auf die Königin, um deren Bild von 1861 die Ahnengalerie der Mächtigen nun angeordnet ist.

Umgeben von wallenden roten Vorhängen sitzt Victoria auf dem Thron. Sie ist noch jung, wirkt unerfahren und blickt scheu nach rechts, eher ein Mädchen, das mit der Bürde ihres Amtes überfordert zu sein scheint, als die bärbeißige Matrone späterer Darstellungen. Das Reichszepter hält sie nach oben wie eines dieser ausziehbaren Ferngläser. Die rechte Armlehne endet in einem Löwenkopf. Gutmütig grinst der Leu unter der Stofffülle hervor. Über die Lehne rauscht das weiße Kleid der Monarchin wie ein Wasserfall zu Boden. Nein, sie wirkt nicht sehr glücklich in dieser Aufmachung, die mich an die schwülstige Inszenierung einer Wagner-Oper erinnert. Irgendetwas Tragisches, das böse endet. Macht im Abstand hat zumeist einen Zug ins Theatralische, das die Nachfahrenden nicht mehr so ernst nehmen können, weil sie das ruhmlose Finale der Vorstellung kennen. Die Zeitgenossen mochten anders empfunden haben. Vor allem jene, die im Namen der Königin weltumspannende Politik betrieben. Im Ballsaal schauen sie gewichtig von den Wänden; und in Szenen und Gesichtern spiegeln sich zwei Jahrhunderte wider.

In den Anfängen galt es, bodenständige Potentaten aus dem Sattel zu werfen. Major General Stringer Lawrence war ein Mann der frühen Stunde. 1697 bis 1775 benennt das Gemälde, das ihn in Lebensgröße der staunenden Nachwelt präsentiert, seine Daten. Das Bild stammt von 1802 und zeigt ihn mit dem besiegten Gegner Mohamed Ali Khan Nawab Walajah, der von 1717 bis 1795 lebte. Nebeneinander stehen sie da. Die Franzosen waren aus dem Rennen um Indiens Pfründe geschlagen und auf ihren Außenposten Pondicherry verwiesen, wo sie den Briten keine wirkliche Gefahr mehr boten; die Macht des Nawab war auf das Maß zurechtgestutzt, das den Haudegen vom Schlage eines Stringer Lawrence weitere Landnahme erlaubte. Ein ungleiches Duo steht hoch aufgerichtet vor dem Besucher. Der indische Fürst in weißen Gewändern, die fast auf den Boden reichen. Seine Brust ist mit einer Perlenkette geschmückt, ebenso der Turban auf seinem Kopf. Grauer voller Bart. Der Blick ist weich und traurig und scheint um Verständnis zu bitten, um Anteilnahme. Er verkörpert einen aussterbenden Typus, wahrlich ein Mann von gestern. Es ist eindeutig, wer hier die Macht gewonnen, wer sie verloren hat.

Der General ist doppelt so dick wie sein Kontrahent, ein leibhaftiger Fettsack, der seinen Bauch in eine gelbe, bis zum Oberschenkel fallende Jacke zwängt. Die in silbergrauen Gamaschen steckenden Waden sind stämmig, dunkelrot der Uniformmantel. Man liebte kräftige Farben zu jener Zeit und brauchte sich offenbar nicht hinter Tarnungen zu verstecken. Das Doppelkinn ist sorgfältig rasiert, rund und wohlgenährt das Gesicht. Die grauen Haare sind über den Ohren zu Locken gewunden. Ganz ein Mann, der den sinnlichen Freuden zugetan ist, um nicht zu sagen: ein Fresser und Säufer, ein Zecher und Polterer. Von wegen Überlegenheit der weißen Rasse! Als Zierde derselben tritt der General nun gar nicht auf. Der Inder wirkt edler und gebildeter als sein Counterpart. Natürlich hat es in den Kreisen seiner Maharadja-Kollegen auch Dummköpfe und Gewalttäter, Verschwender und Fettwänste gegeben, aber dieses Bild zieht die Sympathie des Betrachters eindeutig auf die Seite des unterlegenen Herrschers indischen Blutes.

Ost und West nebeneinander in symbolträchtigem Abstand. Sie geben sich nicht die Hände; denn die sind mit jeweiligen Machtsymbolen beschäftigt. Der Nawab umklammert mit seiner Rechten einen Säbelknauf, der General stützt sich auf seinen Offiziersstock. Im Hintergrund paradieren weiße Soldaten. Da ist die wahre Überlegenheit zu sehen und worauf sie gründete. Vergangenheit? Aber nicht doch! Den General kann ich mir auch in Hightechgemäßer Uniform vorstellen, mit amerikanischem Slang gebietend über eine Kavallerie, die heutzutage aus Kampfhubschraubern losballert.

Prototypen, vielleicht. Auch Viscount Willingdon, mit dem die Ahnengalerie ins 20. Jahrhundert reicht, hat etwas von einer Karikatur. Von 1913 bis 1918 war er Gouverneur in Bombay, von 1919 bis 1924 in Madras. Die britische Macht war gefestigt. Der Repräsentant auf Posten ist kein Draufgänger mehr, sondern Diplomat, und genau so wirft er sich vor dem Maler in die ordengeschmückte Brust, um die sich eine weiße Schärpe schlingt: nicht herausfordernd wie sein Vorgänger im 17. Jahrhundert, sondern dezent, zurückhaltend, wissend um seinen Einfluß, seine Entscheidung über Leben und Tod. So einer verstand es, seinen Willen mit intelligenteren Instrumenten durchzusetzen als mit einem Faustschlag auf den Mahagonitisch. Der Blick ist schräg nach unten gerichtet, buschige Augenbrauen, kantiges Kinn, gepflegter Oberlippenbart, der nach den Seiten hin gestriegelt ist, die schütteren Haare glatt nach hinten gestrichen. Ein Mann der Disziplin und Vollstrecker jener Interessen, die in London formuliert wurden. Jeder Zoll ein Gentleman, der Energie ausstrahlt und zumindest dem Porträtisten nichts davon verrät, daß er womöglich Leberprobleme vom Whiskygenuß hat oder an den Folgen tropischer Krankheiten leidet. Das goldbestickte Jackett seines Amtes, der Säbel an seiner linken Seite sind Insignien der Macht, von der Männer seines Formats damals wohl noch annahmen, daß sie ewig währen würde.

Eine Story zum Bild? Hintergründiges? Ich muß an George Orwell denken. Der diente während der 1920er Jahre als junger Mann in Burma bei der kolonialen Polizei und schrieb danach einen bissigen Roman, der das dünkelhafte Gehabe britischer Beamter und Offiziere „east of Suez" aufspießte und schon damals entlarvte, wie fadenscheinig das prächtige Amtsjackett eines Viscount und Gouverneurs war. Nun sind die einstmals Mächtigen nur noch Gegenstand populärer Zurschaustellung. Auch die Räume des St. George-Forts sind letztlich bloß eine Art von Heimatmuseum, dessen Inventar mit alten Waffen, Münzen, Uniformen, Abbildungen, Landkarten aus einem globalen Dorf stammt.

Ach, fast hätte ich mir das Vergnügen versagt, die Damen und Herren im Ballsaal kennenzulernen. Auch im Fortmuseum wird streng zwischen Indern und Nichtindern unterschieden, wenn's um das Bezahlen geht. 5 Rupien Eintritt für die Landsleute, 100 für die Zugereisten. Ich fand diese Spanne bei allem Verständnis für unterschiedliche Vermögensverhältnisse schon an anderen Orten unangemessen und sagte das dem Wächter, um ihm zu erklären, warum ich das Fortmuseum meiden wollte. Der beamtete Mann stimmte mir zu und sagte erwartungsgemäß etwas von Vorschriften und Regelungen, über die er nicht zu befinden habe: „The government, you know?“ Unerwartungsgemäß reagierte er aber spontan anders als seine Kollegen.

Er blickte mich vertrauensvoll an und sagte verschwörerisch: „Sie sind doch ein Resident von Pondicherry.“ Ich begriff zwar nicht sofort, nickte aber einverständlich. „Als Resident von Pondicherry sind Sie Inder und brauchen nur 5 Rupien zu bezahlen“, erklärte er feierlich und bedeutete mir, sich nach seinen Kollegen umsehend, eben dieses zu sagen, wenn ich zu meiner Herkunft und dem meiner Hautfarbe gar nicht zustehenden Ticket befragt würde.

Ich war verblüfft ob solcher Flexibilität, ja geradezu Aufmüpfigkeit wider die Obrigkeit, völlig ungewöhnlich in amtlicher Umgebung. Im Entgegenkommen des Museumswärters schien eine Anwandlung revolutionären Aufbegehrens mitzuschwingen, mich zum Anlaß nehmend, seiner Regierung ein Schnippchen zu schlagen. Ich fühlte mich ihm plötzlich sehr verbunden und wollte auf die 5 Rupien noch ein paar drauflegen. Der Mann an der Kasse schob die überzähligen Münzen entschieden zurück und gab mir das Ticket für Inder. Ich nahm es als Dokument der individuellen Entscheidung eines Mannes entgegen, der dazu qua Amt gar nicht befugt ist. Ich sprach ihm dreifachen Dank dafür aus, daß ich zum Ehren-Inder avancierte, 95 Rupien sparen und die Erfahrung machen durfte, einen solch wackeren Mann zu treffen. War mit seiner Art, sich über amtliche Vorschriften hinwegzusetzen und sie nach eigenem Befinden zu interpretieren, nicht die Herrschaft eines Imperiums in Frage gestellt worden? Augenzwinkernd und gewaltlos. Auf dem kleinen grünen 5-Rupien-Eintrittsschein steht übrigens, und zwar in dieser Schreibweise: „The Antiquities Displayed in the Museum is our Heritage. Please Don’t Disfigure.“ Nein, ich habe wirklich keinen Grund, da etwas durcheinander zu bringen.

Salim am schwarzen Fluß

Breit und zähflüssig wälzt sich der Ooum der Küste zur. Schwarzglänzend wie Teer windet sich die Kloake durchs zentrale Madras und tut so, als sei sie ein Fluß. „The so called river“, hatte der Sekretär im Büro der St. Mary’s Kirche im Fort St. George abfällig gesagt, um mir den Weg zum Kolonialfriedhof zu beschreiben, der so genannte Fluß, und angefügt: „Sie werden’s schon riechen.“ Alle Abscheu klang in den Worten des alten Mannes mit, der hinter Stapeln von Papier und Kirchengeschichte mit Eintragungen beschäftigt war. Recht hat er mit seinem Ekel. Nicht Gewässer ziehen da verschlungen an Müllhalden und Elendsquartieren vorbei, sondern Flüssigstoffe, so tot wie Teer, nur anders stinkend: nämlich bestialisch nach Fäulnis und Verwesung. Es ist der Dickdarm der Millionenmetropole, und die Mündung am Strand nördlich der sich über vier Kilometer erstreckenden Beach Road hat die Ausmaße eines gigantischen Afters. Mit was sonst sollte man den Ooum vergleichen als mit den Ausscheidungen all der beklagenswerten Wesen, die unmittelbar an seinen Ufern hausen. Zusammengepfercht in niedrigen Hütten. Südlich vom Zentralbahnhof führt eine Brücke über den düsteren Wasserwurm, der alle offiziellen Bekundungen angeblich aktiv betriebenen Umweltschutzes Lügen straft.

Die Brücke überquert und teilt den Friedhof, auf dem weithin zu beiden Seiten britische Kolonialherrschaft begraben wurde. Er ist einer der größten in Indien. Am Eingangstor mit Türmchen gotischen Zuschnitts haust die Familie des Wächters in einem elenden Verschlag. Der dickbäuchige Alte hockt auf einem Plastikstuhl und hält mir Bakschisch heischend die geöffnete Rechte entgegen. Ja, hier sei alles verwahrlost, verkommen, ungepflegt, bestätigt er mürrisch meinen Eindruck; niemand kümmere sich mehr um diesen Ort, kein Geld, keine Unterstützung von der Verwaltung. Mit ein paar Rupien läßt er seine Hand wieder in den Schoß fallen und versinkt in schweigende Resignation. Schmutzige Kinder beobachten mich mißtrauisch. Hier ist ein Vorposten der Slums jenseits der Brücke zum Ooum. Der weitläufige Friedhof ist von grünem Gestrüpp überwuchert, aus dem winzige weinrote Blüten leuchten. Es ist, als sei das Gelände mit den herausragenden Grabsteinen von einer zerschlissenen bunten Decke überzogen, ein über die Geschichte geworfener Stoff, der löchrige Theatervorhang eines Stückes, das mangels Publikumsinteresses vom Spielplan abgesetzt wurde. Vor langer Zeit schon. Die Menschen, die nun mit ihren Hütten raumgreifend das Totenfeld bevölkern, scheinen nicht mal mehr zu wissen, wie das Stück hieß, und vermutlich ist es ihnen egal, weil sie mit der Gegenwart vollauf beschäftigt sind. Aus Ziegelsteinen gemauerte Grabmale stechen wie vergessene Requisiten durch die Zierdecke, die eine versöhnliche Natur ausgebreitet hat. Ausführliche Inschriften auch hier, verwittert, unbeachtet, hohl die frommen Sprüche vom ewigen Angedenken, für das es niemanden mehr gibt, der sich erinnern und trauern könnte. Laub bedeckt Namen und Titel verblichener Honoratioren; Dienstgrade, Familienwappen, Lebensdaten verkrümeln sich in der Bedeutungslosigkeit. Auf einer Grabplatte liegt ausgestreckt ein Mann, die Augen geschlossen. Sich reglos ausruhend von der Tagesplage? Oder schon tot? Oder nur probeweise im Jenseits, den Rausch lebensverkürzenden Fusels ausschlafend? Ich vermag es nicht zu unterscheiden. An einem solchen Ort werden die Ränder unscharf.

Doch es ist Leben in der Nachbarschaft der Toten. Junge Frauen laufen kichernd davon, ihre Saris glättend. Ich hatte sie unbeabsichtigt bei der Verrichtung ihrer Notdurft gestört. Scheiße, Scheiße, überall. Und dann poetische Bilder, wie von romantischen Malern auf die Leinwand gezaubert. Eine der von mir so ungalant aufgeschreckten Frauen schreitet durch ein Rundtor. Gelb wehend ihr Gewand, rot und in bizarrem Verfall das Gemäuer, von grünem Gebüsch überwuchert, dessen Wurzeln das bröcklige Gestein umschlingen. Abgang wie von einer Bühne. Mir ist nach Applaus zumute. Dann blicke ich wieder zu Boden, mögliche Fehltritte vermeidend.

Leben, Überleben, dieses beharrliche Da-Sein vor dem Ortswechsel, der nach indischem Verständnis nur eine Fortsetzung der Erscheinungsweise bedeutet. Drüben unterhalb der Brücke, wo die Grabsteine von vorgestern und die Hütten von heute und deren Bewohner schon sehr nachbarschaftlich zusammenrücken, komme ich ins Gespräch mit einigen dieser Wiedergeborenen, die in früheren Existenzen wohl so manches falsch gemacht haben. Zwischen dem Ooum, dem schwarzen Fluß der Hoffnungslosigkeit, und dem ausfransenden Friedhof ausgestorbener Kolonialherren, siedeln die Ausgestoßenen, denen die grellschreienden Werbebotschaften der riesigen Reklametafeln entlang der Hauptstraßen natürlich nicht gelten. Womit sollten sie die Mobiltelefone, Kühlschränke, Seidensaris bezahlen, wenn es schon für die Ernährung nicht reicht? Auf Gräbern hocken sie und spielen Karten, und es sieht aus, als spielten sie mit dem Tod unter Einsatz ihres Lebens, ohne es zu ahnen.

Einer der jungen Männer kann leidlich englisch radebrechen. Ein paar Jahre College, kein Job, herumgammeln. Eine übliche Lebensgeschichte. Er übersetzt mir die Neugier der Männer und Frauen ringsum. Ich spüre gespannte Aufmerksamkeit. Ein Fremder wie ich weckt in solcher Umgebung eine Mischung aus Mißtrauen und Wißbegierde. Da ist Salim. Er legt die Karten auf die Grabplatte und schaut mich kritisch an. Er ist zwölf oder dreizehn Jahre alt, so genau weiß er das selbst nicht. In seinem Heimatdorf, abgelegen im Hinterland, wird das Datum einer Geburt nicht mit einem Dokument festgehalten, sondern im Gedächtnis der Familie bewahrt; und bei mehreren Kindern verblaßt die Erinnerung. Salim hat fünf Geschwister. Er war etwa sechs, als er davonlief. Der Vater hat ihn immer wieder geprügelt. Es gab nie genug zu essen. So erzählt er. Salim schlug sich bettelnd und stehlend bis Madras durch und wurde ein Straßenjunge. Ohne Zuhause, kein Dach über dem Kopf, völlig auf sich allein gestellt. Salim berichtet von einer alltäglichen Geschichte, wie sie Tausende von Kindern in Madras erzählen können. Er ist selbständiger Unternehmer geworden. Er sammelt Müll in den Straßen und verkauft die verwertbaren Abfälle an Zwischenhändler. Das Geschäft ist perfekt organisiert und wird vergleichsweise von Korruption gesteuert wie der Bau einer Müllverbrennungsanlage in Deutschland. Non olet, sagten schon die alten Römer.

Salim fragt nach meinen Lebensumständen in diesem weit entfernten, für den Jungen so unbekannten Land. Er hat ein praktisches Interesse. Salim wendet mir seinen schwarzen Lockenkopf zu und will wissen, ob es bei mir zu Hause auch Müll gebe. Mein Nicken löst erwartungsvolles Lächeln bei ihm aus. Dann würde er viel lieber bei mir Abfälle sammeln, weil doch in Deutschland, wie er gehört habe, an allem Überfluß sei, wohl auch an Müll. Mein Einwand, daß es bei mir die meiste Zeit im Jahr unfreundlich kalt sei, anders als in Madras, beeindruckt ihn nicht, weil dem Jungen dafür offenbar der Vergleich fehlt. Aber dann verfinstert sich seine Miene und er fragt, ob es denn in meinem Lande auch Erziehungsheime gebe, in die Straßenjungen zwangsweise gesteckt werden. So etwas ähnliches gibt es, stimme ich zu. Und wie ist es mit der Polizei, fragt er weiter. Gibt es auch, sage ich. Jetzt hört er genau hin. Und die Polizei verfolgt auch Kinder? Kann sein, wenn sie straffällig werden, erkläre ich. Salim wiegt nachdenklich den Kopf und schüttelt ihn schließlich bestimmt und nachdrücklich. Wenn das so sei mit Polizei und Erziehungsheimen, sehe er trotz der zu erwartenden Müllberge keinen Grund, nach Deutschland gehen zu wollen, sagt er entschieden. Ein Polizist schlendert vorbei, Salim und die Gruppe um mich herum argwöhnisch betrachtend. Salim berührt zum Abschied mein Knie und verdrückt sich. Ich verstehe. Indische Polizisten tragen üblicherweise keine Pistole. Sie haben einen langen Bambus- oder Holzstock unterm Arm, Lathi genannt. Salim weiß, wie weh dessen Schläge tun.

Allmählich vergoldet die untergehende Sonne die schwarze Brühe des Ooum. Das macht die Umweltkatastrophe nicht geringer und das Versagen der Behörden nicht weniger schuldhaft, aber wie so oft in Indien täuschen schillernde Farben über die wahre Not hinweg. Ich drehe mich noch einmal um. Die Leute vom Niemandsland zwischen Kloake und Friedhof winken mir freundlich hinterher.

Zappen und zappeln bei liebestoller Verfolgungsjagd

Dies als Zwischenbemerkung, weil ich in Chennai mal wieder ein Hotelzimmer mit virtuellem Fernblick habe. Eigentlich zappe ich den Nachrichten hinterher, will etwas über die gegenwärtigen Kriege, die heutige Großmannssucht, die aktuelle Korruption und die jüngsten Terroranschläge wissen, vertraute Grundelemente von Fernsehnachrichten weltweit. Mit solchem Schrecken sind auch die indischen Kanäle randvoll; und zu fragen wäre, warum man denn in der ewigen Wiederholung solcher Ereignisse immer wieder erwartet, Neues zu erfahren. Doch dann, wenn mein Hotelzimmer überhaupt mit einem Guckapparat ausgestattet ist – eher die Ausnahme bei meinem Reisestil und meinen abseitigen Zielen mit Einfachst-Absteigen –, dann bleibe ich beim indischsten aller indischen Programme hängen. Zappend erwische ich zu jeder Tages- und Nachtzeit eine einzigartige Bilderfolge orgiastischen Liebeswerbens. Auf irgendeinem Sender wird immer getanzt und geschluchzt und gesungen. Ausdauernd. Andauernd. Über Berg und Tal, Stock und Stein. So etwas gibt's nur auf indischen Bildschirmen zu sehen.

Bollywood ist überall. In der Mischung von Bombay und Hollywood ist damit die bunt zappelnde Spielwiese des Unterhaltungsfilms gemeint, den in solcher Kunst wohl nur Indien hervorbringen konnte. Einfach raffiniert und raffiniert einfach. Nicht nur in Bombay! Selbstverständlich werden die regionalen Varianten in den verschiedenen Studios landesweit und in den jeweiligen Sprachen in Bewegung gesetzt. So tanzen und singen und schluchzen die Akteure in Tamil Nadu natürlich auf Tamil und nicht auf Hindi, wie das bei den eigentlichen Bollywood-Filmen der Fall ist. Da ich beiden Sprachen nicht gewachsen bin, fällt mir der Unterschied nicht besonders auf. Ich habe eh den Eindruck, daß da weniger geistreiche Kostbarkeiten mit inhaltsschweren Dialogen über die Bildschirme rauschen, als vielmehr die unnachahmlichen Endlosfolgen der Soap Operas à la India, die unentwegt Herzen und Sinne begeistern und eigenen choreographischen Gesetzen folgen. Bollywood! Der Sammelbegriff cineastischer Eigenart benennt einen weiteren Beitrag Indiens zum Weltkulturerbe. Der wird nicht so haltbar sein wie, sagen wir, der Sonnentempel von Konark. Aber der Flimmer-Glamour fasziniert in seiner flüchtigen Wiederholbarkeit die Millionen und hat die Wirkung einer Droge. Mehr. Mehr. Mehr davon. Noch vermag ich, der Suchtgefahr standzuhalten. Mit der Möglichkeit, selbständig entscheiden zu dürfen, wann ich ein- und ausschalten will, frohlocken denn auch meine Augen und Ohren. Und wenn ich den optischen Kick mit einer Flasche kühlen Kingfishers genüßlich steigern kann – auch das ist bei der mangelhaften Grundversorgung mit wohltemperierten alkoholischen Getränken außerhalb der raren Luxusherbergen die Ausnahme, obwohl es sich doch um ein vegetarisches Gebräu handelt –, also dann erreicht mein Unterhaltungsbedürfnis einen Höhepunkt. Jedenfalls vorübergehend.

Bollywood! Was tut sich da? Zumeist spielt sich das Geschehen in Familien ab. Die Besetzung ist durchschaubar. Hinreißend schöne Frauen, heldenhafte Männer. Damit's nicht zu langweilig wird: schon vom fiesen Auftreten her sofort erkennbar der Schurke, in clownesker Trotteligkeit der Blödian, ränkesüchtig die Schwiegermutter, parasitär eine Schar sonstiger Verwandter, die ständig dreinreden und für Verwicklungen sorgen. Das alles in einem kauf-

Tanzszene aus dem Bollywood-Film „Kabhi Khusi Kabhie Gam (K3G)".

krafträchtigen Drumherum der Mittelschicht. Schicke Autos rollen die Toreinfahrt hinauf. Blühende Gärten. Von dieser Schein-Welt können Bhima, Arjuna und Salim und all die anderen nur träumen. Und das tun sie mithilfe der TV- und Filmstars denn auch, wo immer ein Bildschirm aufleuchtet.

Soweit unterscheiden sich die Seifen-Opern Indiens nicht von denen, die anderswo zwischen Rio de Janeiro und Köln-Bocklemünd aufgeschäumt werden. Aber dann kommt's urplötzlich wie ein Naturereignis, jedenfalls für mich stets unergründbar, warum jetzt und wieso überhaupt. Aus dem geräumigen Wohnzimmer heraus, inmitten einer Streitszene, zwischen Autos eingekeilt, egal: Mit einem Male wird getanzt, gesungen, geschluchzt. Wer sich gerade noch prügelte, verbale Grobheiten oder anderes an den Kopf warf, am Esstisch brav das in sich hineinlöffelte, was die Werbung statusfördernd im Angebot hat, springt unvermittelt los. Schnitt wie mit der Guillotine. Musik. Hoch das Bein. Die Münder zu liebestollem Gesang geöffnet. Schmachtend die Blicke aus üppig umschminkten Augen. Die Dramaturgie der ballettösen Plötzlichkeit ergründe ich nie, aber ich warte ständig gebannt auf diesen Ein-Fall. Kann sein, daß in bestimmten Intervallen die Tanztruppe losgelassen wird; möglich auch, daß bei angestautem Leidensdruck der Familientragödie das Gefühlsventil geöffnet werden muß und sich der Konflikt in tänzerischer Bewegung entspannt. Dem westlich geschulten Fernsehauge entzieht sich die Logik, wenn es denn überhaupt eine gibt. Dafür wird dieses Auge von opulenten, rasant ausgebreiteten Verfolgungsjagden magisch angezogen.

Die Abfolge ist klar. Mann rennt hinter Frau her. Sie versteckt sich, lockt, trällert, zieht Schleier übers Gesicht. All das, was Eva schon immer tat. Und Adam versucht es mit Stärke, rast drauflos, stolpert in Gräben, fällt in flache Seen, rappelt sich singend wieder hoch, tanzt weiter. Mal erreicht er sie, ergreift den kostbaren Schatz, meint, die Beute erobert zu haben. Von wegen! Sie rollt mit den wunderbar großen Augen, gibt sich hin und entzieht sich wieder sanft und schlangengleich. Das Spiel kann von Neuem beginnen. Natürlich sind die beiden nicht allein. Ganze Heerscharen von Chören und Komparsen verfolgen die wilde verwegene Jagd wie Hanumans Affenarmee. In tänzerischer Perfektion treten sie auf, schwingen Arme, Beine in atemberaubender Gemeinsamkeit und stimmen als Singschar ein in die populären Songs. Die Schöne gibt schrill den Ton an, der Liebhaber spielt herzzerreißend Echo.

Ständig wechselt der Schauplatz. Mal schwebt die Holde durch den Wald, Bäume umarmend wie Parvati den Lingam; dann – zack! – hüpft sie über Gebirgswiesen und – wieder zack! – taucht sie am Strand auf, Pirouetten drehend, den keuchenden Freier abermals ins Leere laufen lassend. Bewegung ist alles. Nicht eine Sekunde Stillstand. Wehende Tücher, Augen in Großaufnahme, grell gerötete Lippen. Trotz der sportlichen Leistung keine Schweißperle auf der Stirn. Mal findet das Treiben in gleißender Sonne, mal im strömenden Regen statt. Die textile Ausstattung ändert sich so schnell wie die Landschaft. Jeder Schnitt ist auch neuer Zuschnitt von Kleidern, Hemden, Farben. Der Stoffverbrauch muß enorm sein. Eine einzige Revue der Verschwendung.

Im grandios ausgestatteten Kaleidoskop des elektronischen Zeitalters purzeln die bunten Glassplitter durcheinander und ergeben jeden Moment ein verändertes Bild. Es fällt in sich zusammen, schmilzt dahin, gefriert, gewinnt neue Formen in allen Farben des Regenbogens. Ach, es ist eine Augenweide. Ich bin jedes Mal hingerissen und staune, wie die Einsätze klappen, wie die Tempi durchgehalten werden. Das ist ein Rausch ohne Promille. Indien bleibt sich auch in der telegenen Phantasiewelt treu. Wenn sich dann tatsächlich Gesichter nähern, die Liebenden sich scheinbar vereinen, Münder in die Gefahrenzone eines Kusses geraten, dann, dann, na? – dann schwenkt die Kamera ins Nebulöse und blickt diskret zur Seite; und ich kann mich des Verdachts nicht erwehren, daß die Leidenschaft wegen Mundgeruchs oder anderer unüberwindlicher Widerwärtigkeiten kurz vor dem Höhepunkt auf bessere Umstände verschoben wird. Vielleicht nach gemeinsamem Zähneputzen hinter der Kamera.

Was sind dagegen schon Neuigkeiten aus der banalen Welt der Autobomben, Politikerlügen und des Parteiengezänks. Die sind zwar auch so austauschbar und alltäglich wie indische Soap Operas. Aber deren Tanzausbrüche bleiben konkurrenzlos. Für die Trinkdauer einer Flasche Kingfisher kann ich mir nichts Unterhaltsameres wünschen. Wenn ich im Hotel schon zappen darf, dann soll es auch zappeln.

Vivekananda im Eispalast

Erstaunliche Einsichten sind überliefert: „Die Armen, die Geringen, die Sünder in Indien haben keine Freunde, keine Hilfe – sie können sich nicht erheben … sie sinken tiefer und tiefer jeden Tag. … Sie haben vergessen, daß auch sie Menschen sind." – „Das moderne Indien gesteht allen Seelen spirituelle Gleichheit zu – besteht aber strikt auf sozialen Unterschieden." – „Alle Übel Indiens wurzeln in den Lebensbedingungen der Armen." – „Der vordringlichste Dienst, der den unteren Klassen zuteil werden muß, ist, ihnen Bildung zu verschaffen, um ihre verlorengegangene Individualität zu entwickeln." – „Kein Beitrag der Politik hat irgendeinen Nutzen, bis nicht die Massen in Indien ausgebildet, ordentlich ernährt und versorgt werden. Diese Massen sind es, die unsere Bildung finanzieren, sie bauen unsere Tempel, und umgekehrt bekommen sie nichts anderes als Fußtritte. Sie sind in Wirklichkeit unsere Sklaven. Wenn wir Indien wiederbeleben wollen, müssen wir für sie arbeiten." – „Vertraut nicht den so genannten Reichen, die sind mehr tot als lebendig. … Kümmert euch nicht um die herzlosen intellektuellen Autoren und deren kaltblütige Zeitungsartikel." – „Ich erwarte gar nichts von den Reichen Indiens. Es ist das Beste, mit der Jugend zu arbeiten, auf der unsere Hoffnung liegt."

Hoppla! Die Zitatensammlung tönt verdammt aktuell. Stichworte zur indischen Gegenwart. Doch was wie aufrüttelnde Erkenntnisse und dringende Ratschläge zur heutigen Situation Indiens klingen mag, was so unerhört zeitgemäß erscheint und Eintragungen in die Mängelliste der unerfüllten Aufträge derer gleicht, die jetzt Verantwortung im Staate tragen, ist vor mehr als einem Jahrhundert gesagt, geschrieben, gefordert worden.

Ich stoße in einem der originellsten Bauwerke Chennais auf diese Proklamationen und ihren Urheber. Das eigenartige Gebäude steht an der Kamaraj-Road, die sich als breiter Boulevard die Marina Beach entlang zieht, gesäumt landeinwärts von Palästen, Universitäten, Parks. Als Promeniermeile mit Blick über die Bucht von Bengalen faßt sie zwischen den modernen Hafenanlagen und der San-Thomé-Kathedrale auf vier Kilometern ein kapitales Stück Stadtgeschichte zusammen, ist vierspurige Rennstrecke der Neureichs mit ihren schnellen Autos und als Nord-Südverbindung parallel zur flachen Sandküste eine der belebtesten Verkehrsadern der Millionenmetropole. Hier hat Chennai alias Madras wirklich Größe und atmet Weltoffenheit.

Rund ist das Gebäude, schneeweiß gestrichen, mehrstöckig die Fassade aus solidem Stein und von Bögen unterbrochen. Eine eigenwillige Mischung aus Palais von vorgestern und Hochgarage von heute, dem Reißbrett eines extravaganten Architekten entsprossen, so scheint es, und in Auftrag gegeben von einem Bauherrn, der um jeden Preis auffallen wollte mit seinem sichtbaren Hang zum Kreis und seinem Horror vor Kanten. Falsch! Nicht als Burg eines von abstruser Phantasie verfolgten Strandbewohners war der Bau 1842 an die Beach-Road gestellt worden, sondern als funktionales Zweckgehäuse des aufkommenden Industriezeitalters. Es waren die Spannungen jener Epoche, die sozialpolitische Aufrufe provozierten.

Bevor dem eben zitierten Geist jenes edlen Mannes zu folgen ist, der sich um Indiens verarmte Massen sorgte, muß von jenem anderen Mann berichtet werden, der mit seiner Geschäftsidee den Gelüsten der reichen Oberschicht des Landes eiskalt entgegenkam. Frederic Tudor hieß er, ein amerikanischer Geschäftsmann aus Boston. 1833 brachte er in den Lagerräumen des Clippers „Tusany" eine Fracht der besonders vergänglichen Art nach Kalkutta. Nämlich gefrorenes Wasser: industriell hergestelltes Blockeis zum Kühlen von Getränken, zur Konservierung von verderblichen Gütern, Hilfsmittel für gehobenen Lebensstil. Bei denen, die sich das leisten konnten, schlug das neue Angebot ein und weckte Bedarf. Offenkundig war es einfacher, Tiefgefrorenes aus den USA zu importieren, wochenlang über die Meere geschippert, als es in Indien zu produzieren. In den folgenden vier Jahrzehnten brachte der kalte Import heiße Gewinne. Frederic Tudor wurde zum Eiskönig. In Kalkutta und Bombay ließ der Amerikaner gut isolierte Lagerräume einrichten und schließlich auch den Rundbau in Madras hochziehen, der zum Markenzeichen wurde. So war das im 19. Jahrhundert. Funktionalität und Form gingen eine die Epoche überdauernde Ehe ein. Heutzutage wird für den jeweiligen Geschäftszweig eine Einfachhalle auf die grüne Wiese gestellt, die ausschließlich an der Profitkalkulation und nicht mit einem Winkel an Ästhetik ausgerichtet ist. Zum Glück für die Menschheit überdauert solche Kapitalistensünde kein Jahrhundert. Zum Glück für Madras' Stadtkultur hat der Eispalast stabilere Fundamente und Mauern und überdauerte seine Erstbestimmung. Um 1880 schmolz der kühle Handel des Mr. Tudor dahin. Einheimischer Unternehmerelan und Ingenieurstüftelei ließen nun auch auf indischem Boden das Wasser zu Blockeis erstarren. Damit endet das erste Kapitel der Geschichte dieses merkwürdigen Rundbaus, der fortan bei höheren Temperaturen genutzt wurde. Als Vielzweckgehäuse wechselte er Besitzer und Verwendung, diente als Herrschaftshaus mit Rundumveranda, von der aus aufs Meer zu schauen ist, über das ehedem die eisige Fracht gekommen war. Schließlich übernahm der Staat den Hausschlüssel. 1917 wurde in den Räumen eine Schule etabliert.

Seit 1997 ist es eine Gedenkstätte, einem Mann, seinem Wirken und seinem Werk gewidmet, der hier nicht etwa lebte, sondern nur auf der Durchreise war und vom 6. bis 15. Februar 1897 triumphale Auftritte vor begeistertem Publikum hatte. In diesen Räumen rief er seinen Landsleuten zu: „Mein Indien steh auf! Wo ist deine Lebenskraft? In deiner unsterblichen Seele." Swami Vivekananda sprach so. Als einer der ersten forderte er Indiens Geist der Neuzeit heraus: „Du darfst von keiner fremden Hilfe abhängen. Nationen, genauso wie Individuen, müssen sich selbst helfen. Das ist wahrer Patriotismus." Mit Vivekananda sind die Anfänge der Unabhängigkeitsbewegung verbunden: „India – our Motherland." Nach ihm ist der Eispalast heute benannt.

Die Ausmaße im Innern erstaunen. Auf der schiefen Ebene einer Spirale geht man im Kreis herum nach oben. Wenn man nicht wüßte, in einem ehemaligen Industriegebäude zu wandeln, könnte solcher Aufstieg als inszeniert und symbolhaft verstanden werden. Das dicke Gemäuer schafft Distanz zur Außenwelt. Gedämpft die Schritte nun, feierlich die Stimmung. Daß in diesen Gemächern mal Eis am Auftauen gehindert wurde, kann ich mir gut vorstellen. Daß hier ein Mann mit einer Mission einen vielstimmigen Widerhall hatte, bedarf der Erläuterung. Im Obergeschoß wird mit Fotos und Dokumenten das Leben jenes Vivekananda ausgebreitet, das nur 39 Jahre währte, in seiner Ausstrahlung aber epochal war.

Am 12. Januar 1863 unter bürgerlichem Namen Narendranath Datta in Kalkutta geboren. Vater Rechtsanwalt. Wohlhabendes Haus, westlich-britischer Einfluß. Solides Studium. Frühe Neigung zum Spirituellen. Die Begegnung mit dem charismatischen Kali-Priester Ramakrishna in Kalkutta bestimmte 1881 seine Berufung und den weiteren Weg. Swami Vivekananda, wie er sich später als wandernder Mönch und geistiger Sohn des 1886 verstorbenen Hindu-Heiligen Ramakrishna und als Verkünder von dessen Botschaft von der universellen Gemeinsamkeit der Religionen nannte, erregte Aufmerksamkeit. Der hochgewachsene Mann mit orangefarbenem Turban und Mönchsgewand wurde zur Leitfigur für Generationen von Indern. Offensichtlich hat er sich gern vor der Kamera in Pose gestellt, aufrecht, die Hände über der Brust verschränkt. Auf vielen Fotos wirkt er in Denkmalserstarrtheit stilisiert, und mit seinem orientalischen Kopfschmuck ist er so programmatisch zur Ikone geworden wie zu anderer Zeit ein Che Guevara mit seiner rotbesternten Baskenmütze. Doch Vivekananda war kein Revolutionär, sondern geistiger Erneuerer, der in Indien wirkte und weltweit wahrgenommen wurde als Stimme des anderen Indien. Vermutlich war er der erste Inder, der dem Westen klarmachte, daß sich Ende des 19. Jahrhunderts eine Nation ihrer Kräfte bewußt zu werden begann und nicht einfach um ihr Überleben rang, sondern den Anspruch der Selbständigkeit und Anerkennung erhob.

Als Vivekananda in diesen Hallen des aufgetauten Eispalastes an fünf Tagen seine mitreißenden Reden hielt, klang das Echo seiner Auftritte in den USA und Europa noch nach. Beim „Parlament der Religionen", das im September 1893 in Chicago stattfand, hatte er Furore gemacht. Die 7000 Delegierten waren von seiner Anrede „Brüder und Schwestern" hellauf begeistert und hörten ihm zu. Vivekananda dankte „im Namen der Mutter der Religionen".

Mit ihm trat erstmals ein selbstbewußter Hindu vor die Weltöffentlichkeit, der den Hinduismus nicht als eine rückständige, altmodisch-erstarrte Götzenanbetung vermittelte, sondern als reformfähige und zukunftszugewandte Religion mit geistigen Wurzeln, die tiefer lagen als die der anderen bei der internationalen Großveranstaltung vertretenen Religionen. Er war in seiner würdevollen Aufmachung und mit seiner die Gemeinsamkeit der Religionen beschwörenden Überzeugung der Star der Konferenz. Er wurde zu weiteren Vorträgen eingeladen, reiste nach England weiter und blieb drei Jahre im Westen als Botschafter des geistigen Indiens und als leibhaftige Verkörperung Indiens, auf das nicht in abendländischer Arroganz hinabzublicken, sondern von dem zu lernen war – wie es zu jener Zeit der deutschstämmige Indologe Max Müller in Cambridge, noch ganz und gar unüblich, den künftigen Kolonialbeamten mit auf den Dienstweg gab. Vivekananda traf Max Müller übrigens ebenso auf seinen Reisen wie den deutschen Orientalisten Paul Deussen. Der Inder mit dem orangefarbenen Turban bereitete den Boden für die spätere Ramakrishna-Mission und ihre Niederlassungen im Westen. Mit Vivekanandas Reisen entwickelte der Hinduismus erstmals eine weltweite missionarische Ausbreitung.

Als gefeierter Mann und Medienheld kehrte er zu Beginn des Jahres 1897 über Colombo nach Indien zurück. Die internationale Aufmerksamkeit machte ihn nun auch für seine Landsleute interessant. Auf dem Weg nach Kalkutta wollten ihn die Menschen sehen, hören und ihm in indischer Bereitschaft, einen heiligen Mann zu verehren, auch zu Füßen fallen. So hatte er im Eispalast von Madras ein begeistertes Publikum. Mit seinem Namen sollte sich ein frühes Kapitel indischen Erwachens aus der Agonie Jahrhunderte währender Bevormundung verbinden. Er propagierte das neue Indien, das sich auf seine Fundamente besinnen sollte. „Fünfzig Jahrhunderte blicken auf euch herab“, rief er den Indern zu.

Er pries die Kraft des Religiösen und prangerte soziale Mißstände an. Diese doppelte Botschaft hat Vivekananda so zeitgemäß bleiben lassen. Er war kein weltfremder Säulenheiliger, sondern ein Kenner und Bekenner Indiens. Auf seinen Wanderungen bis zur Südspitze von Kap Komorin hat er das Leiden selbst erlebt, das er in seinen Reden als Schande bezeichnet.

Ein Rufer in der Wüste? Ganz oben im Rundbau ist ein Meditationsraum eingerichtet, matt von blauem Neonlicht beschienen. Absolute Stille. Ich bin allein. Keiner der indischen Besucher nimmt sich die Zeit, hier Vivekanandas Wirken geistig näherzukommen. Hat sich wirklich Grundlegendes verändert seit seinem Auftreten? Hat sich der Hinduismus tatsächlich als Reformkraft in der Modernisierung Indiens erwiesen? Zumindest die materielle Armut ist auf erschreckende Weise allgegenwärtig. Mehr noch. Vivekanandas Elendsbestandsaufnahme ist nicht nur aktuell geblieben, sie hat sich in den Ausmaßen

Eispalast bei Nacht.

sogar dramatisch vergrößert. Er wandte sich an die zu seiner Zeit 290 Millionen Inder, die damals im noch ungeteilten Subkontinent lebten, der unter britischer Verwaltung das Gebiet des späteren Pakistan und Bangladesh einschloß. Welch gigantische Vermehrung der Probleme seither. Kailash, Bhima, Salim haben so viele, viele Brüder und Schwestern dazu bekommen, seit Vivekananda das gemeinsame Mutterland erkundete und aufzurütteln versuchte. Heute leben allein im indischen Kernland mehr als eine Milliarde Menschen. Zwei Drittel von ihnen vegetieren unterhalb der so genannten Armutsgrenze. Was hat ihnen die unabhängige Mutter Indien gebracht? Diese Frage drängt sich auf, wenn man im Eispalast dem Mann mit dem Turban nachspürt. Ist er nun, offiziell auf so viele Denkmalspodeste gestellt, nicht doch zu einem Säulenheiligen erstarrt?

Auch das hat der weise Mann vor einem Jahrhundert jedem seiner Landsleute ins Stammbuch geschrieben: „Merk auf, wenn du die Spiritualität aufgibst und sie hinter dir läßt und dir dafür die materielle Zivilisation des Westens einhandelst. Das Resultat würde in drei Generationen zu erkennen sein, wenn du dann einer verloschenen Rasse angehörst…“ Diese dritte Generation lebt heute in Indien.

Als ich längst nach Sonnenuntergang das geschichtsträchtige Gebäude verlasse und in den Trubel der Kameraj Road eintauche, noch dem großen Sohn Indiens nachsinnend, werde ich jäh aufgeschreckt und muß zur Seite springen. Ein offenes Cabrio rast dicht vorbei, am Steuer ein übermütig lachender junger Mann, an seiner Seite eine Frau mit langen wehenden Haaren vom Typ dieser Filmschönheiten, die ich aus den Soap Operas so gut kenne. Jeunesse dorée à la India. Kaum habe ich mich in Sicherheit gebracht, reckt mir eine ausgemergelte Greisin ihre Hungerhand entgegen, eine kümmerlich kleine Hand, verwelkt und krallenartig. Der Verkehrslärm übertönt die leise kratzige Stimme. „Rupee", höre ich trotz allem, den unüberhörbaren Ruf in Indien, „Rupee, Rupee." Ich schaue zurück. Wie eine Verheißung leuchtet der angestrahlte Eispalast in die Nacht am Marina Beach. Vivekanandas Geisterhaus der vielen unerfüllten Träume wird zur phantastischen Kulisse, vor der Mutter Indien offenbar noch immer unbarmherzig zwischen Kindern und Stiefkindern unterscheidet.

Schöne heile Welt an den Ufern des Adyar

Die Friedenshoffnung steht auf weißem Pfosten. „May Peace Prevail on Earth", ist zu lesen an dem Pfahl, der eine Grenze markiert zwischen der lauten Welt da draußen, die Chennai heißt, und der besinnlichen Welt da drinnen, die der Theosophischen Gesellschaft gehört. Im südlichen Stadtteil Adyar ist ein weitläufiges Stück Indien aus vergangener Epoche erhalten geblieben. „Bitte nicht stören" schwebt als unausgesprochene Mahnung in der milden Luft unter den Blätterschirmen alter Bäume. Lärm und laute Worte sind hier verpönt. Mir ist, als müßte ich auf Zehenspitzen weitergehen. Ich dringe ein in eine Oase der Zeitlosigkeit. Als Schutzgebiet menschlicher Sehnsucht nach Harmonie und Geborgenheit trotzt sie der Ausbreitung von Asphalt und Beton in schweigender Beharrlichkeit. Das Refugium liegt am Adyar-Fluß, der – oh Wunder – noch lebendig dahinfließt und Vögeln und anderer Fauna natürliche Heimstatt bietet, amphibische Zuflucht all dem Getier, dem ein paar Kilometer weiter nördlich die schwarze tote Brühe des Ooum das Leben versaut.

Als Mensch hat man's nicht ganz so einfach mit dem Bleibendürfen. Man sollte ein paar Grundbedingungen erfüllen, um hier zu siedeln, muß sich eines der im Park so friedvoll versteckten Häuschen als Heimstatt leisten können, muß Mitglied der Gesellschaft sein und bei den in dieser wohlorganisierten Einkehr von ihr veranstalteten Programmen, Seminaren, Übungen den erforderlichen Obolus bezahlen. Also wieder mal nichts für arme Schlucker. Die Welt ist schön, aber sie gehört immer schon den anderen. Diese Weisheit ist älter als die Theosophische Gesellschaft.

Esoterisch und elitär ging's von Anfang an zu. Die Gesellschaft wurde 1875 in New York gegründet, ihr Hauptquartier vier Jahre später nach Bombay und 1882 schließlich in diesen Park von Madras verlegt. Blutleeere Geschichtsdaten. Wer steckte dahinter? Was trieb wen um, an den Ufern des Adyar an die spirituelle Gesundung der Menschheit zu denken? Schicksale geistern durch die Schatten des Parks. Von Lebensläufen ist zu erfahren, die außergewöhnlich waren, Menschen, die kleinbürgerliche Normen mißachteten, ausbrachen aus den üblichen Bahnen ihrer Zeit und in Indien Erfüllung fanden: im Indien, für das ein Vivekananda geworben hatte. Neben dem Amerikaner Henry S. Olcott und dem Iren William Q. Judge war es unter den Gründungsmitgliedern vor allem Helena Petrovna Blavatzky, die ihren Stempel aufdrückte: eine der schillerndsten Frauengestalten des 19. Jahrhunderts mit einer Biografie für einen voluminösen Gesellschaftsroman. In der lichten Eingangshalle des Hauptgebäudes sitzt sie in mamorner Denkmalspose, hinter ihr stehend Mr. Olcott, einstiger Oberst der amerikanischen Armee und erster Präsident der Gesellschaft. Wie auf einem Hausaltar ist das Paar plaziert. Er sieht mit wallendem Rauschebart dem Karl Marx sehr ähnlich. Sie wirkt matronenhaft und schaut grimmig drein. Madame Blavatzky wird sie hier ehrfürchtig genannt. Beider Zusammentreffen muß eine der Begegnungen gewesen sein, die auf geistige Wahlverwandtschaft deutet und im jeweiligen anderen das an Kräften weckt und steigert, was zum gemeinsamen Werk heranwächst. Als sie sich in New York trafen, hatte Madame bereits eine bewegte Vergangenheit.

1831 in Südrussland geboren. Vater deutschstämmiger adliger Offizier des Zaren; die Mutter ebenfalls von blauem Blute. Mit 17 wurde das Mädchen dem General Blavatzky angetraut, doch aus der Ehe wurde nichts. Die junge Dame zog es vor, die nächsten Jahrzehnte reisend zu verbringen und okkulten und spiritistischen Kräften in Ägypten, Tibet, Japan, Indien und andernorts nachzuspüren. Ihr Leben ist von Rast- und Ruhelosigkeit geprägt. Auch nach der Übersiedlung nach Indien hielt sie es in Madras nicht lange aus. Sie geriet in Verruf okkulter Scharlatanerie, mußte sich gegen diesbezügliche Vorwürfe der Society for Psychical Research wehren und kehrte nach Europa zurück. In Würzburg, Oostende, schließlich in London schrieb sie weiter an ihren Büchern mit Titeln wie „Isis entschleiert", „Die Geheimlehre", „Die Stimme der Stille" und gab theosophische Zeitschriften heraus. 1891 starb Madame 60jährig in London.

Es war die Epoche der Industrialisierung, Gründerzeit, Weltausstellungen und beginnender Globalisierung. Die einen setzten auf Technik und Wissenschaft, die anderen auf esoterische Weltflucht. Die Spannungsbreite reichte von der Entschleierung physikalischer Gesetze bis zum Tischerücken beim Kontakt mit jenseitigen Geistern. Mit der Theosophischen Gesellschaft wurde der Versuch gemacht, beides miteinander zu verbinden und in Weltanschauungen, Ideologien und Religionen keine konkurrierenden Unternehmen zu sehen, sondern das Gemeinsame herauszustellen. Rassen, Kasten, Geschlechter, soziale Herkunft: nichts sollte die Menschen voneinander trennen.

Ich pirsche weiter durch den Park, folge gekennzeichneten Wegen und spüre etwas von der inneren Ordnung der gestalteten Natur. „Silence please", bitten diskret verteilte Schilder diejenigen, die es immer noch nicht begriffen haben sollten. Plötzlich finde ich mich in einem Märchenwald wieder. Banyan-Bäume kenne ich. Unter ihrem weitausladenden Blätterschirm mit den seltsam herabhängenden Luftwurzeln ist viel Platz zum Träumen. Sie gelten als Sinnbild des Schutzes und der Geborgenheit. Ficus Bengalensis, so der lateinische Name. Der hier übertrifft alle Vergleiche. Nicht ein Baum scheint es zu sein, sondern eine ganze ineinander verflochtene und verkettete Familie von Banyan-Trees. Ein Hain. Es ist eines der größten Gewächse dieser Art. Über einer Fläche von 59.000 Quadratfuß dehnt sich das Wunder der Natur aus. Auf mehr als 400 Jahre wird sein Alter geschätzt. Die Hinweistafel verrät, daß sich in seinem Schatten schon häufig Mitglieder der Theosophischen Gesellschaft zu anregenden Gesprächen einfanden: „The centre of many notable gatherings." Verwunschen ist der Ort, geheimnisvoll das Dämmerlicht im Blätterwerk. Der Wind läßt es wispern und raunen und rauschen.

Dann hinter Bäumen ein herrschaftliches Haus, eine weiße Villa mit hohem Eingangstor, überdacht für die Einfahrt einstiger Pferdegespanne. Kein Diener in Sicht. Niemand, der mich wegscheucht oder willkommen hieße. Schläfrig die Atmosphäre, oder sollte ich sagen: gespenstig? Ich meine, Schemen nachzuspüren. Irgendwas und irgendwem von vorgestern. Ist Madame wirklich schon so lange tot? Die Lobby im Hauptgebäude, einem von Säulen getragenen Saal ähnlich, wird zur cremefarbenen Offenbarung. Lichtdurchflutet in freundlichem Weiß und zartem Pink tut sich da eine Welt auf, bei der der Besucher in ein Hochgefühl gerät und den wehmütig-hoffnungsvollen Seufzer in der Brust spürt: Ach, es könnte so schön sein... Ich begegne vertrauten Figuren. Beim erstaunten Rundumblick treffe ich so ziemlich alle an, die seit prähistorischen Zeiten zu ergründen suchten, was das Innerste der Welt zusammenhält und mit Religionsstiftungen ihre Erkenntnisse einbrachten in Systeme, Machtapparate und Herrschaftsinstrumente und Volksfrömmigkeit. In leiblicher oder symbolischer Gestalt halten sie hier eine Versammlung der außergewöhnlichen Eintracht ab. Altägyptische Götter wie Osiris sind ebenso dabei wie Orpheus aus dem antiken Griechenland und Mithra aus dem frühen Rom. Da ist Quetzalcoatl aus Mexiko zu sehen, dort Ashtaroth aus Babylon, in der Nachbarschaft Sarasvati, die hinduistische Göttin der Weisheit, ein Shinto-Zeichen. Zarathustra, Laotse, Konfuzius erscheinen wie alte Bekannte. Buddha ist dabei, Mahavira, der Begründer des Jainismus, selbstverständlich Jesus, und mit einem Koranvers ist der Islam einbezogen. Erhaben im Geist und angeregt von so vielen Großen wandele ich über glänzende hellbraune Kacheln durch die Menschheitsgeschichte mit dem immer wieder neuen Anlauf, diesen Globus für seine Bewohner erträglich zu gestalten. Keine Religion steht über der Wahrheit: „There is no Religion higher than Truth." Der Wahlspruch der Theosophischen Gesellschaft zieht sich als Zeichen an der Wand über allem hin. Die Botschaft der Toleranz schwebt wie ein stummer Hochgesang der Menschenfreundlichkeit in der offenen Räumlichkeit der Halle. Eine zur musealen Kultur geronnene Ode an die Freude.

Ja doch, die Welt ist nicht so. Aber sie wäre ja noch ärmer und dunkler, wenn es nicht zu allen Zeiten ein paar Menschen gäbe, die an das universelle Gemeinsame glaubten. Was sie tatsächlich für dessen Verwirklichung tun, wie lebendig ihre Toleranz wirklich ist, wie ehrlich ausgestreckt die Hand, dem Nächsten zu helfen – es bleibt auch bei dieser Gesellschaft umstritten. Eine Tafel führt mehr als 50 nationale Gesellschaften in aller Welt auf, die mit dem Hauptquartier in Chennai verbunden sind. Im Organisatorischen und in den Streitigkeiten der Nachfolger haben auch edle Vorhaben stets ihre Grenzen. Im Namen der Theosophie gab es Konkurrenz, Konflikte, Abspaltungen. Weitere derartige Gesellschaften haben nun ihre Zentren in den USA.

Bis zu seinem Tode führte der Ex-Oberst Olcott die Gesellschaft von Madras aus. Draußen im Park erinnert ein Monument an den Platz, wo seine Leiche am 17. Februar 1907 verbrannt wurde und seine baldige Wiederkehr erwartet wird: „On this spot his body was given back to the elements by fire … may he soon return."

Das Präsidentenamt übernahm nach ihm eine Frau, die ebenfalls zu jenen suchenden Frauen aus dem Westen gehörte, die sich von Indien und seinem Geist unwiderstehlich angezogen fühlen: Annie Besant. In der Lobby stellt ihre Büste eine warmherzige Frau dar. Anders als Madame Blavatzky, die – so heißt es – in ihren Armen starb, steht Annie Besant für Kontinuität und Bodenständigkeit. Eine Kämpferin, die sich auch aktiv in die indische Unabhängigkeitsbewegung einmischte. Bis zu ihrem Tode 1933 war sie Präsidentin der Gesellschaft. Verschlungen auch ihr Lebensweg. Sie wurde 1847 in England geboren, verarmte jung, machte sich früh frei von religiösen Fesseln, bekannte sich zum Atheismus, stritt für die Rechte der Frauen und Geburtenkontrolle, als dies noch gesellschaftliches Tabu war, eine Rednerin von Rang. 1887 lernte sie in London Madame Blavatzky kennen und wurde Mitglied der Theosophischen Gesellschaft. Als sie Olcotts Nachfolge antreten sollte, nahm die streitbare Frau gern und sehnsuchtsvoll die Gelegenheit wahr, das – wie sie es empfand – „barbarische England mit dem zivilisierteren Indien" zu tauschen. Dem neuen, unabhängigen Indien galt ihr Tun, und deshalb bestraften die britischen Behörden sie während des Ersten Weltkriegs mit Internierung. Mit Annie Besant verbindet sich am spektakulärsten und prominentesten der theosophische Bezug zur gelebten und erlittenen Politik, zur Einmischung in gesellschaftliche Prozesse. Sogar ein Mahathma Gandhi erwies ihr seine

Hochachtung und erinnerte sich bei ihrem Ableben an ihre Ausstrahlung, die ihn als jungen Mann in seinen politischen Ansichten inspiriert habe.

In der ehrwürdigen Halle mit der erhabenen Vereinigung religiöser Geister und epochaler Denker ist der große Wurf spürbar. Aber es scheint nur noch eine Kulisse von gestern zu sein. Jedenfalls kann ich mich des Eindrucks nicht erwehren. Die kleine alte Dame widerspricht. Aus dem Hintergrund der Geschichte ist sie gekommen, als habe sie sich gelöst aus deren Schatten. Nein, wahrlich kein Gespenst. Lächelnd bietet sie an, auf den weißen eleganten Korbstühlen Platz zu nehmen. Zart ist sie, liebenswert, mitteilsam. Sie stammt aus Neuseeland. In den 1970er Jahren kam sie mit ihrem Mann erstmals hierher an die Ufer des Adyar, war von der Theosophischen Gesellschaft angetan, kehrte immer wieder zurück. Seit ihrer Pensionierung vor sechs Jahren leben sie und ihr Mann nun ständig hier und bewohnen eines der verschwiegenen Häuschen in den grünen Weiten des Parks.

„Es gibt keinen besseren Platz zum Leben", sagt sie sanftmütig, und ich nehme ihr diese Bekundung ab. So ganz anders als jene ältere indische Ordensschwester, die ich in diesen Tagen da oben auf dem Thomas-Hügel nach Informationen befragte und die mich barsch und hölzern abkanzelte, uneins offenbar mit sich und der christlichen Welt. Die Dame aus Neuseeland wirkt so, als habe sie den Hafen ihres Daseins gefunden, ausgeglichen und angekommen für immer. Sie gehört nun zu den Mitarbeitern, die neugierigen Besuchern, wie ich einer bin, von der heutigen Theosophischen Gesellschaft erzählen.

„Wie viele Mitglieder gibt es denn weltweit?"

Sie rechnet nach, zieht eine Broschüre zu Rate und sagt: „So etwa 35.000."

„Gibt es Probleme beim Nachwuchs?"

Leichtes Kopfnicken. „Ja, eine gewisse Überalterung der Mitglieder ist festzustellen."

„Hat sich eine Gesellschaft mit derartig originellen Protagonisten der Vergangenheit nicht überlebt, ist sie nicht gefangen in der eigenen Geschichte, längst ihr eigenes Denkmal?"

Entschiedene Abwehr. „Aber nein, unsere Prinzipien sind zeitlos und stets neu zu erleben", sagt sie und blickt mich ermunternd an, „wir betreiben soziale Projekte für Arme. Wir helfen Unterschichtskindern."

Ich lehne mich zurück in den Rotansessel, lausche den Worten, die fast ein wenig nach moderner Rechtfertigung klingen, lasse den Blick schweifen in der Runde der Religionen und gebe mich gern der Illusion hin, hier vereinten sich Osiris, Shiva, Buddha, Christus, Allah und all die anderen Deuter und Lenker des Universums in konfliktfreiem Bunde. Wo sonst als in Indien könnte dieses Gipfeltreffen stattfinden? Wenigstens einen Nachmittag lang.

Fundamente, Felsen und Figuren

Rajan hat einen winzigen Laden mit Blick zum Meer. „Rolling Stones“ steht an der Tür. Das ist wörtlich zu verstehen. Mit Steinen haben fast alle etwas zu tun in Mamallapuram, das auch Mahabalipuram genannt wird. Steine herauszubrechen, zu formen, ihnen göttliche Gestalt zu geben, hat an diesem Ort an der Coromandelküste südlich von Chennai eine Tradition von mehr als eineinhalb Jahrtausenden. „Setz dich zu mir“, sagt Rajan, „dann kann ich weiter arbeiten und wir können miteinander reden.“

Ich hocke mich auf den Boden und schaue dem Künstler zu. Er hat die Beine angewinkelt, sitzt da wie ein Buddha und hält in der flachen linken Hand den grünmatten Stein. Mit dem Stichel in der Rechten schnitzt und schabt und schürft er Linien. Das Material erscheint weich und leicht. Ein Speckstein? Rajan lacht. „Aber nein. So was gibt es hier nicht. Das ist Marmor und sehr hart.“ In seinen Händen schält sich ein Gecko heraus, lebensgroß, langschwänzig in eleganter S-Form, täuschend echt wie ein solches Mücken fangendes Mini-Krokodil, das auf der Lauer liegt. Rajan befeuchtet seinen Zeigefinger mit der Zunge und streicht über das stumpfe Steintier. Es leuchtet smaragdglänzend auf und wirkt so geschmeidig, als wolle es dem Stichel quecksilbrig davon schlüpfen.

Ich mache bei meinen Streifzügen durch Mamallapuram gern Rast bei Rajan. Er ist einer von Hunderten, die hier Steine in eigenwillige Gebilde verzaubern. Schon Rajans Vater war damit beschäftigt. Er hatte sein Handwerk am hiesigen staatlichen College für Skulptur und Architektur gelernt, das den Ruf des historischen Ortes in den 1950er Jahren wiederbelebte. An der Hauptstraße wurden dessen Ateliers in ein Museum verwandelt mit einem wahren Ramschladen von Kitsch und Kunst.

Einige Kilometer weiter an der Küste wird nun in modernen Gebäuden die gegenwärtige Generation von Studenten ausbildet. Rajans Vater starb früh; und so muß sich der Sohn um die Familie kümmern und das an Fingerfertigkeit vervollkommnen, was er dem Vater abgeschaut hat. Rajan ist 33 Jahre alt, verheiratet und hat eine kleine Tochter. Der künstlerische Umgang mit Steinen scheint an diesem Ort eine tief verwurzelte Begabung zu sein. An jeder Straßenecke, in jedem Hinterhof, in jedem Winkel wird gehämmert, geschliffen, gefräßt, gemeißelt. Es staubt. Das monotone Plinkplinkplink des Aufeinandertreffens von Metallwerkzeugen und Steinen tönt bis in den späten Abend durch die Gassen und liegt wie ein Klangteppich über dem Ort. Man wähnt sich auf einer allgegenwärtigen Baustelle.

Aber längst wird hier nicht mehr technisch ausprobiert, was Könige und Brahmanen an Tempelformen und Gebetshöhlen stilprägend in Auftrag ga-

Steinschnitzer Rajan.

ben, sondern in Serie zurecht gehauen und produziert, was Touristen im Handgepäck mitnehmen können.

Rajan erzählt mir mit sanfter Stimme von der Konkurrenz, ohne von seinem Stichelwerk aufzuschauen. „Jeder versucht, am Geschäft teilzuhaben. Unser Ort hat sich sehr verändert. Innerhalb weniger Jahre sind viele neue Hotels gebaut worden. Da am Strand die teuren Resorts. In den Hütten wurden Gästezimmer eingerichtet. Restaurants. Wechselstuben. Boutiquen überall. Na, du siehst es ja selbst."

Mamallapuram, in den älteren Reiseführern noch als idyllisches und ruhiges Fischerdorf gepriesen, hat sich ebenso auf den Müsli-Bedarf der Rucksacktouristen eingestellt wie auf die kostspielige Ayurveda-Körperpflege und die klimatisierten Luxusbungalows der anspruchsvollen Touristen. Ost und West sind hier in Nord und Süd getrennt. Alle Einrichtungen, die der westliche Tourist begehrt, findet er im nördlichen Teil des Ortes. Die einheimischen Touristen, in Großfamilien anreisend, aus gecharterten Bussen stolpernd, mit überladenen Autos unterwegs, treffen sich in Scharen an den südlichen Partien. Dort wagen sie sich bis zu den Knien ins Wasser, lassen die Kinder auf Pferden reiten und übersäen den Strand mit Abfall.

Rajans Laden am Ende der Stichstraße zum nördlichen Strand ist vergleichsweise bescheiden. Ein kleiner Raum, eine Glastür. Im Angebot hat er auch ein paar historische Fotos. Auf einer vergilbten Abbildung erkenne ich den jungen Nehru mit seiner Tochter, ein Backfisch noch; aus schwarzen Augen blickt Indira ernst, sehr ernst in die Kamera, wohl kaum ahnend, daß sie einmal in turbulenten Zeiten das Staatsruder übernehmen und indische Geschichte schreiben würde. „Touristen mögen so etwas", sagt Rajan leichthin. Ansonsten deutet er auf die Frösche, Buddhas, Kettchenanhänger in Form von Kreuz, Ohm-Symbol und verschlungenen Kreisen. Aller Betrieb spielt sich im Freien ab.

„Man muß vielseitig sein", beschreibt Rajan seine Geschäftsidee, „die Saison ist kurz. Von Dezember bis März drängeln sich hier die Massen. Danach läßt sich kein Fremder mehr blicken. Ich jobbe dann für große Steinmetzbetriebe. Im Juli, August ist noch mal Saison. Davon kann man hier nicht leben. Ich arbeite auf Bestellung für einen Großabnehmer in England." Liebevoll prüft er den Gecko, pustet letzte Staubkörnchen weg und entläßt das steinerne Tier ins Regal des Lädchens. „Wenn du einen besonderen Wunsch hast, erledige ich das. Was nicht auf Lager ist, wird gemacht", sagt er unaufdringlich und empfiehlt: „Einen tanzenden Shiva oder einen Ganesha oder vielleicht eine Lampe mit Brahma, der nach vier Seiten schaut."

Ich entscheide mich für einen Anhänger in Form des Ohm-Zeichens, das mich stets an eine „30" erinnert. Größere Belastungen will ich meinem Rollsack nicht zumuten. Gerade in Mallapuram hat er die Gummibereifung des linken Rades verloren. Nun holpert das Behältnis etwas weniger glatt hinter mir her. Ich hoffe, der vertraute Begleiter so vieler Reisen wird mich nicht im Stich lassen, der praktischen Mobilität und erprobten Zuverlässigkeit wegen. Es ist doch seltsam, wie einem ein solcher Gegenstand zum handlichen Gefährten werden kann, dem die Sympathie wie einem Partner gilt. Wie weiland Robert Stevenson mit einer Eselin in Frankreich durch die Cevennen wanderte und ihrer dankbar gedachte, so ist mir der schwarze Rollsack zum Inbegriff des Aufbruchs, Weiterziehens, zum unverzichtbaren Helfer bei der Entdekkung der Freiheit geworden: niemandem Rechenschaft über das jeweilige Ziel abgeben zu müssen, keinen Termin verpflichtend im Blick, Neigungen folgen zu können. „Ooaaam", sagt Rajan freundschaftlich und überreicht mir das kleine rote runde Ding aus poliertem Marmor.

Ruth gesellt sich dazu. Man kennt sich. Sie ist Israelin und läßt sich von Rajan ein paar Handgriffe zeigen. Geschickt schnitzt die junge Frau an einem steinernen Fischchen. Vergnügt und ganz vertieft. Die zurückliegenden zwei Jahre hat sie anderes tun müssen, als friedlich an einem Stück Stein herumzubasteln. Es ist ihr anzumerken, wie sehr Abstand und Vergessen geradezu gewollt sind. Zusammen mit anderen jungen Landsleuten macht Ruth hier Ferien. Weit, weit weg von Israel. „Es ist wie im Paradies", schwärmt die junge Frau und lächelt entspannt. Sie hat ihren Militärdienst abgeleistet. Nur ausweichend und widerwillig hatte sie davon erzählt. „Was Sie in den Nachrichten von den Kriegsereignissen erfahren, ist doch nur das Spektakuläre", hatte sie gesagt und den Kopf geschüttelt, „von den alltäglichen Greueln, von dem ständigen Druck, unter dem wir leben, erfahren Sie nichts. Was wir Mädchen als Soldaten durchmachen, ist schon schlimm genug. Den Jungen ergeht's noch ärger. Leben mit der Gewalt. Wir jungen kennen doch nichts anderes als Krieg. Ach..." Sie wollte keine Einzelheiten berichten, sie wollte gar nichts mehr sagen.

„Sehr schön", lobt Rajan das Fischchen, das in ihren Fingern erwacht. Sie freut sich. „Wir haben eine Passage zu den Andamanen-Inseln gebucht", teilt Ruth mit, „das Schiff fährt von Chennai aus. Man braucht eine Sondergenehmigung." Ihre Reise geht also noch weiter, noch weiter östlich, tagelang mit dem Schiff unterwegs. Noch weiter weg von Israel und dem Krieg. Vorübergehend.

Am Strand liegen Dutzende der sturmerprobten Fischerboote, die aus Vierkantbohlen zusammengebunden, einem gestreckten Floß ähnlich sind, grau, verwittert, robust; fünf Meter lang, vorn und hinten nach oben gebogen, unsinkbar. Anders als die farbig gestrichenen Boote mit elegant geschwungenem Bug wirken sie plump und lassen an die Anfänge der Seefahrt denken, an frühe Versuche der Küstenbewohner, sich dem Wasser anzuvertrauen und den Wellen zu trotzen. Die massiven Balkenboote könnten entfernte Verwandte der Arche Noahs sein. Oder sind es die ausgeblichenen Skelette an Land verendeter vorsintflutlicher Meerestiere?

Auch der Blick nach rechts zu den beiden Dreiecken der kleinen Tempel schweift in archaisch-zeitlose Gefilde. Auf einem flachen Felsvorsprung ragen sie übers Ufer, aus der Ferne zwei schwärzlichen Segeln gleich, das eine etwas größer als das andere, starr und standhaft wie eine Botschaft des Beharrens vor der ewigen Ruhelosigkeit des anbrandenden Meeres. Ich gehe auf den spannungsvollen Kontrast zu, wandere über weichen gelben Sand, der nachgibt bei jedem Schritt und zur gemächlichen Annäherung zwingt.

Zwei Urformen des Universums sind da aufeinander bezogen: Bewegung und Beständigkeit. An den Felsbrocken wühlt das Meer und wälzt sich mit weißen Schaumkronen gegen den Widerstand, sich endlos verändernd, nicht eine Sekunde Stille haltend; und darüber auf festem Grund künden die beiden Tempel in steinerner Statik von der Unerschütterlichkeit göttlicher Ordnung, wie sie Menschenhand zum Ende des 7. Jahrhunderts dergestalt manifestierte und zeitgenössische Wissenschaft restaurierte. Jüngst sind die Fundamente neu befestigt worden und trotzten sogar Tsunami. Man muß kein gläubiger Mensch sein, um von diesem Bild an einer Berührungslinie von Ozean und Kontinent begeistert zu sein. Auch der Zweifler ahnt etwas von der Halt gebenden Kraft, die von diesen Bauwerken ausgeht, aus massivem Sandstein aufgetürmt. Es sind klassische Beispiele der späten Pallava-Architektur. Herausragend waren sie stets auch im optischen Sinne, nämlich nautische Orientierung für all die Fischer und Seefahrer da draußen in den Weiten der Wellen. Den Menschen an Land sind sie noch heute Orte der religiösen Innerlichkeit und devoten Kultes. Der Haupttempel, nach Osten hin ausgerichtet, ist Shiva geweiht, und die aufgehende Sonne erwärmt, belebt, bestrahlt den ihr dargebotenen schwarzen Lingam. Sechzehnkantig, oben abgesplittert, steht Shivas Zeichen in düsterer Erhabenheit, Pfahl der Macht, Sinnbild unerbittlicher Herrschaft. Von Monsunschauern und Gezeiten gerundet sind die Reliefs, die Konturen von Elefanten, Löwen und Gesichtern nur noch zu ahnen, Runzeln in uralter Steinhaut. Eine Herde von Hunderten steinerner Buckel-Stiere lagert im Umkreis der Tempel, Nandi genannt, das Reittier des Shiva. Ergeben bewachen sie das Heiligtum.

Im Dämmer einer Nische zwischen den beiden Tempeln mit den pyramidenförmigen Dachkronen ruht Vishnu auf der Weltenschlange, völlig entspannt im Schlaf, den das kleinliche Gezänk der Erdenbewohner, auch in ihrer Eigenschaft als Touristen, nicht zu stören vermag. Er wird nicht eher aufwachen, bis seine Zeit gekommen ist, bereit, in neuer Gestalt einzugreifen in die Geschicke. Wie ein fernes Gewitter grollt die Brandung ins Innere der Tempel, das Echo sich austobender Kämpfe; und wieder überkommt mich das Gefühl, in die Auseinandersetzung von Tat und Versenkung geraten zu sein: Spannung und Entspannung im unaufhörlichen Wechsel. Abermals ein atemberaubendes Beispiel, was Indien aus Steinen zu schaffen fähig war. Wahrlich wert, von der UNESCO als Weltkulturerbe ausgezeichnet zu sein, wie es das Schild am Eingang dokumentiert.

Zwanzig Minuten Fußmarsch südwärts. An den Werkstätten gehe ich vorbei, in denen die Skulpteure fleißig bei der Arbeit sind, jedoch nur noch die Modelle von vorgestern nachahmen. Zu Hunderten kopieren sie das Werk der Vorväter. Götterstandbilder in allen Größen und Preislagen, Winzig-Mitbringsel für zu Hause gebliebene Nachbarn, Riesen-Figuren zur Ausstattung von Tempeln. Da entsteht nichts Neues mehr, obwohl die lärmende Geschäftigkeit die Vorstellung vermittelt, hier werde ein gewaltiges Bauwerk errichtet. Jedes Stück ist solide handwerkliche Arbeit. Doch es fehlt der Geist, der ehedem das Tun beflügelte. Nichts scheint an kreativem Elan übriggeblieben zu sein, der hier epochale Meisterwerke schuf und offenbar ein Experimentierfeld befruchtete, das noch immer zu besichtigen ist wie ein Freiluftmuseum der schönen Künste.

Dreierlei war hier vereint, was eine einzigartige Verbindung von Macht, Geschäft und Kult erlaubte: ein Herrscher, die günstige Lage und die eigenartige Bodenbeschaffenheit. Der Ort ist nach dem Pallava-König Narasimhavarman I. benannt, der den Beinamen Mamalla trug: der große Kämpfer, Ringer. Er regierte von 630 bis 668, ließ an diesem Küstenabschnitt einen Hafen bauen, überfiel von hier aus mit seiner Flotte Sri Lanka, machte reiche Beute, sorgte für die Bewässerung des Hinterlandes und investierte in Tempelanlagen. Aber nur die beiden Heiligtümer am Strand und ein weiterer kleiner Tempel sind – von dem, was geblieben ist – aus einzelnen Steinen gebaut worden. Was Mamallapuram als Besonderheit bietet, sind die in die Felsen geschlagenen Reliefs, die Felshöhlen und die aus herumliegenden Felsen geformten Tempel. Im Abstand zur Küste zieht sich eine Hügelkette entlang, deren graue Granitbuckel aus dem Schwemmland ragen, gestrandeten Walen gleich. Überall sind die Brocken zu sehen, von Wind und Wettern geglättete gigantische Kiesel, bis zu einigen Metern hoch, aberwitzig wie von Dämonenhand aufs flache Land geschleudert. Jeder Stein muß eine Herausforderung gewesen sein. An keinem, so der heutige Eindruck, konnte ein Handwerker zu Mamallas Zeiten vorübergehen, ohne mit seinem Meißel zuzuschlagen und sich als Gestalter zu bewähren. Das überlieferte Ergebnis sind vierzehn Höhlentempel, vier bearbeitete Felswände und diese Sammlung von fünf Rathas, denen ich mich nun nähere.

Ratha werden die hölzernen Tempelwagen genannt, die für die rituellen Ausfahrten benutzt werden, aus Holz gebaut, mit üppigen Schnitzereien geschmückt. Ratha ist hier nur eine Bezeichnung aus späterer Zeit, um die fünf seltsamen Monolithe zu benennen, die da wie eine Musterkollektion von Tempelbauten auf engstem Raume nebeneinander stehen. Allesamt sind sie aus einzelnen Felsbrocken geformt, wie sie der Zufall in der Landschaft plaziert hatte. Jeder ist anders, mit Gewölben, Stupas, Tonnen versehen, doch keines der bis zu fünf Meter hohen Bauwerke hat Innenräume, alle sind nur äußere Form, die den Steinen gegeben wurde. Deshalb liegt die Deutung nahe, es handele sich um Übungsstücke, um Konzepte, Prototypen, um Modelle: Versuchsobjekte einstiger Kunststudenten.

Die Tempel erinnern an eine Fertighaus-Ausstellung unserer Tage. Tempel als Musterkollektion zur Auswahl für Bauherrn und Stifter. Soll es diese Version sein mit glattem Runddach, der Grasbedeckung einer Dorfhütte nachempfunden? Oder die aufwendigere Art mit Stufenpyramide? Sind figürliche Darstellungen erwünscht? Oder abstrakte? Es ist phantastisch. Hier wurden Stile ausprobiert in unvollendeter Vollendung. Mittendrin ein lebensgroßer Elefant, der einem Löwen den Rücken kehrt, auch er aus Stein. Es ist, als sei das Gelände nur vorübergehend verlassen worden, als müsse bald weitergewerkelt werden. „Work in progress“ könnte die Inschrift der imaginären Tafel lauten, die neugierige Besucher abhalten soll – genauso wie an vielen der heutigen Baustellen Indiens, die zwar weniger kunstfertig und stilprägend als die fünf Rathas sind, aber ebenso brach daniederliegen und offenlassen, wann es denn weitergeht mit der ambitionierten Arbeit. Ob auch hier das Geld zur Fertigstellung ausging, Fehlspekulation das Werk unterbrach oder ob der königliche Auftraggeber die Lust daran verlor? Wir wissen es nicht und bewundern eine großartige Versuchsanlage des 6. Jahrhunderts.

Welche Experimente der Hightech-Industrie unserer Tage nur wenige Kilometer weiter südlich ablaufen, bleibt hinter Stacheldraht, Mauern, Wäldern und einem weiträumigen Absperrgebiet verborgen. Blaue Tafeln an den Straßen außerhalb von Mamallapuram geben immerhin diese richtungsweisende Auskunft: „Government of India. Department of Atomic Energy. Indira Gandhi Centre for Atomic Research & Madras Atomic Power Station Kalpakkam.“ Und damit kein Mißverständnis aufkommt, als Zusatz: „Entry restricted.”

Ungebetene Besucher abhalten soll Ali mit seinem schießbereiten Gewehr. Gelangweilt hält er Ausschau am Unterstand vor einem der Nebentore, den Lauf auf Sandsäcke gestützt. Am Uniformkragen prangt das Atomium-Zeichen, das ihn als Wachmann mit besonderen Aufgaben kennzeichnet. Sympathisches Gesicht. Seine dunklen Augen mustern mich mit Neugier. In der professionellen Abwägung meiner Person als Risikofaktor wird offensichtlich meine Harmlosigkeit durchschaut. Ich werde mit freundlicher Mitteilsamkeit begrüßt. Ein Schwätzchen zu halten mit dem daherradelnden Weißgesicht scheint ihm willkommene Abwechslung zu sein. Nicht ich muß ihm meinen Ausweis präsentieren; er zeigt mir den seinen mit Bild und Geburtsjahr 1972, als wolle er mich von seiner amtlichen Existenz überzeugen. In Geschwindversion vernehme ich eine Lebensgeschichte. In Hyderabad geboren, Muslim. Er wohnt mit seiner Familie hinter der Mauer im Hochsicherheitstrakt vermeintlichen Fortschritts, wo 15.000 Menschen beschäftigt sind: die einen wie Ali schirmen hermetisch vor der Außenwelt ab, was die anderen da drinnen an technischer Erkenntnis und Errungenschaft austüfteln. Ein paar Steinwürfe von Mamallas Tempeltestgebiet entfernt und von außen unsichtbar verbirgt sich das moderne Indien mit seinem Atomstrom und seinen Atombomben und Atomgeheimnissen. Ob damit das Leben der kleinen Leute heller und sicherer gemacht wird, darf bezweifelt werden. Ali lobt Deutschland, weil dort seiner Meinung nach der Fortschritt allen zugute komme. Ich kann dem nicht voll zustimmen, erkläre ihm aber, daß praktische Vernunft in Deutschland wenigstens den Wahnsinn des Atombombenbauens verhindert habe. Bislang jedenfalls.

Das Fischerdorf in unmittelbarer Nähe von Alis Unterstand wird von keiner Stromleitung erreicht. „Elektrizität können wir uns gar nicht leisten", sagt mir einer der Männer, der schwarz wie Kohle ist und kräftig zupackt. Während stundenlanger Gemeinschaftsschufterei wird das Hunderte von Metern in offener See treibende Schleppnetz eingeholt und ans Ufer gezogen. Eine Gruppe von Männern stemmt sich an einem Ende des Seils in den Sand, eine Gruppe am anderen. Vermutlich wurde mit dieser Fangtechnik schon gefischt, als die ersten Meißelschläge erklangen, um den seltsamen Granitbrocken an dieser Küste das Antlitz Shivas zu entlocken.

Wo Ganga in die Tiefe stürzt

Ein grandioses Durcheinander. Zuerst denke ich an den Höllensturz der Verdammten, an Vernichtung, Strafe, Untergang. Alles scheint in die Tiefe zu gleiten, in Abgründen zu verschwinden, von einem Schlund aufgesogen zu werden. Sünder im freien Fall. So kann es das westliche Auge sehen und abendländische Kulturerfahrung deuten. Mit solchem Oben und Unten sind wir aufgewachsen; und mittelalterliche Kirchenbilder teilten Gut und Böse auf diese Weise ein. Doch die beiden lebensgroßen Elefanten und sechs kleinere in ihrem Gefolge passen nicht in mitgebrachte, verinnerlichte Bilder christlich geprägter Weltanschauung. Und alles andere selbstverständlich auch nicht. Vor mir offenbart sich Indien. Siebenundzwanzig Meter breit, neun Meter hoch. Was üblicherweise „Arjunas Buße" genannt wird oder auch „Herabkunft der Ganga" zieht sich räumlich über nahezu 250 Quadratmeter hin und sprengt geistig wie künstlerisch alle Grenzen. Ich stehe vor einem der größten Basreliefs der Welt und spüre den wohligen Schauer, den die genialen Werke aller Kulturen auslösen. Spontan wie eine Urgewalt.

Die berühmteste Felswand von Mamallapuram leuchtet im morgendlichen

Sonnenschein. Das klare Licht meißelt die Konturen des Reliefs nach und gibt den Flach-Figuren eine plastische Rundung, die fast vergessen läßt, daß sie nicht im freien Raum agieren, sondern dem Stein verhaftet bleiben. Zu dieser Tageszeit treten die Akteure der Darstellung derart bewegt in Szene und verändern sich im wechselnden Einfall der Strahlen. Ich gehe mit den Augen auf Wanderschaft in dem verwirrenden Geschehen, das sich nur allmählich in seinen Einzelheiten öffnet und letztlich die eindeutige Erklärung verweigert.

Das in den Felsen gebannte Schauspiel hat als steinernes Bilderbuch zwei Seiten. Von einer natürlichen Rinne, die von oben nach unten verläuft, sind sie getrennt. Doch gerade auf diese senkrechte, trichterförmige Vertiefung im Gestein ist alles ausgerichtet. Von links und von rechts werden die Figuren magisch angelockt. Hunderte in unterschiedlicher Größe. Götter, Asketen, Krieger, Elefanten, Katzen, Affen, Fabeltiere, schwanzpeitschende Löwen, Hähne – alle fliegen, tanzen, schweben herbei. Das gesamte Treiben bezieht sich auf diesen Einschnitt, auf die Schlucht. Dem vermeintlich toten Gestein zum Trotz ist das Zusammentreffen all dieser Wesen von Leichtigkeit getragen. Nicht auf Granit, auf Wolken kommen sie daher. Die Künstler, die solche Bilder aus dem harten Material meißelten, schienen irdischer Schwere zu spotten. Bewegung, alles ist in Bewegung. Und mit welcher Story? Welche Botschaft geht davon aus? Was geschieht? Indien teilt sich stets durch Erzählungen mit, verschlungen und verschachtelt in mehr als tausendundeiner Nacht. Jeder kann sich die ihm genehme Deutung auswählen.

Kann sein, daß hier die Geschichte des büßenden Arjuna zu sehen ist. Der gefeierte Held aus dem Mahabharata zieht sich einsam in die Höhen des Himalaya zurück, hält am Ufer der Ganga, des heiligen Flusses, Einkehr, meditiert und tut Abbitte für seine Schuld im großen Krieg, der den Verwandten und Freunden den Tod brachte. Arjuna stimmt durch jahrelange Entsagung aller leiblichen Freuden den richtenden Shiva gnädig, ihm zu vergeben. Vielleicht ist es Arjuna, der im oberen linken Teil des Reliefs zu erkennen ist. Der andernorts als Muskelprotz und Idol der Frauen dargestellte junge Mann ist hier gealtert. Seine Backenknochen zeichnen sich ab, die Rippen stechen hervor, eingefallen die Augen. Mein Fernglas verhilft zur Nabelschau im wörtlichen Sinne.

Ich werde gestört. Ein armseliger Verwandter des Helden schlurft des Wegs und verharrt zwischen dieser Felswand und mir, der ich gebannt bin vom Anblick. Es ist, als sei der Alte dem Relief entstiegen, so gegenwärtig ist Arjuna als klapperdürrer Greis gestaltet, und so erbarmungswürdig steht nun der kleine verwelkte Bettler vor mir. Eine verblüffende Ähnlichkeit. Ich schaue in getrübte Augen, wässrig und verschwommen, die vermutlich nicht mehr klar erkennen, wer da im Gestein ist und wer vor ihm steht. Freilich, Arjuna entschied sich freiwillig zum Verzicht auf Nahrung und Genuß; der Alte, der mir gewohnheitsgemäß seine nach oben geöffnete Hand entgegenhält, ist Opfer indischer Verhältnisse, die ihn zu morgendlicher Almosentour zwingen. Nicht Gottesdienst treibt ihn um, sondern die Not. Von altüberlieferten Legenden wird er nicht satt, und am Relief, dem einzigartigen, hat er sich womöglich in jungen Jahren schon sattgesehen. Mit fünf Rupees kaufe ich mich mal wieder frei von stummer Anklage und eindringlichem Appell zur Nächstenliebe. Der Alte tappt weiter.

Ich darf wieder den Blick heben. Die Arme über die Schultern gerichtet, das rechte Bein angewinkelt, steht Arjuna auf dem linken. Der Krieger als Asket, müde, ausgebrannt und in Erwartung neuer Kräfte und Waffen aus Shivas Hand. So die eine Version des Geschehens. Aber die andere überzeugt mich mehr, weil sie der Dynamik des Gesamtwerkes entspricht. Gangas Herabkunft auf die Welt der Menschen.

Die göttliche Wassermacht drängt auf die Erde. Doch dem Ansturm ist Einhalt zu gebieten, alles Leben vernichtend wäre die Überschwemmung. Da gibt es Gemeinsamkeiten mit der alttestamentarischen Sintflut, offenbar ein Menschheitstrauma. Tsunami heißt es nun. Shiva muß eingreifen. In seiner Eigenschaft als Retter der Schöpfung läßt er Gangas Fluten durch seine Haare fließen. So wird die Erde befruchtet. Eine mythologische Bewässerungsanlage globalen Ausmaßes. Als gewaltiger Wasserfall durchzieht der Strom aller indischen Ströme das Bild. Nagas mit Menschenköpfen schlängeln sich durch den Schlund, der das Weltenpanorama teilt.

Die vielfältigen Wesen, die da durch die Lüfte eilen, so losgelöst von irdischen Bindungen, beteiligen sich an der großen Feier der Wiedergeburt und stimmen ein in die Hymne an das Wasser. Ganga als kanalisierte Spenderin des Lebens. Das Relief ist von Jubel erfüllt. Die Kreaturen sind zum Feste vereint. Hier kommen physische und spirituelle Energien zusammen. Erde und Himmel sind sich nahe wie nie. Indien preist sich in seiner liebsten Selbstdarstellung. Nein, nicht Höllensturz und Ende irdischer Verfehlung, sondern Anfang und Auferstehung meine ich zu erkennen. Es ist wundervoll anzuschauen. Immer neue Einzelheiten zeigen sich dem suchenden Blick. Die Figuren sind fein modelliert, keine gleicht in der Körperhaltung der anderen. Vollbusige Damen verhüllen ihre Rundungen mit einer Art Bikini. Solche Schamhaftigkeit erstaunt, wo doch oben im Norden, in Orissa und Westbengalen, sehr viel freizügigere Offenheit zu bewundern ist. Die dickbäuchigen Affen ganz rechts wirken altklug. Eine Katze trägt in den Zähnen eine Maus davon. Das alles passiert so frisch und lebensecht wie zur Entstehungszeit vor mehr als dreizehn Jahrhunderten.

Und am Abend wird unter sternenbeglänztem Firmament getanzt. Mamallapuram lädt zum Festival ein. Vor dem Felsszenarium ist eine Bühne aufge-

Ausschnitt der Reliefwand mit Ganga, die in die Tiefe stürzt.

baut, die die Augenweide auf eine weitere Dimension ausdehnt. Alles erwacht zu Leben. Vom nahen Hindutempel scheppert Gebimmel herüber. Auf den Felsen hüpfen leibhaftige Affen und turnen respektlos an Ganga vorbei. Eine Ziegenmutter klettert graziös mit ihren Kindern über das Gestein, das Tanzspektakel unter sich schnöde mißachtend.

Scheinwerfer übertünchen das Ganga-Relief mit Rot und Blau und Grün. Die Figuren im Stein werden zum außerirdischen Publikum, und ihnen gegenüber sitzen als gewöhnliche Sterbliche die angereisten Zuschauer, die sich von aufreizenden Tablas, sehnsuchtsvoller Violine, rhythmischem Gesang und wohlproportionierten Mädchen gefangennehmen lassen. Der Felsen ist nicht nur Kulisse, er ist im wahrsten Sinne historischer Hintergrund. Aus seinem Geist entstammen die Tanzschritte, die Gesten, die beziehungsvollen Blicke großer, rollender Augen. Ein Rausch an Farben und Klang und Körpern. So wurden schon Augen und Ohren von Königen erfreut.

Die Tänzerinnen tragen kunstvoll geraffte Kleider, züchtig zugeschnitten bis zum Hals, Ringe an den Fußknöcheln, Blumen in den Haaren, die als Zöpfe wie Gangas Wasser bis über die Hüften fallen. Nicht vordergründig aufreizend bewegen sie sich, nicht erotisch im Sinne ihrer Schwestern an der Tempelausschmückung von Kornak oder Orissa. Solche weibliche Offenheit ist hier fern. Nicht sinnlich drehen sie sich, wippen, springen, sondern im Spiel der Andeutungen und hinauszögernder Verlockung. Die Tänze haben bei aller Grazilität etwas Elementares, Beschwörendes, Rituelles. Shivas kosmischer Tanz der Erschaffung der Welt und ihrer Zerstörung wird nachgeahmt. Die Finger sprechen eine Sprache der verschlüsselten Mitteilungen, langgliedrig, zum Himmel weisend, gespreizt wie Sterne.

Wie am Vormittag der alte Bettler aus dem Relief zu treten schien, zum Leben erwacht nach überirdischer Beseelung, so tanzen nun auch die Mädchen aus der Gemeinschaft der himmlischen Wesen heraus. Auf geheimnisvolle Weise gerät alles in einen Taumel. Und ist das nicht Sarasvati? Oder Durga? Einer der Tänzerinnen wachsen vier, sechs, zwölf Arme, ganz so, wie wir es von den Göttinnen kennen. Schmetterlingsgleich schweben die Hände, Finger, Arme auf und ab. Die Illusion ist vollkommen, und wenn die hintereinander stehenden sechs Mädchen sich wieder trennen und mit ihren jeweils doch nur zwei Armen den Reigen beenden, ist ihnen stürmischer Applaus gewiß. Die Schwestern von Lakshmi, Parvati und natürlich auch von Kali schweben davon in die sternenklare Nacht.

Leben wie Gott fern von Frankreich

Der Sonnenaufgang über dem Meer ist wie von Turner gemalt, hingehaucht mit feinstem Pinsel. Aber anders als ein beständiges Meisterwerk von ihm aus Öl auf Leinwand, glänzt das Panorama vor mir aus samtblauem Himmel, flaschengrünem Wasser und zerfließenden Goldfäden im Frühdunst der Vergänglichkeit. Ich atme die kühle Luft ein und erlebe zwischen Traum und Tag ein Glücksgefühl, wie es auch auf Reisen nur selten vergönnt ist. Jeden Augenblick mischt sich das verschwenderische Farbenspiel neu. Unwirklich erscheint das Aquarell – aber nicht zeitlos. Ein Kriegsschiff taucht auf am Horizont und kommt näher. Ich erkenne die Kanonen an Bord. Am Heck weht schon von weitem sichtbar die Trikolore. Nicht die indische, grün, weiß, orange, sondern die französische, blau, weiß, rot. Von meinem Balkon im Sea Side Guesthouse an der berühmten Uferpromenade von Pondicherry ist das ein beziehungsvoller Ausblick, der zugleich einen Rückblick auslöst. Von meinem Hochstand aus überfliege ich ein See- und Seh-Stück der Weltgeschichte.

Schon die Römer unterhielten Handelsbeziehungen, die bis hierher reichten. Manche ausgebuddelte Münze zeugt vom antiken Geschäft. Von Südosten kreuzten ein Jahrtausend danach, als das römische Imperium längst zerbrochen war, die Europäer auf, die unter wechselnden Bannern auch an der Coromandelküste herrschend Fuß fassen wollten: missionieren, Handel treiben, politische Macht erkämpfen, regieren über Indien, so die Reihenfolge. Wie oft wohl ist von diesem Ufer aus der Horizont nach Großsegeln abgesucht worden, um möglichst frühzeitig Flaggen erkennen zu können: feindliche? friedliche? Niemanden ließ der Anblick einlaufender Schiffe in der Ferne unbeteiligt. Brachten sie schicksalsträchtige Neuigkeiten, gewinnversprechende Tauschware, lang erwartetes Blei und Schießpulver? Hatten sie Bundesgenossen oder Rivalen an Bord?

Die Portugiesen waren Anfang des 16. Jahrhunderts die ersten, die just an diesem Strand eine Niederlassung einrichteten; es folgten die Dänen, die Franzosen, die Holländer, die Engländer. Erbitterte Futterneider, die sich wie knurrende Hunde um einen Knochen stritten. Die Annalen sind voll der Gemetzel, der Ränke, der Intrigen und der Kanonenschläge. So wie die Kriege im fernen Europa ausgingen, wurden auch auf indischem Boden die Bündnisse geschlossen und gebrochen. Die Dänen hatten in Pondicherry, als es noch ein Fischerdorf war, keine dauerhafte Chance, obwohl sie für einige Jahre das Kantorei-Heft in der Hand hielten. 1672 übernahmen die Franzosen deren Stützpunkt. Die Holländer setzten sich 1693 für sechs Jahre fest. Dann kamen die Franzosen zurück. Gouverneur François Martin besiegelte Bündnisse mit einheimischen Fürsten, verhielt sich einigermaßen friedlich und baute Pondicherry aus. Als Martin 1706 im für tropische Verhältnisse außergewöhnlichen Alter von 72 Jahren starb, lebten hier 700 Europäer und 30.000 Inder. Das Geschäft mit Stoffen und Textilien florierte. Ausdrücklich wird in den Geschichtsbüchern vermerkt: Die Franzosen importierten jährlich Tausende von Fässern Bordeauxwein und andere alkoholische Getränke gallischer Lebensart. Doch dann wollten auch sie zu Höherem hinaus. Das 18. Jahrhundert ist vom Dauerstreit zwischen dem britisch dominierten Madras und dem französischen Pondicherry geprägt. Es ging um die Vormacht in Indien.

Ich kann den Haudegen der Epoche von meinem Balkon aus nicht sehen. Soweit reicht mein Blick zur Rechten entlang der Uferpromenade nicht. Eineinhalb Kilometer verläuft die Prachtstraße parallel zur Küste. Cour Chabrol hieß sie in französischen Tagen, Goubert Avenue wird sie nun genannt oder einfach Beach Road. Am südlichen Ende steht Monsieur Joseph François Dupleix in bronzener Leibesfülle und wallender Perücke auf hohem Betonsockel und blickt hin zum Meer, über das er 1742 hier ankam, um als Gouverneur im Namen des französischen Königs zu wirken. Ein Mann mit politischen Ambitionen und Kriegslust. Er legte sich mit den Engländern an, besetzte zeitweise das Fort St. George in Madras; und wenn er mit seiner Strategie siegreich geblieben wäre und eine wirkungsvollere Unterstützung aus Paris gehabt hätte, wer weiß: Dann würden sich die gebildeten Inder heute nicht mit „How do you do?“ begrüßen, sondern mit „Comment allez-vous?“ Doch es kam anders. Letztlich konnten die Franzosen zufrieden sein, daß ihnen das mehrmals von britischen Truppen in Schutt und Asche gelegte Pondicherry blieb und sie die anderen drei winzigen Küsten-Enklaven halten durften. Ironie der Geschichte: 1947 mußten die Engländer den Union Jack zusammenfalten und den Subkontinent verlassen. Erst sieben Jahre später zogen die Franzosen in Indien ihre Trikolore ein.

Nun kreuzen sie wieder auf. Die Fahne da draußen bereichert das Farbenspiel im Sonnengold. Erstaunlich groß flattert Blau-weiß-rot im Morgenwind. Alle sollen sehen, wer da in indisches Hoheitsgewässer einläuft. La Grande Nation hat nichts zu verbergen. Das graue Kriegsschiff ankert draußen auf Reede. Pondicherry hat schon lange keinen Überseehafen mehr. Der internationale Port von Chennai hat ihm gewissermaßen das Wasser abgegraben. Ein Beiboot wird auf die Wellen gelassen. Ich beobachte, wie weißuniformierte Gestalten von der Fregatte umsteigen. Unter meinem Balkonposten rollt der morgendliche Verkehr wie gewohnt. Niemand scheint durch das Schiff vor der Küste beunruhigt zu sein oder es überhaupt zur Kenntnis zu nehmen. Von See ist kein Eroberer mehr zu befürchten. Diese Gewißheit bestimmt Pondicherrys Gegenwart.

Die vertrauten Autorikschas tuckern im Zweitakt ihre Passagiere durch die maritime Gegend. Gelegentlich fährt ein Ambassador vorbei, weiß und kompakt und wunderbar altmodisch. Indische Beständigkeit auf vier Rädern, so könnte die Kreuzworträtselfrage lauten, die mit Ambassador beantwortet werden muß. Auch die schwarze Limousine bewegt sich mit der ortsüblichen Gemächlichkeit und wirkt so, als sei sie damals vergessen worden, als 1954 die Franzosen ihre Koffer packen mußten. Es ist eine „Traction“, offensichtlich liebevoll gepflegt. Automobiles Frankreich von vorgestern, das einzige Exemplar übrigens, das ich in Pondicherry zu sehen kriege. Sogar im fernen Heimatland hat die viertürige Legende mit den geschwungenen Kotflügeln musealen Seltenheitswert. In klassischen französischen Kriminalfilmen avancierte das Citroën-Modell zum Gangsterauto par excellence. Hier paßt es zum nostalgischen Ambiente. Ein paar Radfahrer treten zeitlupenlangsam in die Pedale. Einzelne Fußgänger flanieren. Ein Straßenkehrer fegt den hier nur spärlichen Schmutz zusammen. Niemand hat es eilig. Zu dieser Stunde geht es auf der Beach Road so unaufgeregt wie im übrigen Pondicherry zu, jedenfalls in dem Pondicherry, das die Franzosen für sich gebaut haben und wo sie Inder nur als Dienstboten oder Söldner duldeten.

Die Trennungslinie rinnt von Nord nach Süd. Der einstige Grand Canal verkümmerte zum schwarzen Jauchebach im Betonbett, aber die damit gezogene Grenze zwischen der Stadt der Weißen, Ville blanche am Meer, und der Stadt der Schwarzen, Ville noire im Hinterland, teilt noch immer Indien von Europa. Solch unterschiedliches Nebeneinander von Architektur und Atmosphäre hat sich an keinem anderen Ort des Subkontinents derart dauerhaft und sinnlich erhalten. Sichtbar, begehbar, spürbar, hörbar, riechbar. Verblüf-

Asterix in Pondicherry.

fend in solchem Wechsel. Auf beiden Seiten des Kanals sind die Straßen rechtwinklig angelegt, mit dem Lineal auf dem Reißbrett gezogen. Eine Stadt geplant von französischem Diktat der Ordnung und vom Ring-Boulevard, der im Norden und im Süden in die Beach Road mündet, zu einem großen Oval zusammengefaßt. Das Weichbild erlaubt keinen Zweifel, wer hier wen unter Kontrolle zu halten gewillt war.

Ich war vom Busbahnhof gekommen, von Westen also, und das heißt: von Indien. Da empfängt einen lärmend Ville noire mit Verkehrsgewühl und Menschenmassen, bunt, aufdringlich, laut. Es wird sinnlos und andauernd gehupt wie andernorts auch. Fast jedes der eingeschossigen Häuser hat einen Laden. Modernisiert sind die meisten, angebaut, farbig gestrichen. Ich vermisse Bäume wie in fast jeder der indischen Städte. Ein lauschiger Platz? Dort Fehlanzeige. So geht's weiter bis zum Kanal. Dann wechselt man die Welten. Mit einem Male ist's leiser, gedämpfter, verhaltener. Weniger Menschen, weniger Verkehr. Das runde Schild mit der rot durchgestrichenen Tute hat Wirkung. In ganz Indien habe ich solch ein Verbot nicht gesehen. Nun sind Straßen nach François Martin benannt, nach Victor Simonel, nach Dumas und St. Louis, heißen Rue Caserne und Rue de la Marine. Die Bibliothek trägt den

Namen Romain Rolland. Es mag ja altbacken klingen und verbraucht, aber in den schattigen Gassen mit Bäumen und herrschaftlichen Häusern scheinen die Uhren tatsächlich langsamer zu gehen – wie die Passanten auch. Selten ein Hund, nirgends eine streunende Kuh zu entdecken. Dementsprechend keine Gefahr, in einen Fladen zu treten. Die sanitären Anlagen funktionieren. Man kann erhobenen Hauptes spazieren gehen.

Ich mache meine morgendliche Runde. Ville blanche ist angenehm überschaubar, und jedes der historischen Gebäude ist in wenigen Minuten zu Fuß zu erreichen. Ich schaue in den schattigen Hof des Lycée Français hinein, nicht etwa ein Museum, sondern unter eben diesem Namen eine renommierte Schule wie ehedem. In einem Stadtpalais mit großem Tor hat die École Française d'Extrême Orient eine Niederlassung, das namhafte Institut archäologischer Forschung. Vor der zartrosa gestrichenen Kirche Notre-Dame des Anges hält Jeanne d'Arc ihr Banner hoch, Frankreichs Schutzheilige. Auf dem kleinen Platz davor vergnügt sich eine Gruppe von Männern verschiedenen Alters, Inder allesamt, mit dem Werfen von silbernen Kugeln aus lockerer Hand. Boules-Spieler. Auch dieser Zeitvertreib paßt selbstverständlich ins Bild. An der weißen, mit Säulen ausgestatteten Fassade der Verwaltung steht „Hôtel de Ville", als sei dies nicht längst eine indische Angelegenheit. Das französische Konsulat unten am Meer strahlt als kompakter Bau mit hohen Mauern unnahbare Autorität aus. In der Nachbarschaft bietet einer der Paläste mit Freitreppen, hohen weißen Fenstern mit hölzernen Läden, herrschaftlicher Terrasse und Palmengarten dem Institut Français edles Domizil. Im Museum, ebenfalls ein ehemaliges Bürgerhaus der großzügigen Raumausstattung, ist das an Stadtkultur mit Möbeln, Leuchtern, Marianne-Büste und Nippes ausgebreitet, was in den Straßen und Gassen drum herum noch so eigenartig gegenwärtig zu sein scheint. Alles von gestern? An einem Restaurant schleppt Obelix seinen Hinkelstein über die Außendekoration, und Asterix lädt ein, gallische Spezialitäten nebst Wein aus dem Burgund zu kosten.

Schwätzchen mit dem Polizisten an der Ecke. Er trägt ein leuchtend rotes Käppi mit schwarzem Schirm, ganz nach französischem Muster und als amtliche Kopfbedeckung nur in den Pondicherry-Städten zu sehen. Er stammt von hier, erzählt mir der junge Mann. Englisch habe er sich selbst beigebracht. Tamil ist seine Muttersprache. Französisch? Nein, das könne er nicht. Er lacht freundlich unter seinem Käppi und streicht sich den gepflegten Schnauzbart mit dem Zeigefinger der rechten Hand. Die Stadtkundigen haben nachgezählt: In Pondicherry als Schmelztiegel der Geschichte und Ort der seit vielen Generationen anhaltenden Zuwanderung werden 55 verschiedene Sprachen gesprochen. Das kulturelle Miteinander gilt als beispielhaft. Ich lobe die Besonderheit des französischen Erbes. Der Polizist nimmt es mit freudiger Gelassenheit hin und verweist auf die Sauberkeit der Straßen. Daß ihm dies erwähnenswert erscheint und offenbar als Unterscheidungsmerkmal zu anderen Städten wichtig ist, findet meine ausdrückliche Zustimmung.

Habe ich mich wirklich so weit vom anderen Indien entfernt? Ich möchte mehr über das heutige Pondicherry wissen und betrete den einzigen Hochhauskasten neuerer Bauart, achtgeschossig aufragend, direkt am Beach Boulevard, ein architektonischer Schlag ins alte Gesicht der Stadt. Chief Secretariat. Die Verwaltungshochburg. Broschüren, Informationen, Auskünfte? Der Pförtner verweist mich in den dritten Stock, Abteilung „Home affairs". Der wachhabende Rotkäppchen-Soldat mit Gewehr nimmt mich fest ins Visier. Ich nicke aufmunternd. Er strafft den Körper und ist verlegen, weil er nicht recht einschätzen kann, wie wichtig oder nichtig dieser Besucher ist. Ich nicke noch mal und deute ein Rührt-euch! an. Seine stramme Haltung sollte bei der nächsten Beförderung berücksichtigt werden.

Das Gebäude, von außen weiß und proper, ist innen auf indische Art von Gebrauchsspuren gekennzeichnet, um nicht solche Vokabeln wie schmuddelig oder schäbig zu benutzen. Drei Treppen hoch. „Home affairs." Ich schaue in einen ausgedehnten Bürosaal. Eng sind die Schreibtische zusammengerückt, emsig arbeitende Menschen hinter Papierstapeln. Mein Eindruck bestätigt sich. Hier ist niemand für nichts zuständig, aber alle sind zum Wohle des Staates vollauf beschäftigt. Ein bebrillter Beamter wehrt ab. Nein, hier gibt es keine Broschüren oder sonstige Informationen. Ich solle ins Touristenbüro gehen. War ich schon. Wegen Umbau geschlossen. Dann doch besser ins Directorate of Informations & Publicity. Klingt vielversprechend. Wo? Eine Straße weiter am Kanal. Treppab. Das Rotkäppchen bleibt in lockerer Stellung.

Nach einigen Hundert Metern linkerhand die gesuchte Behörde. Ein verwahrloster Bau, der an eine Absteige erinnert. Eine Etage hoch. Dämmriger tiefer Raum. Wieder Schreibtische. Ich muß an eine überfüllte Schulklasse denken. Maschinengeklapper. Schweifender Blick. Ein junger Mann hört mir immerhin zu. Dann Kopfschütteln. Nicht das indisch wiegende, sondern das sehr bestimmte, mit dem jemand abgewiesen wird. Keine verfügbaren Informationen über Pondicherry. Aber dieses Département sei doch für Öffentlichkeitsarbeit zuständig, wende ich ein. Er macht mir klar, daß mein Begehr nicht unter die hier verwaltete Kategorie von Öffentlichkeit falle. Es gesellen sich andere Beamte dazu. Mittagszeit. Sie sind auf dem Weg zum Lunch. Einer hat eine besonders gute Idee, mich loszuwerden. Wegen der von mir gewünschten Informationen sollte ich mich an das statistische Amt wenden. Wo? Ich breite den Stadtplan aus. Er tippt nach suchendem Hin und Her, als habe er noch nie solch einen Plan gesehen, auf einen Punkt in einem entfernten Außenbezirk und eilt davon. Ich danke spärlich und kehre erleichtert auf die Straße zurück. Ach, wie freue ich mich, im Labyrinth indischer Verwaltung nicht wirklich nach Wichtigem gefragt zu haben und auch keinen Stem-

Freundschaftsbesuch.

pel brauche oder die Verlängerung meines Visums beantragen muß. Kafka läßt grüßen. Ich habe mich doch nicht weit von Indien entfernt. Was wollte ich eigentlich übers heutige Pondicherry noch erfahren? Zu den Einrichtungen, die ich in Pondicherry nicht aufsuche, gehört das statistische Amt.

An diesem Tag bleibt der trauernde Soldat nicht allein, der am Kriegerdenkmal, beide Hände auf sein aufrecht stehendes Gewehr gelegt, gesenkten Hauptes an die Inder erinnert, die in verschiedenen Waffengängen für Frankreich ihr Leben ließen. Auf weißer Tafel hinter dem eisernen Mann sind die Namen vermerkt. Vier Säulen recken sich als mahnende Finger dem Himmel entgegen. Klinisch sauber ist die Gedenkstätte an der Uferpromenade und üblicherweise verschlossen. Nun sind die Tore geöffnet. In Reih und Glied stehen erwartungsvoll erregte ältere Pondicherry-Inder, die Bäuche gerundet, die Schultern angehoben. Die Veteranen haben sich Krawatten um den Hals gebunden und in dunkle Anzüge gezwängt. An den Jackets klimpern Orden. So um die 30 Mann jener 8.000 Franco-Inder, die in Pondicherry mit einer Gesamtbevölkerung von 230.000 leben, sind angetreten. Einige haben die blau-weiß-rote Schärpe über den Oberkörper gestreift. Französische Marinesoldaten in blendendem Weiß fahren vor. Eine Abordnung der Fregatte, die da draußen auf See ankert. Freundschaftsbesuch nennt man das. Salut. Händeschütteln. Die zivilen Herren mit den militärischen Auszeichnungen fühlen sich sichtlich geehrt. Dann steigt der Generalkonsul aus seinem Dienstwagen. Der Mann trägt eine Sonnenbrille und würde auch in Cannes eine gute Figur machen. Neuerlich Salut. Händeschütteln. Lächeln in dunklen Gesichtern. Verlegenheit und Geschmeicheltsein halten sich die Waage. Vielleicht freut sich der eine oder andere Veteran, daß sein Name nicht auf der Marmortafel zu lesen ist, die der stumme Kamerad in Weltkrieg-I-Uniform bewacht. Kommandos. Strammstehen. Vom Tonband schallt die Marseillaise über die Beach Road. „Aux armes, citoyens..." Dann wird die Trikolore aufgezogen. Die blau-weiß-rote. Wie zu alten Zeiten. Daß ich das erleben darf in Pondicherry...

Mutters Stimme aus dem Jenseits

Das Grau im postkolonialen Pondicherry fällt auf. Viele der Gebäude sind in dieser gouvernantenhaft-betulichen Farbe gestrichen und fügen sich in erstaunlich gepflegtem Zustand in die alten Straßen, offensichtlich vor dem Verfall gerettet. Sie werden genutzt, bewohnt, modernisiert und gehören einem der seltsamsten Unternehmen Indiens: Es ist der Sri Aurobindo Ashram. Über mehr als 200 Bauten und Betriebe verfügt der Ashram mittlerweile in Pondicherry und ist damit zum Großerbe der französischen Hinterlassenschaft geworden. Ohne dieses ganz anders geartete neue Imperium hätte sich die Altstadt in den zurückliegenden Jahrzehnten ihren Charme und Charakter wohl zumindest äußerlich nicht erhalten. Ashram, so lehrt uns das indische Wörterbuch, ist die Wohn- und Wirkungsstätte einer religiösen Gemeinschaft, meist um einen Guru herum entstanden. Sri Aurobindo, der Guru, der Lehrer, ist am 5. Dezember 1950 im Alter von 78 Jahren gestorben – oder wie seine Verehrer sagen: Er hat seinen Körper verlassen. Doch der von ihm um 1910 gegründete Ashram lebt in einer auch für indische Verhältnisse eigenwilligen Mischung aus Yoga und Business ausgesprochen erfolgreich fort. Wie ehedem die Franzosen der Stadt ihren Stempel aufgedrückt haben, so ist nun der Ashram zum omnipräsenten Markenzeichen geworden und geistig wie wirtschaftlich an allen Ecken und Enden gegenwärtig. Man kommt gar nicht umhin, den Ashram-Betrieb zur Kenntnis zu nehmen und neugierig zu werden.

Der eigens von dem Superunternehmen herausgegebene Stadtplan mit seinen darin vermerkten Filialen vervollständigt den Augenschein beim Bummel durch die Straßen. Verzeichnet sind: fünf Informationsstellen, vier Buch- und Medienhandlungen, fünfzehn Gästehäuser und Hotels – auch das von mir so geschätzte Sea Side Guesthouse mit dem maritimen Fernblick wird vom Ashram betrieben; übrigens: Alkohol- und Rauchverbot –, außerdem zwei Reisebüros, eine Bibliothek, drei Bildungseinrichtungen, vierzehn Produktionsstätten für Batik-, Papier-, Parfum-, Textilfertigung, Lederverarbeitung, eine Weberei, Kunstgalerien, des weiteren Restaurants, Ayurveda-Pflege, Erste-Hilfe-Station, eine Druckerei, Lehrwerkstätten. Außerhalb der Stadt werden Farmen und Gärten bewirtschaftet. Etwas vergessen? Meine Aufzählung erhebt nicht den Anspruch auf Vollständigkeit.

Alle Aktivitäten sind auf das Zentrum in der Rue de la Marine bezogen, eine der zum Meer führenden Straßen französischen Zuschnitts. An der Hauswand gegenüber stelle ich wie alle anderen Pilger, Gäste, Touristen, Studenten meine Schuhe ins obligate Regal, reihe mich ein in die Schlange und darf durch das Tor der hohen Mauer treten, hinter der in quadratischer Strenge das gediegene Haus mit Säulen und Veranda und Dachterrasse steht. Der Innenhof ist mit unzähligen Topfpflanzen, Blüten, Sträuchern, Grünzeug tropischer Fruchtbarkeit unter weitausladenden Bäumen ausgestattet und vermittelt fürs erste den Eindruck eines Blumenfachgeschäfts der reichlichen Auswahl. Pondicherrys historische Winkel liegen alle im Windschatten des Weltwirbels und erlauben wohltuendes Durchatmen. Hier aber ist Schweigen angesagt. Obwohl die meisten Besucher indischer Abstammung sind, wird tatsächlich kaum ein Wort gesagt – und wenn, dann nur geflüstert, was manch kritisches unwirsches Stirnrunzeln auslöst. Wo habe ich in Indien solch kollektives Mundhalten schon mal erlebt? Ich kann mich nicht erinnern.

Alle Blicke sind auf den Mamorblock im Innenbereich gerichtet, rechtekkig, bombastisch wie ein hohes, breites Bett, weiß, mit einer verschwenderischen Fülle frischer Blüten bestreut. Sri Aurobindos Grab, Samadhi genannt. Meditations-Atmosphäre. Man setzt und hockt und lagert sich rund um die Stätte des Gedenkens, beugt sich über die kühlen Steine, schließt die Augen. Dem Samadhi gegenüber ist in einem Glaskasten eine Uhr zu erkennen, lautlos zerteilen auch ihre Zeiger die Zeit, doch bei versunkener Nachdenklichkeit und gemeinsamer Vertiefung schleicht sie nur dahin. Sogar die Krähen im Geäst, perplex über solche Stille, halten ihre Schnäbel. Eine knittrige Echse, Kleinstnachfahre der Dinosaurier, lugt neugierig unter Grünpflanzen hervor, beäugt die stummen Menschen und nähert sich ihnen zutraulich, einen langen spitzen Schwanz hinter sich herziehend. Kein Glöckchengebimmel. Kein Brahmanenpriester mit heiligem Wasser. Kein Gesang. Kein schrillendes Handy. Kinder unter drei Jahren unerwünscht. So vieles ist anders im Ashram des Sri Aurobindo.

Stapelweise und vielsprachig, ausführlich und in Kurzfassung, wird in den Ashram-Läden die Biografie des Mannes feilgeboten, der 1883 als aufgeweckter Junge in die Plattenkamera schaut, der 1906 eine von ihm herausgegebene Zeitschrift in Händen hält, dessen Konterfei von 1918 dem katholischen Standardbild des charismatischen Jesus gleicht und der im verklärten Altersantlitz mit weißem Bart und weißen Haaren und jenseitig verschleiertem Blick so aussieht, wie sich unsereiner einen altindischen Weisen vorstellt. Einer der

Devotionalienhandel mit Sri Aurobindo und der Mutter.

wechselvollsten Lebensläufe der jüngeren indischen Geschichte ist zu skizzieren: 1872 unter dem bürgerlichen Namen Aravinda Ghosh in Kalkutta geboren. Vater Arzt. Kindheit und Studien in England. 17 prägende Europa-Jahre, die dem jungen Mann westliche Sprachen und Kulturen vermitteln. 1893 Rückkehr nach Indien. Lehrtätigkeit. Frühe Erfahrungen mit Yoga. Politisches Engagement. 1906 Autor von Artikeln, in denen er als einer der ersten Inder „Svaraj“ fordert, die bedingungslose und absolute Unabhängigkeit seines Landes. Mitglied radikaler Gruppen. Intellektueller Kopf der militanten Untergrundbewegung. Wird von der Kolonialregierung als besonders gefährlich eingestuft. 1908 Verhaftung. Ein Jahr Gefängnis, dann Freispruch. Während dieser Zeit Gotteserlebnis und innere Abkehr von aktiver politischer Beteiligung. 1910 Flucht nach Pondicherry, wo er auf französischem Territorium vor dem Zugriff der britischen Behörden sicher ist. Yoga. Anfänge des Ashrams. Widmet sich ganz religiös-philosophischen Studien, die in der Zeitschrift „Arya“ veröffentlicht werden, Grundlage seines nun ausschließlich bis zu seinem Tode fortgeführten Strebens nach einem neuen Bewußtsein, das er „Overmind“ nennt, das supramentale Bewußtsein, das die Menschheit auf eine neue Stufe der Evolution bringen soll. Ab 1926 völlige Zurückgezogenheit im Obergeschoß dieses Hauses. Nur noch schriftliche Kommunikation mit seinen Schülern. Das Gesamtwerk seiner Aufzeichnungen, die das Ringen um neue Denkkategorien begleiteten, umfaßt 35 Bände. Der französische Literaturnobelpreisträger Romain Rolland nannte ihn „den größten Interpreten Indiens, der die vollkommenste Synthese realisiert hat, die das Genie des Westens und des Ostens wohl überhaupt erreichen kann“.

Im Garten des Ashrams wird Sri Aurobindo in indischer Tradition und volkstümlicher Bereitschaft als Heiliger verehrt. Doch nicht er allein. Daß es diesen Ashram in seiner heutigen Ausdehnung überhaupt gibt, ist das Werk der Frau, die hier am 17. November 1973 im Alter von 93 Jahren ihr irdisches Sein beendet hatte und in einer zweiten Kammer des Samadhi beigesetzt wurde: Mirra Richard, geborene Alfassa, genannt „die Mutter“. Noch ein außergewöhnlicher Lebenslauf. Auch dazu bieten die Ashram-Läden wahre Bücherberge an. 1878 in Paris geboren, Kind türkisch-ägyptischer Eltern. Musisch begabt, Kunsterziehung, Malerin. Als 19jährige die erste Ehe mit Henri Morisset. 1898 Sohn André. Intensives Interesse an spirituellen Fragen und okkulten Phänomenen. Einschlägige Erfahrungen 1905 im algerischen Tlemcen. Scheidung. Neue Ehe mit dem Franzosen Paul Richard, der 1910 nach Pondicherry reist und Sri Aurobindo kennenlernt. So erfährt auch Mirra von dessen Existenz und beginnt eine Korrespondenz mit ihm. 1914 gemeinsame Reise mit Paul nach Pondicherry. Es kommt zur entscheidenden Begegnung mit Aurobindo. 1916 bis 1920 mit dem Ehemann in Japan. Dann kehrt sie endgültig nach Pondicherry zurück, löst ihre Ehe auf und widmet sich ausschließlich Sri Aurobindo und dem Aufbau des Ashrams, dessen Leitung sie 1926 übernimmt und mit all seinen Einrichtungen zu dem macht, was er heute ist. In 17 Bänden sind ihre Reden und Gespräche transkribiert, die auf Tonband festgehalten worden waren. Im vorderen Raum des Gebäudes ist die Mutter in Lebensgröße zu bewundern: mit Kopfhaube und wallenden Gewändern in morbiden Pastellfarben des Art Déco wandelt sie da sehr orientalisch wie eine

Prinzessin aus dem Morgenland: zur Ikone stilisiert. Indien ist ihre Erfüllung geworden.

Vor dem marmornen Samadhi komme ich ungestört ins Grübeln. Das Grabmal markiert zwei Leben, die sich gewöhnlichen Maßstäben entziehen und den Nachfahren unerschöpflichen Stoff für Fragen und Deutungen hinterließen. Sri Aurobindos „integraler Yoga“ ist Forschungsobjekt und individuelle Herausforderung zugleich: die uralte, jeweilig aktuellen Zeitumständen anzupassende Suche nach geistigen Wegen, auf denen sich der Mensch verwirklichen kann. Wo sonst ist der Boden so bereitet dafür wie in Indien, durchtränkt von tiefverwurzelter Weisheit, garniert mit Scharlatanerie und rituellem Rummel. Gerade dem ging Sri Aurobindo konsequent aus dem Wege. Nicht so die Interpreten und Lobpreiser.

Manch einer der Jünger macht es auch dem Gutgläubigen heute nicht immer einfach, ernst zu bleiben. In Mutters Kurzbiografie, die auch in deutscher Sprache von der Sri Aurobindo Society herausgegeben wird, mithin also den Anspruch der Seriosität vermittelt, erhalte ich historischen Nachhilfeunterricht: „Die Mutter konnte aufgrund ihrer okkulten Fähigkeiten Hitlers Wesen bis an die Wurzel durchschauen, und sie erkannte, daß er Kontakt mit einem Asura hatte, den sie den ‚Herrn der Falschheit‘ nennt. … Als Hitler in Europa von Erfolg zu Erfolg ging und in seinem unwiderstehlichen Vormarsch kaum aufhaltbar schien, setzte die Mutter ihre okkulte Kraft ein, um den ‚Herrn der Falschheit‘ zu bremsen, und sie brachte Hitler dazu, die Entscheidung zu fällen, seinen früheren Verbündeten Stalin anzugreifen. Während sich nun die beiden Titanen im Kampfe verflochten, bekamen die Alliierten eine Atempause.“ Was für ein verquollener Quatsch! Auch von Sri Aurobindo heißt es in dem Buch, 2. Auflage 2001, „er setzte hier und da seine Kraft ein, um den Gang der Dinge positiv zu beeinflußen“. Hört, hört! Das bedeutete im Zweiten Weltkrieg beispielsweise: „Sri Aurobindo legte all seine Kraft hinter die Alliierten und insbesondere Churchill. Ein Ereignis, bei dem er speziell seine Hand im Spiele hatte, war die erfolgreiche Evakuierung von Dünkirchen. Wie manche Geschichtsbücher anmerken, sahen die deutschen Streitkräfte aus ‚unerklärlichen Gründen‘ von einem schnellen Vorstoß ab, der für die Alliierten vernichtend gewesen wäre.“ Soweit Originalton deutsch in Pondicherrys Ashram. Als Verfasser zeichnet Wilfried Huchzermeyer.

Da fühlt man sich „aus unerklärlichen Gründen“ auf den Arm genommen und blättert kopfschüttelnd weiter. Nein, die Geschichtsbücher der Fakten müssen nicht umgeschrieben werden, aber faszinierend und erheiternd ist es schon, was sich um beider Legenden heute so alles abspielt. Der Kult hat indische Wallfahrtsqualität. Das Bild des alten Sri Aurobindo und das der erhaben lächelnden Mutter ist als Doppelporträt gängiges Souvenir in Pondicherry und wird in hundertfacher Variation unters Volk gebracht. Vor allem die Mutter, die ja als Person bis in die 1970er Jahre präsent war, lebt in der perfekten Inszenierung von Ashram-Profis mit Sinn für Theatralik weiter.

Die Frau muß eine großartige Doppelbegabung gehabt haben: einerseits ihre spirituellen und okkulten Fähigkeiten, die sich mit dem Geist Sri Aurobindos vereinten; andererseits ihre organisatorisch-praktische Veranlagung, einen Ashram dieser verzweigten Bildungs- und Wirtschaftsaktivitäten vielarmig im Griff zu behalten. Hier ist keine Einsiedelei entstanden, kein Ort weltabgewandter Askese, sondern eine florierende Mischung aus Yoga und Handwerk, aus Seele und Leib, ora et labora auf indisches Maß übertragen. Und Tennis spielte die Mutter auch. Auf Sport wird in den Ashram-Schulen größter Wert gelegt. Sogar die einheimischen Mädchen tragen da Uniform-Shorts, weil es die Mutter so einführte – zum Erstaunen des übrigen Indien, das seinen Mädchen solche Beinfreiheit bis heute verwehrt.

Wo sonst die Muskeln trainiert werden, versammeln sich jeden Donnerstag und Sonntag von 19.40 bis 20.15 Uhr die Suchenden, die Neugierigen und wohl auch ein paar Zweifler zur gemeinsamen Meditation; Inder die meisten und zahlreiche Weißgesichter. Der Sportplatz des Internationalen Ashram-Schulzentrums an der Rue Law de Lauriston, mit Sand bestreut und Playground genannt, wird zur sakralen Weihestätte. An der Wand des Gebäudes ist ein aus den politischen Fugen geratenes Großindien zu sehen: dessen schwarze Silhouette schließt Pakistan, Bangladesh, Sri Lanka und sogar Burma ein. Nicht Mutter Indien, sondern Mutters Indien ist das: „…um der gegenwärtigen ‚Realität' die spirituelle Wahrheit entgegenzuhalten", lese ich dazu in offizieller Erklärung, „es geht hier nicht um geschichtliche oder politische Rechte, sondern um okkulte Schau." Richtig. Genau die findet nun statt.

Es dunkelt. Die Menge verteilt sich locker, man läßt sich in die Hocke sinken, dann in den Lotossitz. Aus dem Zimmer neben der raumgreifenden Landkarte wird der Stuhl ins Freie gestellt, auf dem die Mutter einst Huldigungen entgegennahm und ihren Segen austeilte. Darüber leuchtet als einsames Auge die Uhr, die zur subjektiven Maßeinheit wird, wie lang oder wie kurz eine halbe Stunde ist. Ein Kommando. Ein Trupp von Männern und Frauen, die eben noch Leibesübungen betrieben, salutiert vor dem Stuhl, den das Licht aus dem Zimmer anstrahlt. Alle anderen elektrischen Lampen verlöschen. Schweigen. Es ist anders, als drüben vor dem Samadhi, zwei Straßen weiter. Am Grabmahl ist man veranlaßt, in sich hineinzuhören. Hier liegt erwartungsvolle Spannung in der milden Abendluft. Besucher, die zum zweitenmal kommen, sind vorbereitet, wissen, was sie erwartet. Neulinge wie ich erschrecken.

Plötzlich erschallt eine Stimme aus der Finsternis. Die Stimme einer alten Frau, leicht zitternd, tief, beschwörend. Die Stimme aus dem Grab, aus einer anderen Welt. Es ist Mutters Stimme, vom Tonband festgehalten und von Lautsprechern in die Gegenwart getragen, in der ihr Geist über die Versammlung kommt. Stuhl und Stimme geraten in eine mystische Verbindung. Mondlicht streicht fahl über die Szenerie. Mutter spricht englisch, bei dem gelegentlich die französische Betonung anklingt. Unheimlich. Schwer einzuschätzen, was solch okkultisches Son et Lumière bei jedem einzelnen bewirkt. Die Worte sind schwierig zu verstehen, es ist wohl nicht wichtig, was sie sagt, sondern, daß diese Stimme ertönt, beschwörend und geisterhaft. Wer sich einläßt auf das Orakel, mag in höhere Sphären oder tiefere Einsichten gelangen. Ich spüre nicht Nähe, sondern Distanz, kann mich nicht fallen lassen, sondern bleibe aufmerksamer Beobachter der spiritistischen Darbietung im Zwielicht, deren Regie und Personenkult trotz spärlicher Beleuchtung durchschaubar bleiben. Die letzten Worte verebben. Stille. Es ist, als zöge sich die Mutter, die doch da gerade noch auf ihrem Stuhl saß, in das Zimmer zurück. Ende der Audienz. Dann wieder nur das geballte Schweigen. Es hat etwas körperlich Bedrückendes. Armer Anfänger, mögen die Fortgeschrittenen in Sachen Yoga und Meditation urteilen. Nun mischen sich Straßengeräusche jenseits des Playgrounds vorlaut in das Heilige. Motorradknattern wird als unpassend empfunden. Beethovens Ohrwurm „An Elise…“ überspringt die Mauern. Ich kenne das. Die Tonfolge signalisiert den Rückwärtsgang eines Autos, eine asiatische Spielerei. Die Leuchtuhr zeigt exakt 20.15. Unter dem Nachthimmel wird es wieder elektrisch hell. Ein Hupen klingt wie ein Rückruf aus der hiesigen Welt, in der sich die Meditationsgemeinschaft nun verläuft. Mir ist, als sei ein Spuk vorbei.

Auroville – Morgenröte hinter Wolken

Ein Todesfall bringt meine Reisepläne durcheinander. Ich lese in der Zeitung davon. Ein Holländer, der seit 1996 in Auroville lebte, war erstochen worden. Seltsame Geschichte, zu der in Pondicherry niemand etwas sagen will. Jeder, den ich darauf anspreche, druckst verlegen herum. Ein Mord paßt nicht ins strahlende Bild, das die Protagonisten von Auroville malen. Vermutungen schießen ins Kraut des Ungewissen. Die nächsten drei Tage ist die Zukunftsstadt für Besucher geschlossen, um die Untersuchung der Polizei nicht zu stören. Mord in Utopia. Das fängt ja geheimnisvoll an. Wer den Mann aus Holland umgebracht hat, bleibt offen. Eine einheimische Räuberbande wird verdächtigt. Die Nachricht bestätigt auf makabre Weise, daß sich in Auroville auch die Menschen höheren Bewußtseins noch sehr traditionell mit den irdischen Unzulänglichkeiten herumzuschlagen haben.

Auroville? Der Name, als Aufbruch zu verstehen, in dem gewolltermaßen der Geist Sri Aurobindos mitschwingt, soll an Aurore denken lassen, an die Morgenröte, an einen neuen Anfang der Menschheitsgeschichte. Wie oft ist derselben schon ein solches Etikett aufgeklebt worden? Die Botschaft hör ich wohl... Man muß ja nicht gleich mit dem Faust auf den Altar hauen, aber ich bin mißtrauisch geworden. Berichte über Aurovilles Grundsteinlegung am 28. Februar 1968 habe ich in Erinnerung. Es waren die hippie-umtriebigen Jahre, als meine Generation weltweit den Muff von tausend Jahren wegblasen wollte. In diese Frischluft-Aktionen paßte Auroville hoffnungsfroh hinein. Ich hab's nicht vergessen. Sri Aurobindos Ashram sollte auf eine kosmische Ebene gehoben werden: ein Lehrbeispiel für den Rest der Welt. Kein Anhängsel des alten Ashram, sondern eine völlige Neugründung landeinwärts auf einem unwirtlichen Gelände von zwanzig Quadratkilometern in unabhängiger Selbstverwaltung. Eine Neu-Stadt. Die Erwartungen bei Besuch und Beschäftigung mit Auroville sind nun also anspruchsvoll und hochgeschraubt. Was ist aus dem Traum der Mutter geworden, dem Traum von der „universalen Stadt, wo Männer und Frauen aller Länder in Frieden und progressiver Harmonie leben können, jenseits aller Bekenntnisse, aller Politik und Nationalitäten“? An pathetisch-programmatischen Worten mangelt es nicht. Die Mutter persönlich hatte 1968 die Charta formuliert, in der Punkt Nummer 1 festlegt: „Auroville gehört niemandem im besonderen. Auroville gehört der Menschheit in ihrer Gesamtheit. Aber um in Auroville zu leben, muß man ein williger Diener des göttlichen Bewußtseins sein (Divine Counsciousness).“ Punkt 2 prognostiziert einen Ort niemals endender Bildung, andauernden Fortschritts und einer nicht in die Jahre kommenden Jugend: „a youth that never ages“. Punkt 3 nennt Auroville die Brücke zwischen „past and future“. Hat diese Zukunft, 18 Kilometer nordwestlich vom alten Pondicherry entfernt, schon begonnen? Ist es ein Modell, das Maßstäbe neuer Humanität setzt, oder ein gescheitertes Projekt des hochfliegenden Geistes, der immer wieder von der Erdschwere zurückgeholt wird? Ich will nicht verhehlen: Die vollmundige Eigenwerbung in Broschüren, Bildbänden, Video-Selbstdarstellung programmiert die Ernüchterung an Ort und Stelle geradezu vor. Enttäuschung ist angesagt. Ikarus bastelt noch immer an seinen Schwingen.

Mit drei Tagen Verspätung also Vorstoß in das Futurum „progressiver Harmonie“, die gerade durch tödliche Messerstiche aufgeschreckt wurde. Noch immer weiß man nichts Genaues über den Tathergang. In den Zeitungen wird der Verdacht geäußert, der Aurovillianer aus Holland sei zufällig Beobachter eines Überfalls indischer Gangster gewesen und wurde deshalb als Zeuge beseitigt, um nicht vor Gericht aussagen zu können. „Sri Aurobindo Autocare Services“, ein weiterer Dienstleistungsbetrieb des Ashrams, übernimmt von Pondicherry aus für 50 Rupien den Transport mit zwei Bussen. Ticketverkauf in amtlich-unpersönlicher Manier. Ganz indisch. Alles strengstens geregelt.

Postkarte aus Auroville.

Vor dem Start wird Lektüre verlangt. Ein neun Abschnitte umfassendes Papier benennt unumstößliche Verhaltensvorschriften, als gelte es, ausnahmsweise einen Hochsicherheitstrakt zu besichtigen. Taschen, Fotoapparate, Handys dürfen nicht mitgenommen werden. Nur Geldbörsen sind erlaubt, deren maximale Größe sogar benannt wird: höchstens vier mal drei Inches. Warum dieser präzise Hinweis zum Pekuniären? Die Großboutiquen im Informationszentrum von Auroville bieten – wie sich zeigen wird – ein umfangreiches Souvenir-Sortiment lokaler Fertigung. Barzahlung ist erwünscht. Exakt wird der minutiöse Verlauf der Tour beschrieben. Abweichungen ausgeschlossen. Bei Regenwetter Geld zurück. Wer die Konditionen nicht akzeptiert, möge zu Hause bleiben. Beschwerden und Diskussionen darüber zwecklos, und keiner soll sagen, er habe davon nichts gewußt : „We will not entertain any complain that these rules and regulations had not been told to each and every individual…“, so ist zu lesen. Der Ausflug in die Zukunft der Menschheit findet am kurzen Gängelband statt. Wann habe ich ähnlich restriktive Einschränkungen erlebt? Ach ja, vor Jahren bei der Besichtigung der letzten Kalter-Krieg-Grenze der Welt zwischen Süd- und Nordkorea.

Ich will nicht ungerecht sein, aber auf der Fahrt nach Auroville drücke ich mir am Busfenster die Nase platt, sehe staubige Wege, die vertrauten karg bewachsenen Hügel des südindischen Hinterlandes, Bauernhütten, einzelne Steinhäuser, ganz und gar rurales Leben der üblichen Art; von Ville, der Stadt der Morgenröte, nichts zu erkennen. Ist das die galaktische Urbanität, deren architektonischer Entwurf als Science-fiction-Markenzeichen auf den offiziellen Darstellungen verwendet wird? Ein überirdischer Wirbel kreist da mit vier Zonen für Industrie, Kultur, Wohnbereich und internationaler Begegnung um den Mittelpunkt des Friedens-Areals, von Parks getrennt. Auch die angestrengte Phantasie, bemüht, Sichtbares und Vorstellbares zu verbinden, ist überfordert. Dafür setzt ein professionell gemachtes Video in den Informationsräumen des zweigeschossigen Besuchergebäudes virtuell das Auroville-Ideal in phantastische Szene, deren Realität dem Besucher verborgen bleibt. Vom „lebendigen Laboratorium" ist die begeisterte Rede, von „New age"; die Mutter wird zitiert, und eine mitreißende Bilderfolge illustriert ihren Traum, der als vermeintliche Wirklichkeit über den Monitor flimmert. Nur ein einziges Mal fällt das Wort „difficulties", und einschränkend werden „first steps" erwähnt.

Erst in den Gesprächen mit Aurovillianern selbst, mit Besuchern, die im Abstand der Jahre herkamen und vom pflanzlichen Zuwachs jener Region erzählen, die vor 36 Jahren noch dürrer und unwohnlicher aussah als heute, erst bei der Lektüre der selbstkritisch gemachten Projekt-Zeitschrift „Auroville Today" öffnet sich ein ungeschminktes Bild der Nicht-Stadt, der Noch-Nicht-Stadt, der möglicherweise Niemals-Stadt. „Sie ist noch immer kaum mehr als eine Anzahl verstreuter Siedlungen mit ein paar Außenposten der Urbanisierung", stellt „Auroville Today" lakonisch fest und dokumentiert (ohne den spirituellen Höhenflug der zahlreichen sonstigen Werbe-Schriften mit den unvermeidlichen Mutter-Zitaten) die alltäglichen Schwierigkeiten eines menschlichen Experiments, bei dem eben doch nur mit Wasser gekocht wird, mag es auch umweltfreundlich mit Sonnen-Öfen erwärmt werden. 90 Wohngemeinschaften und Häuser sind über das sich kilometerweit erstrekkende Gelände verteilt und lassen so keinen städtischen Charakter aufkommen. Ich lese großformatig, aber klein gedruckt von endlosen Frustrationen, von Zerwürfnissen nach Mutters Tod 1973, von juristischem Streit, von der zeitweisen Übernahme der Verwaltung durch den indischen Staat, von kaum besuchten Versammlungen, bei denen die Aurovillianer ihre Geschicke selbst ordnen sollen, von Visumproblemen, von Finanzierungslöchern – von all dem entnervenden Kleinkram, der große Visionen schon immer gebeutelt hat. Durch „Auroville Todays" Bestandsaufnahme zieht sich wie ein roter Faden die Einsicht, daß sich geistige Ansprüche und banale Lebensbedürfnisse bislang nicht befriedigend unter einen Hut haben bringen lassen, daß es mehr Enthusiasmus als Professionalität gibt, daß es mit dem neuen Menschen noch nicht weit her ist.

Statistik wirkt dabei etwas unfreundlich, hilft aber, Dimensionen zu verstehen. Für 50.000 Menschen war Auroville einst geplant worden. Und wie viele haben sich seit 1968 tatsächlich angesiedelt? Die offiziellen Angaben schwanken und widersprechen sich. Zwischen 1.500 und 2.000 werden genannt. Allein diese Zahlen belegen, daß zwischen Traum und Wirklichkeit noch eine große Lücke klafft. Auf der Liste im Besucherkomplex sind unter anderen registriert: 302 Franzosen, 226 Deutsche, 609 Inder. Die machen unter den etwa 30 Herkunftsnationen demnach 40 Prozent aus. Die offizielle Hochrechnung sieht für das Jahr 2017 eine Bevölkerung von 5.000 voraus, damit wären – und dies gilt mit dem einschränkenden „probably“ – ein halbes Jahrhundert nach der Gründung erst zehn Prozent des ursprünglichen Zieles erreicht. Ob Auroville jemals die internationale Stätte wird, an deren Gestaltung und Finanzierung die ganze Welt beteiligt ist, steht dort, woher das Emblem seinen Schwung bezieht: in den Sternen. „Die Länder der Welt haben sich eben nicht zusammengetan, um die Stadt der Zukunft zu bauen, wie es die Mutter angeregt hatte“, faßt „Auroville Today“ die irdischen Kalamitäten zusammen.

Auch dies eine beziehungsvolle Aussage der Statistik: 28 Prozent der Kosten werden selbst erwirtschaftet, auf Feldern, in Handwerksbetrieben, mit Lebensmittelerzeugung, mit Druckerzeugnissen und nicht zu vergessen: durch Tourismus und Besucherstrom. 72 Prozent des Auroville-Budgets stammen aus Spenden und Zuwendungen. Die Zwei-Drittel-Abhängigkeit von fremden Geldquellen ist überdeutlich. Von Selbstversorgung, von einer aus sich heraus lebensfähigen Stadt kann keine Rede sein. Wer sich hier ansiedeln will, muß für die Kosten des Hausbaues und Haushalts selbst aufkommen, und was materiell geschaffen wird, ist nicht mehr Eigenbesitz, sondern gehört Auroville und damit – siehe Charta – der gesamten Menschheit. Auch ich wäre demnach Miteigentümer. Habenichtse, die nur reich an Geist und Gedanken sind, können sich nicht als besonders willkommen betrachten. Es bedarf keines kritischen oder gar ironischen Kommentars von außen, „Auroville Today“ besorgt das schon selbst: „Einige der Ideale für Aurovilles Wirtschaft, die von der Mutter vorgezeichnet wurden, sind so unerreicht wie eh und je.“ Und: „Nur diejenigen, die über ein ausreichendes Einkommen verfügen, sind in der Lage, in Auroville zu existieren.“ Hier das Geld ganz abschaffen zu wollen, erwies sich als Illusion.

Der Begleiter vom „Autocare Service“, ein alter Mann, ein Angestellter des Ashram-Imperiums, drängt entschuldigend, aber nachdrücklich zur Eile. „Der Zeitplan, verstehen Sie?“ Und stets mit warnendem Unterton: „Wer den Bus verpaßt, muß selbst sehen, wie er zurechtkommt. Weitere Besichtigung nur mit der Gruppe.“ Alle reihen sich brav in den Gänsemarsch ein. Das Heiligste steht noch aus. Die Seele von Auroville. Auch „The Mother's Shrine“ genannt. Matrimandir. Je mehr wir uns nähern, unter Bäumen noch und ohne Fernsicht, desto argwöhnischer wird jeder einzelne Besucher von einer Schar indischer Aufpasser mit dem Schildchen „Volunteer“ beobachtet. Ich werde zum Anführer befördert, weil ich zufällig am Anfang meiner Busschlange von 51 Leuten stehe, bekomme den Passierschein für alle und trabe los, die anderen im Schlepp. Wer trotz Verbots bis hierher eine Tasche geschmuggelt hat, muß nun Behältnisse jeglicher Art ablegen. Bei einem Banyan-Baum ist der eigentliche Eingang. Stricke weisen den Weg. Schuhe ausziehen. Man läuft auf Sand weiter. Eine Phalanx von „Volunteers“ hält Wache, durchwegs ältere, mürrische Herren, in deren Gesichtern ich vergeblich einen Abglanz von Mutters Traumvisionen suche. Hier wird ein irdischer Job getan.

Dann der Blick auf die goldene Kugel, die oben und unten etwas abgeflacht ist und von weitem aussieht wie ein außerirdisches Flugobjekt auf der Durchreise. Es könnte auch ein Ball sein, der aus dem Weltraum gefallen ist. Oder eine Empfangs- und Sendestation für Botschaften aus dem All und ins All. 29,50 Meter hoch, 36 Meter im Durchmesser. Mit runden Schilden ist Matrimandir verkleidet und blitzt und funkelt im Sonnenschein. Weiter. Stehenbleiben verboten. Weiter. Schilder fordern: „Silence.“ Einige der indischen Gäste unterhalten sich. Sofort macht ein Aufpasser streng und vorwurfsvoll solcher Konversation ein Ende. Abgabe des Passierscheins. Die Anzahl der Personen wird geprüft. Mit meinen Nachfolgern im Rücken gehe ich nach unten, um nach oben zu gelangen. Sofort wird klar, daß Matrimandir außen zwar vollendet erscheint, im Innern aber noch immer Baustelle ist, mit dröhnenden Bohrmaschinen, zischenden Schweißgeräten und Hammerschlägen alle Schweigepflichten verhöhnend. Beim Aufstieg über eine doppelte spiralförmige Rampe will keine rechte Sammlung oder gar spirituelles Empfinden aufkommen. In mir ist eine Mischung aus Gereiztheit und Neugier. Aus der Gegenrichtung schieben sich die Besucher von oben wieder in die Tiefe der Kugel. Es ist schwül. Nackte Betonwände. Stahlgerüste. Meine Menschenschlange windet sich aufwärts. Auch die Spannung steigt.

Schließlich ganz oben eine Öffnung wie ein Schlitz im Zirkuszelt. Hier passen mit finsterer, verschlossener Miene zwei Europäer auf, ein Mann, eine Frau. Stumme Geste einer Erlaubnis. Endlich. Ich darf ins Heiligste vom Heiligen schauen. Kühle Luft schlägt mir entgegen. Mich fröstelt plötzlich, als habe mich ein Todes-Hauch gestreift. Weiß, alles von einem kalten Weiß. Eine riesige Eisgrotte. Zwölf schlanke Säulen ragen bis zur Kuppeldecke auf. Von oben fällt ein Lichtstrahl auf eine Kristallkugel im Zentrum, 70 Zentimeter messend. Import aus Deutschland übrigens. Schott in Mainz hat das Glas gegossen, Zeiss Jena hat es poliert. Ansonsten völlige Leere. Kein religiöses Symbol, kein Grabmal im herkömmlichen Sinne. Voller Symbolik den Eingeweihten. Jedes Jahr am 4. April, dem Tag, an dem Sri Aurobindo 1910 mit dem Dampfer namens „Dupleix“ an Pondicherrys Küste landete, trifft der Strahl der aufgehenden Sonne durch ein Loch im Osten direkt auf die Kristallkugel.

Hier dürfen die Aurovillianer und andere Auserwählte meditieren. Es ist das Gehäuse für die Abstraktion des Unaussprechlichen. Sakral abgehoben und feierlich von der Welt da draußen abgeschlossen. Die Bewertung entzieht sich der Rationalität. Es bleibt beim subjektiven Eindruck. So verschieden, abgehoben, innovativ soll alles sein in Auroville, und dann wird auch hier ein Tempel daraus, ein Dom, eine Kathedrale, eine Moschee, ein Mausoleum oder ein Heiligtum eben, das all die Vorbilder in sich vereinigt – nur noch elitärer, abgesonderter und esoterischer als die anderen religiösen Stätten. Sri Aurobindo verfaßte den größten Teil seines Lebenswerkes in den bescheidenen vier Wänden eines Zimmers im Ashram von Pondicherry. Er brauchte offenbar keinen Lichtstrahl durch ein östliches Loch. Für erdverbundenere Geister muß das Ambiente dann wohl etwas aufwendiger sein, um zu den neuen Horizonten vorzustoßen.

Die beiden Türhüter – oder sollte ich sagen: Gralshüter? – lassen keine Weihe zu. Versteinerte Blicke und die Handbewegung des Durchwinkens drängen weiter. Die nächsten Besucher recken ihre Hälse. Abstieg. Das war's also. Mit einem Male ist mir die Spannung wie weggeblasen. Ich spüre wieder die drückende Schwüle. Ausgang ganz unten. Schuhe anziehen. Gänsemarsch zurück. Mir ist, als habe ich da eben einen verbotenen Blick ins Jenseits getan und werde den Verdacht nicht los, einem Irrtum aufgesessen zu sein – einem grandios und bombastisch inszenierten Mißverständnis. Ich bin unsicher, wer da etwas mißversteht. Wahrscheinlich ich. Um nicht ganz ratlos zu sein, lese ich in den offiziellen Verlautbarungen von Auroville noch einmal nach: „Wir bauen viel mehr als eine physische Stadt, wir versuchen, ein neues Bewußtsein zu schaffen." Aha.

Aurora, die Morgenröte, ist von Wolken verdeckt. Die Zukunft der ganz anderen, besseren Menschheitsgeschichte mit den neuen Menschen läßt sich noch Zeit. Die Untersuchungen des Mordfalles dauern in den folgenden Tagen an.

Hanumans Mitstreiter auf Diebestour

Ich logiere im „Ritz". Auch wenn das Hotel in Chidambaram nur so heißt und mit dem Pariser Namensvetter – weiß Shiva! – nicht verwandt oder verschwägert ist, hat es für hiesige Verhältnisse gehobenes Niveau. Ich logiere also. Pondicherry liegt hinter mir. Ich habe das Gefühl, nach Indien zurückgekehrt zu sein. Die Zielgerade auf dem Weg zum Kap Komorin und zur liebenswerten Göttin Kanyakumari ist erreicht. Noch verlocken berühmte Tempel und Landschaften zu Zick-Zack-Touren, aber das geografische Ende Indiens und das zeitliche Ende der Reise sind absehbar geworden. Und war sie nicht wunderbar bisher – dank Ganeshas fürsorglicher Begleitung? Im „Ritz" fühle ich mich mit mir und der Welt im Reinen. Durchs geöffnete Schiebefenster meines Zimmers im zweiten Stock erkenne ich, teilweise von Bäumen vor dem Hotel verdeckt, die Türme des Nataraja-Tempels. Hoch aufgerichtet und sich 45 Meter nach oben verjüngend künden die Gopurams mit ihrem Figurengewimmel von südindischer Lust am verschwenderischen Dekor. Vier gewaltige Wächter, an jeder Seite des rechteckigen Tempelkomplexes einer. Um diesen Tempel aus der Zeit der Chola-Dynastie zwischen 846 und 1310 ist die Stadt Chidambaram herum gebaut worden. Die Chola – sprich Tschola, nicht mit einem amerikanischen Getränk verwechseln – waren einflußreiche und kunstsinnige Herrscher, die Indiens Süden über vier Jahrhunderte geprägt haben. Doch bevor ich mich der hiesigen Besonderheit widmen kann, bekomme ich unerwarteten Besuch. Er klopft nicht etwa an die Tür, sondern benutzt praktischerweise das Fenster zur ungebetenen Visite.

Als ich im Bad dusche, bemerke ich durch den Spalt der angelehnten Tür einen Schatten im Raum. Er bewegt sich. Eine Katze? Nein, größer. Ein Hund? Unmöglich. Das muß ich wissen! Tropfnaß tapse ich ins Zimmer. Da sitzt in aller Gemütsruhe ein Affe auf dem Hocker vor dem Spiegeltisch. Ein brauner, struppiger Geselle mit langem Schwanz. Sein Konterfei zu betrachten, scheint ihn offensichtlich wenig zu interessieren. Nein, nicht eitel ist er, sondern gefräßig. Das Bündel Bananen, das ich mir zur Labung beim Straßenhändler gekauft hatte, beschäftigt den Kerl viel mehr. Ungeniert reißt er die Plastiktüte auf, schält die Früchte und stopft sie sich ins Maul. Mein Auftritt stört ihn überhaupt nicht, und meine Blöße scheint ihm nur einen Seitenblick wert zu sein. Ich bin verblüfft ob solcher Frechheit. Ist das einer aus dem berühmten Heer des Hanuman? Ist das ein Mitstreiter des Affengenerals im Kampf um Ramas Ehre und Sitas Rückkehr aus den Fängen des Dämonen Ravana? Das Ramayana ist mir vertraut. Hanuman gilt als Inbegriff der Hilfsbereitschaft und Treue, bedingungslos ergeben. Und was macht da einer seiner Unterlinge? Er benimmt sich höchst flegelhaft. Klaut bei mir Bananen. Was für eine miserable Kinderstube. Ich bin erbost. Schschsch! Mein energisches Abwehrmanöver beeindruckt den Räuber kaum. Er fletscht gelbe, spitze Zähne, die ich lieber nicht in meiner Hautnähe hätte. Ich klatsche in die Hände und brülle: „Raus!“ und füge, da ich ja nicht wissen kann, welche Sprache ihm vertrauter ist, ein „Out!“ an, und weil ich gerade aus Pondicherry komme, rufe ich auch: „Allez!“ Der Dieb springt zum Fenster und dreht sich auf dem Sims vorwurfsvoll und sehr gekränkt noch einmal um. In den Händen behält er seine Beute. Um meine Zwischenmahlzeit muß ich mich also neu kümmern. Kreischend schwingt er sich ins Geäst vor der Außenmauer. Ich staune, wie Hanumans Gefährten da im Blätterwerk auf der Lauer hocken, das Innere der Zimmer beäugen und – schwupp! – zugreifen. Indien kommt einem doch immer wieder unerwartet und auf unterschiedliche Weise nahe.

Good bye, alter Junge. Es hätte schlimmer werden können. Ich bin heilfroh, daß du an der herumliegenden Armbanduhr keine Freude gefunden hast und dich auch mein Transistorradio auf dem Nachttisch nicht sonderlich begeisterte. Den Brustbeutel, den ich am Gürtel in der Hose trage – nahe an den etwas delikateren Körperteilen, wo ich meine Reisekasse einigermaßen sicher vor fremdem Zugriff wähne –, hast du auch unbeachtet gelassen. Es ist mit Geld und Pass das wichtigste Stück meiner mobilen Habe. Schönen Tag noch! Unverschämter Besucher, rufe ich ihm hinterher. Die Bananen seien dir gegönnt. Mit meiner Barschaft hättest du dir ein Leben lang Bananen kaufen können und dein Clan auch. Gut, daß unsere Begehrlich- und Notwendigkeiten so unterschiedlich sind. Ich schließe das Fenster.

Auf nun zur Erkundung. Chidambarams Tempel ist ein Familienbetrieb mit haarigem Erkennungszeichen. Die Brahmanen tragen eine einheitliche Frisur: Bis weit hinter die Stirn wird ausrasiert, ebenso Schläfen und Nacken, die verbleibenden langen Haare bilden einen dichten Dutt auf dem Hinterkopf. Etwa 300 Familien, so um die 3.000 Menschen, sehen sich als Nachkommen jener Brahmanen, die König Hirayana Varna Chakravarti um das Jahr 500 von einer Pilgerreise aus Kashmir mitgebracht hatte. Sie heiraten untereinander, sind eine geschlossene Gesellschaft, und die Männer, Dikshitars geheißen, tun Dienst im Tempel. Auch die Jungen. Sie sind gesprächig. In den düsteren Weiten der Tempelhallen fragen sie nach meinem Woher. Einige können sich ausreichend in Englisch mitteilen, sind offenbar gut gebildet, machen aus ihrer elitären Zugehörigkeit keinen Hehl und versehen geübt ihren Job.

Noch in den verräuchertsten Winkeln werde ich um eine Spende gebeten. „Donääschen", tönt's vielstimmig. Wofür? Ist solch ein Tempel nicht ein profitables Wirtschaftsunternehmen? Einer der jungen Dikshitars, an einem Tischchen sitzend, bereit, mit weißer Paste Shivas Zeichen auf meine Stirn zu malen, schüttelt den Kopf mit dem sonderbaren Haarputz. Der Junge ist pfiffig, aber nicht arrogant. „Nein, kein Betrieb, wo denken Sie hin", wehrt er ab, offenbar einem Gespräch sehr zugetan, aber nicht im mindesten bereit, sich auf einen wirklichen Dialog einzulassen. Er spricht vom indischen Grundverständnis im Umgang mit den Göttern: von Gabe und Gegengabe. Eine Puja habe ihren Preis, ein Segen an diesem Ort könne nicht kostenlos erfolgen. Er deutet auf einen Stand mit geweihten Backwaren. Ich verstehe: Feuer und Rauch und heiliges Wasser sowie die Traktate mit Sanskrit-Weisheiten, diese Wallfahrts-Rundumversorgung, müssen organisiert werden. „Donääschen", bitteschön. Ich lege ein paar Münzen hin. Ins Heiligste mit dem Shiva-Bildnis dürfen nur Männer, die sich den Oberkörper freimachen. Da lodern die Flammen auf, da ziehen schwarzgraue Rauchschwaden vorbei. Hier werden große Glocken angeschlagen wie in christlichen Kirchen.

Jeder Tempel hat als Markenzeichen seine eigene Attraktion. In Chidambaram tanzt Shiva. Und wie er das tut! Das rechte Bein reißt er bis zur Höhe des Kopfes und bleibt trotzdem im Gleichgewicht. Wieder eine schöne Geschichte. An den Innenwänden des östlichen und des westlichen Gopurams steigen wie zur Illustration die Reliefs der 108 Tanzstellungen auf. Shiva ist der Meister, unbestritten. Das galt es einst zu beweisen. Von König Vira Chola, der bis zur ersten Jahrtausendwende regierte, wird berichtet, daß er das göttliche Paar hat tanzen sehen. Shiva und Parvati im Wettstreit. Wer bewegte wohl die Glieder am geschicktesten? Shiva war's, der sein Bein akrobatisch in die Höhe schwang. Parvati, die Dame, durch gutes Benehmen an solcher Frivolität gehindert, mußte sich geschlagen geben. Der König befahl daraufhin, eine Halle zu bauen, Kanaka-Sabha, in der bis heute Shivas Kultbild zu sehen ist: Nataraja, der Herr der Welt, der sie tanzend unter seinen Füßen erblühen läßt und sie tanzend auch wieder zerstört. Hier in der Dandava-Haltung zu bewundern.

Oben im Norden, wie an den erotischen Verrenkungen in Orissa augenscheinlich, wäre Parvati möglicherweise das Beine schwingende Tanzen nicht verwehrt worden. Aber hier im südlichen Indien ist man diesbezüglich prüder. Die Körperhaltung ist unerotisch. Sogar in den Darstellungen, die Shiva mit einer Brust zeigen, weibliche und männliche Elemente in sich vereinend, bleibt das Sinnliche ausgespart. Dennoch ist der tanzende Shiva eines der großartigsten Motive, das Indien – Südindien im besonderen – der Welt geschenkt hat. In den Innenmauern der Torbögen sind die Momente jeder ausdrucksstarken Haltung auf viereckigen Steintafeln für die Ewigkeit festgehalten. Welche Kunst der Körperbeherrschung in hundertfacher Variation. Das sieht aus wie ein gigantisches Choreographie-Buch, an dem sich noch heute Tänzerinnen wie die von Mamallapuram orientieren und die Gesten abschauen.

In Thanjavur, auch Tanjore genannt, hundert Kilometer südwestlich, habe ich ein paar Tage später das Vergnügen, dem tanzenden Shiva erneut zu begegnen. Im Palast der Nayakas aus dem 16. Jahrhundert sind Kostbarkeiten zu entdecken. Die verwinkelte Festungsanlage ist in jenem fortgeschrittenen Verfall auf hohem Niveau, den Shashi Tharoor für das ganze Indien konstatiert; und wie im Rest des Landes wird auch hier der eine historische Winkel restauriert und der andere als Müllkippe den Ratten und Fledermäusen überlassen. Edelsteine und Schutt in labyrinthischer Nachbarschaft.

Mittendrin in der Bastion lädt die Art Gallery zu einem Fest des ehrfürchtigen Schauens ein. Es ist eine Oase der Kunst mit grünem Innenhof, von Säulen getragenem Eingangstor und einer Atmosphäre des leiblich-sinnlichen Luxus, den einmal die Herren des Palastes, die Nayaks und Marathen, in der Nachfolge der Chola-Könige zu entfalten pflegten. In deren Hochzeit künstlerischen Schaffens sind einige der schönsten Bronzen entstanden, die hier zu sehen sind. Ich lasse mich einen Nachmittag lang einfangen von der Stimmung der arkadenartigen Gänge, setze mich auf Steine, wehre unerfreulich dicke Mücken ab (nirgends sind Rosen ohne Dornen zu genießen), tauche ein in den Schatten historischer Tiefe und kehre immer wieder zurück zu den tanzenden Shivas aus dem 12. Jahrhundert.

Ich zähle unter Hunderten von Steinplastiken und Bronzen der Sammlung achtzehn Natarajas, die aus der Region stammen. In Augenhöhe stehe ich davor. Shiva zeigt sich in unterschiedlicher Größe, dreißig bis fünfzig Zentimeter hoch. Es ist wunderbar. Jeder ein unverwechselbares Kunstwerk, doch allesamt in dieser großartigen Komposition, die man, einmal gesehen, nie vergessen wird. Einbeinig tanzt Shiva, vierhändig ist er in Bewegung. Natürlich fallen einem Vergleiche mit dem alten Europa ein. Das erinnert an Leonardo da Vincis Held der idealen Proportionen, auch der von einem Kreis umgeben. Doch der wuschelköpfige Mann des italienischen Meisters bleibt in seinem Doppelschritt gefangen, darf sich nicht bewegen, weil doch Maß genommen werden soll an seinem Körper. Ganz anders Shiva, der im weitaus mächtigeren und folgenreicheren Sinne das Maß aller Dinge bestimmt als dieser Mann der Renaissance. Noch ehe man sich in die Einzelheiten eines Nataraja vertieft, der dem Wissenden allegorische Kunde gibt, begeistert die Eleganz des Auftritts. Grazil ist jeder Teil dieses in Bronze erstarrten Tänzers, jedes Glied in perfekter Harmonie zum anderen gesetzt. Schwebende Leichtigkeit bis in die Fingerspitzen hinein. Vollkommene Beherrschung eines Körpers als Ausdruck der Beherrschung der Welt. Unter Shivas Füßen wird sie tanzend erschaffen und tanzend zerstört. Der Feuerkranz gibt Halt und läßt den Tanz nicht ins Unendliche gleiten. Das rechte Bein steht auf einem liegenden männlichen Körper, mit entsetztem Blick nach oben, doch Shiva scheint dieses Wesen gar nicht zu bemerken.

Ein Geniestreich. Irgendwann einmal ist dieser Shiva von einem unbekannten Künstler entworfen worden; möglicherweise waren es mehrere, die an der Vervollkommnung arbeiteten, um den Geist ihrer Zeit, das Wissen der Vorväter, das Abstraktionsvermögen ihrer spirituellen Motive in dieser Tanzpose zu vereinen, einmal für allemal. Eine endgültige Gestalt. So konnte sie unendliche Male kopiert werden, in immer neuen Gußformen auferstehen, doch es bleibt bei der ursprünglichen Gestalt, nachahmenswert, aber nicht mehr zu überbieten. In achtzehnfacher Weise habe ich Nataraja vor mir, umkreise ihn mit den Blicken, entferne mich, kehre zurück. Wie arm wäre die Welt dran, hätten sich die Entscheidungsträger des antiken Indien für die Bilderfeindlichkeit ausgesprochen und den Göttern ihr Antlitz verwehrt. Nicht vorzustellen. Aber auch völlig unwahrscheinlich in einem Kulturkreis, in dem die Menschen ihre Götter tanzen lassen. Das ist Indiens Beitrag zur Weltkultur.

Moderner Künstler und antikes Kunstwerk.

Noch einen anderen Bau hat Tanjore himmelhoch zu bieten; und die UNESCO bestätigt dies mit ihrem Siegel. Der Brihadisvara-Tempel mit seinen mächtigen Außenmauern, den beiden Gopurams und dem eigentlichen Tempel Sri Vimana über dem Lingam in seinem tiefsten Innern, beherrscht im Südwesten das Bild von Thanjavur. Der königliche Tempel, den Rajaraja I. in seiner Regierungszeit von 985 bis 1014 bauen ließ, ist eine große, uneinnehmbare Festung des Shiva, bewacht von einem massiven Nandi. Aus einem schwarzglänzenden Granitmonolith geschaffen, liegt der Stier vier Meter hoch, sechs Meter lang auf seinem umgitterten Sockel und gilt als der zweitgrößte in Indien. Die späte Nachmittagssonne durchwärmt das braune und ockerfarbene Gestein des Tempels mit der gigantischen Krone in über 60 Metern Höhe. Alles ist in Naturfarben belassen, keine schreiend bunte Ölfarbenflut übergießt hier die tanzenden, stehenden, sitzenden Figuren, die bis ganz da oben die Tempelpyramide bevölkern. Dezent sind hier die Nuancen. Ein Papageienpaar vergnügt sich auf einer der Shiva-Skulpturen, rot die Schnäbel, grün das Gefieder. Sonnenuntergang. Das Bauwerk gerät von unten nach oben in den Schatten, verliert an Farbe, wird allmählich ausgelöscht.

Ich halte, auf einer Treppe der umlaufenden überdachten Säulen-Galerie mit Hunderten schwarzer Lingams sitzend, mit dem Stift skizzenhaft in meinem Notizbuch fest, was sich immer mehr in schwarzen Umrissen gegen den Abendhimmel abhebt; auf diese Art den Blick schärfend für die ausgewogenen Linien der Harmonie und die andächtige Bereitschaft steigernd, sich auf ein solches Werk einzulassen. Aber es ist wie beim Angeln. Solches Tun der Selbstversenkung lockt Neugierige und Fragesteller an.

Ein Mann beugt sich über meine Schulter und sieht meine dilettantische Strichelei. „Sind Sie Künstler?“, fragt er. Ich wehre unwirsch ab: „Nein, Tourist.“ Er versöhnlicher: „Nicht schlecht, was Sie da zeichnen.“ Ich blicke mißtrauisch auf. „Ich verstehe was davon. Ich bin nämlich Künstler“, sagt er. Ok. Solches Lob stimmt gesprächsbereit. Ich lehne mich zurück. Er hat ein erdbraunes Gesicht von der Farbe zu spät geernteter Kartoffeln, darin einen weißen Schnauzbart, die ebenso weißen Haare lockig im Nacken zu einem Schwänzchen gebunden, und Augen, die mich mit freundlicher Neugier und bäuerlicher Gutmütigkeit mustern. „Den Tempel habe ich auch schon gemalt“, erklärt er und daß er aus Bangalore stamme und in Thanjavur seine Tochter besuche und daß es ihn immer wieder zu diesem Tempel ziehe. Er weist auf die inneren Maße des Bauwerkes hin, die eine unerreichte Ausgeglichenheit bewirken und den Eindruck des Edlen, Erhabenen steigern.

„Haben Sie in Deutschland auch solche Bauwerke?“ fragt er.

„Wir sollten Indien nicht mit Deutschland vergleichen“, wehre ich ab, „wenn schon, der Dimensionen wegen, dann mit Europa. Da sind es wohl die Tempel des antiken Griechenland, die mir ebenbürtig erscheinen, verwandt und getragen von solcher Götterhuldigung. Über Gemeinsamkeiten oder auch Grenzen wird man lange streiten können."

Er nickt nachdenklich. Auf seiner Stirn ist Shivas Zeichen. Der Mann trägt einen weißen langen Leinenüberwurf und weiße Hosen. Auf der Brust baumelt an einer schwarzen Schnur die Brille. Ein Hindu und ein Künstler. Wir sprechen über Macht und Kreativität.

„Solch ein Tempelwerk kann ein König befehlen, nicht aber erzwingen", sage ich.

Er stimmt zu. „Rajaraja I. war selbst ein Künstler", erklärt er, „ein Feingeist, ein Inspirator. Der ordnete nicht bloß etwas an, der war beteiligt am Schöpfungsprozeß." Mit beiden Händen deutet er auf den nun von Scheinwerfern angestrahlten Tempel, der scheinbar schwerelos wie ein übergroßes Segel dahinschwebt. „So etwas ist einmalig", schwärmt der Künstler aus Bangalore, „spätere Generationen können nur noch staunen und schweigen."

„Und kopieren", ergänze ich.

Abermaliges Kopfnicken. Die weißen Haare des verständnisvollen Mannes leuchten wie frischer Schnee im nächtlichen Widerschein des Tempels von Thanjavur. Shiva ist er geweiht, der in dieser Region zum kosmischen Tanz aufsteigt.

Härtetest: Kopf versus Tempel

Das Malheur war voraussehbar. Hätte ich es denn gesehen, hätte ich aufgeblickt und den querliegenden Stein als das wahrgenommen, was er ist, ein unnachgiebiger Quader, dem mein Dickschädel wahrlich nicht standhält, mir wäre erspart geblieben, kostbares Blut auf indischem Boden zu vergießen. Ich wollte mich durch die Trümmer des Masillamani Nathar Tempels zwängen und von dort aus auf das Meer schauen und den Verfall der Stadt Tranquebar bedenken, in aller Ruhe und mit gebührendem Abstand.

Es ist einer der seltsamsten Orte an Indiens Ostküste. Abseits der großen Nord-Süd-Verbindungen direkt am Meer gelegen, ein vergessener Winkel mit dem Charme eines Freilicht-Museums aus dem 17. Jahrhundert, das aus unerfindlichen Gründen noch immer bewohnt ist, als wüßten die Leute noch gar nicht, daß die Zeit längst abgelaufen ist. Wer weiß schon, daß an diesen Gestaden einmal die Flagge des dänischen Königs Christian IV. aufgezogen wurde? Hier, gut hundert Kilometer südlich von Pondicherry, bauten die Dänen 1620 eine Festung und richteten mit Zustimmung des Nayak-Königs Vijaya Raghunatha ihre Handelsniederlassung ein. Noch so ein Stück europäischer Weltgeschichte an Indiens Coromandelküste. Da steht das Fort Dansborg nun noch immer am Strand; vor ein paar Jahren, um der gefräßigen Brandung Einhalt zu gebieten, mit einem Wall aus Geröll und mächtigen Steinbrocken vor dem Verfall geschützt und in weißer Pracht mit viel Zement, aber wenig Einfühlungsvermögen renoviert. Auf breitem Plateau gebaut mit viereckigem Turm und hohen Mauern trotzt es weiter den Stürmen, längst nur noch leeres Gehäuse, und wartet auf Touristen, die hier nur spärlich und selten einen Abstecher in die Geschichte machen.

Als ich durch das Stadttor wanderte, über dem die Jahreszahl 1792 steht, wähnte ich mich in einer Filmkulisse. So unverfälscht in sich erhaltenes 17. und 18. Jahrhundert, verschlafen, verträumt, habe ich nirgends sonst in Indien angetroffen. Wie der Prinz fühlte ich mich, der in dahindösender Spinnweben-Romantik das Dornröschen wach küssen sollte. Keine Werbetafel, keines dieser allerorten unvermeidlichen Politiker-Plakate, wie erfreulich, nur eine Lichtleitung als Hinweis, daß ich mich nicht völlig aus dem 21. Jahrhundert entfernte, und einige Fahrrad fahrende Schulkinder, ab und zu ein Moped, höchst selten ein Auto.

King's Street heißt die asphaltierte, sandüberwehte Hauptstraße, die die weiteren rechten Winkel (geometrisch wie atmosphärisch zu verstehen) in der Orientierung zum Meere, hin zum Fort, bestimmt, auf daß sich Queen's Street und Admiral Street und Mosque Street und Borgan Street in soldatischer Disziplin daran ausrichten. Tranquebar hat die Jahrhunderte in Reih und Glied überdauert. Auf den versandeten Straßen knirschte mein Rollsack, den ich durch den weichen Untergrund ziehen mußte und der nur widerwillig folgte. Die geduckten Häuser mit kräftigen kurzen Säulen davor, die robust und verläßlich wie die Waden einer dänischen Bäuerin das Vordach halten und der Steinbank darunter Schatten gönnen, säumen die Straßen. Nur einige der amtlichen Gebäude, allesamt dem christlichen Glauben zugeordnet, sind zweigeschossig und haben aussichtsreiche Terrassen, die auf Säulen stehen. Die weiße Zionskirche von 1701 mit kurzem Vierkantturm und hohen Fenstern zeugt ebenso vom aufgegangenen Samen der Verkündigung wie der St. Theresa's Convent.

Nach den Händlern und Soldaten waren die Missionare gelandet. Am freien Platz vor dem Fort reckt eine mit üppiger Perücke ausgestattete Büste den Kopf hoch, an den deutschstämmigen Bartholomäus Ziegenbalg erinnernd. 1706 kam er hier an und brachte die frohe Botschaft des nordeuropäischen Protestantismus mit. Zur weiteren Verbreitung setzte er just an diesen Gestaden die erste Druckerpresse Indiens in Gang, so heißt es. Der Mann lernte Tamil, sammelte einheimische Manuskripte auf Palmblättern, übersetzte sie ins Deutsche und übertrug biblische Texte ins Tamilische. Die Kirche des Neuen Jerusalem, 1718 auf seine Anregung hin erbaut, bestimmt noch immer in gepflegtem Zustand die King's Street und umgibt sich mit lutheranerischer

Strenge. Auf dem Friedhof davor entdeckte ich neben Ziegenbalgs verwitterter Grabplatte auch die letzte Ruhestätte eines gewissen Carl Friedrich Kremmer, 1817 zu Schmalkalden geboren, 1887 zu Tranquebar gestorben. Und in deutscher Sprache ist Phil. 1/21 zitiert: „Christus ist mein Leben, und Sterben mein Gewinn.“ Was den frommen Sachsen wohl hierher verschlagen hat und welcher Gewinn ihm zukam?

Gegenüber hat sich in entsprechend kolonial-dekoriertem Stil das Ziegenbalg-Spiritual Centre eingerichtet. Dort traf ich Reverend Christian Samraj, der mich in bestem Deutsch begrüßte und mich seiner ebenso vortrefflich sprechenden Frau Esther vorstellte. Beide waren einige Jahre in Deutschland gewesen und sorgen sich nun in dieser Außenstelle christlichen Verständnisses um Seelen und Soziales. Nicht Hamlets Geist vermeinte ich auf den erneuerten Zinnen des dänischen Forts herumspuken zu sehen, sondern einen Hauch von Hamlets Zweifeln in der Miene des indischen Pastors am Rande des Subkontinents zu erkennen. Er strahlt nichts von der Umtriebigkeit seines Vorgängers Ziegenbalg aus, erzählt mir von den Schwierigkeiten, in einem hinduistisch dominierten Staat im christlichen Sinne Hilfreiches zu tun, klagt über behördliche Schikane, wenn es um Baugenehmigungen gehe, und weist wehmütig lächelnd auf die ziemlich leeren Kassen hin. Ein Mann, der Gutes tun will und wenig in den Händen hat.

Ich bin Gast im Schulanbau des Hauses, in dem einst Ziegenbalg lebte und das nun vom Ehepaar Samraj bewohnt wird. Das staatliche Hotel nahe am Meer ist geschlossen, ohne daß mir jemand sagen könnte, warum und ob es jemals wieder geöffnet würde. Abermalige Bestätigung, daß man um Einrichtungen, an denen „Government“ steht, in Indien zumeist einen weiten Bogen machen sollte.

Ach ja. Über all das mochte ich sinnieren in der Ruine des umbrandeten Masillamani Nathar Tempels. Er soll 1305 errichtet worden sein und gilt als ältestes Bauwerk von Tranquebar, gewissermaßen der steinerne Beleg, daß es vor den Europäern, die so nachdrücklich Spuren hinterließen, hier bereits ursprüngliches Indien gegeben hat. Ein dramatischer Verfall. Zwei seiner Türme hat sich das Meer bereits geholt wie der Fuchs die Gans. Die Trümmer liegen als gebleichte Knochen malerisch verstreut am Strand, von den Wellen überspült. Zerborsten die Kuppeln aus roten Backsteinen. Da verrotten die gefallenen Mauern in Sand und Wasser, und niemand wird sie mehr aufrichten. Ein grandioses Lehrstück der Vergänglichkeit.

Ich beugte mich, um unter einem der letzten erhaltenen Torstürze hindurchzukriechen, die mit soliden Granitblöcken gehalten werden. Meine Demut war nicht tief genug. Gerade als ich meinte, ins Innere vorgedrungen zu sein und mich aufrichtete, traf mich der Schlag. Krach! Peng! Aua… Der Abstand zwischen Kopf und Gesteinskante war zu knapp bemessen. Ungewollt,

Fort in Tranquebar.

aber unvermeidbar der Härtetest, dem ich unterliege. Sofort spritzt das Blut aus der Platzwunde. Ein roter Wasserfall rauscht mir an den Augen vorbei. Hinlegen. Mit dem Taschentuch die Wunde zudrücken. Ich kann leider nichts mehr sehen. Blind reiße ich mir aus der Tasche ein paar Heftpflaster zurecht und pappe sie da oben irgendwo auf den Schädel. Schmerz? Natürlich tut's nun weh. Doch unsereiner ist in Indien ja auch im hintersten Winkel der Historie nie unbeobachtet. Ein Junge stolpert die Trümmer herauf, nimmt mein Taschentuch, klettert über die Geisteinsbrocken hinunter zur Brandung und bringt es erfrischend durchtränkt zurück. Danke. Diesen Lappen aufdrükkend schleiche ich heim zur Bleibe, rechts herum, links herum, einige sandige Straßen landeinwärts.

Im Spiegel erkenne ich ein blutverschmiertes Gesicht, wie bei einer Schlägerei zugerichtet. Ich? So habe ich mich noch nie gesehen. „Ein Kratzer, nichts Schlimmes", wehre ich Neugier und Anteilnahme ab. Minuten später finde ich mich in Begleitung des Pastors vor der katholischen Gesundheitsstation wieder und bin bei Mutter Maria in guten, sanften Händen. Nein, es sind nicht eigentlich die ihren, aber die der lächelnden Schwester in weißem Sari helfen weiter. Jod. Ein paar Schnitte. Puder. Sachgerecht werde ich verbunden. Ich atme erleichtert auf. Was bin ich schuldig? Wir verlangen nichts, vernehme ich leise aus freundlichem Munde. Spenden seien allerdings willkommen. Wo zu deponieren? Da draußen im Garten bei der Heiligen Maria. Ich tapse noch etwas unsicher auf den Beinen ins Freie. In goldenem Ornat steht sie da auf einem Kasten mit aufnahmebereiter Queröffnung. Ich falte einen Hundert-Rupien-Schein zusammen und stecke ihn dankbar in Marias Schlitz. Später in meinem Zimmer schaut mich gerahmt ein milder, rosiger Jesus von der Wand an und zeigt mir mit verschleiert-leidendem Blick sein bluttropfendes Herz und seine offenen Wunden an den Händen. Sie sind unversorgt, wie ich mitfühlend feststelle. Ich nicke ihm aufmunternd zu. In der katholischen Gesundheitsstation neben Mutter Maria wäre ihm Hilfe zuteil geworden. Ich habe Glück gehabt. Dem zertrümmerten Hindu-Tempel am Meer bin ich böse. Offenbar war auch Ganesha etwas unaufmerksam gewesen, was meinen Schutz betrifft.

Butterkugeln fliegen durch die Luft

Der Familienvater nimmt Augenmaß, von seiner Frau, einem kleinen Mädchen, einem heranwachsenden Jungen aufmerksam beobachtet, dann holt er mit der Rechten aus und – schwupps! – fliegt die Butterkugel durch die Luft. Luft? Was heißt schon Luft! Als ein schwüles, betörendes Gemenge aus Wohlgeruch und Brechmittel füllt sie wie unsichtbare Watte den Minakshi-Tempel in Madurai, durchzogen von Schwaden ätzender Räucherstäbchen, Abgasen fettiger Fäulnis, den Schweißausdünstungen pilgernder Heerscharen, dem Duft der in weiblichen Haaren getragenen Jasminblüten und tausend anderer Geruchspartikeln, die sich durchmischen in die okkulten Tiefen des Tempels. Das weiße murmelgroße Wurfgeschoß trifft aufklatschend Patarakali an der rechten Brust und bleibt kleben als zerfaserter Fleck. Dutzende solcher Butterpickel überziehen die dunkel glänzende Göttin wie eine unerklärliche Hautkrankheit. Der Mann faltet seine Hände über der Stirn, verbeugt sich, die Familie schaut anerkennend zu. Er traf wahrlich ins Schwarze.

Man drängelt sich. Ständig wird die umschwärmte Frauengestalt mit solch cholesterinhaltigen Kugeln beworfen. Ihrem Nachbarn auf hohem Sockel, einer Darstellung des Shiva, ergeht es nicht besser – oder ergeht es ebenso wohl. Denn das ist Gottesdienst. In einem Wasserbecken schwimmen die Projektile, das Stück für zwei Rupien. Das Fett durch die Luft sausen zu lassen, gilt als gute Tat. Nicht jeder Wurf erreicht das hohe Paar, das tanzend über der Menge schwebt. Auch die schmierig-düsteren Pfeiler und Wände im Hintergrund sind weiß gesprenkelt. Das Butter-Bombardement ist eine der Besonderheiten in Madurais verwirrend weitläufigem Tempelkomplex. Was sich bei den Gläubigen an innigen Gefühlen einstellt, an Glück und seliger Übereinkunft mit den Göttern oder aber an Erfüllung heiliger Pflicht, das entzieht sich der

Wertung oder gar des Verständnisses derer, die nicht dazugehören. Ich bleibe Beobachter, fasziniert von solchem Ritual. Und es geht weiter. Am Abend wird gereinigt. Zwei dickbäuchige Brahmanen, die Schnur ihres Ranges über die Brust gezogen, rücken mit Eimern voll heißem Wasser dem Paar auf dem umgitterten Podest zuleibe. Es wird übergossen, mit Lappen poliert. Eine säuerlich stinkende, trübe Brühe fließt in die Kanäle der Tempelstadt. Dann folgt das eigentliche Bad. Weitere Töpfe werden herangeschafft. In weißen Rinnsalen windet sich nun Milch die Schultern, Arme, Beine hinunter. Schließlich erhalten die Götterstatuen, die den lieben langen Tag ohne mit der Wimper zu zucken Zielscheibe fettigen Anwurfs gewesen waren, die Kleidung für die Nacht. Mit roten Tüchern werden die Großfiguren umhüllt.

Indien inszeniert sich. Madurai ist neuerlicher Höhepunkt hinduistischer Gotteshuldigung. Dafür stehen die vier Gopurams an jeder der Außenmauern des Minakshi-Tempels. Wolkenkratzer aus dem 16. Jahrhundert. Während der Regentschaft der Vijayanagar-Könige wurden die Tempelanlagen gebaut, die besonders sinnenfroh über die ganze Altstadt ragen. Knatschbunt, ameisenhaft bevölkert, mit Figuren besetzt bis in die Höhe von 50 Metern. Das ist Südindien aus dem Bilderbuch. Dämonen, Helden, Zwerge, Riesen, mal ziemlich menschlich mit zwei Händen und einem Kopf ausgestattet, mal mit Dutzenden von Armen und ebenso vielen Häuptern versehen. Ganesha thront da neben Monstern, Götterkollegen, Fabelwesen. Auch das Fernglas verhilft nicht zur Klarsicht, sondern nur zu vergrößerter Verwirrung. Dem westlichen Auge mag das als Kitsch auf hohem Niveau erscheinen, doch so viele Figuren zu plazieren und in solch mythologischem Massenaufmarsch zu vereinen, verdient Bewunderung. Die steil aufsteigenden Pyramidenwände mit klassischer Silhouette wachsen als überbordende Illustration der indischen Überbevölkerung auf und scheinen eine Momentaufnahme des Straßengetümmels drumherum zu sein. Gedränge da oben, Gedränge da unten.

Im verwinkelten Teil der zweitgrößten Stadt Tamil Nadus mit dem Tempel als Mittelpunkt pulsiert das Indien der alten Tage. Ich habe in den frühen Reiseberichten nachgelesen, und nun wird mir von allen Seiten höchst lebendig der Eindruck bestätigt, nicht zu spät zu kommen. Indien ist sich in den Gassen der Krämer, den von Menschen und Vehikeln verstopften Straßen, den winzigen Restaurants, dem scheinbaren und tatsächlichen Durcheinander, was ja eh nur eine Frage der inneren Einstellung ist, treu geblieben. Mir ist so wohlig zumute, als sei ich in einen etwas verwackelten Kulturfilm jener Jahre geraten, da solche Streifen in den Kinos noch vor dem Hauptfilm liefen. Wenn ich kurz vor Mitternacht an der Ecke meinen heißen Milchtee schlürfe, den mir derselbe bärtige Alte um diese Zeit mit genauso schwungvollem Strahl ins Glas gießt wie morgens um neun; wenn ich mich neben einen Abfallhaufen stelle, in dem eine Kuh wühlt, und mir die Ohren dröhnen von übersteuertem Lautsprechergedudel, dann denke ich – innerlich Distanz suchend – absurderweise an Leitlinien, die hier besonders skurril erscheinen und, zugegeben, weit hergeholt sind: Ich meine so etwas wie Ladenschlußgesetz, Dosenpfand, Lärmschutzverordnung und Mülltrennung. Daß etwa achttausend Kilometer westlich von Madurai derlei Grundpfeiler menschlichen Daseins heftig umstritten sind, daß sie dortige Politiker in Rage und deutsche Gemüter über Jahrzehnte in Wallung bringen, muß den Leuten um mich herum, wüßten sie davon, so exotisch und bizarr erscheinen wie mir das bunte Treiben da an den Türmen des Minakshi-Tempels.

Der Tempel-Betrieb ist mit seinen Aktions-Angeboten der lebhafteste und vielfältigste von allen auf dieser Reise Indien südwärts. Überall und ständig passiert etwas in den endlosen Gängen und dämmrigen Hallen. Der Tempel ist Markt, Kirmes, Theater, Treffpunkt, Tanzsaal. Ich bin geneigt, von „Events" zu sprechen, die auch für Inder einen Unterhaltungswert haben. Die Zeiteinheiten fließen. Da flimmert die Elektronik unserer Tage auf, am 6. Oktober 2002 installiert. In einer Nische im Eingangsbereich oberhalb des Goldenen Lotus-Teiches eröffnet sich das heilige Labyrinth auf dem Bildschirm wie eine Video-Verfolgungsschlacht. Ehe man sich baren Fußes in die düsteren Weiten des Tempels begibt, läßt er sich bereits virtuell durchwandern: optisches Eindringen in Abgründe, Höhlen, Winkel. Alles durch leichten Fingerdruck zu bewirken. Der Tempel wird zur Erlebnisschau, gesponsert von Eonour Technologies Limited, Chennai. Natürlich machen das die IT-Spezialisten nicht kosten- und selbstlos: „Please insert five Rupees." Die Rituale mögen zeitlos sein, die Technik der Vermittlung ist modern. Ein Radiostudio überträgt abendliche Gesänge in die Lautsprecher der entferntesten Ecken. Es gibt kein Entrinnen oder gar ein Fleckchen der Innerlichkeit. Spenden werden per Computer abgerechnet.

Tempelmanager sind nicht von gestern. Nur sind viele der Geschichten, die sich um diese geschäftige Anlage winden, schon betagt. Die Story von Minakshi zum Beispiel. Die „Fischäugige" wurde die Königstochter genannt; und seltsamerweise hatte sie drei Brüste. Wer weiß, welche tiefenpsychologische Erklärung für diese anatomische Eigenart herhalten könnte. Ich brauchte die Phantasie übrigens gar nicht so sehr anzustrengen, mir diese dreifache weibliche Wölbung plastisch vorzustellen, die die Damenoberbekleidungs-Industrie bislang wohl kaum berücksichtigt. Auch in Indien nicht. In der riesigen Halle, die Pudu Mandapa heißt und dem Ostturm gegenüber steht, ist Minakshi zu sehen. Als lebensgroße Figur wirft sie sich da in die dreifache Brust; und zu ihren Füßen sitzen Schneider und treten emsig auf die Pedalen uralter Nähmaschinen der Marke „Butterfly". Sie sind eher mit Hosen beschäftigt. Ob sie auch dreischalige Büstenhalter in Auftrag nähmen, wagte ich nicht zu

Silhouette von Madurai.

fragen. Andererseits erübrigte sich der Bedarf sowieso. Wir sind ja im weiten Ozean indischer Geschichten. Die Prophezeiung lautete, wenn Minakshi den ihr bestimmten Ehemann treffe, würde sie sich kurzum und obenherum nicht mehr von ihren Geschlechtsgenossinnen unterscheiden. So geschah's. Und der Gatte war – die fromme Legende ist dem Tempel zugeteilt – kein geringerer als Shiva. Beim jährlichen Fest im April und Mai wird der wundersamen Vermählung und körperlichen Rückbildung gedacht.

Es könnte sein, daß der ältere Herr da im Schatten solche Geschichten erzählt. Wo? Gleich hinter dem diensttuenden Tempel-Elefanten, der für geringe Münze, die er mit dem Rüsselende aufnimmt und seinem Mahout übereignet und dem Spender dann sachte segnend mit seiner Trompetennase über den Kopf streicht, also gleich hinter dem geduldigen Dickhäuter in einem der Innenhöfe unter dem Dach eines Pavillons hockt der Mann. Er hat die Beine gekreuzt und auf einem hölzernen Ständer vor sich ein großes Buch aufgeschlagen. Daraus liest er mit hoher, lauter Stimme vor. Nicht etwa, um sich eine Freude zu machen. Vor ihm auf dem mit Matten bedeckten Boden sitzen, kauern, liegen Männer. Ein Dutzend wohl. Der Erzähler hat einen gezwirbelten Bart in Pfeffer-und-Salz-Grau, eine Haarmähne in Weiß, eine energisch hervorstechende Nase und Augen voller Güte und Abgeklärtheit, tief in sich ruhend. Eine würdige Gestalt, wie gemalt. Die Augen schweifen über den Text, dann über sein Publikum. Mit offenen Mündern hören die Männer zu, die meisten so alt wie er; und, was so selten ist in diesem Land, keiner sagt etwas.

Wie es sonst nur Kinder vermögen, die ganz kleinen, die noch nicht fernsehgeschädigt sind, so hängen ihre Blicke an seinen Lippen. Die Männer vor ihm lassen sich begeistert von seinem Erzählfluß forttreiben. Mal plätschert er dahin, mal schwillt er zum reißenden Gebirgsbach an, mal mündet er in einen breiten See. Ich verstehe kein Wort, kann aber die wechselnde Tonlage des sprachgewaltigen Alten unterscheiden, der verschiedenen Figuren dialogisch Leben einhaucht.

Da beherrscht einer sein Mundwerk. Einer in der langen Generationenreihe der Erzähler. So wurden Weisheiten weitergegeben über die Jahrtausende, und was sich die Menschen merkten, war dauerhafter als eine flüchtige Soap Opera mit Tanzeinlage. Auch dieser Herr der Redekunst singt zwischendurch, bringt seine Zuhörer zum Lachen, zu erstaunten Zwischenrufen. Er weiß sie zu lenken. Er spielt auf der Klaviatur ihrer Gefühle, hat Macht über sie. Seine Vorfahren waren in Königspalästen willkommen, auf Dorfplätzen und in Tempeln wie diesem seit endlosen Zeiten, Priester, Barde, Poet in einer Person. Der Alte ist eine Persönlichkeit. Von ihm geht Autorität aus. Der Bewahrer von Geheimnissen verrät seine Schätze mit dem sicheren Gespür für dramaturgische Höhepunkte. Der alten Ohren, der Ohren der Alten kann er gewiß sein. Vielleicht fällt es nur mir auf. Kein Junge mischt sich unter deren Schar, kein Halbwüchsiger setzt sich dazu, keiner von denen, die am Eingang des Tempels die Videomaschine für fünf Rupien in Gang brachten. Wieder habe ich so ein Kulturfilm-Gefühl.

Gandhis blutbefleckter Dhoti im Museum

Am Eingang preist ihn Tagore in der Nachfolge eines Buddha. In den hinteren Räumen ist von ihm im Zusammenhang mit Jesus zu lesen. Wahrlich, Gandhi ist in weltgeschichtlich bedeutsamer Gesellschaft. Im neuen Viertel von Madurai, drüben jenseits des Vaigaiflußes, wo sich die Briten häuslich eingerichtet hatten, die eben dieser Gandhi das Fürchten lehrte, drüben im anderen Madurai der breiten, langen, langweiligen Straßen, steht in einem ungepflegten kleinen Park ein gelbes Gebäude mit Kuppelturm. Es stammt von 1700, war Palast einer Rani, einer indischen Fürstin, wurde von Engländern bewohnt, als Schule, als Gerichtsgebäude benutzt, war somit koloniale Filiale der Macht und ist mit solcher Vergangenheit eine Kulisse jener Epoche, der Männer wie Gandhi das Grab schaufelten; und dabei waren ihm, wie die Nachwelt weiß, Hacke und Hände wichtiger als ein Schießeisen. Einer der Mitstreiter um Indiens Neubeginn, Ministerpräsident Jawaharlal Nehru, eröffnete am 15. April 1952 in dem herrschaftlichen Haus mit der überdachten

Einfahrt das Museum, das an Mahatma Gandhi erinnert wie an einen Mythos aus längst vergangener Zeit.

Ich folge brav hintereinander her trippelnden Schulmädchen. Die Haare haben sie zu baumelnden Rundzöpfen über dem Nacken zusammengebunden. Alle tragen blaue Kleider, weiße Strümpfe und wirken wohlerzogen. Wir steigen die breite Treppe zum ersten Stock hinauf. Die Mädchen, von Lehrerinnen in Saris nach innen geleitet, kichern verhalten. Ich vertiefe mich in Tagores Worte, die da als Zeichen der Beschwörung an der Wand stehen, wohl als ein Versuch, das festzuhalten, was Wahrheit genannt wird: „In unmittelbarer Verbindung zur Wahrhaftigkeit erheben sich die niedergedrückten Kräfte der Seele aufs Neue. Als die Liebe durch Indiens Tore drang, wurden diese Tore weit geöffnet … Auf Gandhis Ruf hin erblühte Indien zu neuer Größe wie einst in früherer Zeit, als Buddha die Wahrheit der Brüderlichkeit und des Erbarmens unter allen Lebewesen verkündete.“

Die Räume des Museums bebildern Geschichte sehr anschaulich und sind ganz auf das Verständnis der kleinen Mädchen ausgerichtet, die mit dem spärlichen Sinn ihrer jungen Jahre für Opas Elend, Aufstände und Kriege vorbeischlendern. Alles so lange her? Alles nicht. 1910 litten 80 Prozent der indischen Dörfer unter der Armut, so lese ich. Und heute? Im Vivekananda-Eispalast hatte ich schon mal Gelegenheit, über historische und gegenwärtige Not nachzudenken. Ich spreche mit Dr. T. Ravichandran darüber. Der rundliche eloquente Mann ist Kurator des Museums, für dessen Inhalt und Vermittlung zuständig, fachkundiger Betreuer der Schulklassen. Redegewandt berichtet er von den aktuellen Spannungen im Lande, von der Radikalisierung der Hindu-Nationalisten und ihrer Vorstellung eines Indiens, das nicht das ist, das Gandhi mitgestalten wollte. Längst seien die neuen Fundamentalisten die Gefahr der indischen Einheit geworden; und der Hüter des gandhischen Erbes macht keinen Hehl daraus, daß es Fundamentalisten nicht nur unter den Hindus gibt, sondern auch in den Reihen der anderen Religionen. Gandhis Botschaft der Gewaltlosigkeit sei leider in Vergessenheit geraten. „Dialog“, sagt Dr. Ravichandran, der sich auskennt in der Welt und viel gereist ist, „Dialog ist unsere einzige Chance, die Spannungen zu mindern.“

Vielleicht wäre auch diese Gedenkstätte, die Gandhis uneingelöstes Vermächtnis bewahrt und Pflichtbesuch für Schulkinder ist, ein Museum wie so viele andere auch. Aber es ist dessen Bezug zu diesem hinteren Zimmer, dem abgedunkelten, dem sakral geheimnisvollen, das den Besuch so anders werden läßt und all die Gemälde, Bilder, Fotos, Dokumente in einen sinnlichen, körperlichen, zerbrechlichen Zusammenhang bringt: in die Allgegenwart des Todes.

Aber der Reihe nach. Hier in Madurai, so wird mitgeteilt, entschied sich Gandhi für den Kleiderwechsel, der fortan sein Äußeres bestimmte, zum Markenzeichen seines Wirkens wurde, sein – wie wir es heute wohl sagen würden – Image prägte, werbewirksam in den Fotos der Weltpresse zu sehen. 1921 ist das gewesen. Gandhi bekannte, er könne doch in Anbetracht seiner leidenden Landsleute nicht in größerem Luxus daherkommen als sie und etwas anderes am Leibe tragen als sie; also zog er den Anzug europäischen Zuschnitts aus und die Baumwolltücher über, mit denen er ins Bild der Geschichte einging. Dhoti genannt, locker um die Hüfte geschlungen, das armselige Stück Stoff der Bauern, wie es heute noch Millionen um die ausgemergelten Körper schlottert. Hier in Madurai begann die von Gandhi in Schwung gebrachte Bewegung des Spinnrades, des landesweiten Webens in Handarbeit, als Demonstration von Genügsamkeit, Widerstand und Besinnung auf das Material eigener Herkunft: The All India Spinner's Association. Stoff für Bekleidung, Stoff zur Stärkung indischen Selbstbewußtseins, Stoff für Gandhis musealen Nachruhm.

In dem kleinen Nebenraum, nur von einer dürftigen elektrischen Lampe beleuchtet, als gelte es, eine Grabkammer zu zeigen, sehe ich hinter der Glasscheibe auf schwarzem Hintergrund einen solchen Dhoti ausgebreitet, nein, natürlich nicht irgendeinen, sondern den, den Gandhi getragen hat. Und zwar am 30. Januar 1948. Das Baumwollstück hat schwarzrote Flecken, ist verschmiert, besudelt wie eine in den Schmutz geworfene Fahne. Einsam liegt es da. Verloren und hier aufgehoben als Banner des Scheiterns. Es ist Gandhis letzter Dhoti. Wenige Tage zuvor hatte der kleine, so ungeschützt in seiner Nacktheit auftretende Mann gesagt: „Wenn jemand meinem Leben ein Ende setzte und eine Kugel auf mich abfeuerte und ich dieser Kugel ohne Groll, Murren (Groan) begegnete und meinen letzten Atem aushauchte mit Gottes Namen auf den Lippen, dann würde ich mein Feld ordentlich bestellt haben." Vorahnung? Todessehnsucht eines Kämpfers, der bereits sah, wie in den Wirren nach der indischen Teilung mit millionenfachem Leid der Flüchtlinge und Sterbenden sein Lebenswerk beschädigt wurde?

Am 30. Januar 1948 trafen ihn die Kugeln seines Mörders Nathuram Godse. Es ist die Tragik des indischen Neubeginns mit Tränen der Freude und Tränen der Trauer: Nicht ein Geschoß aus englischem Gewehrlauf, nicht das Schwert eines islamischen Kriegers, nicht der Anschlag eines Christen, eines Sikhs, eines Unberührbaren machte seinem Leben ein Ende; die Kugeln eines Hindu-Fanatikers töteten ihn und durchlöcherten den Glauben an das friedliche Mit- und Nebeneinander des Vielvölkerstaates. Der Prediger der Gewaltlosigkeit, geboren aus dem Geiste des Hinduismus, wurde das Opfer der Gewalt aus den eigenen Reihen. Im „Hindustan Standard" aus Kalkutta war am 31. Januar 1948 zu lesen: „Gandhi ist ermordet worden … Die zweite Kreuzigung in der Weltgeschichte hat sich an einem Freitag ereignet, am selben Tag, an dem Jesus zu Tode gebracht wurde vor 1915 Jahren. Vater vergib uns." Da liegt das Tuch mit den Spuren der Tat. „Blood stained. Original", ist vermerkt. Die letzte Hülle eines Weltbewegers. Der Anblick berührt, stimmt traurig, regt zum stummen, hilflosen Protest an. Was für ein jämmerlich dürftiges Gewand. Was für ein fadenscheiniges Symbol des Aufbegehrens.

Im amphibischen Abseits

Ist es noch weit? Die nörgelnde Kinderfrage beim Schulwandertag liegt mir auf der vom Durst pappiger werdenden Zunge. Die Plastikflasche mit lauem Wasser ist leergetrunken und weit und breit niemand, den ich um Auskunft bitten könnte. Unter den Füßen knirscht feiner eigelber Sand. Die Sonne hat ihm aus salzigem Wasserstaub, den der Wind daherweht, eine harte Kruste gebacken. Bei jedem Schritt breche ich durch und habe das Gefühl, über verharschten Schnee zu laufen. Solcher Vergleich kann natürlich nur einem Nordländer einfallen, der dem Winter davongeflogen ist. Hier am neunten Längengrad südlicher Breite brennt mir die Sonne mit 40 Grad plus auf den von einem breitrandigen Hut bedeckten Schädel. Ich stapfe weiter ostwärts. Kein Halm, kein Strauch. Kein Schatten. Alles flach. Ich bin auf Meereshöhe. Weiße Wellenkämme laufen gemächlich an Sandbänken auf. Unendlicher blauer Himmel und ringsum nur noch Wasser. Normal Null.

Das schilderreiche Indien verleugnet sich an seinem südwestlichsten Zipfel, wo es ausufert und sich als sandiger Saum im amphibischen Niemandsland zwischen der langgestreckten Insel Pamban, der Palk Bay und dem Golf von Mannar verliert. Eine Franse am bunten Gewande Mutter Indiens. Nirgends ein Hinweis oder gar ein staatliches Hoheitszeichen auf überspültem flachen Grund, daß der Subkontinent hier aufhört oder beginnt, je nach der Richtung, aus der man sich dieser Laune der Natur nähert. Zu Fuß von Westen oder zu Schiff von Osten. Sri Lankas Hafen Talaimannar ist nur 30 Kilometer entfernt. „Adamsbrücke" vermerkt der Atlas neben den blauen Tupfen, die diese Stelle auf den Karten markieren. Sri Lanka sei das Paradies gewesen, so heißt es. Adam und Eva wurden durch diesen Hinterausgang daraus vertrieben. Demnach müßten sich die beiden nach Indien verflüchtigt haben. Das könnte eine Erklärung dafür sein, warum es so vielen Leuten alles andere als paradiesisch geht.

Ich komme aus Rameswaram, einem der heiligsten Orte Indiens. Fromme Hindus sagen, eine Pilgerreise, die in Varanasi/Benares beginne, solle hier enden, um den Göttern, namentlich Shiva, vollendet zu huldigen und deren Segen zu empfangen. Wer in den Fluten des Ganges sein rituelles Bad nehme, der solle dann auch hier ins reinigende Wasser steigen. Fast das ganze Indien liegt dazwischen, nahezu zweitausend Kilometer. Mit seinen knapp 40.000 Menschen ist Rameswaram eine kleine Stadt auf der Insel Pamban, die vom Pilgerbetrieb und vom Fischfang lebt. Wenn nicht gerade saisonale Puja-Festivitäten die Menschenmassen anlocken, wirkt der Ort eher verschlafen. Für indische Verhältnisse geht es geruhsam zu.

Blick zurück. Am Horizont hinter mir kann ich verschwommen im Dunst noch den weißen, nun winzigen Turm des Ramanathaswami-Tempels erkennen. Er wurde im 17./18. Jahrhundert gebaut und ist wegen seiner Korridore berühmt. Tags zuvor habe ich sie durchschritten. In breitem Rechteck umschließen die überdachten, von steinernen Kolonnen gesäumten Fluchten die Innenräume, insgesamt 1.300 Meter lang. Die ausgedehnteste dieser höhlenartigen Hallen zieht sich 230 Meter hin und verjüngt sich in phantastischer, scheinbar endloser Perspektive. Was gestern Fernblick im Tempel war, ist heute Fernblick unter wolkenlosem Firmament. Ich kneife die Augen zusammen. Über den Dünen in Richtung Rameswaram wabert die heiße Luft. Das Weltgeschehen hält einen Mittagsschlaf.

Alles ist auf Weite ausgerichtet im Umkreis dieses eigenartigen Schauplatzes. Das ist nicht mehr Festland und noch nicht Meer. Früher war Rameswaram da hinten im Dunst nur mit dem Boot und der Eisenbahn zu erreichen. Knapp übers Wasser gebaut verläuft der schmale eingleisige Damm mit den Schienen, auf denen der Zug von Madurai bis zur Insel Pamban verkehrt. Wenn die eiserne Schlange auf das Eiland zurollt, sieht es aus, als führen die Wagen auf dem Wasser und die Reisenden gerieten in Gefahr, nasse Füße zu bekommen. Ein technisches Wunder. Eines von vorgestern. Seit 1988 wird es von der daneben und hoch darüber sich schwingenden Autobrücke übertroffen. 2,2 Kilometer ist sie lang, die längste überhaupt in Indien, die zu einer Insel führt. Rajiv Gandhi, damals Premierminister, hat das Bauwerk der kühnen Träume eingeweiht: ein Bindeglied des indischen Zusammenwachsens, Nationbuilding, wie das heißt. Es wird als Symbol des Fortschritts verstanden, der auf rotbraun gestrichenem Stahl und Beton den National Highway 49 weit in den Südosten ausdehnt und Rameswaram erreicht. Die Brücke trägt die Botschaft vom modernen, zukunftsorientierten, dynamischen Indien bis in diesen abseitigen Winkel. Mit dem automobilen Verkehr hat das Städtchen seine insulare Unschuld unwiederbringlich verloren und ist einbezogen in das engmaschige, doch vielerorts nur holperig befahrbare Straßennetz Indiens. Trotz der neuen Zufahrt ist Rameswaram bloß noch Endstation. Dabei war es einmal ein Ort der Durchreise, und dies in zweifachem Sinn. Historisch ist das Hin und Her noch gar nicht so lange vorbei; es ging 1964 in den Trümmern einer Katastrophe unter. Legendär ist die Passage schon etwas älter und in Jahreszahlen gar nicht zu fassen. Beidem bin ich nun auf der Spur im brüchigen Sand.

Hafen von Rameswaram.

Die ersten fünfzehn Kilometer meiner Erkundung waren noch ganz bequem gewesen. Vom Tempel aus fährt der Bus Nummer 3, und der rollt über eine Asphaltstraße die immer enger werdende Landzunge hin in die Weite der Einsamkeit. Die Fischer hatten im Städtchen den Fang verhökert, Drahtrollen und Plastikeimer gekauft und fuhren heim zu ihren Hütten. Marktfrauen schoben ihre Töpfe und Kartons in den Gang des Busses. Schulkinder erzählten sich lachend die Geschichten des Tages. Vom Fenster vorn links neben dem Fahrer aus war die Sicht beengend und endlos zugleich. Die schmale Straße hat kaum genügend Platz. Rechts und links schlagen nämlich schon die Wellen an, von vereinzeltem Gestrüpp aufgehalten. Zu beiden Seiten nichts als Wasser. Auf dieser Trasse liefen mal Eisenbahnschienen bis zu jenem Zusammenbruch von 1964. Danach waren sie unbrauchbar geworden. Später wurde die Spur mit Teer überzogen, und nun pendeln ein paar Mal am Tag die Busse zwischen Rameswaram und dem Dorf Chattiram.

Dorf? Ich war enttäuscht, als ich ausstieg. Auf den Sand gesetzte Holzhütten. Ärmlich. Von Stürmen zerzaust. Vorposten menschlichen Daseins und erbärmliche Zeugnisse von dessen andauernder Plage. Ein Verschlag, der so tut, als sei er ein Restaurant. Mir war, als sei ich ans Ende der zivilisierten Welt geraten mit der Atmosphäre von Hoffnungslosigkeit und Tristesse, wie sie solchen Orten eigen ist. Strafkolonie, in der wohl nur wenige wirklich etwas ausgefressen haben. Der Wind treibt Plastiktüten über Trampelpfade. Abfälle überall. Aus einem Lautsprecher dröhnende Filmmusik. Also doch noch Indien. Ein Soldat mit einem Gewehr, das vermutlich schon Schmugglern zur Zeit der britischen Herrschaft ein Lächeln entlockt hätte, döste vor seinem Wachhäuschen mit rotweißem Schlagbaum und verkörperte staatliche Autorität. Da hatte ich noch jemanden gefunden, der mir auf die Frage, wie weit es denn sei bis zum Ende Indiens, mit dem Finger die östliche Richtung wies und etwas von sechs Kilometern murmelte. So war ich erwartungsvoll losgezogen.

Nach drei Kilometern sah ich die späten Folgen jenes Unglücks, das über diesen Wurmfortsatz Indiens hereingebrochen war. Das Jahr 1964 nannten sie alle, die ich danach fragte. 1964 hat sich eingekerbt ins kollektive Gedächtnis. Dhanashkodi heißt der Ort oder das, was übrig geblieben ist von dem Ort dieses Namens. Das Land zwischen den Wellen ist keine zweihundert Meter breit. Niedriges, windgebeuteltes Gestrüpp bedeckt den Sand. Strandhafer. Stacheliges Zeug. Auch hier vereinzelte Hütten aus Stroh und Brettern, die so aussehen, als würde sie der nächste Sturm ebenso wegblasen wie es der von damals mit den richtigen Häusern machte, die hier mal standen. Und die waren aus anderem Material. Zweistöckige Gebäude. Lagerhallen. Eine Kirche. Ein Tempel. Alles aus massivem Stein. Auch der Bahnhof. Ja, der Bahnhof. Hier endeten die Schienen, die bis Madurai und weiter führten. Hier ankerte der Dampfer, der von Talaimannar kam, drüben von Sri Lanka oder Ceylon, wie die Engländer sagten.

Zu ihrer Zeit wurde die Verbindung eingerichtet. Es war der klassische Eingang zum östlichen Indien. Aus Europa reisten die Leute durch den Suezkanal bis Colombo, von dort mit der Eisenbahn nordwärts bis Talaimannar, dann aufs Schiff, hinüber nach Dhanashkodi und weiter per Bahn nach Madurai, eventuell Stopp in Rameswaram, des Tempels wegen. Und umgedreht funktionierte die Reise natürlich auch. Bis 1964. Da fegte ein Zyklon über diesen Landfinger hinweg und zerstörte die Gebäude mit der Macht eines rasenden Riesen. Noch heute stehen die Ruinen herum wie nach einem Bombenangriff. Blutrot leuchten die gefallenen Backsteinmauern im gleißenden Sonnenschein. Hier wurde nichts wieder aufgebaut. Später pendelte eine Fähre zu einer eigens dafür eingerichteten Anlegestelle im Hafen von Rameswaram. Aber auch dies ist Vergangenheit. Seit dem Bürgerkrieg in Sri Lanka, dem Aufstand der tamilischen Tiger-Rebellen im Norden der Insel gegen die Regierungstruppen der singhalesischen Bevölkerungsmehrheit. Seit den 1980er Jahren gibt es keine offizielle Verbindung mehr.

Ich schaute in leere Fensterhöhlen, stolperte über den Schutt, der einmal eine Schule war, versuchte mir vorzustellen, wie wohl der Bahnhof aussah, wo

Säulenhalle im Tempel von Rameswaram.

sie umgestiegen sind: die Kolonialbeamten mit Tropenhelm, die Missionare, die Soldaten ihrer Majestät, die Händler, Glücksritter, die Potentaten, die Reisenden zwischen Ost und West. Hier jedenfalls sind sie sich begegnet. Eine gespenstische Kulisse. Mir war, als träte ich auf Knochen. Doch es sind nur herumliegende Zementbrocken. Ich entdeckte eine Steinsäule unter Geröll, einen halben Meter hoch, mit der eingemeißelten Jahreszahl 1935, der einzigen Jahreszahl, die hier noch lesbar geblieben ist. Auch Dhanashkodi steht drauf. Ein gewisser Janabkonmeeba Sahib hat die Inschrift anfertigen lassen: zur Erinnerung an „Her Majestees Silver Jubilee". Erstaunlich, was einen Zyklon jenes Zornes doch noch überdauert. Neugierige Blicke aus den dunklen Höhlen der wenigen Hütten verfolgten mich.

Indien bleibt endgültig zurück. Zwei Kilometer noch. Nein, nun ist es nicht mehr weit. Es gibt keinen Weg. Und Abfälle auch nicht. Nirgends eine verwehte Plastiktüte. Kein Lautsprecher. Nichts, womit Menschen ihren Planeten und ihre Mitmenschen belästigen. Die Welt im Urzustand. Ein Atemholen im Schöpfungsprozeß. Hier hat sich der liebe Gott, wenn er's denn war, nicht recht entscheiden können. Stadt? Land? Fluß? Meer? Alles ist offen geblieben, und der urbane Versuch wurde gewissermaßen von oben herab ziemlich unfreundlich verworfen. Wellen modellieren Muster im Sand, Zeichen, die einer

Botschaft aus dem Ozean gleichen. Was mögen sie mitteilen? Daß nichts Bestand hat, vielleicht, und daß alles vergänglich ist, wahrscheinlich ist das die Weisheit, die aus dem Meere kommt.

Wasser ist kein Hindernis. Das hat gerade hier eine hochheilige Tradition und reicht in die vorgeschichtlichen Epen zurück, als das Brücken- und Dämmebauen nicht Sache von Ingenieuren, Statikern, Politikern war, sondern die Götter persönlich eingriffen und den Affenfürsten Hanuman mit seinen langschwänzigen Gehilfen um Beistand baten. Richtig. Das Ramayana. Das hohe Lied der Liebe, das ein Bösewicht mit schrillem Pfiff unterbrach. Hier zu lokalisieren. Sita, die schöne Gemahlin des Rama, war vom Dämonen Ravana entführt worden und schmachtete da drüben auf Sri Lanka in Gefangenschaft. Der gute Hanuman hatte das herausgefunden. Rama sann auf Rache und Befreiung Sitas. Aber wie das Meer überwinden? Hanuman hilf! Der rief sein Affenheer zusammen. Vereint schafften sie Steine herbei, warfen die Brocken ins Wasser, türmten sie auf, bauten einen Damm. Rama hatte freie Fahrt mit seinem Streitwagen. Dann das übliche Gemetzel. Nachdem Hanuman mit seinem brennenden Schwanz auch noch Ravanas Residenz in Flammen aufgehen ließ, ward Sita gerettet. Soweit in Kurzfassung, was sich hier zutrug.

Ich suche vergeblich nach Gesteinsresten. Nicht mal ein Kiesel liegt noch herum. Alles, alles haben die Wellen zu Sand gemahlen, zu feinem eigelben Sand. Von Hanumans Damm ist nichts Greifbares geblieben, dafür eine der schönsten Geschichten Indiens, und eine der volkstümlichsten sowieso. Weil Rama, der ja die siebte Inkarnation Vishnus ist und in Gestalt des Prinzen von Ayodya auf die Erde kam, nach erfolgter Rückeroberung Sitas hier einen, nein drei Lingams aufrichten ließ und seine Puja zu Ehren Shivas vollzog, wurde Rameswaram ein so heiliger Ort und Gegenpol zu Varanasi. Das Menschheitsepos Ramayana überbrückt Zeit und Raum. Ein klitzekleines schwarzes Segel treibt den Horizont entlang. Möwen kreischen auf. Ein brauner Schmetterling geistert umher. Es ist windstill, und zumindest in diesen Stunden nicht vorstellbar, zu welchem Wüten auch am äußersten Rande Indiens die Mächte fähig sind. Mir kommt das Bild des Wanderers in den Sinn, der ans Ende der frühmittelalterlichen Welt gelaufen war und über den Rand der Scheibe ins Weltall schaut. Der Mann verharrt gebannt, kniet nieder und schweigt. Bis hierhin und nicht weiter.

Auf dem Rückmarsch erkenne ich in der Ferne wieder den Tempelturm von Rameswaram; und ich sehe auch die Betonsäule, die das Heiligtum weit überragt. Das jüngste Wahrzeichen der Insel Pamban bohrt sich schätzungsweise 80 Meter in den Himmel. Schlank, anmaßend, funktional und unübersehbar 21. Jahrhundert. Ein Lingam von Hightech-Qualität. Von dieser Sendestation strahlt das staatliche Fernsehen Doordarshan seine Botschaft auf die Bildschirme der Region. Auch das Ramayana ist im virtuellen Angebot. Von hier aus und viel weiter.

Über Eboli hinaus

Also doch. Christus kam über Eboli hinaus. Kann ja sein, daß der Gottessohn das südliche Italien verschmähte, wie es uns Carlo Levi in seinem erschütternden Roman aus Apulien schilderte und bei Eboli die Armutsgrenze zwischen Nord und Süd zog. In Indiens Süden ist das anders. Auf dem weiteren Weg hin zum Kap Komorin reihen sich an der Küste zahlreiche Fischerdörfer wie an einer Perlenschnur auf, wo der Gekreuzigte seine Spuren hinterlassen hat oder zumindest die frommen Verkünder seiner Botschaft herausragende Zeichen setzten. Überall auf meiner letzten Etappe sehe ich Kirchtürme. Und was für welche! Eigentlich wollte ich ja weiterfahren im klapprigen Bus, mich endlich einlassen auf das große Finale der Reise da unten an Indiens Südpol. Geduld und Hintern wurden ohnehin schon arg strapaziert. Unmittelbar entlang der Küste am Golf von Mannar ist die Verbindung in karger, flacher Landschaft streckenweise nur noch Stoßdämpfer mordende Piste. Die schmale Straße südwärts ist miserabel und wird vom Fernverkehr gemieden. Der National Highway Nummer 7 verläuft weit im Landesinnern. In Tiruchendur hatte ich mir den Tempel angeschaut. Die Anlage mit weißem Gopuram reicht bis ans Wasser und ist Mittelpunkt eines von Massen besuchten hinduistischen Pilgerzentrums. Kein Zweifel, das war vertrautes Indien.

Zwanzig Kilometer südlich von Tiruchendur bin ich nicht nur erstaunt, ich bin verblüfft. Kurz vor Manapadu, das nicht mal auf meiner Reisekarte eingezeichnet ist, habe ich den Eindruck, in den falschen Film geraten zu sein. Immer noch Indien? Nicht doch. Dieser Anblick zwingt zum Aussteigen und zum genaueren Hinsehen. Der Bus rumpelt ohne mich weiter. Es ist wie die Luftspiegelung eines südländischen Gemäldes. Déjà vu. Eine Landschaft, wie sie im Hintergrund einer das Jesuskind auf dem Schoße haltenden Maria zu sehen ist. Die Ölfarben schwer und vom Firnis des Alters überzogen. Das Meisterwerk könnte in den Uffizien hängen, vielleicht im Prado. Von einem Hügel sichtbar liegt ein Stück idealisiertes Italien vor mir. Oder Spanien im ländlichen Ausschnitt. Hin zum Meer mit mondförmig geschwungener Bucht und Palmen fügen sich drei besonders wuchtige Kirchen ins Bild. Eine mit barokker Kuppel, die andere mit zwei gotischen Türmen, die dritte gedrungen. Die Gotteshäuser von europäischer Größe heben sich vor gelbem Hintergrund ab, es könnten Hügel mit Weizenfeldern sein. Ora et labora. Vor mir breitet sich ein Stilleben abendländischer Rechtschaffenheit aus. Ich wandere hinein.

Die Gassen sind versandet, aber wie die Häuser außerordentlich sauber und gepflegt. Die meisten sind aus gebrannten Ziegeln gebaut, verputzt und weiß getüncht. Einige Gebäude haben hohe Dächer, Fenster, Balkone, vielfarbige Gärten voller Blumen. Ich sehe zweistöckige Villen mit der Jahreszahl 1910 und einem Anstrich von Jugendstil. Überall werde ich an das mediterrane Europa erinnert. Da ich in so vielen anderen Fischerdörfern der Ostküste war, muß der Unterschied auffallen. Die Neugier der vor ihren Türen plaudernden Frauen ist zurückhaltend. Sie tragen Saris. Immerhin. Keine Kindermeute tobt hinter mir her. Ich werde von einzelnen Männern beachtet, aber in Ruhe gelassen. Sie haben lange Hosen an. Durch die Gassen weht die wohltuende Stille einer Siesta.

Am Strand liegen bunte hölzerne Fischerboote. Netzflicker arbeiten sitzend im Sand, die Füße von sich gestreckt. Die vermeintlichen Weizenfelder erweisen sich als hohe Dünen. Kleine Mädchen mit runden Gefäßen aus funkelndem Messinggold ziehen Wasser aus den Brunnen am Meer. Darüber steigt rechterhand der Hügel an, auf dem die vierte Kirche steht. Blau gestrichen ist sie, langgestreckt, ein Kasten ohne Turm, aber mit einer zum Dorf hin gerichteten Fassade, wie sie die portugiesischen Kirchen mit vielfarbig gestrichenen Formen haben, die an barockes Dekor denken lassen. Holy Cross heißt die Kirche, die älteste von Manapadu, weil im Reliquienschrein ein Splitter vom Kreuze Jesu erhalten sei, erfahre ich von einem alten Mann. Damit nicht nur die um ihr Seelenheil besorgten Pilger eine Orientierung finden, sondern auch die Seeleute da draußen auf dem Meer, weist neben der Kirche ein Leuchtturm mit rot-weißen Bauchbinden den nautischen Weg.

Eine angerostete Tafel vermittelt historische Zusammenhänge. 1540 stellte hier ein portugiesischer Kapitän ein Kreuz auf, das er aus dem Holz des Schiffsmastes zusammengenagelt hatte. Zwei Jahre danach landete der berühmteste Missionar jener Epoche an diesen Gestaden. Francis Xavier auf großer Reise zur Bekehrung der asiatischen Heiden. Unten am Meer in einer Grotte soll der Heilige gebetet haben. Ich steige hinab, schaue in das zerklüftete Felsenloch, vor dem sich die Brandung aufbäumt. Kühle Luft schlägt mir aus dem Dunkel entgegen. Auch solche Eremitenklausen kennt man von den Gemälden der alten Meister. Über der Höhle steht eine kleine Kapelle. Der Blick zur Bucht und hin zum Ort ist phantastisch.

Auf dem Friedhof hinter der gedrungenen Kirche im Dorf heißen die Toten Xavier, Victoria und Joseph, Francis und Rodrigo und Mary Rose und Carvallo Innocent; und die Lebenden tragen dieselben Namen, auf daß sie einmal in die Steine ihrer letzten Ruhe geritzt werden können.

Davon erzählt mir Fernando, ein älterer Mann, kleinwüchsig, schmaler Oberlippenbart, die wenigen schwarzen Haare sorgsam über den Kopf gezogen, Brillenträger, gutes Englisch. In seiner Miene und Gestik ist das Erbe

Der Jesus von Manapadu.

seiner portugiesischen Vorfahren erkennbar. Auch die anderen Männer in der „Barockkirche" haben ähnliche Blutmischungen in sich. „Fast alle in Manapadu sind katholisch", erklärt Fernando, und die Selbstverständlichkeit seines Hinweises läßt Identität spüren, Gemeinschaftssinn, verbindende Wurzeln. „Wir sind sehr strenge Katholiken", bekräftigt Fernando.

Die Männer sind mit Jesus beschäftigt. Auf einem Holzpodest ist der Herr überlebensgroß unter der Last seines ihm auf die Schultern gelegten Kreuzes in die Knie gegangen. Ein violettes, wallendes Gewand umhüllt ihn, eine Dornenkrone umgibt seine Stirn, in Strömen ist das herabrinnende Blut erstarrt. Ich fasse bei dem Anblick an meinen eigenen Kopf und vergewissere mich, daß die Wunde von Tranquebar, die unter katholischen Händen so zartfühlend versorgt worden war, fast verheilt ist. Ein Mann kriecht in den Kasten unter dem leidenden Christus. „Passen Sie mal auf", sagt Fernando und in seinen Augen ist kindliche Freude. Im Innern des Gottessohnes knirscht Holz, dann bewegt Christus sein Haupt hin und her. Das Kreuz erzittert. „Und jetzt, schauen Sie genau hin", kündigt Fernando die weitere Überraschung an, die ihm und den umstehenden Männern und Kindern offenbar Spaß macht. Christus' rechter Arm schwenkt langsam nach rechts, dann nach links, nach oben und unten. „Sehen Sie, er segnet uns", ruft Fernando begeistert, die anderen stimmen zu, „wunderbar. Es funktioniert also noch." Der verschwundene Mann kommt gebeugt und mit zufriedenem Lächeln unter Jesus wieder hervor und wischt sich Schweiß von der Stirn.

Fernandos Mitteilungsbedürfnis klärt mich auf. Es gibt zwei Gemeinden unter den 7.000 Einwohnern. Die eine schart sich um die St. James Church unter der Kuppel und den „barocken" Türmen. Die andere Gemeinde findet sich in der Holy Ghost Church zusammen, deren „gotische" Türme weithin sichtbar vom christlichen Glauben künden. Die beiden benachbarten Gotteshäuser, ein paar Steinwürfe voneinander entfernt, stammen vom Ende des 19. Jahrhunderts, wurden in den 1970er Jahren erweitert, modernisiert, sind sehr gepflegt und im Innern mit der Jesus-, Maria- und Lourdes-Ausstattung verziert, die aus dem südlichen Europa original übernommen, aber nicht etwa originell um indische Elemente bereichert wurden. Die Kirchen wirken so, als hätten Lastenhubschrauber sie aus Europa eingeflogen. Im Vergleich zu den Häusern und Gäßchen sind die Gotteshäuser einige Nummern zu groß, geradezu anmaßend in den Ausdehnungen. „Zu groß?" Fernando weist dies entschieden zurück, „unser ganzer Stolz. Die meisten Leute hier sind nur arme Fischer. Wenn sie Geld haben, dann spenden sie. Wir legen zusammen." Er bestätigt meine Vermutung von der Globalisierung mit christlichem Vorzeichen: „Ja, über katholische Organisationen haben wir auch Hilfe aus Europa erhalten."

Ich lobe die Sauberkeit des Ortes. Fernando lacht und sagt geschmeichelt: „Danke, danke", und die anderen nicken. Sind Katholiken per se mehr auf Sauberkeit bedacht? Gott bewahre! Nein, katholische Dörfer an der Küste sind auch nicht reinlicher als die Hindu-Orte, aber dieses Dorf hier ist es. Die innere Ordnung und die nachbarschaftliche Verantwortung für das Gemeinwesen sind spürbar, wie ich das so ausgeprägt in anderen Dörfern nirgends empfand. In diesem Winkel hinter den Dünen, der sich seine Abgeschiedenheit bewahren und die christlich bestimmte Gemeinsamkeit erhalten konnte, lebt tatsächlich etwas fort, was eigenartige Verbundenheit über die privaten Wände und den davor üblicherweise gefegten Quadratmeter hinaus sichtbar macht. Indien liegt gleich um die Ecke. In diesen Winkel, wo die Abzweigung von der Küstenstraße endet und sich Manapadus sechs, sieben Straßen parallel zum Strand ausbreiten, scheint es nicht vorgedrungen zu sein.

Fernando blickt auf seine Armbanduhr, von deren Zifferblatt ihn ein süßlicher Jesus ermahnt, die Zeit gottesfürchtig zu nutzen. „In einer Stunde beginnt die Prozession", informiert er mich über das Ereignis dieser Wochen, „schauen Sie sich das an. So etwas können Sie nur bei uns in Manapadu sehen. Versäumen Sie das nicht."

So stehe ich später erwartungsvoll am Rande der Gasse vor der „Barock"-Kirche St. James. Das halbe Dorf kommt zusammen, formiert sich zum Zug, erst die Frauen und Kinder, dann die Männer. Vorneweg der Pfarrer mit seinen Ministranten. Allgemeine Aufregung. Auf einem Vierrad-Vehikel werden Batterie und Kabel für den Lautsprecher mitgeführt, der an einer langen Stange, von einem stämmigen jungen Mann hochgehalten, über den Köpfen das verstärkend, dröhnend, plärrend hinaus in die Bucht trägt, was die Frauen an Gesang von sich geben, inbrünstig, monoton und unüberhörbar aus portugiesischen Liederbüchern übernommen vor vielen Generationen schon. Klagevoll tönt es, österlich.

Auf Männerschultern wird Christus allen voran getragen. Vier römische Krieger bewachen den Herrn im violetten Gewand und schreiten in der Pose von Laienschauspielern an seiner Seite. Mehlweiß haben sich die Jungen ihre dunklen Gesichter aufgehellt, die Rüstung ist aus Goldpapier, ihre Helme blinken silbern wie die zerknüllte Verpackung von Schokolade. Ein uraltes Stück aus dem Repertoire der Missionare lebt auf. Ich bin gespannt. Das Mysterienspiel schiebt sich durch die Gassen. Dann endlich. Golemgleich hebt Christus seine Hand, die sie alle zuvor mit devoter Verbeugung geküßt und gestreichelt hatten. Mechanisch bewegen sich die aufgerichteten Finger nach rechts, nach links, nach oben und unten und formen ruckartig das Kreuzeszeichen. Auch ich werde vom Segen des Herrn auf seinem schwankendem Podest erfaßt. Jenseits von Eboli.

Und ich ziehe weiter. Zurück nach Indien. Höre ich nicht schon die Brandung dreier Meere? Arabische See, Indischer Ozean und die Bucht von Bengalen. Da unten am Kap Komorin brechen sich deren Wellen und umtosen Kanyakumari. Die schöne Jungfrau lockt, die andere, die mit diesem hölzern segnenden Gottessohn nichts zu tun hat. Devi Kumari. Ja, ich vernehme den Ruf, und ich reise weiter südwärts. Auf zum großen Finale Indiens!

Zwei herausragende Herren an Indiens Südpol

Über Schlaglöcher müht sich der Bus die schmale Küstenstraße südwärts. Zur Linken ist ab und zu der silberblaue Spiegel des Meeres zu sehen. Rechterhand schweift mein Blick über eine weite Ebene vor einer blaudunstigen Hügelkette. Eine menschenleere Region, so scheint es, gottverlassen, öde. Ich schaue genauer hin. Was ist das? Eine Fata Morgana tut sich auf. Schimmernd und unwirklich in weiter Ferne. Wie in einem Märchenland drehen sich da Hunderte von weißen Flügeln im Wind. Schier endlos ziehen sich diese kleinen weißen Kreuzchen hin, die wie von Riesenhand in die südlichste Landschaft Indiens gemalt zu sein scheinen und mit christlichem Markenzeichen nichts zu tun haben. Kurz vor dem geographischen Ende Indiens kommt technologischer Neubeginn ins Bild. Ich fahre an einem ausgedehnten Park mit Windrädern vorbei. Auf Metalltürmen wirbeln die Propeller alternativer Energie und quirlen die Hitze des Mittags. Als müßte mir zum Schluß der Reise noch eine Lektion über Veränderungen erteilt werden. Jahrtausende blähte die Kraft der Lüfte ausschließlich die Segel der Fischer und Händler und Eroberer und diente unmittelbarer Fortbewegung. Nun werden die himmlischen Schübe in weitaus vielfältigerer Weise genutzt. Die Böen des Südens, von drei Meeren angefacht, treiben ein Stück jenes Fortschritts an, den die Politiker so gern beschwören und der den Massen Indiens bisher so wenig eingebracht hat. Nach dreitausend Kilometern Reise entlang der Ost-Küste mit den vielen Abstechern in Indiens große Vergangenheit öffnet sich zum Finale eine Aussicht auf die Zukunft. Ausgerechnet dort, wo ich meinte, ans Ende der Welt zu kommen. Kap Komorin verhilft zu einigen weiteren Überraschungen.

Eine gerade, sanft abfallende Asphaltstraße führt aus dem Landesinnern zu den felsigen Gestaden, an denen sich die Wellen des Indischen Ozeans, der Arabischen See und des Golfs von Bengalen brechen. Kap Komorin mit dem Ort Kanyakumari ist erreicht. Es müßte eigentlich ein Schild mit der Aufschrift „Sackgasse" aufgestellt werden. Endstation. Hier geht's nun wirklich nicht weiter. Doch von wegen Abgeschiedenheit! Am Kap herrscht Hochbetrieb. An Indiens Südpol drängeln sich Pilger- und Besucherscharen. Omnibus-Karawanen karren die Leute herbei. Auf deren Kauf- und Schaulust haben sich Hunderte von Händlern eingestellt. Zahlreiche Souvenirbuden dehnen sich wie ein Krebsgeschwür hin zum Kap aus, daneben Restaurants, moderne Hotels und verstreut in die baumlose Weite gebaute Gästehäuser, das Vivekananda-Museum, ein paar Repräsentativbauten wie das rosafarbene Gandhi-Memorial im Stil der Orissa-Architektur und mittendrin die hohen grauen Mauern des Tempels der Kanyakumari. Das alles ist bunt zusammengewürfelt und ohne inneren Zusammenhang, ist mehr kommerzielle Kulisse in raumgreifender Anmaßung als gewachsener, gewordener Ort. Ein paar zerfledderte Palmen biegen sich im Wind und verstärken den Eindruck von Land's End.

Die westliche Seite des Kaps, wo abends an der Beach Road die Busse parken, ist zu Indiens südlichster Müllkippe verkommen. Was der endlose Strom der Besucher an Plastikverpackung und Darminhalt so alles loswerden will, stinkt an den steinigen, sandigen Hängen zum Himmel. Niemanden scheint's zu stören. Keiner kümmert sich darum. Im Hotel Tamil Nadu, einem Staatsbetrieb, in dem ich die Hälfte eines Bungalows beziehe, hängt an der Rezeption ein Schild: „Plastik wegwerfen verboten, Zuwiderhandlungen werden bestraft." Die junge Frau, die mich das umfangreiche Gastregister ausfüllen läßt als lästige Pflichtübung und Huldigung der Bürokratie, zuckt gelangweilt die

Schultern, als ich sie auf die Wirksamkeit solcher Anweisung anspreche. Das ist indische Realsatire und niemand lacht.

Nur die alte Fischersiedlung am östlichen Küstenzipfel hat sich ihren eigenständigen Lebensrhythmus bewahrt. Die neugotischen Türme der katholischen Kirche heben sich eierschalenweiß gegen den blauen Himmel ab und künden von Missionserfolgen. Knatschbunt angemalte Holzboote liegen da am Strand. Im Schatten aufgespannter Tücher flicken die Männer ihre Netze. In den schmalen Gassen sitzen die Frauen auf den Treppen der farbig gestrichenen, eingeschossigen Steinhäuser und bereden die Neuigkeiten des Tages. Jungen werfen Holzkreisel, die von einer umwickelten Schnur in Schwung gebracht werden, auf den festgetretenen Boden. Es riecht nach Dieselöl, Curry und Fisch. Katzen dösen neben Taurollen. Aus einem der Häuser tönt vertraute Filmmusik. Das alles ist von der gemächlichen Atmosphäre eines Fischerhafens durchdrungen und läßt ahnen, wie es hier war, bevor die Pilger in Massen die Südspitze als religiös magischen Ort entdeckten und die Politiker die geographische Besonderheit zum symbolträchtigen Platz nationaler Größe erkoren. Die einstige Ruhe ist dahin, vertrieben vom üblichen Durcheinander der Wallfahrtsstätten.

Längst ragen über der Fischersiedlung die kastenförmigen, klotzigen Hotels auf, die den Alteingesessenen am Steilhang über die Köpfe gebaut wurden. Indiens Kontraste reichen bis zur äußersten Spitze des gewaltigen Landdreiecks des Subkontinents. Da unten am Meer die Ärmlichkeit im schäbigen Gewand der engen Gassen. Da oben die wohlhabenden Gäste in klimatisierten Zimmern mit phantastischem Ausblick auf das See-Panorama, wo sich Indien auf vorgeschobenem Posten noch einmal in theatralischer Pose selbst darstellt.

Zwei benachbarte Felsbrocken mit ihren Mahnmalen beherrschen vordergründig und tiefsinnig das Schauspiel aus Wasser und Himmel, die sich in weiter Ferne am Horizont vereinen. Die Aussicht wird von zwei starken Herren bestimmt, räumlich wie geistig herausragend. Deren Baulichkeiten auf den vorgelagerten Inselchen, gut dreihundert Meter vom Ufer entfernt, bieten neben Kanyakumaris Tempel auf dem Festland die unübersehbare Attraktion an Indiens Südspitze. Mit der Göttin, der jungfräulichen Kumari, und den beiden irdischen Männern unterschiedlicher Herkunft wird man sich also beschäftigen müssen am Kap, um an und über den Wellen die grandiose Inszenierung aus Religiosität, universellem Vermächtnis und indischer Vielfalt verstehen zu können.

Auf dem flachen Felsrücken linkerhand, von Wellen umtost, ist 1970 Swami Vivekananda eine Gedenkstätte errichtet worden. Die roten Kuppeln leuchten über dem von den Meeren blankgescheuerten Felsen wie ein verwunschenes Schloß. Zu diesem Gestein soll der junge Vivekananda im Dezember 1892 nächtens geschwommen sein, um meditierend im Dunstkreis der Kanyakumari seine spirituellen Kräfte zu stärken. Durch ganz Indien war der charismatische Mönch gewandert, das Leid und die Befindlichkeit seiner Landsleute zu studieren. Hier, eins mit der Natur und beflügelt von göttlichem Beistand, so die Legende, habe der Erneuerer des Hinduismus und Vordenker der indischen Unabhängigkeit den Weg seiner Mission angetreten, die ihn ein Jahr später auf der Konferenz der Weltreligionen in Chicago ins Rampenlicht internationaler Aufmerksamkeit brachte. Das offizielle Indien dankt mit der aufwendig gestalteten Tempelanlage, die klassisch strenger Architektur nachempfunden wurde.

Ganz anders das Zwillings-Eiland im Gewässer am Kap Komorin, rechterhand vom Vivekananda-Memorial, keine hundert Meter entfernt. Dessen Gestalt und Gestaltung löst bei mir erst mal ein optisches Mißverständnis aus. Ich muß an ein deutsches Bismarckdenkmal gigantischen Ausmaßes denken. So steinern und heroisch steht da ein Mann auf seinem Sockel. 43 Meter hoch. Immerhin: ein Drittel der Türme des Kölner Doms. Doch der Blick durchs Fernglas beruhigt. Der da hält kein Schwert in den Händen, sondern ein Palmblatt-Buch. Den vollbärtigen Kopf bedeckt die stilisierte Haarpracht der Heiligen und kein militärischer Helm. Monströs ist der Superman, nicht aber martialisch. Es ist vermutlich die größte, wuchtigste, bombastischste Statue, die je einem Mann des Geistes errichtet wurde. Nach einem Vierteljahrhundert der Planung und Bauzeit war das Monument am 1. Januar 2000 eingeweiht worden. Es stellt Thiruvalluvar dar, einen der bedeutendsten tamilischen Dichter und Denker. Vor zwei Jahrtausenden hat er gelebt. Von seinem leiblichen Dasein ist wenig historisch überliefert, dafür hat sein Werk überdauert: „Thirukkural"; es ist eine Sammlung von 1.330 tamilischen Versen, in denen alles gesagt und in Maxime gefaßt ist, was das Edle im Menschen ausmacht und das Schurkische überwinden soll. So jedenfalls preisen sie nachfahrende Kenner, einschließlich Mahatma Gandhi und Albert Schweitzer. Doch die Statue, die das Zeug für's Guinnessbuch der Rekorde hat, ist auch südindische Demonstration der Eigenständigkeit. Seht her, was wir geschaffen haben! So lautet die gewaltig aufgetürmte Botschaft an die Adresse Nordindiens. Thiruvalluvar richtet sich himmelhoch auf als Stolz auf die tamilische Kultur und Geschichte, die von den Einflüssen eines Ashoka unberührt geblieben war und mit den universell gültigen Einsichten des „Thirukkural", die in Tamil verfaßt worden sind, den großen, berühmteren Sanskrit-Epen Mahabharata und Ramayana Ebenbürtiges entgegenzuhalten vermag. Nicht aufs südliche Meer ist der Blick des weisen Dichters gerichtet, sondern nach Norden. Daß seine steinerne Größe die Tempelanlagen zur Erinnerung an Vivekananda weit überragt, den Mann aus eben diesem Norden Indiens, dürfte mehr als gewollt sein, es wirkt geradezu als Herausforderung.

Kanyakumari.

Ich fahre mit dem Schiff hinüber zu Thiruvalluvar und staune, wie es den Erbauern gelungen ist, auf einem solch winzigen Stück Fels eine derartig massige Figur aufzustellen. Wenn Thiruvalluvar auch in hundert Jahren noch nicht wankt und weicht, dann ist dies wahrlich eine Meisterleistung der Statiker. Der quadratische Sockel hat die Ausmaße eines Tempels. Die Wände sind bedeckt mit den Versen des Dichters. In tamilischer und englischer Sprache ist nachzulesen, was er der Menschheit an Wissen und Erkenntnis und Postulat hinterließ. Alle Menschen sind gleich und in Freiheit geboren. So verkündete Thiruvalluvar vor zwei Jahrtausenden. Verblüffend zeitgemäß weht einen dieser Geist an, vor allem, weil ja kein Zweifel daran besteht, daß solch humanitäre Einstellung noch immer nur Wunsch, nicht gelebte Wirklichkeit ist. Gerade und besonders im Indien der unüberwindlich gebliebenen Kastenschranken. Nun gut. Wenn schon Denkmäler gebraucht werden für das Selbstverständnis der Politiker, die sich in solchem Stein verewigen (und eingravieren lassen, welcher Chiefminister hier das Sagen hatte beim Bau), und wenn schon derartige Monumente als Wallfahrtszeichen errichtet werden müssen, dann ist mir ein Dichter allemal lieber als ein König oder General, deren Abbilder auch in Indien immer auf hohem Roß sitzen und mit ausgestreckter Hand in eine Zukunft weisen, da es die Suppe auszulöffeln gilt, die sie den Nachkommen eingebrockt haben.

Bis zu den Füßen des Riesen kann ich aufsteigen und habe plötzlich den

Eindruck, unter dem Bruder der New Yorker Freiheitsstatue zu stehen. Die Ausmaße sind tatsächlich gleich. Das Wort Ein-Druck gewinnt hier seine sinnlich-körperliche Bedeutung. Eine bedrohlich schwere Steinmasse soweit der Blick nach oben reicht. Ja, das drückt, bedrückt, ehe es beeindruckt.

Welch ein Rundumblick. Drüben die Küste mit den so willkürlich verstreuten Häusern und der malerischen Fischersiedlung. Nicht mal dreihundert Meter entfernt und doch seltsam entrückt. Das Rauschen der Wellen übertönt den Lärm an Land und macht den Betrieb und das Krämergetümmel so unwichtig. Der Gedanke, am südlichsten Winkel des indischen Dreiecks zu stehen, beflügelt die Phantasie. Erst jetzt wird mir im Wind und über die Wellen schauend so recht klar, ans Ende des Subkontinents gekommen zu sein und eine großartige Reise abzuschließen. Ich hab's geschafft! Kräftig bläst die Brise. Und dann schwenkt der Blick nach Süden. Wasser, nur noch Wasser. Tiefblau spiegelt sich der Himmel in dieser Unendlichkeit. Irgendwo hinter dem Horizont, nicht mehr zu erkennen, schwimmen noch ein paar Inseln im Indischen Ozean. Doch bis zum wirklichen Südpol ist kein Land mehr. Tausende, abertausende Meilen Wasser, Wasser, Wasser. Mir ist, als sei ich an eine Nahtstelle der Schöpfung, zumindest an einen Ort der Erdentstehung geraten. Die Weite der Meere, aus denen sich die Kontinente aufbäumten, liegt vor mir, unter mir; Wasser, aus dem das Leben entstand. Ich fühle mich zwergenhaft klein in diesem Zwischenraum der Elemente, so entspannt bedeutungslos, wohlig losgelöst von Kleinkram und Gezänk, abgehoben vom Alltäglichen beim Zusammentreffen atemberaubender Natur und kindlicher Verwunderung, wunderbar leicht von einer Welle der Begeisterung getragen.

Ein paar Minuten mit dem Fährschiff, dann besuche ich Swami Vivekananda. Das Eiland ist größer als das Riff des Thiruvalluvar, dem Buckel eines enormen Wales ähnlich, der hier in Stein erstarrte. Ansteigende Wege, Treppen. Vivekananda, den ich im profanen Eispalast zu Madras aufgesucht hatte, treffe ich nun im sakralen Tempel wieder. In der kühlen Feierlichkeit des Saales wird Vivekananda als Übermensch präsentiert. Wallend sein goldbronzenes Gewand, den rechten Fuß nach vorn gestellt, voll und rundwangig das Gesicht unter seinem Markenzeichen, dem Turban, die Augen über die Besucher gerichtet. Man fühlt sich nicht angesprochen von ihm, der visionär das neue, das selbstbewußte, das selbst entscheidende Indien vor einem Jahrhundert propagiert hat und nicht voraussehen konnte, daß er als Heiliger aufs Podest gestellt werden würde. Mit seiner überhöhten Darstellung und Vergöttlichung, die offenbar einem populären Bedürfnis entspricht, wird rituelle Distanz geschaffen, die von seiner eigentlichen Botschaft ablenkt. Man kann zu Vivekananda aufblicken und ihn anbeten und braucht sich nicht mit seinem Aufruf auseinanderzusetzen, ein menschlicheres Indien aufzubauen. So ist's allemal bequemer.

Die standhafte Jungfrau

Ich lasse mich auf Kanyakumari ein, ziehe brav die Schuhe aus und deponiere sie für eine halbe Rupie Gebühr im Gestell, ziehe das Hemd aus, wie es Vorschrift ist für männliche Besucher der jungfräulichen Göttin, gebe meine Tasche ab, was drei Rupien erfordert, halte mich ans Fotografierverbot und folge einem kleinen lächelnden Tempelbediensteten, der sofort zur Stelle ist, mich in Beschlag nimmt und im Geschwindschritt durch die spärlich mit Glühbirnen beleuchteten Hallen führt. Es ist unwiderruflich der letzte Hindutempel dieser Reise. Ich bin versöhnlich gestimmt, drehe folgsam an einer Steinkugel im Maul eines Monsters, wie es mir der Mann als Pflichtprogramm empfiehlt, und nicke gläubig bei seinen Altersangaben, was den Tempel betrifft, die mit 3000 Jahren weniger der Historie als mehr indischer Legende entsprechen. Dann das Bildnis der schönen Kanyakumari. Ehe ich mich in deren jugendliche Schönheit vertiefen darf, werde ich auf den Spendentopf hingewiesen. Ich lege fünf Rupien hinein. Das scheint mein wichtigster Part zu sein. Bestimmt drängt mich mein bärtiger Führer weiter. Da noch eine Frau. Dies sei Kanyakumaris Schwester, werde ich belehrt. Ich staune mal wieder über die vielfältigen verwandtschaftlichen Beziehungen der indischen Götterwelt, in der sich irdisches Familienverständnis so liebevoll wiederfindet. Dann öffnet auch mein halbnackter Begleiter die Hand, lächelt geschäftsmäßig, blickt mich erwartungsvoll an und wendet sich mit dem Fünf-Rupien-Schein sichtlich gekränkt und sein Lächeln abrupt einstellend ab.

Ich bin ihn los, kann mich ungestört auf einen Sims setzen und darf nun in aller Ruhe und Beschaulichkeit diesen letzten Tempel wahrnehmen. Kunsthistorisch ist er belanglos, in den Dimensionen bescheiden, der geduckte Gapuram von außen kaum zu erkennen. Seine Lage am Meer und vor allem das Bild der hier verehrten Frauengestalt machen den Reiz aus. Die schreckliche Kali, die am Anfang meiner Küstentour in Kolkata stand, ist nun tatsächlich zur Antipodin geworden. Sie symbolisiert die finstere Seite des Seins. Hier begegnet mir die strahlende Schönheit, die dem Leben zugewandte Lust, jedenfalls ist es meine Wertung dieser Kumari. Kanya ist das Wort für Jungfrau. In farbenfreudige Kleider ist sie gewandet, über und über mit Geschmeide geschmückt. Lieblich ihr Gesicht, verträumt der Blick. Die ewige Braut, von keinem Übel beschmutzt. Denn aus der Hochzeit mit Shiva wurde nichts. In der Mythologie kam sie als Jungfrau auf die Erde, einen bösen Geist zu vertreiben, der die Menschen verfolgte. Nur in ihrer Unberührtheit verfügte sie über die unwiderstehlichen Kräfte, dem Unhold Paroli zu bieten. Deshalb wurde die schon eingeleitete Hochzeitszeremonie mit Shiva von den Menschen wohlgesonnenen Göttern unterbrochen, ja eigentlich hintertrieben. Es ist die alte Geschichte, die in den Märchen der Weltliteratur auch andernorts erzählt wird. Als Shiva mit seinen Getreuen des Nachts anrückte, krähten die Hähne verfrüht und erweckten den Eindruck, es sei bereits Tag und die vereinbarte Stunde der Trauung nicht mehr einzuhalten. Shiva kehrte um. Seltsam, daß sich ein Shiva mit seiner Allmacht so hinters Licht führen ließ. Aber die Menschen brauchen Gegenpole. Einer düsteren Kali wird eine Lichtgestalt gegenübergestellt, auch sie eine der vielen Erscheinungen weiblicher Göttlichkeit: die Schöne und das Biest in ihrer Gegensätzlichkeit miteinander verbunden. Kumari blieb Jungfrau und wurde in dieser Eigenschaft eine volkstümliche Lieblingsfigur. Als junges Mädchen ist Kumari zu sehen, verführerisch und doch unnahbar, völlig losgelöst von der Erotik, wie ich sie an den Tempelskulpturen in Orissa sah. Kumari ist in einem ganz anderen Sinne eine Dame ohne Unterleib. Ein Ideal. Ein Wunschbild. Sie verkörpert den Traum der nie endenden Jugend, ist alterslos und von keinen Anfechtungen der Vergänglichkeit bedroht. Jedenfalls in den Sphären himmlischer Schwerelosigkeit.

Später am Strand neben dem Gandhi-Memorial begegne ich dem schönen Mädchen wieder. In Gips und Ölfarben steht sie da als Denkmal naiver Volksfrömmigkeit. Verehrt wird sie, nicht aber behütet. Der linke Arm ist abgebrochen und ihr Anblick bestätigt die leidgeprüfte Lebenserfahrung, daß auch die liebreizenden Frauen in ihrer reinen Vollkommenheit gefährdet sind. Manch ein Hahn kräht eben doch zur richtigen Zeit.

Sonnenuntergang mit einem einbeinigen Weisen

Da ist er wieder, der alte Mann in safranfarbenem Gewand. Er humpelt jeden Abend zum Sonnenuntergang am Kap Komorin herbei. Ich kenne ihn schon. Unter den Tausenden, die das Spektakel bewundern, herumbrüllen, fotografieren, bis zu den Knien in die Brandung steigen, sich gegenseitig bespritzen, Erdnüsse kauen, den umherlaufenden Händlern die Bananen bündelweise abkaufen und ihren Abfall achtlos verstreuen, in diesem Gewühl ist er ein Ruhepunkt. Auf einer Mauer sitzt er, in seine farbenfohen Tücher gewickelt, die der Wind bläht. Eine zeitlose Gestalt. Sein gesundes rechtes Bein baumelt lokker und entspannt. Der Stumpf seines verkrüppelten linken Beines lehnt auf dem kräftigen roten Stock, der, auf den Boden gestützt und unter die Achsel geklemmt, die Fortbewegung erlaubt. Aus dem Gesicht wuchert ein dichter grau-weißer Bart, der über die Lippen wächst, aber nicht verwildert, sondern

Kanyakumari am indischen Südpol.

sorgsam beschnitten ist; auch die Fingernägel sind gepflegt, ebenso die Hände, denen anzusehen ist, daß sie zu einem Mann gehören, der keine schwere, schmutzige Arbeit zu leisten hat. Die schwindende Sonne durchwärmt sein Gesicht und läßt Wangen und die Stirn mit dem roten Punkt kupferfarben aufleuchten. Seine Augen erinnern mich an die der Elefanten in den Tempeln. Ich habe sie oft gesehen. Kleine, braune Augen, die einen aus der Körperfülle heraus prüfend anschauen, listig fast und den Eindruck erweckend, ihnen könne man nichts vormachen, aber auch auf eigenartige Weise gütig, wohlwollend und so abgeklärt, als hätten solche Augen schon alles gesehen, was es auf dieser Welt wert ist, gesehen zu werden.

Ich hocke mich zu ihm auf die Mauer. „It's a first class sunset", sagt er mit tiefer sonorer Stimme, und seine Bewertung klingt wie die eines Kunstkenners, der ein Gemälde beurteilt. Allabendlich zu dieser Stunde tauschen wir diesbezügliche Einschätzungen aus. Am Tag zuvor versteckte sich die Sonne hinter einem Wolkenberg und verdarb uns die Freude.

„Ja, heute ist's ein Untergang vom Feinsten", bestätige ich, „an diesem Ort ist das eben kein Sonnenschauspiel wie irgendwo sonst. Vor dieser Kulisse!" Ich deute begeistert auf den hochaufragenden Thiruvalluvar hinter uns, dessen graues Gestein nun warm und rötlich schimmert, als sei ihm ein leichter Mantel um die Schultern gelegt worden, und etwas weiter entfernt wirken die roten Kuppeln des Vivekananda-Tempels wie von Scheinwerfern angestrahlt.

„Nicht nur die Besonderheit der Bauten", ergänzt er, „auch die Jahreszeiten haben ihre Eigenheit. Von dieser Stelle an der südlichsten Spitze Indiens können Sie den Sonnenuntergang nur zwischen dem 15. Oktober und dem 15. März bewundern."

Es ist stets ein Ton, eine Bemerkung, eine Geste, die die Neugier auf ein Gespräch wecken, eines, das gar nicht erst mit dem üblichen Woher-Wohin? beginnt, über deren Beantwortung solches Fragespiel zumeist gar nicht hinausführt, sondern tiefere Schichten möglicher Gemeinsamkeiten in einem selbst berührt. „Unser Indien", hatte der alte Mann gesagt, als wir vor Tagen beim Sonnenuntergang an der Mauer mit Blick zu den Meeren ganz selbstverständlich in einen Gedankenaustausch kamen, als hätten wir uns da nicht zufällig getroffen, sondern seien verabredet gewesen. Ich hatte ihm von meiner Indienreise erzählt, und er hatte von seinen Wanderungen berichtet und dabei nicht „mein Indien", sondern „unser Indien" gesagt. Eher nebenher klang das, und doch war mir, als verbinde dieses „unser Indien" in aller Flüchtigkeit zwei Menschen, denen der Subkontinent auf unterschiedliche Weise und in sehr verschiedener Durchdringung bedeutungsvoll geworden ist.

Er ist ein Mann des Nordens, stammt aus Madya Pradesh, heißt Narayan. 66 Jahre alt. Er hat mir seine Lebensgeschichte erzählt. Als Techniker hat er in einer Fabrik gearbeitet und lebte mit Frau und zwei Kindern das unauffällige Leben von Millionen. Dann die Tragödie. Vor 15 Jahren riß ihn ein Eisenbahnunfall aus der Gleichförmigkeit alltäglicher Beschäftigung. Das linke

Bein mußte unterhalb des Knies amputiert werden. Keine Versicherung. Kein Schmerzensgeld. Keine Rente. Arbeitslos. Nach der Genesung kehrte er nicht mehr in seine Familie zurück. Es war ihm verwehrt, noch für sie sorgen, eine Last, ein Krüppel nur noch. Er, der nun schwerwiegend gehemmt war in seiner Bewegungsfreiheit, wählte einen Ashram als neuen Bezugspunkt seines Lebens und machte sich auf zur großen Durchwanderung Indiens, den roten Stock fest im Griff. Geradeso als wollte er den Menschen und den Mächten beweisen, wie mobil ein Einbeiniger sein kann, humpelte er los. Jedes Jahr ist er nun monatelang in Indien unterwegs. Er erzählte mir vom Mount Abu, von Ayanta, Ellora, von Varanasi, Puri, Kornak, Thanjore. Ich nickte einvernehmlich, und mir war, als rufe mir da ein Weggenosse die eigenen Reisen in Indien ins Gedächtnis zurück, bestätigend, bekräftigend, wiederholend. Denn nicht eine der Städte und Stätten hatte ich vergessen. Wer vergißt Indien! Ist er ein Mönch, ein Sadhu, ein Heiliger, ein Bettler, ein Sanyasi, ein Asket? So hatte ich wissen wollen. Er wiegte den Kopf mit den grauen Haaren, lächelte und hatte leichthin geantwortet: „Was sind solche Begriffe wert? Nennen Sie's, wie Sie wollen."

Allabendlich treffe ich ihn am Kap nun wieder wie einen alten Bekannten. Er strahlt eine Art von Vertrautheit mit den Menschen und den Göttern aus, die mich erstaunt. Ein Weiser, der seinen geistigen Anspruch und die geringen materiellen Bedürfnisse mit den Almosen nährt, die ihm seine Landsleute geben, wie es seit Jahrtausenden in Indien Tradition und Selbstverständlichkeit ist. Ein entfernter Verwandter des Buddha, des Vivekananda und all derer ist er, die auszogen auf der Suche nach dem tieferen Sinn des Seins und der Überwindung des Leids.

Wem er sich denn mehr verpflichtet fühle, Shiva oder Vishnu, will ich wissen, wie ein Europäer fragt, der immer noch hofft, mit hin- und hergeschobenen Schubladen dem Geist Indiens nahezukommen. Wieder dieses überlegene Lächeln, sanft, gegenwärtig, nicht etwa in himmlische Höhen entrückt. „Vielleicht bin ich Shiva vertrauter als Vishnu", sagt er, „aber auch das sind nur Namen für den einen Gott. Bloß zum besseren Verständnis haben wir so viele Namen, Gesichter und Geschichten, die allesamt nur den einen Gott darstellen, den Gott, der überall ist, in jedem Menschen, in jedem Wesen, belebt und unbelebt." Seine Hände umfassen die Allgegenwart mit einer kreisenden Bewegung. „Die Menschen brauchen Orte wie diesen, um eine Vorstellung von Gott zu bekommen", fährt er fort mit leiser Stimme, die ich in dem Trubel aus Wellenrauschen, Geschrei und Lautsprechergedröhn trotzdem gut verstehe, weil da mehr mitschwingt als simple, verbale Verständigung. „Die Menschen brauchen Bilder, Statuen, Tempel", sagt er mit der Bestimmtheit des Grenzgängers, der mittendrin ist und doch nicht mehr dazugehört.

„Brauchen sie auch die Pilgerindustrie, das Geschäft, den Rummel, der damit verbunden ist?“

Er wehrt meinen Einwand ab: „So ist das nun mal unter den Menschen, was wollen Sie machen?“ Er sagt es geringschätzig, aber verständnisvoll, nichts, wohl nicht mal sich selbst bitter ernst nehmend. Das scheint seine Lehre des verlorenen Beines zu sein. Ich hatte ihn mit dem Klischeebild des Gottvaters vergleichen wollen, so wie sich das zu Beginn der Reise beim Porträt des Rabindranath Tagore aufdrängte, doch der Weise hier, der armselige, was seine Habe betrifft, und der wohlhabende im Geiste, der hat Humor, hat etwas Verschmitzt-Hintergründiges, kann herzhaft lachen, was den Vergleich mit dem so strafend dreinblickenden Gottvater biblischer Kinderbilder ausschließt. Und mehr noch: Mein Partner im gemeinsamen Blick hin zur herabgleitenden Sonne hat sich den Bezug zur indischen Realität bewahrt.

Ich erwähne Arbeit, der er sich nach dem Unfall so radikal abwandte. Er greift das Stichwort auf, um von Staatsbeamten zu reden, und er spricht das Wort aus wie jemand, der eine Tollheit beim Namen nennt: „Da haben wir in Indien so viele Arbeitslose, und die, die einen Job haben, arbeiten allenfalls fünfzehn Prozent ihrer Arbeitszeit.“ Er lacht auf, dieses gutmütige Lachen, das die Zahnruinen in seinem Mund unter dem wuchtigen Schnauzbart freilegt. Über den Prozentanteil wird man streiten können, daß er aber seine Einschätzung in solcher Zahl zum besten gibt, läßt den alten Mann als klugen Beobachter seiner Zeit und „unseres Indien“ erscheinen, einen Mann, der den nötigen Abstand hat und auf niemanden Rücksicht zu nehmen braucht. Diese Welt der Raffgier, des Neides und der Ohnmacht, je nach Kastenzugehörigkeit und Durchstehvermögen, vermag ihm nichts mehr anzuhaben. Mit einem Bein und einem roten Stock steht er fest auf deren Boden, mit seiner Gelassenheit hat er sich weit aus dem Dunstkreis der Mit-Macher entfernt. Was er denn von dem neuen Denkmal halte, das den Dichter Thiruvalluvar so unübersehbar in die Fluten stelle, frage ich. Er wendet den Kopf, um sich zu vergewissern. Dann macht er mit Daumen und Zeigefinger die internationale Geste des Geldverdienens. „Alles dreht sich hier darum“, sagt er.

Und dieser Turm da in Richtung Sonne? Ich weise zu dem auch erst in jüngerer Zeit an den Strand gestellten Rundbau, der einem Parkhaus gleicht, mehrgeschossig ist, Aufstiegsrampen hat und zu besseren Aussichten verhelfen soll. Ein scheußliches Gebilde, das in seiner Betonkonstruktion die Küste verunstaltet und dem tief verwurzelten Stilempfinden Indiens ein Hohn ist. Der Alte blinzelt gegen die schwächer werdenden Sonnenstrahlen und schaut dann wieder zu mir. Er wiederholt seine Fingerbewegung pekuniärer Berechnung. „Das Kap ist zum Freizeitpark gemacht worden“, sagt er dann bedauernd.

Ein schwarzbärtiger junger Mann gesellt sich zu uns; abstehend seine Zäh-

Unser Indien.

ne, dunkelbraun sein Gesicht. Es ist die Art der Einmischung, die ich oft erlebt habe. Kein Gruß, kein Wort höflicher Vorstellung, sondern einfach mitreden. Den alten Mann ficht es nicht an. Geduldig hört er dem Eindringling zu. Dann erwidert er etwas. In welcher Sprache, frage ich. In Hindi. Der Weise spricht nicht das Tamil des anderen. Der müht sich in der Sprache des Nordens ab und sagt ehrfürchtig, halb zu mir gewandt auf Englisch, als nehme er mich erst jetzt zur Kenntnis, auf den Alten weisend: „Ein Heiliger, a Saint."

Dessen Rat erbittet er in Bedrängnis. Aus einem Dorf, fünfzehn Kilometer landeinwärts, war er am Morgen nach Kanyakumari mit dem Bus angereist. Ein Händler. Mit einer größeren Anzahl auf Pump georderter Hemden hatte er sich daheim übernommen, war die Textilien nicht losgeworden und muß Schulden abbezahlen. Jemand hatte ihm hier einen Job versprochen, doch der Typ ließ sich nicht blicken.

Helfe ihm denn seine Familie nicht weiter? Sind diese Bande nicht immer noch verläßlich, hake ich ein. Der gescheiterte Händler blickt mich an, als verstünde ich nun wirklich nichts von indischen Verhältnissen. „Wenn Sie erst mal im Dreck stecken, werden Sie von der eigenen Familie, von den Nachbarn, den Konkurrenten noch tiefer in den Dreck gestoßen", sagt er voll Bitterkeit, und fügt an: „So ist das in Indien." Gegessen habe er den ganzen Tag nichts, und nun fehle ihm das Geld für die Rückfahrt. Diese Bemerkung war erkennbar an meine Adresse gerichtet.

Ich vermag nicht einzuschätzen, was an seiner Story wahr ist. Selbst wenn er sie erfunden hat, um mein Mitleid zu erregen und ein paar Rupien zu erbetteln, könnte sie die tatsächliche Geschichte der vielen anderen sein. Während seines Auftritts strecken mir nacheinander Dutzende von Hungerleidern ihre offene Hand entgegen. Wem sollte ich sie füllen?

Der Weise spricht von Mutter Indien, der ewigen Mutter. Eine Mutter mit so vielen hungrigen Kindern, werfe ich ein. Er nickt zustimmend. Und der hier, ich deute auf den verhinderten Hemdenhändler, habe er für ihn einen Rat, der ihm aus der Patsche helfe? Der alte Mann im safranfarbenen Gewand schweigt. Es ist klar, daß dem Pleitemann und all den anderen nicht mit Worten geholfen ist. Und für den Sonnenuntergang fehlt dem jungen Mann ganz und gar der Sinn. Sichtlich enttäuscht zieht er weiter.

Der Himmel glüht auf, überzieht sich im Westen mit Rot und verschwimmt im Osten in schwachem, immer kräftiger werdenden Blau. Der Glutball versenkt sich in den Horizont, wird zur Halbkugel, zum flammenden Viertel einer Wassermelone und schließlich zum Schlitz, zum Häppchen, das an verlöschendes Höllenfeuer gemahnt. Dann ist auch dieses Stückchen Himmelsauge verschwunden, das Firmament leer und seiner Lichtgestalt ledig. Ende des Auftritts. Wieder mal. Surya eilt zu anderen Bühnen seines Schauspiels weiter. Das Publikum am Kap Komorin verläuft sich.

Narayan, der Weise, der so viel zu sagen hat und doch keinen Rat weiß in aktueller Pleite, stellt sich auf sein gesundes Bein und stützt sich auf den roten Stock, drückt mir kräftig die Hand und hüpft weiter im eigenartigen Wiegeschritt von Bein und Knüppel. Das Gewimmel verschluckt den safrangelben Mann auf seiner Wanderung durch Indien.

Unser Indien.

Über den Autor

Rüdiger Siebert, Jahrgang 1944, ist Autor zahlreicher Bücher zu Süd- und Südostasien und war langjähriger Leiter des Indonesischen Programms von Radio Deutsche Welle. Von Rüdiger Siebert sind im Horlemann-Verlag erschienen: „Indonesien. Inselreich in Turbulenzen“, „Deutsche Spuren in Indonesien. Zehn Lebensläufe in bewegten Zeiten“, „Unterwegs mit Buddha. Eine Spurensuche in Indien und Nepal“; zusammen mit Heinz Kotte: „Der Traum von Angkor. Kambodscha, Vietnam, Laos“, „Laos. Aufbruch am Mekong“.

256 S., gb., ISBN 3-89502-159-8

256 S., br., ISBN 3-89502-111-3

240 S., br., ISBN 3-89502-176-8

256 S., br., ISBN 3-89502-150-4